Tauchen und Schnorcheln für Dummies – Schummelseite

Allgemein übliche Unterwasser-Zeichensprache

O.K.

Stopp

komm her

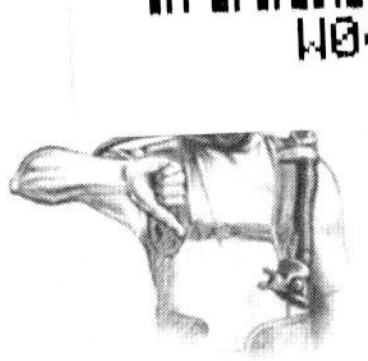
abtauchen

auftauchen

diese Richtung

welche Richtung?

ich

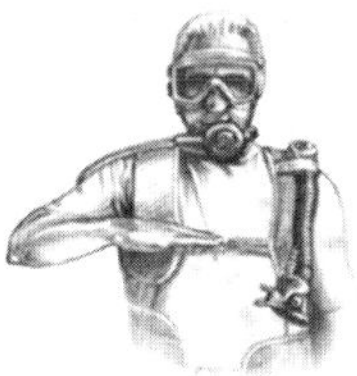
langsam

Probleme mit dem Ohr

mir ist kalt

etwas stimmt nicht

zusammen bleiben

anfassen

Gefahr

wenig Luft

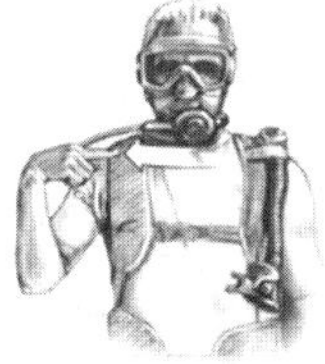
keine Luft mehr

Wechselatmung

Tauchen und Schnorcheln für Dummies – Schummelseite

Auf den Partner ist Verlass

Gute Partner halten zusammen wie Pech und Schwefel. Führen Sie folgende Maßnahmen und Tauchgeräte-Kontrollen gemeinsam durch:

Besprechung des Tauchgangs

Bevor Sie ins Wasser gehen, sollten Sie und Ihr Partner folgende Punkte geklärt haben:

- ✔ **Besprechen Sie den Tauchgang.** Entscheiden Sie zusammen mit Ihrem Tauchpartner, wo Sie ins Wasser gehen, welchen Kurs Sie nehmen und wo Sie wieder auftauchen werden.
- ✔ **Legen Sie Grenzen fest.** Besprechen Sie, wie tief Sie maximal tauchen werden und beginnen Sie mit diesem Abschnitt. Begrenzen Sie auch die Tauchzeit und den Luftvorrat. Legen Sie auch fest, wie Sie vorgehen werden, wenn einer von Ihnen am Minimum des Luftvorrats angelangt ist.
- ✔ **Wiederholen Sie kurz die Unterwasser-Zeichensprache.** Vergewissern Sie sich, dass Sie unter Wasser auch miteinander kommunizieren können.
- ✔ **Besprechen Sie, was Sie tun werden, wenn Sie wider Willen getrennt werden.** Das sollte natürlich unter allen Umständen vermieden werden. Aber dennoch kann es passieren.
- ✔ **Besprechen Sie, was Sie in Notfällen tun werden.** Sie sollten vor dem Tauchgang bereits wissen, wo Sie in einem solchen Fall am schnellsten Hilfe bekommen.

Kontrolle der Ausrüstung

Bevor Sie sich nun ins Wasser stürzen, sollten Sie sich die Ausrüstung Ihres Partners noch einmal ansehen und prüfen, ob alles richtig sitzt. (Im zweiten Kapitel erfahren Sie alles über die Taucherausrüstung.)

- ✔ **Überprüfen Sie die Taucherweste.** Achten Sie darauf, dass alle Schläuche verbunden und nicht unter den Gurten eingeklemmt sind. Sämtliche Schnallen müssen verschlossen und die Gurte festgezogen sein. Testen Sie auch, ob die Inflatoren richtig funktionieren.
- ✔ **Überprüfen Sie den Bleigurt.** Vergewissern Sie sich, dass der Gurt mit der rechten Hand geöffnet werden und kein anderer Gegenstand einen Schnellabwurf verhindern kann.
- ✔ **Überprüfen Sie alle Verschlüsse.** Machen Sie sich mit den eigenen Verschlüssen, aber auch mit denen an der Ausrüstung Ihres Partners vertraut. Es gibt Situationen, wo Sie ihm zur Hilfe kommen müssen.
- ✔ **Überprüfen Sie den Luftvorrat.** Vergewissern Sie sich, dass das Ventil an der Flasche offen ist, das Manometer funktioniert und die Flasche voll ist. Sehen Sie auch nach, ob die Schläuche nicht geknickt oder eingeklemmt sind. Machen Sie sich mit Ihrer und der alternativen Luftversorgung des Partners vertraut.
- ✔ **Signalisieren Sie Ihr Okay.** Wenn Sie alles kontrolliert haben und das auch umgekehrt passiert ist, tauschen Sie ein Okay für den Tauchgang aus.

Tauchen und Schnorcheln
für Dummies

John Newman

Tauchen und Schnorcheln für Dummies

Gehen Sie doch mal auf Tauchstation

Übersetzung aus dem
Amerikanischen von
Ingrid O'Connor

mitp

Die Deutsche Bibliothek – CIP-Einheitsaufnahme:

Newman, John:
Tauchen und Schnorcheln für Dummies / John Newman. Übers. aus dem Amerikan. von Ingrid O'Connor. - Bonn: MITP-Verlag, 2000
Einheitssacht.: Scuba Diving & Snorkeling For Dummies <dt.>
ISBN 3-8266-2881-0

ISBN 3-8266-2881-0
1. Auflage 2000

Übersetzung der amerikanischen Originalausgabe:
John Newman: Scuba Diving & Snorkeling For Dummies

Printed in Germany

Ein Unternehmen der verlag moderne industrie AG & Co. KG, Landsberg

Lektorat: Sabine Müthing
Korrektorat: Andrea Stumpf
Herstellung: Carin Lebenstedt
Druck: Media-Print, Paderborn
Umschlaggestaltung: Sylvia Eifinger, Bornheim
Satz und Layout: Lieselotte und Conrad Neumann, München

Inhaltsverzeichnis

Einführung

Seit jeher träumen die Menschen davon, fremde Welten zu besuchen, und mit viel Geld und großer Anstrengung ist es ihnen auch gelungen, ein paar ihrer Leute auf den Mond und zurück zu befördern – mit ein paar grauen Steinbrocken als Souvenir im Gepäck. So bemerkenswert das Ganze auch ist, so weiß doch jeder Taucher und Schnorchler, dass es auch einfacher geht.

Mit relativ geringem Trainingsaufwand und minimaler Ausrüstung können Sie sich in einer fremden Welt von außergewöhnlicher Schönheit und Vielfalt bewegen, die wohl außerhalb der Erdanziehungskraft ihresgleichen sucht – und Sie benötigen auch keine zwölfstöckige Rakete, um dort hinzukommen. Sie brauchen die richtigen Geräte, Übung und wahrscheinlich ein Ticket für einen Flug in eine exotische Hafenstadt (die wenigsten unter uns gehören wohl zu den Glücklichen, die in der Nähe einer solchen leben). Schon besitzen Sie die Eintrittskarte in eine der vielfältigsten und spektakulärsten Welten – die Ozeane unseres Planeten Erde.

Es mag wohl noch eine Weile dauern, bis wir über Wasserkanäle auf dem Mars gleiten oder überwältigt sind von der Schönheit und Weisheit der Bewohner von Alpha Centauri 3, aber in dem seichten, sonnenbeschienenen Wasser des tropischen Meeres finden Sie ein riesiges Reich, bevölkert von unbekannten, bunten, schimmernden und geheimnisvollen Wesen. Und sobald Sie die Techniken des Schnorchelns und Sporttauchens beherrschen und dieser Welt regelmäßige Besuche abstatten können, werden Sie mehr als nur graue Steine mit nach Hause nehmen.

Worum es in diesem Buch geht

Vielleicht kennen Sie ja die Sonderausgaben von *National Geographic*, in denen die Unterwasseraufnahmen von Jacques Cousteau abgebildet sind. Oder Sie haben vielleicht Philippe und Falco zugesehen, die sich dort unten zwischen Haien, Aalen und Riesenrochen bewegen, und gedacht: »Mensch, das sieht echt cool aus. Das möchte ich auch mal probieren.« Oder Sie haben in der Karibik an einer Kreuzfahrt teilgenommen und voller Neid andere Passagiere beobachtet, die von einem Tauchgang zurückkamen und sich begeistert darüber unterhielten, was für tolle Sachen sie in den Tiefen gesehen haben.

Sie möchten es also auch gerne versuchen, suchen aber zunächst Antworten auf einige Fragen. Deshalb haben Sie sich für den Kauf dieses Buchs entschieden. Clever gedacht.

Wenn Sie dieses Buch gelesen haben, wissen Sie, welche Ausrüstung Sie brauchen, von der Tauchermaske und den Flossen über den Lungenautomaten und die Tarierweste bis hin zu Tauchcomputern und Taschen. Wenn Sie nicht wissen, wovon ich spreche, finden Sie die Antwort im zweiten Kapitel. Sie werden auch mit den physikalischen Bedingungen im und unter Wasser bekannt gemacht, erhalten einen Eindruck davon, was Sie da unten erwartet und Informationen darüber, wie Sie einen Tauchschein erwerben.

Das Tauchen ist für einen geübten Taucher keine gefährliche Sportart. Statistisch gesehen liegt die Unfallrate weit unter der beim Ski und Mountainbike fahren. Da es jedoch unter Wasser stattfindet, können die Folgen eines Unfalls viel schwerwiegender sein. Sicheres Tauchen erfordert ein gutes Training und klares Urteilsvermögen. Denken Sie nicht, dass Sie nach der Lektüre dieses Buchs das Tauchen so weit beherrschen, dass Sie sich die Taucherausrüstung Ihres Cousins ausleihen und in das nächste Gewässer springen können. ***Tauchen und Schnorcheln für Dummies*** **ist kein Handbuch zum Tauchen, das Ihnen einen Kurs mit einem Tauchlehrer erspart. Erst nachdem Sie diesen absolviert haben, haben Sie ausreichende Kenntnisse, um sicher zu tauchen** (siehe Kapitel 3).

Was Sie in diesem Buch nicht finden werden

Sie brauchen wirklich kein Studium der Physik, um zu verstehen, welchen Einfluss Wasser und Gas beim Tauchen auf Ihren Körper hat. Es ist ein interessantes Thema (zumindest für mich), wenn es Sie aber langweilt, überblättern Sie diese Seiten, d.h. nicht, dass Sie deshalb ein schlechter Taucher werden. Viele erfahrene Taucher verdrehen die Augen und kratzen sich am Kopf, wenn es um solche technischen Dinge geht. Das sechste Kapitel enthält viel über dieses Thema, Sie können es also komplett auslassen. So können Sie auch mit den Absätzen verfahren, die durch das Icon »Technisches Zeug« gekennzeichnet sind. Die Erklärung der unterschiedlichen Icons finden Sie am Schluss der Einleitung.

Ein paar Einschränkungen

Ich gehe mal davon aus, dass Sie dieses Buch in die Hand genommen haben, weil Sie sich fürs Schnorcheln interessieren oder das Sporttauchen erlernen möchten. Wenn Sie selbständig genug sind, alleine zu atmen, können Sie auch schnorcheln. Beim Sporttauchen jedoch müssen Sie einige Voraussetzungen erfüllen, damit eine Tauchschule Sie zur Ausbildung akzeptiert:

- ✔ **Alter:** Sie müssen wenigstens 12 Jahre alt sein.
- ✔ **Allgemeiner Gesundheitszustand:** Sie werden (ohne Zustimmung eines Arztes) keinen Tauchschein erwerben können, wenn Sie unter folgenden Krankheiten leiden: Herzleiden, Epilepsie, mit Insulin behandelter Diabetes oder einer Geisteskrankheit.
- ✔ **Erkrankungen der Atemwege:** Hierzu gehören ernsthafte Erkrankungen der Nasennebenhöhlen, der Ohren, schweres Asthma oder alles andere, was die Atmung beeinträchtigt.

Es gibt unter den Schnorchlern und Tauchern immer wieder ein paar Exemplare, die nicht schwimmen können. Es ist grundsätzlich möglich, ich empfehle es jedoch nicht. Lernen Sie das Schwimmen, bevor Sie mit dem Schnorcheln oder Tauchen beginnen. (Im dritten Kapitel erfahren Sie, wie Sie Ihre Schwimmfertigkeiten beurteilen können.)

Was in diesem Buch so alles steht

Teil I: Wasser, Wasser, so weit das Auge reicht

In diesem Teil finden Sie Antwort auf die Fragen, ob Ihre Schwimmkenntnisse ausreichen und Sie die Voraussetzungen für einen modernen Taucher erfüllen. Sicher möchten Sie auch erst mal in die Sache »hineinschnuppern«, bevor Sie viel Geld in einen Kurs und die Ausrüstung investieren. In diesem Teil lernen Sie Schritt für Schritt, wie Sie sich auf das Schnorcheln und Tauchen vorbereiten und was Sie beim ersten Tauchgang tun. Ich begleite Sie durch einen typischen Tauchkurs, von der Einschreibung bis zur C-Card, und erkläre Ihnen, wo Sie einen Tauchschein erwerben können. Und zum Schluss mache ich Sie noch mit der Ausrüstung vertraut und helfe Ihnen dabei, Geld zu sparen, indem ich Ihnen sage, was Sie brauchen, und welche esoterischen High-Tech-Neon-leuchtenden Spielereien Sie vergessen können. Sie wollen doch sicher einen Atemregler aus Titan, oder etwa nicht?

Teil II: Kopfüber ins Wasser

Drei Viertel der Erdoberfläche bestehen aus Wasser und Sie sind bereit, seine Geheimnisse zu erforschen. In diesem Teil erfahren Sie, was zum Sporttauchen alles dazu gehört – wie Sie das Tauchgewässer auswählen, Ihre Ausrüstung anlegen, ins Wasser gehen und wie Sie runter und auch wieder nach oben kommen. (Ich verrate Ihnen auch immer wieder kleine Tricks, die Ihnen helfen, ein guter Taucher zu werden und wie Sie Ihre Nervosität vor den Tauchgängen überwinden können.)

Weiterhin erhalten Sie hier einen Einführungskurs in die physikalischen und chemischen Eigenschaften von Wasser. Sie müssen darüber natürlich nichts wissen, um das Schnorcheln und Tauchen genießen zu können. Andererseits wird Ihnen dadurch aber klar, warum Sie all das tun, was Sie beim Tauchen tun müssen, und es ist auch wirklich interessant! Da ich Ihnen erkläre, welchen Gefahren ein auf dem Land lebendes Säugetier unter Wasser ausgesetzt ist, können Sie diese vermeiden.

Teil III: In Neptuns Reich

In diesem Teil schauen wir uns genau an, was sich unter dieser schimmernden, bewegten Oberfläche befindet: Brandung, Gezeiten, Strömungen, Wellen, Sichtverhältnisse – all das hat Einfluss auf das Tauchen. Sie legen normalerweise keine Taucherausrüstung an, nur um im blauen Wasser zu schwimmen, sondern um das zu betrachten, was unter der Wasseroberfläche lebt.

In diesem Teil erfahren Sie auch, was Sie erwartet, wenn Sie ein Korallenriff, ein Wrack oder Tangfelder aufsuchen. Und letztendlich werden Sie auch vor all den Lebewesen gewarnt, die im Wasser eine Gefahr darstellen können.

Teil IV: Die Welt des Tauchers

Nehmen wir mal an, Sie haben nun alles, was Sie brauchen, um tauchen zu gehen, wissen aber nicht, wohin. In kaltes oder in tropisches Wasser? Auf einem Tauchcharterboot oder in einem Ressort? Wie wählen Sie das Richtige für sich aus? Was muss ich alles einpacken, wenn ich einen Tauchurlaub mache? Bietet der Platz auch genügend Abwechslung für meine 15-jährige Tochter? Und was ist überhaupt unter einem Strömungstauchgang zu verstehen? Lesen Sie diesen Teil – und Sie finden Antworten auf all diese Fragen.

Auch wenn Sie den Open-Water-Diver-Schein erworben haben, sind Sie noch lange nicht am Ende aller Möglichkeiten angelangt, die Ihnen das Sporttauchen bietet. Fast die Hälfte aller Sporttaucher bildet sich durch Spezialkurse weiter, sei dies Unterwasser-Fotografie oder ein anderes Spezialgebiet. In diesem Teil des Buchs stelle ich Ihnen einige Möglichkeiten vor, die sich Ihnen nach Erhalt der C-Karte bieten. Vielleicht gehören Sie ja zu denen, die mit einem Album voll mit Unterwasser-Aufnahmen zurückkommen möchten, Tieftauchgänge bei Verwendung exotischer Gasgemische durchführen wollen oder sich dafür interessieren, was sich in den Höhlen unter Wasser alles versteckt hält. Vielleicht sind Sie aber auch völlig mit dem zufrieden, was Sie bereits können und möchten zwischen den einzelnen Tauchurlauben nur einen Auffrischungskurs besuchen. In diesem Teil finden Sie Informationen über all das.

Teil V: Zehn wichtige Hinweise

In diesem Teil verrate ich Ihnen meine zehn liebsten Schnorchel- und Tauchplätze. Ich habe schon so viele wunderbare Tauchplätze besucht, dass diese Liste viel, viel länger hätte ausfallen können. Ich bin sicher, dass einige Leser meine Auswahl kritisieren werden, da sich ihr Lieblingstauchplatz nicht in meiner Liste befindet. Es handelt sich hier aber um *meine* Liste und dazu stehe ich! Eins steht jedoch fest: Sie werden nicht enttäuscht sein, wenn Sie meine Lieblingsplätze besuchen.

Den Abschluss dieses Teil des Buches bilden zwei Kapitel, in denen Sie je zehn Hinweise darüber erhalten, was Sie für die Tauchsicherheit und den Schutze der Riffe tun können.

Anhang

Auch wenn Sie zu den absoluten Tauchenthusiasten gehören, können Sie nicht immer da unten bleiben. Das ist schrecklich, ich weiss, aber ich verrate Ihnen, wie Sie die Zeit überbrücken können. Es gibt Organisationen und Publikationen, die dem Taucher jede Menge interessanter Informationen zur Verfügung stellen, so dass sich auch während der Zeit auf dem Trockenen keine Entzugserscheinungen einstellen. Im Anhang habe ich Informationen über Organisationen und Zeitschriften zusammengestellt. Hier finden Sie auch Adressen von Tauchsportverbänden und Umweltorganisationen.

Die Icons in diesem Buch

Taucher sind an den Gebrauch von Zeichen gewöhnt – sie haben sogar eine eigene Unterwasser-Zeichensprache. Damit Sie schon mal einen Vorgeschmack davon bekommen, habe ich ein paar Zeichen – *Icons* – für dieses Buch geschaffen. So sehen sie aus, und diese Bedeutung haben sie:

Jedes Fachgebiet hat seine eigene Sprache, seinen eigenen Jargon, und das Tauchen bildet da keine Ausnahme. Jedes Mal, wenn ich einen Fachausdruck das erste Mal benutze, weise ich Sie durch dieses Icon darauf hin.

Immer wenn Sie dieses Icon sehen, folgt ein Hinweis darauf, wie Sie Zeit und Geld sparen oder Probleme vermeiden können – oder alles auf einmal.

Schenken Sie diesem Zeichen Beachtung – es weist Sie auf Situationen, Verhaltensweisen und einige Tiere hin, die für Sie da unten gefährlich werden könnten. Sie können sich viele Unannehmlichkeiten ersparen, wenn Sie die entsprechende Warnung befolgen.

Meiner Ansicht nach sollten Sie sich als Taucher der Umwelt gegenüber vorbildlich verhalten. Ihre Sicherheit und die Verantwortung für das Leben unter Wasser sollten von Anfang an erste Priorität für Sie haben. Immer wenn Sie dieses Icon sehen, erhalten Sie einen Hinweis darauf, wie Sie die Unterwasserwelt erhalten und beschützen können.

Wenn Sie auf dieses Icon treffen, wissen Sie, dass nun Informationen folgen, die Sie nicht unbedingt wissen müssen, die aber von Interesse sind. Hier gehen wir den Dingen auf den Grund, wir lernen das Warum und nicht das Wie.

Wie soll das Buch gelesen werden?

Das Buch ist so eingeteilt, dass all die Informationen, die Sie benötigen, um schnell ins Wasser zu kommen, im ersten Teil behandelt werden. Sollten Sie gerade vom Tauchen oder Schnorcheln zurück kommen, können Sie sich im dritten Teil über die biologische Beschaffenheit des Riffs und im sechsten Kapitel über die zugrundeliegende Physik informieren, oder im vierten Teil nachschlagen, wo sich die schönsten Tauchplätze befinden, um Ihren nächsten Urlaub zu planen. Sie sehen also, dass Sie das Buch nicht von vorne nach hinten lesen müssen, sondern es da aufschlagen können, worauf Sie gerade Lust haben. Nachdem Sie den Abschnitt über Haie im neunten Kapitel gelesen haben, können Sie wieder zum Anfang des Buches zurückkehren oder Sie schauen sich im fünften Teil meine Auswahl der schönsten Tauchgewässer der Welt an, um dann im Abschnitt über Haie nachzuschlagen, ob ... – Es tut mir leid, Ihnen sagen zu müssen, dass Sie lange nicht so furchterregend sind wie es in Filmen dargestellt wird.

Lesen Sie diese Information!

Bevor es nun so richtig losgeht, möchten wir nochmals ausdrücklich darauf hinweisen, dass Sie unbedingt erst einen Tauchkurs besuchen sollten, bevor Sie unter Wasser gehen.

Dieses Buch ist zwar eine recht gute Einführung, ersetzt aber keineswegs einen Tauchkurs. Die Adressen diverser Tauchverbände finden Sie im Anhang

Einige der in diesem Buch enthaltenen Vorschläge für körperliches Training und Ernährung können für manche Menschen unpassend sein. Sprechen Sie daher immer erst mit Ihrem Arzt, bevor Sie sportlich aktiv werden oder Ihre Ernährung umstellen.

Teil I

Wasser, so weit das Auge reicht

In diesem Teil...

Sie brauchen keine Schublade voll mit Schwimmauszeichnungen, um das Schnorcheln oder Tauchen zu erlernen. Was sollten Sie aber wissen und können, um diesen Sport auszuüben? Die Antwort finden Sie in diesem Teil des Buchs.

Hier erfahren Sie Grundsätzliches über das Schnorcheln und es wird die Ausrüstung vorgestellt, die Sie zum Schnorcheln oder Tauchen benötigen. Wenn Sie es wünschen, können Sie hier auch nachlesen, was Sie tun müssen, um ein Zertifikat als Sporttaucher zu erlangen.

Die Verlockung der See

1

In diesem Kapitel

- Wie sicher fühlen Sie sich im Wasser?
- Alles zum Thema Schnorcheln
- Was man über das Freitauchen wissen sollte
- Eine Einführung in das Gerätetauchen

Schnorcheln und Tauchen sind einfach zu erlernen – was soll schon daran schwierig sein, im Wasser zu schweben? Nichtsdestoweniger sollten Sie schwimmen können, bevor Sie abtauchen. Sie müssen beileibe nicht wie ein Olympiaschwimmer durchs Wasser pflügen, es reicht völlig aus, wenn Sie sich sicher an der Wasseroberfläche bewegen können.

Nichttaucher stellen sich das Tauchen oft als gefährlichen Sport vor, der im Allgemeinen nur von hartgesottenen Wasserratten ausgeübt wird, die mit einem Achselzucken auf den Verlust einzelner Gliedmaßen reagieren oder eine Wurzelbehandlung am Zahn mit einem rostigen Angelhaken vornehmen. Weit gefehlt! Genau betrachtet handelt es sich beim Tauchen um keinen Sport. Man könnte es eher als Freizeitvergnügen bezeichnen. In der Regel ist es nicht anstrengender, als einmal um den Block zu spazieren, und es ist ungefährlicher als eine Fahrt im Auto zum nächsten Supermarkt.

Das oben Gesagte bedeutet jedoch nicht, dass Tauchen ganz ohne Risiko ist. Sie bewegen sich in einer Welt, die völlig anders ist als die, in der Sie sich sonst befinden, und die auch gefährlich werden kann, wenn Sie in Ihrem Urteilsvermögen versagen oder die dort geltenden Gesetze nicht respektieren. Aber das gilt ja auch für den Straßenverkehr, wenn Sie zum Beispiel zu schnell fahren – statistisch gesehen ist Auto fahren sogar gefährlicher als Tauchen.

Die Unterwasserwelt ist anders als das, was wir vom Leben auf festem Boden gewohnt sind, dennoch gelten auch hier bestimmte, vorhersehbare physikalische Gesetze. Diese Gesetze sind weder esoterisch noch besonders schwer verständlich und wenn Sie sie gut kennen, können Sie sich nicht nur im Wasser richtig verhalten, sondern es trägt auch dazu bei, die Angst vor einem Aufenthalt unter Wasser abzubauen.

Schnorcheln, Freitauchen und Sport- oder Gerätetauchen

Man unterscheidet beim Tauchen das Schnorcheln und das Sporttauchen voneinander. Der *Schnorchler* trägt eine Maske, die einen wasserdichten Luftraum vor den Augen bildet, mit einem Fenster, durch das die Unterwasserwelt betrachtet werden kann. Sie treiben mit dem Gesicht nach unten auf der Wasseroberfläche und atmen durch einen Plastikschlauch – einen *Schnorchel* –, der aus dem Mund heraus an einer Seite des Gesichts vorbei aus dem Wasser ragt, ein und aus. Sie bewegen sich im Wasser weiter, indem Sie mit den Schwimmflossen, die sich an den Füßen befinden, das Wasser treten. Beim *Freitauchen* füllen Sie die Lungen mit Luft und tauchen so lange unter die Oberfläche, um die Unterwasserwelt zu betrachten, bis Sie wegen des Luftmangels wieder auftauchen müssen.

Die meisten Leute beginnen mit dem Schnorcheln während eines Urlaubs in warmen Regionen – in kristallklaren, tropischen Lagunen unter den im Wind rauschenden Wedeln von Kokospalmen und entlang eines blendend weißen Sandstrands. Sie mieten sich die Ausrüstung und waten hinaus in das glitzernde, klare Wasser. Neugierig beugen Sie sich hinunter, um zu sehen, was sich unter der Wasseroberfläche verbirgt. Es dauert nicht lange, bis Sie die ganze Lagune erkunden. Um zu schnorcheln, müssen Sie keinen Kurs machen und es ist auch eine gute Möglichkeit herauszufinden, ob Ihnen der Tauchsport so viel Spaß macht, dass Sie bereit sind, viel Geld auszugeben, um Tauchstunden zu nehmen und die Ausrüstung zu kaufen.

Oft entsteht aus der Freude am Schnorcheln das Interesse am Tauchen. Als Taucher verwenden Sie die gleiche Maske und Flossen wie ein Schnorchler, zusätzlich jedoch eine Flasche mit komprimierter Luft, ein paar einfache mechanische Teile, die das Atmen aus der Flasche erleichtern, eine Schwimmweste, die mit Luft gefüllt werden kann oder zum Austarieren verwendet wird, und Tauchinstrumente, mit denen unter anderem die Luftmenge, die Tauchzeit und die Tauchtiefe gemessen werden. Ein Taucher, der Tauchgeräte verwendet, kann natürlich viel länger unter Wasser bleiben als ein Freitaucher, der zum Luft holen immer wieder nach oben kommen muss. Allerdings müssen Sie, bevor Sie mit Geräten tauchen dürfen, erst bestimmte Prüfungen absolvieren (siehe Kapitel 3).

Pressluft, nein danke

Wenn Sie bereits Maske, Schnorchel und Schwimmflossen besitzen, können Sie sich unverzüglich ans Schnorcheln machen. Wenn Sie diese Dinge noch nicht besitzen, lesen Sie im zweiten Kapitel weiter. Dort erfahren Sie, was Sie beim Kauf beachten sollten. Anschließend können Sie losziehen und sich diese Gegenstände besorgen. Sie können sehr viel oder wenig Geld dafür ausgeben, vergessen Sie jedoch nicht, dass ein guter und bequemer Sitz bei der Kaufentscheidung ausschlaggebend sein sollte. Wenn zum Beispiel die Maske nicht richtig passt, was leider häufig vorkommt, wird ständig Wasser eindringen – was Ihnen wirklich einen ansonsten wunderbaren Tauchgang vermiesen kann. Schwimmflossen, die drücken oder die Füße wund scheuern, können Ihnen den Spaß genauso schnell verderben.

Geben Sie also nicht mehr Geld aus, als die Ihnen am meist zusagende Ausrüstung kostet. Und denken Sie daran, dass ein höherer Preis nicht automatisch bessere Qualität bedeutet – manchmal ist es die billigere Ausrüstung, die besser sitzt! Entscheidend ist oft, wie viel Zeit Sie darauf verwenden, die passende Ausrüstung zu finden.

Die meisten Tauchsportschulen (siehe Anhang), an denen Sie die Berechtigung zum Sporttauchen erwerben können, bieten auch Schnorchelkurse an. Erkundigen Sie sich bei den in der Nähe Ihres Wohnorts ansässigen Tauchschulen danach. Sie können das Schnorcheln ohne weiteres auch alleine lernen. Sie werden in einem Kurs das Nötige allerdings schneller lernen und Ihr Selbstvertrauen wird stärker werden, wenn Sie sich im Wasser nicht ganz sicher fühlen.

Die Maske

Das menschliche Auge ist so gebaut, dass es in der Luft gut sieht und lange nicht so gut im direktem Kontakt mit Wasser. Wenn Sie beim Schwimmen jemals die Augen unter Wasser geöffnet haben, haben Sie bemerkt, dass alles ziemlich verschwommen aussieht. Eine Maske, wie die in Abbildung 1.1, schafft vor Ihren Augen einen mit Luft gefüllten Raum, der es Ihnen ermöglicht, unter Wasser klar zu sehen. Darüber hinaus verhindert sie das Eindringen von Wasser in die Nasenhöhlen und ermöglicht ein Ablassen des Wassers, das in die Maske sickert, und einen Druckausgleich in der Maske.

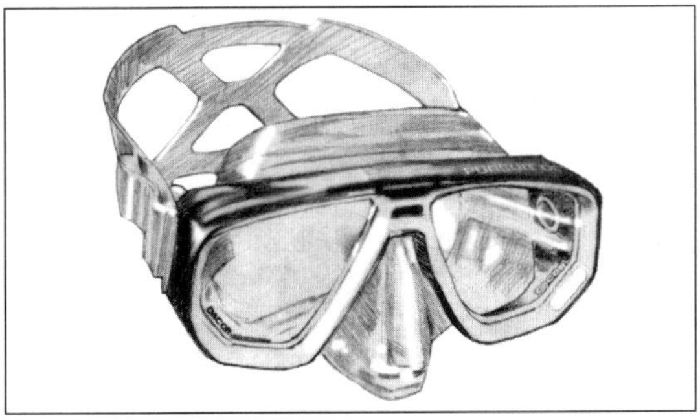

Abbildung 1.1: Eine Maske schützt Nase und Ohren vor dem Eindringen von Wasser.

Beim Tauchen erhöht sich der Druck des Wassers auf die Maske mit sinkender Tiefe; die Maske wird immer fester an das Gesicht gepresst. Je tiefer Sie tauchen, desto höher wird der Druck. Dieser Vorgang wird als *Barotrauma der Augen* bezeichnet (mehr dazu erfahren Sie im siebten Kapitel). Damit Sie den Druck ausgleichen können, müssen Sie durch die Nase Luft in die Maske atmen. Dieses Problem tritt in der Regel bei Schnorchlern wegen der geringen Tauchtiefe nicht auf, stellt jedoch bei Tauchern eine ernstzunehmende Gefahr dar. Ganz egal, für welche Maske Sie sich beim Kauf entscheiden, Sie sollten darauf achten, dass die Nase vollständig bedeckt ist. Normale Schwimmbrillen bedecken die Nase nicht. Aus ihnen kann daher weder Wasser entfernt werden, noch lässt sich ein Druckausgleich herstellen – sie sind für das Schnorcheln und Tauchen ungeeignet.

Der Schnorchel

Stellen Sie sich folgende Szene vor: Sie werden von Feinden verfolgt und können ihnen bis zum Fluss entkommen. Am Ufer wächst Schilf, das innen hohl ist. Schnell entschlossen (wie immer) knicken Sie ein Schilfrohr um und brechen sich ein etwa 30 bis 40 cm langes Stück ab. Dann nehmen Sie ein Ende des Schilfrohrs in den Mund und tauchen langsam unter. Das andere Ende des Rohrs ragt ein Stück aus dem Wasser, so dass Sie problemlos atmen können, bis der Feind vorbeigezogen ist. Das hätte fast geklappt, wenn da nicht der Auftrieb des Wassers wäre. Der drückt Sie leider an die Wasseroberfläche, so dass man Sie entdeckt und gefangen nimmt. (Um diese Situation in Zukunft zu vermeiden, sollten Sie im fünften Kapitel nachlesen, wie Sie den Auftrieb kontrollieren können.)

Das Schilfrohr funktioniert im Prinzip wie ein *Schnorchel* – eine hohle Röhre, durch die Sie atmen können, wenn fast der ganze Kopf unter Wasser ist. Natürlich ist der heutige, moderne Schnorchel, wie er in Abbildung 1.2 dargestellt ist, wesentlich weiter entwickelt als ein einfaches Rohr. Er besteht aus Kunststoff, einem breiten Gummikopfband, einem bequemen Mundstück, vielleicht sogar noch einem Ablassventil und einem Spritzschutz. Jedes Jahr kommen neue, verbesserte Schnorchel auf den Markt, was recht erstaunlich ist für einen so simplen Gegenstand. Wie schon bei der Maske, so gilt auch hier – kaufen Sie den Schnorchel, der am besten sitzt – und ja, beinahe hätte ich es vergessen, der farblich zu den anderen Ausrüstungsgegenständen passt. Im zweiten Kapitel erfahren Sie mehr darüber, worauf Sie beim Kauf eines Schnorchels achten sollten.

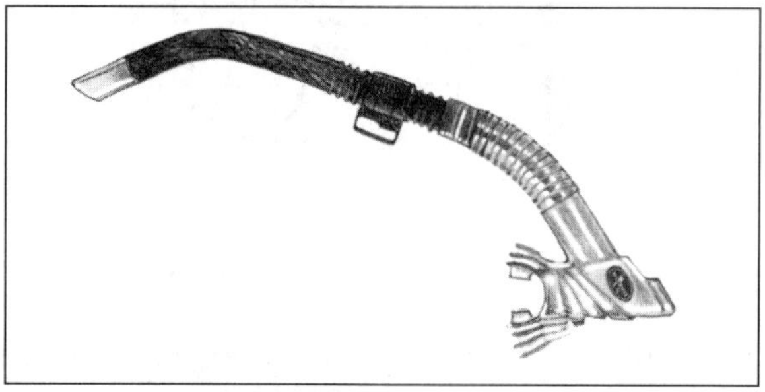

Abbildung 1.2: Mit Hilfe eines Schnorchels können Sie im flachen Wasser atmen.

Die Flossen

Flossen lassen Sie im Wasser schneller vorwärtskommen. Sie können bei den Flossen zwischen zwei Arten – siehe Abbildung 1.3 – wählen: Flossen mit geschlossenem und offenem Fersenteil.

- ✔ *Flossen mit geschlossenem Fersenteil* sitzen wie ein Paar Schuhe am Fuß. Sie werden in der Regel beim Schnorcheln bevorzugt. Da sie weicher und flexibler sind als Flossen mit verstellbarem Fersenband, sind sie einfacher zu handhaben und ohne Einschränkung tauglich für das Schwimmen an der Wasseroberfläche.

- ✔ *Flossen mit offenem Fersenteil* hingegen werden häufiger beim Tauchen verwendet. Die Ferse ist frei, die Passform wird mit Hilfe eines verstellbaren Fersenbandes eingestellt. Diese Flossen werden in der Regel in kaltem Wasser bevorzugt, da man mit ihnen *Füßlinge* tragen kann. Viele Taucher benutzen aber auch im warmen Wasser Flossen mit offenem Fersenteil. Da die Größe verstellbar ist, kann man sie sowohl mit als auch ohne Füßlinge tragen, was aber im Allgemeinen nicht sehr bequem ist, da sie aus härterem Material bestehen wie Flossen mit geschlossenem Fersenteil. Flossen mit offenem Fersenteil haben in der Regel ein steiferes *Flossenblatt* (der flache Teil, der gegen das Wasser drückt) als die Geschlossenen und man kann sich damit schneller im Wasser bewegen. Allerdings ist es anstrengender, mit ihnen zu schwimmen, und sie sind auch nicht besonders gut für die Fortbewegung an der Wasseroberfläche geeignet.

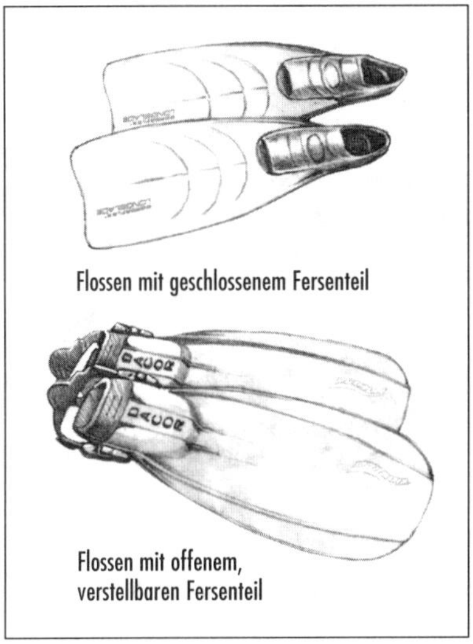

Abbildung 1.3: Die verschiedenen Flossentypen

Mit Ausnahme der unterschiedlichen Fersenform unterscheiden sich die modernen Flossen hinsichtlich Materialbeschaffenheit und Form kaum noch voneinander. Heute haben Sie die Wahl zwischen weichen, beweglichen, verstellbaren Flossen oder ziemlich steifen Flossen mit geschlossenem Fersenteil. Da ich nur im warmen Wasser schnorchle oder tauche und nicht mehr als ein Paar Flossen mit auf die Reise nehmen möchte, benutze ich persönlich eine mittelweiche Flosse mit geschlossenem Fersenteil. Wenn Sie nur im warmen Wasser schnorcheln wollen, sollten Sie sich für eine Flosse mit geschlossenem Fersenteil entscheiden. Spielen Sie jedoch mit dem Gedanken, auch mal tiefer zu tauchen oder sich in Wasser aufhalten, in dem es ratsam ist, Füßlinge zu tragen, empfehle ich Ihnen, sich Flossen mit offenem Fersenteil anzuschaffen.

Anlegen der Ausrüstung

Nehmen wir mal an, Sie haben nun die Maske, die Flossen und den Schnorchel gekauft, die im Geschäft perfekt saßen. Jetzt ist es an der Zeit, diese Gegenstände bei Ihnen zu Hause oder im

Hotelzimmer alle zusammen anzuprobieren. Nur zu. Wenn jemand zufällig den Raum betritt, wird das wie die natürlichste Sache der Welt aussehen.

Zuerst müssen Sie den Schnorchel an der Maske befestigen (siehe Abbildung 1.4). (Wenn es schon ein paar Jahre zurückliegt, seit Sie das letzte Mal geschnorchelt haben, erinnern Sie sich vielleicht daran, dass Sie damals den Schnorchel mit einer Schlaufe in Form einer Acht an der Maske befestigt haben. Heute ist das anders. Fast jeder Hersteller von Schnorcheln bietet einen eigenen Befestigungsclip an, der genauso gut funktioniert wie die altbewährte Achterschleife.) Folgen Sie nun Schritt für Schritt den folgenden Anweisungen:

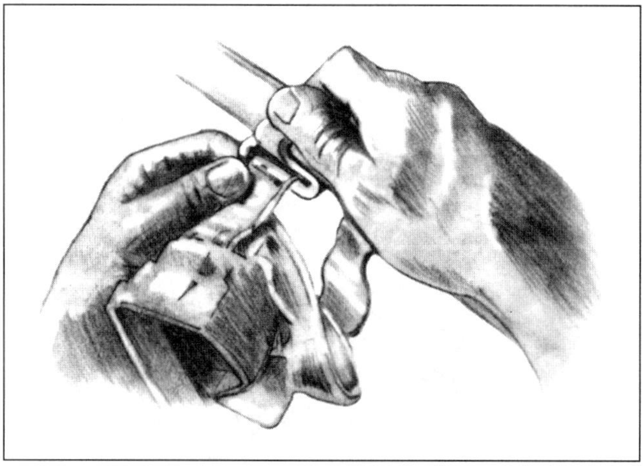

Abbildung 1.4: Befestigen des Schnorchels an der Maske

1. **Entfernen Sie die Verpackung.** Der Clip, der sich etwa in der Mitte der Röhre befindet, wird *Schnorchelhalter* genannt. Wenn keiner dabei ist, müssen Sie sich auf den Weg ins nächstgelegene Sportgeschäft machen, um einen Schnorchelhalter – egal welchen – zu kaufen. Probieren Sie im Geschäft aus, ob er auch passt.

2. **Befestigen Sie den Schnorchel am Maskenband.** Es gibt keine feste Regel, ob Sie den Schnorchel rechts oder links tragen sollen, aber Taucher befestigen ihn gewöhnlich an der linken Seite. Das liegt daran, dass der Luftschlauch aus dem Pressluftgerät immer über die rechte Schulter getragen wird und sich daher Schnorchel und Schlauch im Weg wären, wenn der Schnorchel rechts angebracht ist. Wenn Sie vorhaben, sich auch mal im Tauchen zu versuchen, sollten Sie sich gleich von Anfang an angewöhnen, den Schnorchel links zu tragen. Ist Ihr Interesse jedoch allein auf das Schnorcheln beschränkt, ist es egal, auf welcher Seite der Maske Sie den Schnorchel anbringen.

Masken und Schnorchel aus Silikon sind normalerweise mit einer dünnen Wachsschicht überzogen, die Sie entfernen müssen, bevor Sie sie benutzen. Um das Beschlagen der Maske unter Wasser zu verhindern, spucken Sie vor dem Aufsetzen kräftig in die Maske und verteilen Sie den Speichel gründlich über das Glas. Ein Tropfen Spülmittel, Shampoo oder speziell dafür vorgesehene Lösungen erfüllen den gleichen Zweck. Anschließend spülen Sie die Maske nass aus. (Weiter hinten in diesem Kapitel erkläre ich genau, wie Sie das Beschlagen der Maske verhindern können.) Die Silikonschicht auf der Maske kann zur Folge haben, dass Antibeschlagmittel nicht wirken oder dass die Bänder aus der Befestigung gleiten. Die Silikonschicht entfernen Sie am besten, indem Sie ein wenig Zahnpasta auf einer Fingerspitze verteilen und die Maske damit einreiben. (Vorsicht ist geboten, wenn auf dem Glas der Maske vom Hersteller bereits ein Antibeschlagmittel aufgetragen wurde und in der Anleitung ausdrücklich darauf hingewiesen wird, dass das Glas nicht gegen das Beschlagen behandelt werden muss.) Wenn Sie alles mit der Zahnpasta eingerieben haben, halten Sie die Maske kurz unter Wasser, bevor Sie sie zur Seite legen.

3. **Ziehen Sie die Schwimmflossen an.** Wenn Sie Flossen mit offener Ferse haben, sollten Sie zuerst die Füßlinge anziehen. Bei einigen Flossentypen wird ein Unterschied zwischen der linken und rechten Flosse gemacht; bei anderen ist dies ohne Bedeutung. Schauen Sie nach, welche Art Sie gekauft haben. Stecken Sie jetzt den richtigen Fuß in die richtige Öffnung und legen Sie das Fersenband um Ihre Ferse. Anschließend stellen Sie das Band so ein, dass der Fuß fest in der Flosse sitzt, ohne dass es wo drückt.

   Wenn Sie Flossen mit einem geschlossenen Fersenteil verwenden, ziehen Sie diesen hinten nach außen und rollen ihn leicht nach unten. Nun stecken Sie den Fuß in die Öffnung und ziehen den Fersenteil über Ihre Ferse. Die Flossen sollten gut anliegen, ohne zu reiben oder zu drücken.

4. **Setzen Sie die Tauchermaske auf.** Lockern Sie das Gummiband und legen Sie die Maske mit der Öffnung nach oben in eine Hand. Mit der anderen Hand halten Sie das Band so, dass die Rückseite der Hand am Band anliegt und Ihre Finger nach oben, Richtung Brust zeigen. Nun drücken Sie die Maske gegen Ihr Gesicht und ziehen mit der anderen Hand das Band über Ihren Kopf nach hinten und unten, bis es auf der Rückseite des Kopfes anliegt. Passen Sie auf, dass Sie sich dabei nicht die Haare ausreißen. Halten Sie das Band fest und nehmen Sie die andere Hand von der Maske. Geschafft!

   Ziehen Sie das Band so fest, dass die Maske dicht abschließt, aber nicht drückt. Verwenden Sie darauf aber nicht zu viel Zeit, da Sie sie im Wasser sowieso nachstellen müssen.

5. **Nehmen Sie den Schnorchel in den Mund.** Ziehen Sie den Schnorchel im Schnorchelhalter so lange rauf und runter, bis Sie die richtige Position gefunden haben. Das Ende des Schnorchels sollte sich hinter Ihrem Kopf befinden. Bequem? Können Sie ohne Anstrengung durch den Schnorchel atmen? Gut. Wenn nicht, dann versuchen Sie es mit einer anderen Einstellung. Immer noch nicht? Bringen Sie den Schnorchel dahin zurück, wo Sie ihn gekauft haben, und suchen Sie sich einen aus, der besser sitzt.

Sobald Sie Maske, Schnorchel und Schwimmflossen angelegt haben, klingelt das Telefon im Nebenzimmer. Kümmern Sie sich nicht darum – der Anrufbeantworter wird das übernehmen. Sie sind jetzt so weit, den Sprung ins Wasser zu wagen.

Der Ort des Geschehens

Die ersten paar Mal, die Sie schnorcheln gehen, müssen Sie sich mit vielen neuen Eindrücken vertraut machen. Damit Sie nicht so stark abgelenkt sind und auch aus Gründen der Sicherheit sollten Sie einen Swimmingpool oder ähnlich ruhiges, klares, flaches Gewässer ohne Strömung auswählen. Wenn Sie sich für ein natürliches Gewässer entscheiden, sollten Sie sich vorher vergewissern, dass dieser Platz leicht zugänglich ist, keine Boote in die Quere kommen, keine hohen Wellen zu erwarten sind oder sich auf dem Grund Felsen, Korallen oder Abfälle befinden. Achten Sie auch darauf, dass keine Fischer in der Nähe sind (oder in der Nähe waren), da diese den Ruf haben, den Grund des Wassers mit Angelhaken und -schnüren zu verzieren. Ein Zusammentreffen mit solchen Gegenständen kann – besonders beim ersten Versuch – wirklich unangenehm werden.

Probieren geht über studieren

Jetzt wird es aber Zeit, ins Wasser zu kommen:

1. **Setzen Sie sich im Schwimmbad an den Beckenrand am flachen Ende des Pools oder auf die Treppen im Wasser (oder an den Strand eines Sees oder anderen Gewässers) und ziehen Sie die Flossen an.**

2. **Stellen Sie sich ins Wasser, nehmen Sie die Maske in die Hand und gehen Sie so weit in das tiefer werdende Wasser, bis es Ihnen knapp unter die Taille reicht.**

   Wenn Sie sich nicht in einem Schwimmbad befinden, gehen Sie rückwärts ins Wasser hinein uns sehen Sie dabei über die Schulter nach hinten. Wenn Sie zu zweit sind, nehmen Sie sich an den Händen, da Sie so viel mehr Stabilität haben.

3. **Nehmen Sie nun die Tauchermaske in die eine Hand und spucken Sie – ja, Sie haben richtig gelesen –, spucken Sie nun auf die Innenseite des Glases.**

   Dieser Rat kommt Ihnen vielleicht ein wenig komisch vor, aber Sie müssen Ihrer Maske von Anfang an beibringen, wer der Boss ist! Nichts nervt mehr als eine ungehorsame Maske. Spucke ist darüber hinaus ein ganz hervorragendes Antibeschlagmittel, ohne dem die Scheibe der Maske innerhalb von ein paar Minuten beschlagen und Ihnen die Sicht rauben wird.

   Wenn Sie zu fein sind, um in die Maske zu spucken, können Sie auch einen Tropfen Spülmittel, Shampoo oder eine speziell dafür angefertigte Lösung, die Sie im Sportgeschäft kaufen können, benutzen. Das hat die gleiche Wirkung. Aber wo bleibt da der Spaß an der Sache? Wo bringen Sie außerdem den Behälter unter, in dem sich diese Mittel befinden?

4. **Nachdem Sie nun kräftig in die Maske gespuckt haben oder doch lieber ein Antibeschlagmittel verwendet haben, verteilen Sie die Flüssigkeit über das ganze Glas und spülen die Maske anschließend nass aus.**

5. **Setzen Sie die Maske auf.**

6. **Nehmen Sie den Schnorchel in den Mund.**

7. **Nun atmen Sie durch den Schnorchel, während Sie sich gleichzeitig nach vorn beugen und so weit bücken, bis das Gesicht im Wasser ist.**

   Wenn Sie möchten, können Sie eine Hand auf das Schnorchelende legen, um sich zu vergewissern, dass dieses nicht unter Wasser ist. Genießen Sie nun Ihren ersten Unterwasserblick von dieser *gebückten, leicht hockenden Position* aus. Sie werden feststellen, dass unter Wasser alles irgendwie größer aussieht, was darin liegt, dass sich das Licht hier anders verhält und alle Gegenstände um etwa 25 Prozent vergrößert. Im sechsten Kapitel werde ich Ihnen das zugrunde liegende physikalische Gesetz näher erklären.

   Es kann vorkommen, dass Wasser in die Maske eindringt. Wenn das der Fall ist, müssen Sie das Band entweder fester oder lockerer einstellen. Ja, auch eine zu fest sitzende Maske kann undicht sein. Wenn weder das eine noch das andere hilft, sollten Sie es mit ein wenig Lippenbalsam, das Sie auf die *Gummimanschette* auftragen, versuchen. Die Gummimanschette, die auch aus Silikon bestehen kann, ist der Teil der Maske, der das Gesicht umschließt.

   Es gibt kaum eine Maske, die absolut wasserdicht ist. Fast jeder Taucher muss sich damit abfinden, dass ein wenig Wasser einsickert – das sollte Sie nicht beunruhigen. Andererseits sollten Sie eine Maske, in die ständig Wasser eindringt, wieder in den Laden zurückbringen und eine auswählen, die besser sitzt. Informationen, wie Sie das Wasser wieder aus der Maske entfernen, erhalten Sie im nächsten Abschnitt, »Entleeren der Maske«.

8. **Berühren Sie mit einer Hand den Grund und strecken Sie beide Beine nach hinten aus, so dass Sie auf der Wasseroberfläche treiben. Das Gesicht halten Sie nach unten, die eine Hand berührt noch immer den Grund.**

   Entspannen Sie sich und lassen Sie sich so ein paar Minuten lang treiben. Aus dieser *treibenden Position* heraus sehen Sie sich um, während Sie gleichmäßig weiter atmen. Sie bemerken vielleicht, dass beim Einatmen der Körper ein wenig steigt und beim Ausatmen wieder fällt. Wenn Ihre Lunge mit Luft gefüllt ist, ist der Auftrieb also stärker als bei einer leeren Lunge.

9. **Strampeln Sie leicht mit den Beinen und schon schnorcheln Sie!**

   Nur zu. Versuchen Sie es! Klasse, oder?

Entleeren der Maske

Um diesen Vorgang zu verstehen, machen Sie bitte den folgenden Versuch:

1. **Füllen Sie Ihre Maske mit Wasser.** Ziehen Sie zu diesem Zweck die Maske behutsam vom Gesicht weg, bis sie etwa zur Hälfte mit Wasser gefüllt ist. Geraten Sie nicht in Panik, sondern atmen Sie ruhig durch den Schnorchel weiter.

2. **Neigen Sie den Kopf leicht zurück und drücken Sie den oberen Maskenrand mit einer Hand leicht gegen die Stirn (siehe Abbildung 1.5).**

3. **Atmen Sie durch den Schnorchel tief ein und durch die Nase langsam aus.**

   Bemerken Sie, wie die von Ihnen ausgeatmete Luft das Wasser verdrängt, das am unteren Maskenrand austritt. Prima, oder?

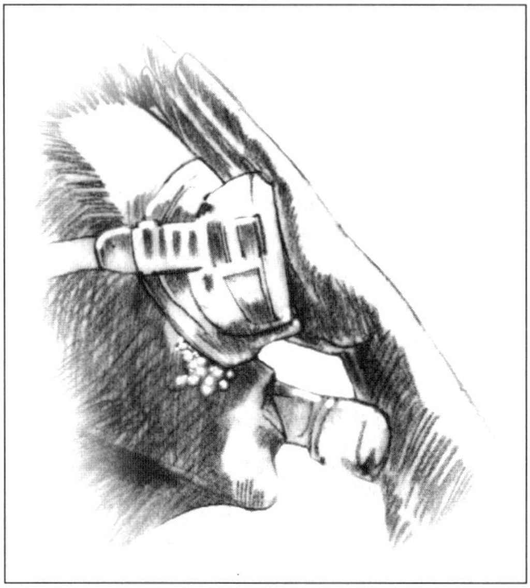

Abbildung 1.5: Entleeren der Maske

4. **Nachdem Sie die Maske entleert haben, lassen Sie den oberen Maskenrand los, rücken die Maske zurecht und atmen wieder ganz normal durch den Schnorchel ein und aus.**

   Wenn das Ganze geklappt hat, stehen Sie auf, entleeren Sie die Maske und beginnen von vorn. Wenn sich die gleichen Schwierigkeiten wieder einstellen, sollten Sie prüfen, ob die Manschette gut sitzt und vergewissern Sie sich auch, dass sich keine Haare (oder etwas anderes) zwischen der Haut und der Manschette befindet.

Üben Sie das Entleeren der Maske, wenn Sie auf dem Wasser treiben. Sie werden es nicht schaffen, wenn Sie direkt nach unten auf den Grund schauen. Sie müssen den Kopf etwas zurück beugen, so dass Sie nach oben schauen. Nun versuchen Sie es noch einmal: tief einatmen, langsam durch die Nase ausatmen. Wenn das geklappt hat, üben Sie das Entleeren während Sie mit den Beinen strampeln und sich vorwärts bewegen. Wenn Sie den Kopf so halten, dass die Luft aus dem untersten Rand der Maske entweicht, gelingt es Ihnen auch, diese zu entleeren.

Versuchen Sie es mal mit einer alternativen Methode: Während Sie vorwärts schwimmen, drücken Sie die Maske gegen die linke Gesichtshälfte. Nun drehen Sie den Kopf über die Schulter nach links und atmen durch die Nase aus. Auch diese Methode klappt, weil hier die Luft ebenfalls über den untersten Rand der Maske entweicht und so das Wasser verdrängt.

Tauchtipps für Schnurrbartträger

Wenn Sie einen Bart tragen, kann es Schwierigkeiten bereiten, den unteren Maskenrand wasserdicht zu verschließen. Ich habe schon viele gute Ratschläge erhalten, wie man dieses Problem aus der Welt schafft – indem man etwa den Bart ganz dick eincremt. Igitt. Im Endeffekt bleibt Ihnen nur die Wahl zwischen zwei Möglichkeiten: Entweder weg mit dem Ding oder damit leben, dass man die Maske häufiger entleeren muss. Eins ist sicher: Wenn Sie Ihren Schnauzer behalten wollen, werden Sie sehr schnell ein Experte beim Entleeren der Maske. Üben Sie den Vorgang so lange, bis Sie ihn ganz automatisch durchführen können.

Entleeren des Schnorchels

Der Schnorchel ermöglicht es Ihnen die Unterwasserwelt zu erkunden, ohne dass Sie den Kopf immer wieder aus dem Wasser heben müssen, um einzuatmen. Wenn Sie da unten etwas entdecken, das Ihre Neugierde erweckt und Sie es daher aus der Nähe betrachten möchten, müssen Sie tiefer tauchen, was zur Folge hat, dass sich der Schnorchel mit Wasser füllt. Auch wenn Sie den Kopf nicht unter die Wasseroberfläche senken, kann es vorkommen, dass sich der Schnorchel wegen einer Welle mit Wasser füllt und Sie ihn anschließend entleeren müssen.

Sie entleeren den Schnorchel, indem Sie kurz und kraftvoll ausatmen. Gehen Sie beim Üben folgendermaßen vor:

1. **Gehen Sie im Wasser in die Hocke – das Gesicht ist unter Wasser, Sie atmen durch den Schnorchel.**
2. **Holen Sie tief Luft und halten Sie sie an, während Sie so weit in die Hocke gehen, dass sich der Schnorchel mit Wasser füllt.**
3. **Begeben Sie sich wieder in die Ausgangsposition und atmen Sie schnell und kräftig aus.**

   Versuchen Sie, nicht die ganze Luft auszuatmen, nur so viel, um den Schnorchel zu entleeren. Versuchen Sie einzuatmen – langsam und vorsichtig. Wenn Sie merken, dass sich im Schnorchel immer noch Wasser befindet, sollten Sie noch einmal kräftig ausatmen.

   Vermeiden Sie es, nach dem ersten Auftauchen tief einzuatmen. Atmen Sie langsam und vorsichtig, bis Sie sicher sind, dass sich kein Wasser mehr im Schnorchel befindet. Das ist am Anfang zwar etwas schwierig, wird aber mit ein wenig Übung zur natürlichsten Sache der Welt.

Wenn Sie freitauchen (ohne Pressluft), gibt es eine weitere Möglichkeit den Schnorchel zu entleeren: Wenn Sie wieder nach oben kommen, beugen Sie den Kopf, kurz bevor Sie die Oberfläche erreichen, so weit nach hinten, bis das Ende des Schnorchels nach unten zeigt. Nun atmen Sie ganz langsam durch das Mundstück aus. Die Luft, die Sie in den Schnorchel blasen, verdrängt das Wasser, ein Vorgang, wie wir ihn schon vom Entleeren der Maske kennen. Sobald Sie an die Wasseroberfläche gelangen, blasen Sie noch einmal kurz in das Mundstück, um auch den Rest des Wassers zu entfernen. Diese Technik müssen Sie ein wenig länger üben als die oben Beschriebene. Aber wenn Sie sie beherrschen, können Sie Ihren Schnorchel ganz mühelos entleeren.

Der richtige Tritt

Die wichtigste Fortbewegungsart beim Flossenschwimmen ist der *Kraulbeinschlag*, den Sie beim Kraul- oder Delfinstil einsetzen. Natürlich kommen Sie mit Flossen viel schneller vorwärts als beim Schwimmen ohne Flossen. Jeder tritt ein wenig anders, so wie auch jeder ein wenig anders läuft – aber wirklich falsch machen kann man dabei nichts. Legen Sie Ihre Arme locker neben den Körper, so dass Sie eine wunderbar stromlinenförmige Haltung einnehmen. (Sie können sich auch nach vorne ausstrecken oder auf den Rücken legen und die Finger verschränken und damit die Geschwindigkeit verändern. Biegen Sie die Knie nur ein wenig durch und strampeln Sie mit den Füßen scherenförmig auf und ab (siehe Abbildung 1.6). Geben Sie Ihrem Körper Gelegenheit, seinen eigenen Rhythmus zu finden.

Versuchen Sie immer, die Flossen unter der Wasseroberfläche zu halten. Die Vorwärtsbewegung resultiert allein daraus, wie effektiv die Flossen gegen das Wasser drücken. Wenn Sie hingegen die Luft treten, kommen Sie kaum weiter und verschwenden dabei auch noch Ihre Kraft.

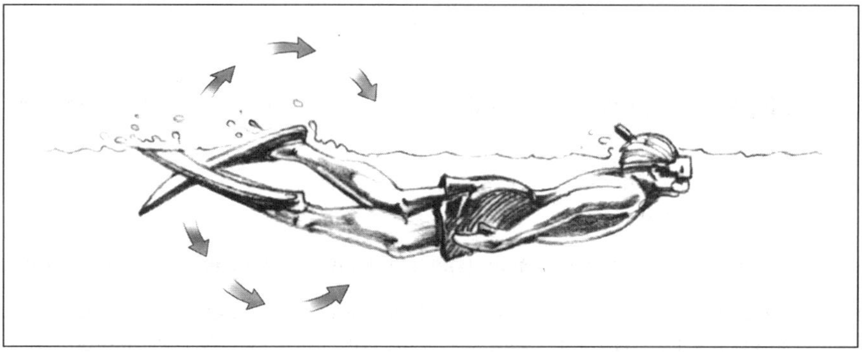

Abbildung 1.6: Der Kraulbeinschlag

Nun zur Sache

Da Sie mittlerweile in der Lage sind, Maske und Schnorchel zu entleeren und den Kraulbeinschlag geübt haben, sind Sie auch in der Lage, die Unterwasserwelt zu entdecken. Die ersten paar Mal, die Sie sich ins offene Wasser wagen, sollten Sie versuchen eine Umgebung zu finden, die der entspricht, in der Sie geübt haben – ruhiges Wasser, gute Sicht, keine Strömung, keine Wellen, keine Boote. Darüber hinaus sollten Sie sich aber auch einen Ort aussuchen, wo sich viele interessante Dinge entdecken lassen. Kleine Buchten und Höhlen, ein windgeschützter Felsenstrand, eine geschützte Lagune oder ein See – all diese Plätze eignen sich für den ersten Schnorcheltrip.

Im Urlaub können Sie natürlich die Einheimischen oder andere Schnorchler fragen, wo Sie als Anfänger einen geeigneten Platz finden. Informieren Sie sich im achten und neunten Kapitel über einige Besonderheiten des Meeres und der Korallenriffe – das kann Ihnen bei der Auswahl eines geeigneten Ortes behilflich sein.

Eine der wichtigsten Regeln beim Schnorcheln und Tauchen lautet, diesen Sport nie allein auszuüben, damit zumindest eine Person da ist, die helfen kann, wenn man in Schwierigkeiten gerät. Natürlich sind zwei unerfahrene Taucher nicht viel mehr wert als einer allein; und Sie wagen gemeinsam vielleicht Dinge, die einer allein nicht riskieren würde. Auch ein erfahrener Taucher nützt nicht viel, wenn er es ist, der sich in einer gefährlichen Lage befindet. In diesem Fall kann ein zusätzliches Risiko auftreten, wenn der erfahrene Taucher den unerfahrenen Begleiter nämlich Gefahren aussetzt, denen er nicht gewachsen ist. Daher wäre es am besten, wenn Sie sich einer Gruppe erfahrener Taucher anschließen würden. Das ist aber leichter gesagt als getan, da Sie oft keine Leute kennen, mit denen Sie einen Tauchgang unternehmen könnten. Das Schnorcheln macht mit anderen zusammen mehr Spaß als alleine, aber letztendlich müssen Sie sich auf sich selbst verlassen können – Sie allein kennen Ihre Grenzen und sollten diese nicht überschreiten. Einige erfahrene Schnorchler gehen gerne allein auf Entdeckungsreise und verlassen sich dabei auf ihre Erfahrung und ihr Urteilsvermögen. Tun Sie das nicht. Sie können mir gerne schreiben und mit mir über das Recht auf Selbstbestimmung philosophieren, ich bleibe aber dabei: So lange Sie kein Experte sind, rate ich Ihnen, mit einer Gruppe oder zumindest einem Freund schnorcheln zu gehen.

Wenn Sie den richtigen Platz zum Schnorcheln gefunden haben, sollten Sie im flachen Wasser ein paar Mal untertauchen, um das Entleeren des Schnorchels zu üben und sich an die wunderbaren Farben der tropischen Fische zu gewöhnen. Jetzt kann's losgehen, Sie sind bereit. Herzlichen Glückwunsch.

Freitauchen

Wenn Sie das Schnorcheln schon gut beherrschen, wird in Ihnen vielleicht der Wunsch wach, die Schätze in größerer Wassertiefe aus der Nähe zu betrachten. Um das zu tun, müssen Sie während eines Atemzugs auf den Grund tauchen und wieder zurück an die Oberfläche, so wie es alle Taucher vor der Erfindung des Pressluftgeräts getan haben. Hier ist die Rede vom *freien Tauchen*.

Das Erste, was Ihnen beim Tauchen auffällt, ist die Kraft des natürlichen Auftriebs Ihres Körpers – vor allem dann, wenn die Lunge mit Luft gefüllt ist. Am Anfang haben Sie vielleicht schon genug damit zu tun, nur ein wenig unter die Oberfläche zu kommen. Sie können den Auftrieb verringern, wenn Sie nicht so tief einatmen, aber das verkürzt natürlich die Zeit Ihres Aufenthalts unter Wasser. Eine weitere Möglichkeit besteht darin, Tauchgurte anzulegen, aber dabei handelt es sich bereits um eine Technik für Fortgeschrittene, die ich weiter hinten in diesem Kapitel im Abschnitt »Gewichtige Angelegenheiten« erläutern werde.

Die folgenden Abschnitte erklären Ihnen, wie Sie runter zu den Korallen, Fischen und Aalen kommen, und wie Sie das Beste aus Ihrem Aufenthalt da unten machen können.

Schräg abtauchen

Das Abtauchen in der Schräglage ist die einfachste Tauchform und wahrscheinlich diejenige, die Sie bislang praktiziert haben, wenn Sie sich überhaupt schon am Tauchen versucht haben. Sie müssen hierbei folgendermaßen vorgehen (siehe Abbildung 1.7):

1. **Schwimmen Sie an der Oberfläche, atmen Sie ein und stecken Sie Ihren Kopf ruckartig unter Wasser.**

   Das Wasserdruck, der bei dieser Bewegung auf Ihren Rücken ausgeübt wird, drückt Sie nach unten. So lange Sie Ihren Körper angewinkelt zur Oberfläche halten und mit den Füßen treten, werden Sie sinken. Je weiter Sie den Kopf beim Eintauchen einziehen, um so größer ist der Winkel, den Sie mit der Oberfläche bilden.

2. **Wenn Sie wieder auftauchen wollen, drehen Sie Ihren Oberkörper nach oben, so dass Sie die Oberfläche sehen können, und treten kräftig mit den Beinen.**

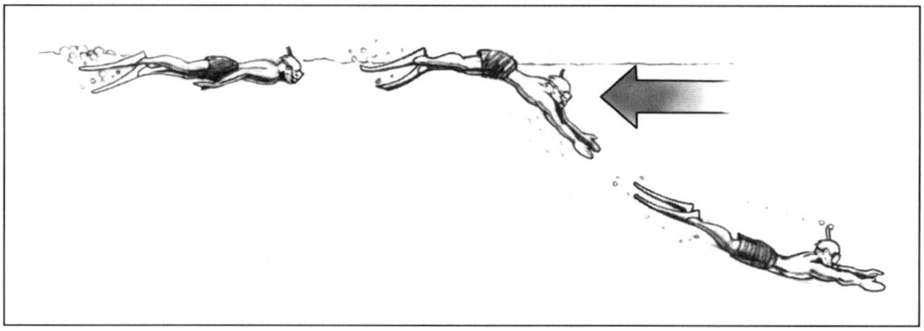

Abbildung 1.7: Abtauchen in der Schräglage

Das Abtauchen in der Schräglage ist relativ leicht zu erlernen, erfordert jedoch ziemlich viel Kraft, da Sie die ganze Zeit mit den Beinen treten müssen. Wesentlich effizienter, aber etwas schwieriger zu erlernen, ist das Abtauchen im spitzen Winkel, das im nächsten Abschnitt erklärt wird.

Senkrecht abtauchen

Das senkrechte Abtauchen, wie es in Abbildung 1.8 dargestellt wird, erfordert wesentlich weniger Kraft, da Sie hierfür die Beine kaum einsetzen müssen. Sie kommen damit auch viel schneller in die Tiefe und müssen sich nicht vorwärts bewegen. Das Üben wird Ihnen am Anfang aber wahrscheinlich leichter fallen, wenn Sie vorwärts schwimmen.

Durch das senkrechte Abtauchen kommen Sie viel schneller in die Tiefe als durch das schräge Abtauchen. Bevor Sie jedoch mit dem Üben beginnen, müssen Sie die Technik des Druckausgleichs im Ohr beherrschen, die ich im entsprechenden Abschnitt etwas weiter hinten in diesem Kapitel beschreibe.

Gehen Sie beim Senkrechttauchen wie folgt vor:

1. **Holen Sie tief Luft und beugen Sie sich in der Taille so weit nach unten, dass der Oberkörper mit der Wasseroberfläche annähernd einen 90° Winkel bildet.**
2. **Strecken Sie Ihre Arme vor dem Gesicht nach unten aus und Ihre Beine senkrecht nach oben.**
3. **Das Gewicht Ihres Unterkörpers drückt Sie nach unten. Nehmen Sie Ihre Arme zu Hilfe (ein Beinschlag sollte genügen).**
4. **Sobald sich die Flossen unter der Wasseroberfläche befinden, sollten Sie die gleichen Beinbewegungen wie beim Schwimmen an der Oberfläche ausführen. Sie tauchen nun in einer fast senkrechten Linie nach unten.**

   Wenn Sie an diesem Punkt angelangt sind, sollten Sie für einen Druckausgleich im Ohr sorgen. Lesen Sie weiter hinten in diesem Kapitel im entsprechenden Abschnitt nach. Sobald Sie diese Technik beherrschen, können Sie so tief und so lange tauchen, wie es Ihre Kräfte erlauben.

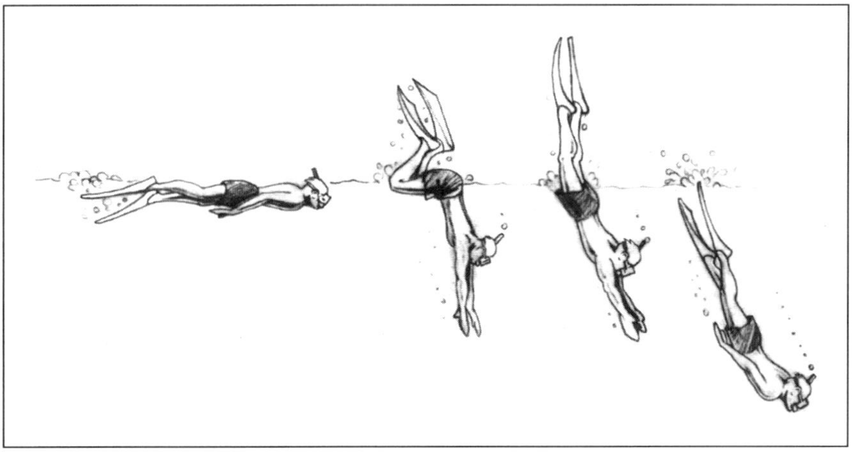

Abbildung 1.8: Das senkrechte Abtauchen

Machen Sie sich auf den Weg nach oben, sobald Sie das Gefühl haben, dass Sie wieder Luft benötigen. Am Anfang werden Sie nicht lange unter Wasser bleiben können, aber Sie werden bald einen Fortschritt bemerken. Je öfter Sie üben, desto ruhiger und effektiver führen Sie die Bewegungen aus und desto länger reicht Ihr Luftvorrat. Machen Sie nicht den Fehler, sich dazu zu zwingen, den Aufenthalt unter Wasser immer weiter hinauszuzögern – das kann zu Hypoxie und Flachwasserbewusstlosigkeit führen, die beide eine Folge von Sauerstoffmangel sind (beachten Sie hierzu die Anmerkungen im nachfolgenden Kasten »Hyperventilation« weiter hinten in diesem Kapitel).

5. **Wenn Sie auftauchen möchten, schauen Sie zur Wasseroberfläche hoch und führen leichte Beinbewegungen aus. Alles weitere erledigt die Auftriebskraft des Wassers.**

Möglicherweise wird Ihr Sichtfeld von der Maske eingeschränkt. Das können Sie jedoch ändern, indem Sie sich mit kreisförmigen Bewegungen nach oben schrauben. Achten Sie auf Boote, Felsvorsprünge, andere Taucher oder Hindernisse, die Ihnen den Weg versperren oder ein unliebsames Zusammentreffen zur Folge haben könnten. Zur Vorsicht sollten Sie immer einen Arm – sozusagen als Fühler - über dem Kopf ausstrecken.

Beim Auftauchen erniedrigt sich der Druck auf das Außenohr, aber der erhöhte Druck im Mittelohr gleicht sich mühelos aus. Sie sollten daher nicht selbst für einen Druckausgleich sorgen müssen.

Zwischen den einzelnen Tauchgängen sollten Sie sich ein paar Minuten lang ausruhen, bis sich Atmung und Herzschlag wieder normalisiert haben. Vergessen Sie nicht, dass beim Tauchen kein Rekord aufgestellt werden soll, wie oft Sie es in einer Stunde in die Tiefe schaffen. Ziel ist es, den Tauchgang entspannt zu genießen und Ihre Ressourcen vernünftig einzusetzen.

Druckausgleich im Ohr

In einem Flugzeug oder bei der Überquerung von Passstraßen im Gebirge hatten Sie sicher schon einmal das Gefühl, als wären Ihre Ohren »verstopft«. Dieses Gefühl resultiert aus dem veränderten Druck auf das Trommelfell.

Auf Meereshöhe sind wir normalerweise einem Druck von 1 bar ausgesetzt, wofür der menschliche Organismus bestens ausgerüstet ist. Sie bemerken diesen Druck nicht, weil sich – wie Ihre Mutter schon immer behauptet hat – zwischen Ihren beiden Ohren ein leerer Raum befindet. Tatsächlich sind es sogar zwei, *Mittelohr* genannt. Der Druck auf das Mittelohr beträgt in Meereshöhe also 1 bar. Es besteht ein Gleichgewicht zwischen dem Druck von innen und dem Druck von außen auf das Trommelfell. Beim Fliegen oder auf einem Berg erniedrigt sich der Druck von außen auf das Trommelfell. Sie bemerken es daran, dass die Ohren »verstopfen«. Über einen schmalen Gang, die *Eustachische Röhre,* besteht eine Verbindung zwischen Mittelohr und Nasen-Rachen-Raum. Wenn der erhöhte Druck im Innenohr über die Eustachische Röhre ausgeglichen wird, haben Sie das Gefühl, dass sich die Ohren wieder öffnen, der Druck, der von innen und außen auf das Trommelfell ausgeübt wird, ist nun wieder gleich. Bei einer Landung oder einem Abstieg passiert genau das Gegenteil – der Druck von außen auf das Trommelfell steigt.

Dieses Druckgefühl in den Ohren stellt sich auch beim Tauchen ein. Da Wasser um vieles schwerer ist als Luft, müssen Sie gar nicht tief tauchen (knapp einen Meter) um die Wirkung des erhöhten Drucks zu spüren. Sie bemerken einen stechenden Schmerz. Wenn Sie nun nicht für einen Druckausgleich sorgen und noch tiefer tauchen, können Sie sich eine permanente Schädigung des Trommelfells zuziehen (im siebten Kapitel erfahren Sie mehr darüber, wie Sie diese und andere Verletzungen vermeiden können). Glücklicherweise können Sie aber leicht selbst für einen Druckausgleich sorgen. Es bieten sich hierfür zwei Methoden an, die nachfolgend beschrieben werden. (Achten Sie darauf, dass Sie bei den Übungen Ihr Kinn so weit wie möglich nach vorne strecken, ohne jedoch den Schnorchel zu verlieren.)

- ✔ **Nehmen Sie bereits beim Abtauchen die Nase zwischen Daumen und Zeigefinger und schlucken Sie.** Die Halsmuskeln komprimieren die Luft im Mittelohr, was zu einem Druckausgleich führt. Warten Sie damit nicht, bis Sie bereits ein unangenehmes Gefühl oder einen Schmerz im Ohr verspüren. Je größer der Druckunterschied ist, desto schwieriger wird es, für einen Ausgleich zu sorgen.
- ✔ **Verschließen Sie die Nase mit Daumen und Zeigefinger und schnauben Sie jetzt ein klein wenig in die Nase.** Dadurch wird die Luft im Mittelohr ebenfalls komprimiert.

Es gibt Leute, die Probleme haben, für einen Druckausgleich in den Ohren zu sorgen. Verzagen Sie nicht, wenn Sie zu dieser Gruppe gehören. Durch Ausdauer und Übung können auch Sie es lernen.

Erkältungen, Allergien und Erkrankungen der Nasen- und Stirnhöhle verstärken das Druckgefühl in den Ohren. Tauchen Sie daher nicht, wenn Sie unter einer solchen Krankheit leiden. Sobald es Ihnen, aus welchen Gründen auch immer, Schwierigkeiten bereitet einen Druckausgleich in den Ohren herzustellen, brechen Sie den Tauchgang ab.

Zu kühl

Sie können sich bei einer Lufttemperatur von 20°C ganz wohl fühlen, da Luft Wärme (also auch Körperwärme) nicht gut leitet. Wasser wiederum leitet Wärme recht gut, so dass Sie in einem 20°C warmen Wasser ziemlich schnell auskühlen. Wenn Sie daher planen, sich länger im Wasser aufzuhalten, und dies gilt auch für tropische Gewässer, sollten Sie vielleicht den Kauf eines *Tauchanzugs* in Erwägung ziehen. Ein Tauchanzug bedeckt den ganzen Körper und wird unter Wasser getragen. Er besteht in der Regel aus *Neopren*, einem Material, das Sie vor Kälte schützt, da sich zwischen Anzug und Körper eine Wasserschicht bildet, die über die Körpertemperatur aufgewärmt wird. Da sich im Neopren viele Luftblasen befinden (Luft ist ein gutes Isolationsmittel), entweicht nur wenig Wärme. Tauchanzüge gibt es in vielen verschiedenen Formen und Stärken (mehr darüber finden Sie im zweiten Kapitel).

Eine gewichtige Sache

Tauchgewichte gibt es in vielen Größen und Formen. Mit ihnen wird der erhöhte Auftrieb durch den Tauchanzug oder anderes, beim Tauchen benutztes Zubehör, ausgeglichen. Die Höhe des Gewichts ist von der Art (und Stärke) Ihres Tauchanzugs abhängig. Sie müssen selbst ausprobieren, wie viel Gewicht Sie benötigen. Tun Sie das aber nicht in tiefen Gewässern, wo Sie leicht nach unten gezogen werden können, sondern in einem Schwimmbecken oder in flachem Gewässer. Hier können Sie auch viel leichter Gewichte wieder vom Grund zurückholen, falls Sie welche ablegen mussten.

Gewichte werden an speziell dafür gefertigten Gurten getragen. Es gibt auch hier unterschiedliche Ausführungen, allerdings mit einer Gemeinsamkeit: einem Verschluss, der schnell geöffnet werden kann. Sie können diese Gurte in jedem Tauchsportladen billig mieten, so dass sich nur die wenigsten Taucher die Mühe machen, sie auf der Reise mitzuschleppen. Im Tauchsportladen kann man Ihnen auch behilflich sein, das für Sie richtige Gewicht auszuwählen, oder Sie zumindest beraten, mit welchem Gewicht Sie beginnen sollten. Erklären Sie dem Personal, was Sie vorhaben, zeigen Sie den Tauchanzug und fragen Sie, wie viel Gewicht Sie ihrer Ansicht nach mitnehmen sollten.

Beim Schnorcheln sollten Sie den Gurt als Letztes anlegen. Vergewissern Sie sich, dass nichts im Weg ist, wenn Sie den Gurt plötzlich ablegen müssen. Machen Sie den Gurt ein paar Mal auf und zu, bevor Sie ins Wasser gehen.

In-West-ment

Wenn Sie Tauchgewichte benutzen, dann möchten Sie vielleicht auch eine aufblasbare Taucherweste verwenden. Sogar einige Schnorchler, die ohne Gewichte auskommen, tragen im Wasser aus Sicherheitsgründen eine Taucherweste. Diese Westen sind im Prinzip nichts anderes als eine luftdichte Tüte, die Sie sich über den Kopf ziehen und hinten auf dem Rücken mit einem Gurt festmachen. Auf der Vorderseite befindet sich ein Ventil, mit dem Sie die Weste aufblasen. Wenn Sie tauchen wollen, können Sie Luft über ein Ablassventil herauslassen. Für gewöhnlich ist eine Weste mit einer CO_2-Gaspatrone ausgestattet, damit im Notfall die Weste schnell aufgeblasen werden kann. Leider halten sich diese Gaspatronen im Salzwasser nicht lange und sind daher auch nicht sehr zuverlässig.

Fortgeschrittenes Freitauchen

Fortgeschrittenes Freitauchen bedeutet nichts anderes als eine Verlängerung des Tauchgangs. Vielleicht wollen Sie nichts weiter, als glücklich vor sich hinzuschnorcheln und ab und zu einen kurzen Tauchgang zu wagen. Vielen genügt das völlig. Wenn es Sie aber reizt, tiefer und länger zu tauchen, müssen Sie sich noch ein paar zusätzliche Techniken aneignen und über eventuell auftretende Risiken Bescheid wissen.

- ✔ Wenn Sie tiefer tauchen wollen, müssen Sie einen schnellen Druckausgleich im Ohr vornehmen können. Sie lernen das durch üben, üben, üben.
- ✔ Trainieren Sie regelmäßig und ausdauernd. Wenn Sie Ihren Körper nicht regelmäßig und ausdauernd trainieren, werden Sie Ihren Sauerstoffvorrat nicht bestmöglich verwenden und somit die Tauchzeit verkürzen – Tauchtiefe und Aufenthaltsdauer hängen einzig und allein davon ab, wie lange Sie für den Weg nach unten und zurück brauchen. Sie können die Tauch-

zeit verlängern, wenn Sie regelmäßig einen Ausdauersport ausüben. Yoga und andere Formen der Meditation, die eine bewusste Atmung trainieren, haben sich ebenfalls als sehr wirkungsvoll erwiesen.

Versuchen Sie es mit Hyperventilation. *Hyperventilation* (eine Anzahl tiefer Atemzüge in schneller Folge) kann ebenfalls als Vorbereitung auf eine Verlängerung der Tauchzeit eingesetzt werden. Seien Sie jedoch vorsichtig, wenn Sie diese Methode verwenden, denn es könnte leicht zu einer Flachwasserbewusstlosigkeit kommen, die zum Tode führen kann. Lesen Sie hierzu auch die Informationen im nachfolgenden Kasten über »Hyperventilation«.

Vom Frei- zum Sporttauchen

Wenn Sie sich von den Geheimnissen des Meeres, die außerhalb der Reichweite eines Atemzugs liegen, unwiderstehlich angezogen fühlen, sollten Sie sich näher mit dem Sporttauchen beschäftigen. Am besten tun Sie das während eines Urlaubs. Gehen Sie zur nächsten Tauchschule, die häufig einem Hotel oder Feriendorf angeschlossen ist, und buchen Sie einen *Resort Course*. Um daran teilnehmen zu können, benötigen Sie keinen Tauchschein.

Sie haben also eine Woche in einem Ressort am Meer gebucht und werden schon beim ersten Spaziergang auf den Tauchsportladen aufmerksam. Mit ziemlicher Sicherheit bietet man dort einen Kurs für Anfänger im Sporttauchen an. Im Allgemeinen sind diese Anfängerkurse relativ preisgünstig, da man Ihnen die Sache ja schmackhaft machen möchte. Sie melden sich also an und beginnen bereits am nächsten Morgen damit. Meist läuft der Kurs folgendermaßen ab:

1. **Der Tauchlehrer erklärt die Grundlagen des Sporttauchens.**
2. **Der Tauchlehrer stellt Größe und Gewicht der Teilnehmer fest, um die passenden Geräte und Tauchanzüge im Tauchshop anzumieten.**
3. **Sie machen sich nun mit den Geräten in einem Swimmingpool oder am flachen Ufer eines Gewässers vertraut. Der Tauchlehrer wird Sie hierbei nicht aus den Augen lassen.**
4. **Der Tauchlehrer nimmt Sie mit zu einem nahe gelegenen Riff, wo Sie unter seiner genauen Anleitung den ersten Tauchgang in nicht zu große Tiefe unternehmen.**

   Das wird aber erst passieren, wenn Sie sich in der neuen Umgebung wohl fühlen und das Einatmen von Pressluft durch ein Mundstück beherrschen.

5. **Sie kommen zurück an Land, reinigen die Ausrüstungsgegenstände mit klarem Wasser und werden in Versuchung geführt, einen Kurs für Fortgeschrittene zu nehmen.**

   Sie haben in dieser kurzen Zeit natürlich noch keinen Tauchschein erworben, aber bereits einige Erfahrungen machen und Eindrücke sammeln können, was diesen Sport betrifft, und das wahrscheinlich unter den günstigsten Bedingungen – in klaren, warmen, tropischen Gewässern, unter Anleitung eines erfahrenen Tauchlehrers, der sich viel Zeit für Sie genommen hat. Wenn es Ihnen Spaß gemacht hat und Sie weiter gerne diesen Sport ausüben möchten, sollten Sie einen Kurs belegen, um den Tauchschein zu erlangen. Mehr hierzu erfahren Sie im dritten Kapitel.

Nach der erfolgreichen Teilnahme an einem Open-Water-Diver-Kurs, haben Sie den Tauchschein, auch *C-Card*:(Certification Card) oder *Brevet* genannt, erworben. Nun können Sie überall auf der Welt Flaschen, Gewichte und andere Ausrüstungsgegenstände für das Tauchen mieten.

Hyperventilation

Das Bedürfnis zu atmen wird nicht durch Sauerstoffmangel, sondern durch die Anhäufung von Kohlendioxyd im Körper ausgelöst. Wenn Ihnen Sauerstoff fehlt, werden Sie bewusstlos, aber so lange der Kohlendioxidspiegel im Blut niedrig ist, haben Sie nicht das Bedürfnis einzuatmen.

Wenn Sie mehrmals hintereinander in schneller Folge tief einatmen, also *hyperventilieren*, können Sie mit dem letzten Atemzug ein wenig länger auskommen als im Normalfall. Das liegt daran, dass Sie einen großen Teil des Kohlendioxyds im Körper ausgeschieden haben – kein Kohlendioxid, kein Bedarf dem Körper Sauerstoff zuzuführen. Diese Methode eignet sich gut dazu, die Tauchzeit zu verlängern, aber nur, wenn Sie vorsichtig dabei sind.

Probleme tauchen dann auf, wenn der Taucher vor einem Tauchgang in überhöhtem Maße hyperventiliert, was dazu führt, dass der Großteil des Kohlendioxids abgeatmet wird. Die Folge davon ist: kein Kohlendioxid vorhanden, keine Notwendigkeit zu atmen. Der Taucher verbraucht weiterhin Sauerstoff, bis er an dem Punkt anlangt, *Hypoxie* genannt, wo nicht mehr genügend vorhanden ist. Und immer noch verspürt der Taucher keine Notwendigkeit zu atmen. Der erhöhte Luftdruck in den Lungen unter Wasser ermöglicht es dem Körper, weiterhin Sauerstoff in einer Menge zu verbrauchen, die an der Oberfläche zu Bewusstlosigkeit führen würde. Wenn der Taucher an die Wasseroberfläche zurückkommt, erniedrigt sich ganz plötzlich der Druck der Luft in den Lungen, es wird kein Sauerstoff mehr aufgenommen und der Taucher wird ohnmächtig (Flachwasserbewusstlosigkeit).

Wenn Sie die Technik des Hyperventilierens anwenden möchten, um Ihre Tauchgänge zu verlängern, sollten Sie – höchstens – drei Mal tief einatmen. Wenn Sie es öfter tun, riskieren Sie eine Flachwasserbewusstlosigkeit.

Die Ausrüstung

2

In diesem Kapitel

- Was Sie zum Tauchen brauchen
- Mieten oder kaufen?
- Pflege und Wartung der Ausrüstung

Zum Gerätetauchen brauchen Sie die richtige Ausrüstung. So wie bei vielen ausgefallenen Sportarten auch, müssen Sie beim Tauchen mit einem Pressluftgerät erst einmal eine größere Summe – angefangen bei 2000 Mark – für die Ausrüstung ausgeben. Aber damit ist es dann auch getan. Die Ausrüstung sollte zehn Jahre oder länger halten. Wenn Sie zum Tauchen verreisen müssen, sollten Sie das Pressluftgerät und die Bleigurte nicht kaufen – diese sind viel zu sperrig und schwer, um sie als Gepäck zu transportieren. In der Regel können diese Gegenstände in Tauchsportläden oder Tauchbasen gemietet werden. Wenn Sie jedoch die Gelegenheit haben, in nahe gelegenen Gewässern zu tauchen, ist ein Kauf dieser Gegenstände vielleicht kostengünstiger.

Die Maske und den Schnorchel, die Sie sich für das Schnorcheln zugelegt haben, können Sie natürlich auch für das Sporttauchen verwenden. Je nachdem, wo Sie tauchen wollen, gilt das auch für die Schwimmflossen.

Beim Tauchsport kommen die Geräte-Freaks voll auf ihre Kosten. Wenn man Lust hat, kann man viele Dinge kaufen, die dann natürlich auch gepflegt werden müssen. Zusätzlich zur Grundausrüstung kann jede Menge nützliches Zubehör angeschafft werden, entweder um das Tauchen zu erleichtern oder den Spaß unter Wasser zu erhöhen – wie etwa U/W-Kameras und -Videogeräte. In diesem Kapitel erfahren Sie auch alles über dieses Zubehör.

Die Grundausrüstung des Sporttauchers

Im ersten Kapitel wurden die drei Grundbestandteile der Taucherausrüstung – Maske, Schnorchel und Flossen – beschrieben. In diesem Abschnitt erhalten Sie Tipps, was Sie beim Kauf Ihrer Ausrüstung beachten sollten, und Sie erfahren die Unterschiede zwischen den einzelnen Geräten, die auf dem Markt sind.

Die Tauchermaske

Unsere Augen sind für das Sehen an der Luft und nicht im Wasser konzipiert. Wenn Sie die Augen unter Wasser öffnen, sehen alle Dinge verschwommen aus. Wenn es sich um Salzwasser handelt, fangen die Augen noch dazu an, ganz schrecklich zu brennen. Sie brauchen daher eine Tauchermaske. Durch die Maske schaffen Sie vor den Augen einen Luftraum; durch eine Scheibe können die Dinge unter Wasser wieder klar gesehen werden.

Mit Hilfe der Maske können Sie Gegenstände unter Wasser deutlich sehen. Als nächstes müssen Sie dafür sorgen, dass Sie in der Maske einen Druckausgleich erzeugen, da beim Abtauchen der Wasserdruck steigt. Das erreichen Sie, indem Sie durch die Nase Luft in die Maske blasen. Deshalb muss eine Tauchermaske auch immer die Nase mit einschließen. Wenn kein Druckausgleich hergestellt wird, kann es zu einem *Barotrauma der Augen* kommen, so dass die empfindlichen Äderchen der Augen platzen – das ist zwar nicht gefährlich, aber doch ziemlich unangenehm. (Lesen Sie mehr zu diesem Thema in Kapitel 7).

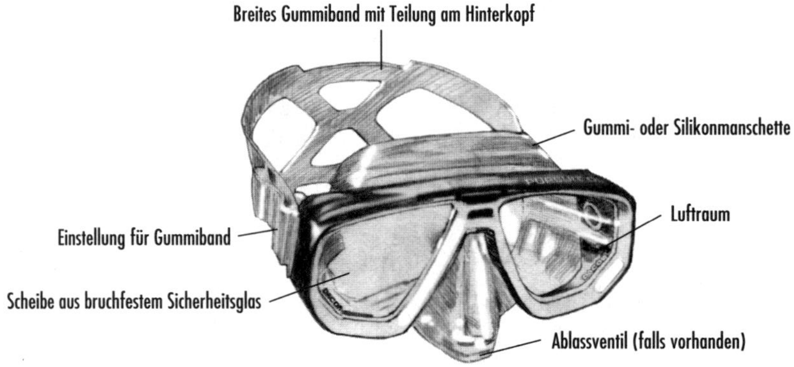

Abbildung 2.1: Die Tauchermaske muss die Nase umschließen, damit Sie für einen Druckausgleich im Luftraum sorgen können.

Tauchermasken bestehen aus einer oder zwei Scheiben aus bruchfestem Sicherheitsglas in einem Plastikgehäuse, das von einer weichen Gummi- oder *Silikonmanschette* umschlossen wird. Das breite Gummiband mit Teilung am Hinterkopf sollte verstellbar sein, so dass die Maske immer dicht am Gesicht anliegt. Bei den Masken haben Sie eine große Auswahl an Formen und Farben. Welche Sie wählen, ist reine Geschmackssache. Sie müssen jedoch darauf achten, dass die Maske gut sitzt. Es gibt beim Tauchen nicht viele Dinge, die einem mehr auf den Geist gehen als das ständige Entleeren der Maske. Auch wenn Ihnen das neueste Modell, das wirklich toll aussieht, mit Abstand am besten gefällt, aber nicht am besten sitzt, sollten Sie es nicht kaufen, denn schon während des ersten Tauchgangs werden Sie sich über den Kauf ärgern. Wenn Sie wählen müssen zwischen Aussehen und Passform, entscheiden Sie sich für das Letztere.

Allgemein gilt, dass die Maske nahe am Gesicht sitzen soll (kurzer Maskenkörper). Je weniger Luft in der Maske ist, desto leichter kann ein Druckausgleich und eine Entleerung vorgenommen werden. Ein weiteres Plus für eine Maske mit kleinerem Volumen ist der geringere Abstand zu den Augen, wodurch sich das Sehfeld vergrößert.

Die Auswahl der Maske

Bei der Auswahl der Maske ist eine gute Passform entscheidend. Aber wie weiß man, ob eine Maske gut sitzt? Das ist gar nicht so schwer herauszufinden. Beachten Sie folgende Punkte:

1. **Schieben Sie das Halteband zur Seite.** Am besten legen Sie es von vorne auf die Linse.
2. **Drücken Sie die Maske an Ihr Gesicht.** Die Gummimanschette muss die Augen und die Nase einschließen.
3. **Atmen Sie durch die Nase ein.** Die Maske sollte nun durch den entstehenden leichten Unterdruck und der daraus resultierenden Sogwirkung von sich aus einige Zeit am Gesicht haften bleiben. Das sollte auch der Fall sein, wenn Sie den Kopf schütteln. Wenn sie herunterfällt, müssen Sie eine andere Maske anprobieren.

Vielleicht haben Sie nun ja mehrere Masken gefunden, die obigen Anforderungen entsprechen. In diesem Fall sollten Sie bei der Auswahl der Maske noch weitere Merkmale prüfen.

Weitere wichtige Eigenschaften einer Tauchermaske

Einige der folgenden Eigenschaften sind bei den Tauchermasken bereits Standard. Ich habe bereits mehrmals darauf hingewiesen, dass ein guter Sitz das A und O bei der Kaufentscheidung sein soll. Wenn das gesichert ist, sollten Sie die Maske wählen, die über diejenigen zusätzlichen Eigenschaften verfügt, die Ihnen wichtig sind.

- ✔ **Bruchsicheres Glas:** Auch dieses Glas kann zerbrechen. Wenn das passiert, bilden sich hier jedoch keine gefährlichen Splitter, sondern viele kleine Glaskügelchen. Dadurch werden Augenverletzungen vermieden. Bruchsicheres Glas ist auch weniger kratzempfindlich als Kunststoff oder Glas. Heutzutage sind nahezu alle Masken mit bruchsicherem Glas ausgerüstet.
- ✔ **Manschette mit doppeltem Dichtrand:** Eine Maske mit inneren und äußerem Dichtrand gehört heute zum Standard. Manschetten mit doppeltem Gesichtsrand sitzen bequemer und dichten besser ab. In der Regel verläuft der innere Dichtrand parallel zum Äußeren, nur nicht unter der Nase – dem unteren Ende der Maske. Dadurch kann die Maske leichter entleert werden.
- ✔ **Ablassventil:** Einige Masken sind mit einem am Nasenboden angebrachten Ablassventil ausgestattet. Damit lässt sich das in den Maskenraum eingedrungene Wasser entfernen, ohne dass die Gummimanschette gelockert werden muss. Sie sollten also theoretisch in der Lage sein, die Maske zu entleeren, ohne dafür die Hände benutzen zu müssen. Aber hey, irgendwas müssen Sie doch tun mit den Händen! Daher sind sich die meisten Taucher darüber einig, dass ein Ablassventil nicht wirklich nötig ist.
- ✔ **Antibeschlagschicht:** Ich selbst habe keine Erfahrung mit einer Maske, die mit einer speziellen Schicht versehen ist, um das Beschlagen der Gläser zu verhindern. Im Prinzip ist diese Idee nicht schlecht. Diese Tauchermasken werden sich jedoch nur bewähren, wenn die Pflege nicht zu aufwendig ist und die Schicht nicht leicht beschädigt wird.

Der Schnorchel

Ein Schnorchel, wie ihn Abbildung 2.2 zeigt, ist im Prinzip eine Röhre, durch die Sie atmen können, während Sie den Kopf fast ganz unter Wasser haben. Der Schnorchel besteht aus einem Rohr mit einem Mundstück an einem Ende, das Sie zwischen den Zähnen halten. Er führt vom Mund ausgehend um eine Gesichtshälfte herum nach hinten und oben, so dass das andere Ende aus dem Wasser ragt, wenn der Taucher auf der Oberfläche treibt oder mit dem Gesicht im Wasser schwimmt. Der Schnorchel wird mit einer Schlaufe oder einem Clip an der Maske befestigt.

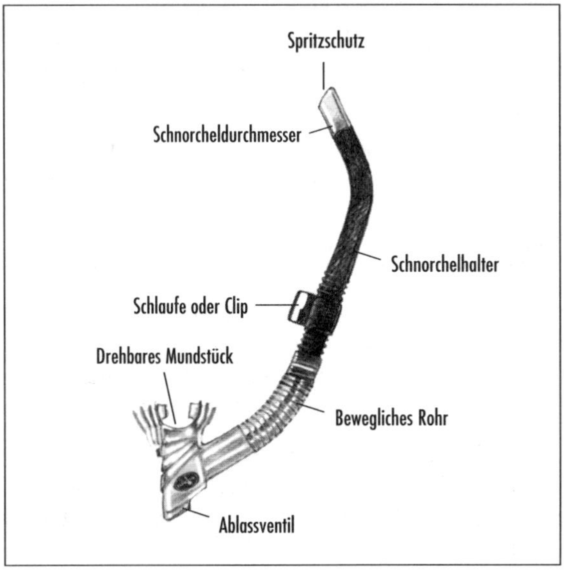

Abbildung 2.2: Ein Schnorchel ermöglicht eine problemlose Atmung, wenn sich das Gesicht im Wasser befindet.

Es sind im Prinzip nur zwei Faktoren, die einen Einfluss auf die Wirkungsweise eines Schnorchels haben – die Länge und der Durchmesser des Rohres.

- **Die Länge:** Je länger der Schnorchel ist, um so weniger Wasser wird eindringen. Allerdings erhöht dies das Volumen der *Totraumluft*. (Von der ausgeatmeten Luft bleibt Restluft im Rohr stehen, die als erstes wieder eingeatmet wird). Außerdem erfordert ein solches Rohr, wenn es mit Wasser vollsteht, beim Ausblasen einen erheblich höheren Kraftaufwand als ein kürzeres Rohr. Ein kürzeres Rohr ist daher zum Schnorcheln besser geeignet. Es darf aber auch nicht zu kurz sein, da die Wellen sonst ständig Wasser in den Schnorchel spülen. (Wenn das passiert, müssen Sie den Schnorchel ausblasen. Wie das geht, erfahren Sie im ersten Kapitel.)
- **Der Durchmesser:** Ein großer Durchmesser erleichtert die Atmung durch den Schnorchel. Bei einem zu großen Durchmesser kann der Schnorchel jedoch nicht von Wasser entleert

werden, da die ausgeatmete Luft nur als Bläschen im Rohr nach oben steigt und nicht das Wasser aus dem Schnorchel drückt. Die meisten Schnorchel, die heute verkauft werden, weisen die ideale Länge und den idealen Durchmesser für das Rohr auf.

Bei den Schnorcheln gibt es zwei unterschiedliche Ausführungen:

- ✔ **Schnorchel mit starrem unteren Teil:** Diese Ausführung wird an einem Ende mit dem Mundstück im Mund festgehalten und führt über eine Gesichtshälfte nach hinten und oben.
- ✔ **Schnorchel mit flexiblem unteren Teil**: Dieses Modell wird von Sporttauchern bevorzugt, da das Rohr unten beweglich ist und deshalb zur Seite fällt, wenn ein Lungenautomat benutzt wird.

Die Auswahl des Schnorchels

Zwei Dinge sind bei der Auswahl des Schnorchels von herausragender Bedeutung: Wie leicht Ihnen das Atmen damit fällt, und wie sich der Schnorchel im Mund anfühlt. Sie können das nur auf eine Art heraus finden: Indem Sie den Schnorchel in den Mund stecken. Aber Sie möchten sicher nicht jeden Schnorchel im Laden in den Mund stecken und das Verkaufspersonal hegt sicherlich den gleichen Wunsch. Glücklicherweise kommt es nicht oft vor, dass der Gebrauch eines Schnorchels unangenehm ist – in den letzten 20 Jahren hatte ich nur einen, mit dem ich nicht zurecht kam. Sie merken es sofort, wenn Ihnen ein Schnorchel nicht richtig passt. Und dann können Sie gar nicht schnell genug in einen Laden kommen, um einen neuen zu kaufen!

Bei den Schnorcheln haben Sie eine große Auswahl und Sie können hier, im Gegensatz zur Tauchermaske, den aussuchen, der all das bietet, was Sie gerne hätten und diesen dann ausprobieren um festzustellen, ob er auch richtig sitzt.

Natürlich gilt auch hier, dass Sie den Schnorchel auswählen sollten, der am besten passt. Verzichten Sie lieber auf die kleinen Extras oder die Lieblingsfarbe. Im Wasser zählt nur eins: der Sitz und die Funktionstüchtigkeit.

Weitere wichtige Eigenschaften des Schnorchels

Es ist wirklich erstaunlich, was die Hersteller mit einem im Prinzip recht simplen Gegenstand alles angestellt haben. Einige Entwicklungen sind wirklich genial, andere aber völlig überflüssig. Sie sind der Richter:

- ✔ **Drehbares Mundstück:** Bei einigen Schnorcheln können Sie den Winkel des Mundstücks, das sich an einem Ende des Rohrs befindet, verstellen.
- ✔ **Ablassventil:** Bei diesen Schnorcheln ist ein Auslassventil unterhalb des Mundstücks angebracht, womit das eingedrungene Wasser besser entfernt werden kann. Die Mehrzahl aller verkauften Schnorchel besitzt ein Ablassventil.
- ✔ **Flexibles Rohr**: Davon ist abhängig, ob das Mundstück zur Seite fallen kann. Die untere Krümmung des Rohrs besteht aus einem Stück gerippten Silikon, ist also beweglich. Wenn

Sie meinen, dass Sie nicht nur Schnorcheln, sondern auch Tauchen werden, sollten Sie sich einen Schnorchel mit flexiblem Rohr anschaffen.

- **Schnorchelhalter:** Hierbei handelt es sich um einen Gegenstand, mit dem der Schnorchel am Maskenband festgemacht wird. Jeder Hersteller hat seinen eigenen Clip oder Halter entwickelt. Achten Sie beim Kauf darauf, dass diese am Rohr nach oben oder unten verstellt werden können.
- **Farben**: Hier können Sie sich austoben. Alle Farben des Regenbogens stehen Ihnen bei der Auswahl zur Verfügung. Die meisten Hersteller bieten Tauchermasken und Schnorchel in der gleichen Farbe an.
- **Spritzschutz**: Dieser Gegenstand befindet sich am Ende des Schnorchels, um das Eindringen von Wasser in das Rohr so gering wie möglich zu halten. Auch hier wartet jeder Hersteller mit einem eigenen Design auf – und einige sind besser als andere. Aber man kann auch ganz gut ohne dieses Ding auskommen.

Flossen

Mit Flossen (siehe Abbildung 2.3) können Sie Ihre Schwimmgeschwindigkeit verstärken, da sich die Kraft die der Beinschlag erzeugt sehr wirkungsvoll in eine Vorwärtsbewegung umsetzt. Für den Taucher gibt es zwei unterschiedliche Arten von Flossen:

- **Flossen mit offenem, verstellbaren Fersenteil:** Diese Flossen sind an der Ferse offen und besitzen ein verstellbares Fersenband, mit dem sie gut am Fuß befestigt werden können. Die meisten offenen Flossen sind größer und steifer als Flossen mit geschlossenem Fersenteil. Mit letzterem können Sie sich in der Strömung oder Brandung besser vorwärts bewegen. Im kalten Wasser, in dem Sie Schutzkleidung (einschließlich Füßlinge) tragen müssen, sind an der Ferse offene Flossen zu bevorzugen. Offene, verstellbare Flossen sind schwerer und teurer als geschlossene und sollten, da sie dann bequemer sind, mit Füßlingen getragen werden (mehr dazu im Abschnitt »Füßlinge« weiter hinten in diesem Kapitel).

  Verstellbare Flossen sind heute mit einem Schnellverschluss ausgestattet, mit dem sie leicht geschlossen und geöffnet werden können. Außerdem verfügen sie in der Regel über einen Mechanismus zum schnellen Einstellen des Fersenbandes. Normalerweise ist das Band an den Stellen, wo es mit der Flosse verbunden ist, beweglich, so dass sie leichter an- und ausgezogen werden kann.
- **Flossen mit geschlossenem Fersenteil:** Diese Flossen umschließen die Ferse wie ein Schuh und werden von Schnorchlern und Tiefseetauchern bevorzugt, die diesen Sport nur im warmen Wasser ausüben.. Sie sind nicht so steif wie die Flossen mit offenem Fersenteil – daher sind sie besser für das Schwimmen an der Oberfläche geeignet, da sie die Wasseroberfläche nicht so oft »durchschneiden« wie steifere Flossen. Je mehr Kontakt die Flossen mit dem Wasser haben, desto schneller ist die Vorwärtsbewegung.

  Bei geschlossenen Flossen sind auch keine Füßlinge notwendig. Füßlinge bestehen aus *Neopren*, dem gleichen Material, aus dem auch der Tauchanzug besteht. Da dieses Material für stärkeren Auftrieb sorgt, muss dies durch das Tragen von Gewichten ausgeglichen werden. Manche Taucher sind davon überzeugt, dass die geschlossenen Flossen die Füße nach oben treiben, was ein Abtauchen natürlich erschwert. Daher tragen sie an den Fußgelenken, zusätzlich zu den Bleigurten, Gewichte. Wenn Sie geschlossene Flossen bevorzugen und mit diesen tiefer tauchen möchten, sollten Sie Flossen auswählen, die etwas steifer sind als die für gewöhnlich beim Schnorcheln benutzten. Viele Taucher, die tauchen und schnorcheln und das sowohl im warmen als auch im kalten Wasser, besitzen ein Paar offene und ein paar geschlossene Flossen.

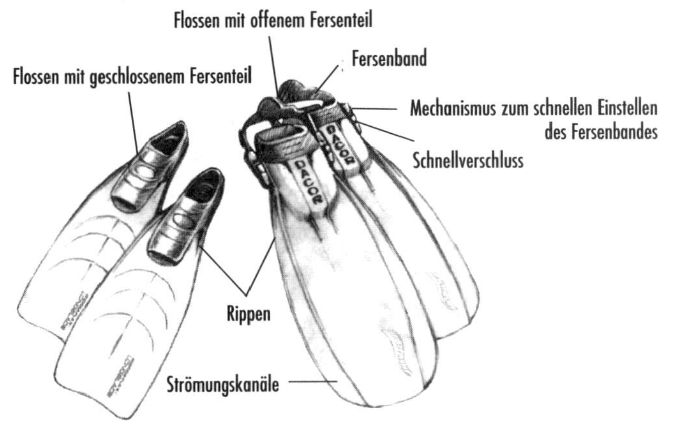

Abbildung 2.3: Flossen mit geschlossenem Fersenteil sind für das Schwimmen an der Oberfläche besser geeignet. Flossen mit offenem, verstellbarem Fersenteil verstärken die Vorwärtsbewegung und können mit Füßlingen getragen werden.

Die meisten Flossen bestehen aus verschiedenen Materialien. Der Schuh selbst und das Fersenband sind aus Neopren oder einem ähnlichen Material hergestellt, während die Flossen selbst aus einem steiferen Thermoplast bestehen. Die Flossen erhalten immer wieder ein neues Design und sind Gegenstand einer Vielzahl hydrodynamischer Spekulationen, deren Ziel es ist, auch noch den letzten Rest an Bewegungsenergie aus einem Beinschlag herauszuholen. Einige haben sich als Standard etabliert, andere wiederum sind sehr gewagt und ihr Nutzen noch nicht bewiesen.

Einige weithin akzeptierte Formen von Flossen weisen folgende Merkmale auf:

- ✔ **Rippen:** Beinahe alle Flossen haben vertikale Rippen, die das Flossenblatt verstärken und zur Stabilität der Flossen beim Beinschlag beitragen. Durch die Rippen wird vermieden, dass die Flossen beim Auf-und-Ab-Beinschlag seitlich kippen.
- ✔ **Strömungskanäle** machen es möglich, dass das Flossenblatt beim Auf-und Ab-Beinschlag eine U-Form bildet. Hierdurch sammelt und bewegt sich mehr Wasser in der Flosse, was zu einer schnelleren Vorwärtsbewegung beiträgt.

- **Durchflussöffnungen:** Durch Öffnungen in den Flossen soll der Wasserwiderstand auf die Flossen verringert werden, ohne jedoch deren Effizienz zu schmälern.

Vor dem Kauf von Flossen müssen Sie sich entscheiden, ob Sie welche mit offenem oder geschlossenem Fersenteil haben möchten oder beide. Wenn Sie sich für die geschlossene Version entscheiden, müssen Sie sich nur auf den Weg ins Tauchsportgeschäft machen, Schuhe und Socken ausziehen und die vorhandenen Modelle durchprobieren, bis Sie das richtige Paar Flossen gefunden haben. Die Flossen müssen gut sitzen, dürfen nicht zu eng oder zu locker sein, so dass sie weder die Blutzirkulation einschränken noch vom Fuß rutschen.

Wenn Sie aber Flossen mit offenem Fersenteil im Visier haben, müssen Sie sich zuerst Füßlinge anschaffen (mehr zu diesem Thema finden Sie im Abschnitt »Füßlinge« weiter hinten in diesem Kapitel). Sobald Sie das erledigt haben, können Sie sich auf den Weg zum Tauchshop machen, um Flossen anzuprobieren. Hier sollten Sie beim Sitz auf das Gleiche achten, wie beim Kauf von geschlossenen Flossen. Zusätzlich überprüfen Sie hier, ob sich die Verschlüsse an den Fersenbändern leicht öffnen und schließen lassen. Ziehen Sie in Betracht, dass Sie die Bänder möglicherweise unter Wasser neu einstellen müssen, und das vielleicht auch noch mit Handschuhen (wenn Sie in kaltem Wasser tauchen).

Zusätzliche Dinge, die Sie benötigen

Es kann sein, dass Sie neben Maske, Schnorchel und Flossen noch weitere Ausrüstungsgegenstände brauchen. Welche das sind, erfahren Sie im nachfolgenden Abschnitt.

Tauchanzug

Wasser leitet die Wärme viel besser als Luft. Die meisten Menschen empfinden eine Lufttemperatur von 21° C als angenehm, im Wasser hingegen fängt man bei dieser Temperatur schnell zu frieren an. Wasser leitet die Wärme 20 Mal schneller ab als Luft. Deshalb tragen Taucher Tauchanzüge – sogar in warmen, tropischen Gewässern. Natürlich ist nicht jeder gleich empfindlich gegen Kälte, das ist individuell sehr unterschiedlich und kann sogar bei ein und derselben Person von Tag zu Tag wechseln. Tatsache ist jedoch, dass fast jeder Taucher bei längerem und wiederholtem Aufenthalt im Wasser zu frieren beginnt und daher den Körper mit einem Tauchanzug schützen muss. Dieser schützt nun nicht nur gegen Kälte, sondern auch gegen Kratzer und Stiche. Ungeschriebenes Gesetz unter Tauchern ist es, unter Wasser nichts zu berühren. Leider lässt sich das nicht immer vermeiden, da man mitunter Situationen ausgesetzt ist, die keine andere Wahl lassen.

Tauchanzüge gibt es in drei Ausführungen: Tropentauchanzug, Trockentauchanzug und Nasstauchanzug. Welchen Sie wählen, hängt davon ab, wie viel Wärmeschutz Sie brauchen.

Tropentauchanzug

Tropentauchanzüge bestehen für gewöhnlich aus Lycra – einem sehr elastischen Nylonmaterial. Es gibt sie sowohl für Männer als auch für Frauen und sie werden in vielen Farben angeboten.

Tropentauchanzüge sitzen figurbetont, werden vorne durch einen Reissverschluss zugemacht und haben am Beinende einen Stoffbügel, der ein Verrutschen der Hosenbeine noch oben verhindert. Dieser Anzug bietet guten Schutz gegen Kratzer und Stiche, schützt aber kaum gegen Kälte, da das Wasser den Anzug durchdringt und ständig am Körper des Tauchers vorbei zirkuliert. Tropentauchanzüge werden ausschließlich in warmen Gewässern getragen und manchmal zusätzlich unter einem Nasstauchanzug. Einige Tropentauchanzüge haben ein synthetisches Innenfutter, das etwas Wärmeschutz bildet.

Abbildung 2.4: Ein Anzug hält warm und schützt gegen Kratzer und Stiche.

Nasstauchanzug

Die meisten Taucher verwenden einen Nasstauchanzug. Er besteht aus *Neopren,* einer Schaumgummi-Folie, die auch Zellschaum genannt wird. Bei der Herstellung des Materials bilden sich kleinste Gasblasen, weshalb das Neopren ein sehr gutes Isolationsmaterial ist und sich bestens für Tauchanzüge eignet. Durch den Anzug dringt etwas Wasser ein – aber keine Sorge, das soll so sein. Die Gasbläschen im Anzug werden in der Tiefe durch den Wasserdruck zusammengedrückt, so dass die Kälteisolation leicht verringert wird. Es wird Ihnen dennoch nicht kalt werden, da das wenige in den Anzug eindringende Wasser durch die Körperwärme erwärmt wird und so für einen zusätzlichen Kälteschutz sorgt.

Nasstauchanzüge gibt es in verschiedenen Stärken zwischen 2 mm für warmes und 7 mm für kaltes Wasser. Sie haben innen häufig ein Futter aus Nylonstoff, was sie länger haltbar macht, da sie damit leichter an- und ausgezogen werden können. Sie werden in so vielen unterschiedlichen

Formen angeboten, dass auch sicher etwas nach Ihrem Geschmack dabei ist, wie auch immer der aussehen mag. Hier eine kleine Auswahl:

Tauchanzug mit kurzen Armen und Beinen (Shorty): Diese Form eignet sich vor allem für das Tauchen in warmen, tropischen Gewässern, die eine Temperatur von 27° C oder höher haben. Sie bestehen in der Regel aus 2 oder 3 mm dickem Neopren, sind einteilig geschnitten, mit kurzen Armen und Beinen, einige haben auch lange Arme. In warmen Gewässern bieten sie ausreichend Schutz vor Kälte, jedoch nicht vor Verletzungen, da Arme und Beine bloß liegen.

- ✔ **Ganzkörpertauchanzug**: Diese sind in der Regel einteilig und haben einen Reissverschluss auf der Brust oder auf dem Rücken. Hier haben Sie die Auswahl zwischen vielen unterschiedlichen Materialstärken – dünner für warmes, dicker für kaltes Wasser. In einem solchen Anzug sind Sie am ganzen Körper gegen Kratzer und Stiche geschützt und er bietet auch einen besseren Wärmeschutz als ein Anzug mit kurzen Armen und Beinen. Abhängig von der Dicke des Materials kann dieser Anzug in bis zu 20° C kaltem Wasser getragen werden.

Zweiteiler: Diese Tauchanzüge bestehen in der Regel aus dickerem Neopren (5 bis 7 mm) und eignen sich besonders für das Tauchen in kaltem Wasser. Der Anzug besteht normalerweise aus einer *Long-John-Hose* (eine Art engsitzender Strampelanzug aus Neopren) und einer Jacke. Manchmal reicht die Jacke bis zu den Oberschenkeln herab und kann im warmen Wasser auch ohne Hose getragen werden. Ein Zweiteiler bietet durch die Überlappung am Torso mehr Kälteschutz für die Organe und ist zusammen mit einer Haube, Füßlingen und Handschuhen (die im Abschnitt »Zusätzlicher Schutz« weiter hinten in diesem Kapitel näher beschrieben werden) für das Tauchen in bis zu 10° C kaltem Wasser geeignet. In noch kälterem Wasser muss ein Trockentauchanzug getragen werden.

Trockentauchanzug

Der Trockentauchanzug ist für das Tauchen in kaltem Wasser bestimmt; es gibt ihn nur in einer Ausführung: mit langen Armen und Beinen. Die Unterschiede bei diesen Anzügen liegen unter anderem im Material und in der Lage der Reissverschlüsse, etc.

Die Wärme in den Trockentauchanzügen kommt nicht vom Anzug sondern von den Kleidungsstücken, die unter dem Anzug getragen werden. Luft, die sich im Anzug befindet, wird beim Tauch komprimiert, kann jedoch durch ein automatisches Luftventil, das mit dem Presslufttank verbunden ist, ausgeglichen werden. Beim Aufsteigen passiert natürlich genau das Gegenteil: Durch ein Luftablassventil wird wieder ein Druckausgleich hergestellt. Trockentauchanzüge bestehen im Allgemeinen aus Neopren oder Trilaminat (ein dünnes, gummiertes Gewebe). Manschetten aus Neopren oder Latex schließen den Anzug an den Einschlupfstellen ab. Füßlinge gehören in der Regel bereits zum Anzug dazu.

Trockentauchanzüge wurden erst durch eine Entwicklung, die im Zuge der Raumforschung gemacht wurde, möglich: ein spezieller, wasser- und luftdichter Reissverschluss. In der Regel verläuft dieser über die Schultern oder die Brust; die Hersteller versuchen aber immer wieder andere Möglichkeiten, durch die sich das häufig auftretende Problem eines klemmenden Reissverschlusses verhindern lässt. Diese klemmenden Reissverschlüsse können ja auch ziemlich auf die Nerven gehen.

Die modernen Trockentauchanzüge bestehen aus einem von drei wasserdichten Materialien:

- ✔ **Gummibeschichtetes Gewebe:** Dieses Gewebe hat für sich noch keine isolierende Wirkung, so dass sich der Taucher ganz auf die Unterbekleidung verlassen muss. Im Allgemeinen kann man sich in diesen Anzügen jedoch besser bewegen als in den schwereren Neopren-Anzügen.
- ✔ **Neopren:** Trocken- und Nasstauchanzüge bieten für sich schon eine geringe Wärmeisolierung, so dass der Taucher bei deren Verwendung leichtere Unterbekleidung tragen kann. Auch wenn die Unterbekleidung nass wird, verhindern diese Tauchanzüge eine zu rasche Abgabe von Körperwärme an die Umgebung.
- ✔ **Compressed Neopren:** Tauchanzüge aus diesem Material sind viel strapazierfähiger als solche aus Neopren. Wie die Anzüge aus gummibeschichtetem Gewebe bieten Sie jedoch keine Kälteisolierung. Im Gegensatz zu diesen sind sie aber bequemer zu tragen und erlauben mehr Bewegungsfreiheit, obwohl sie schwerer und dicker sind. Auch unter diesen Tauchanzügen muss warme Unterbekleidung getragen werden.

In wirklich kaltem Wasser (10° C und weniger) gibt es keine Alternative zu den Trockentauchanzügen. Leider haben sie aber auch ein paar Nachteile.

- ✔ **Pflege:** Die Pflege der Trockentauchanzüge kann ganz schön aufwendig sein. Nach Gebrauch müssen sie in Süßwasser gewaschen, anschließend getrocknet und auf einen Bügel gehängt aufbewahrt werden. Die Metallteile und der Reissverschluss werden mit Silikonspray behandelt Und das müssen Sie nach jedem Tauchgang tun. Wenn Sie diese Maßnahmen nicht befolgen, kann ihr Anzug eines frühen, schimmeligen Todes sterben.
- ✔ **Kosten**: Wie auch immer, in jedem Fall müssen Sie vielleicht Ihr Sparschwein schlachten. Trockentauchanzüge sind mit Abstand die teuersten Tauchanzüge auf dem Markt. Seien Sie nicht überrascht, wenn Sie die Preise sehen. Ach ja – noch etwas: Sie müssen sich auch größere Schwimmflossen kaufen, die über die bereits am Tauchanzug befestigten Füßlinge passen. Wenn Sie es aber wirklich ernst meinen mit dem Tauchen in kaltem Wasser, lohnen sich diese Ausgaben.
- ✔ **Sperrigkeit**: Ein Trockentauchanzug ist nicht gerade der ideale Reisebegleiter. Einer allein braucht schon eine Reisetasche für sich – und wohin soll all das andere Zeug, das man zum Tauchen braucht? Wenn Sie mit einem Trockentauchanzug tauchen, benötigen Sie auch schwerere Gewichte, da in diesen Anzügen der Auftrieb stärker ist.
- ✔ **Training:** Die Trockentauchanzüge erfordern eine erheblich erweiterte Grundausbildung, da Sie lernen müssen, wie Sie die Luftventile im Anzug bedienen. Wenn Sie nicht wissen, wie Sie sich beim Auftauchen der überschüssigen Luft entledigen, werden Sie – Po voran – an der Wasseroberfläche auftauchen und neben dem Boot wie eine Boje im Wasser dümpeln.

Wenn Sie vorhaben, häufig in kaltem Wasser zu tauchen, das nötige Kleingeld für die teure Ausrüstung haben und bereit sind, die beschriebenen Mühen auf sich zu nehmen, ist ein Trockentauchanzug natürlich wesentlich bequemer als die anderen Tauchanzüge. Wenn Ihnen das aber alles nicht besonders verlockend erscheint, sollten Sie sich einen Nasstauchanzug kaufen.

Die Auswahl des Tauchanzugs

Die erste Entscheidung, die Sie treffen müssen besteht darin, welchen Tauchanzug Sie kaufen möchten: einen Tropen-, Nass- oder Trockentauchanzug. Die Wahl hängt davon ab, wie viel Wärmeisolierung Sie brauchen werden. Nun, die Antwort scheint nicht allzu kompliziert zu sein, oder? Leider doch, da die Wassertemperatur, der Sie ausgesetzt sind, von vielen Faktoren abhängt. Die Kenntnis der Durchschnittstemperatur in den Gewässern, in denen Sie meist tauchen werden, ist wichtig. Diese kann sich aber während des Tauchgangs plötzlich verändern. Es gibt zahlreiche weitere Faktoren, die Einfluss darauf haben, ob es Ihnen während des Tauchens kalt wird: Die Energie, die Sie vor und während des Tauchgangs aufwenden, die Tauchdauer, das Wetter während der Fahrt mit dem Boot zum Tauchplatz, die Lufttemperatur, Ihr eigenes Kälteempfinden und so fort. (Daher ist es so gut wie unmöglich, schon beim Kauf eine sichere Aussage zu machen.) Die meisten Taucher kaufen deshalb einen Nasstauchanzug, da dieser den weitesten Temperaturbereich abdeckt und bei der Pflege nicht zu hohe Ansprüche stellt.

- ✔ **Tropentauchanzug:** Wenn Sie nicht einmal eine Zehe ins Wasser halten, wenn es unter 25° C warm ist und wenn Ihnen ein Sonnenbrand oder Kratzer mehr Kopfzerbrechen bereitet als die Kälte, ist ein Tropentauchanzug völlig ausreichend für Sie. Der Kauf ist nicht weiter schwierig, da Sie hier nur die richtige Größe des Anzugs finden müssen, den Sie gerne hätten. Wenn Sie in der Lage sind, Ihre Kleidung selbst auszuwählen, kommen Sie auch hier ohne Hilfe zurecht. Diese Tauchanzüge sollten eng am Körper anliegen, deshalb haben bei weitem die meisten Leute Probleme damit, wie sie darin aussehen.

- ✔ **Nasstauchanzug.** Auch hier ist die Wahl des Tauchanzugs nicht besonders schwierig. Sie müssen entscheiden, ob Sie einen mit kurzen Armen und Beinen, einen Einteiler oder einen Zweiteiler möchten und wie dick das Material sein soll. Die Entscheidung sollten Sie davon abhängig machen, wo Sie meist tauchen möchten: in tropischen oder kalten Gewässern. Falls Sie einen Kompromiss eingehen müssen, dann kaufen Sie lieber einen etwas dickeren als einen dünnen Anzug. Vielleicht schaffen Sie sich auch beides an: einen Tropen- und einen Nasstauchanzug.

- ✔ **Trockentauchanzug.** Diese Art von Tauchanzug verlangt beim Kauf sorgfältige Überlegungen. Da hier die Wärme vom Luftraum zwischen Körper und Anzug abhängig ist, ist der richtige Sitz äußerst wichtig. Er darf nicht so eng anliegen wie ein Tropen- oder Nasstauchanzug, da sonst kein Platz für eine isolierende Luftschicht besteht. Der Tauchanzug sollte locker sitzen, aber nicht am Körper schlottern. Bitten Sie beim Kauf einen Verkäufer um Hilfe. Die steht Ihnen auf alle Fälle zu, bei diesem Preis!

Zusätzliche Ausrüstungsgegenstände zum Schutz des Körpers

Der Kopf gibt schneller Wärme an die Umgebung ab als jeder andere Körperteil. Das ist nicht gut, denn bei den meisten Menschen befindet sich das Gehirn an dieser Stelle und Physiologen stimmen darin überein, dass dies ein ziemlich wichtiges Organ ist. In kaltem Wasser muss der Kopf geschützt werden. Hände und Füße sind weniger empfindlich, benötigen jedoch, wegen der fehlenden Körperfettschicht, in kaltem Wasser ebenfalls Schutz. Wenn Ihre Finger vor Kälte steif sind, werden sie bei feineren Arbeiten ihren Dienst versagen – ein Umstand, der Sie durchaus in Gefahr bringen kann. Aber keine Sorge. Die emsigen und geschäftstüchtigen Hersteller von Taucherausrüstung haben sich auch etwas gegen dieses Problem einfallen lassen, wie Sie in den folgenden Abschnitten sehen werden.

Kopfhaube

Hauben für Trockentauchanzüge bestehen für gewöhnlich aus dem dicken Neopren, das für Nasstauchanzüge verwendet wird. Hauben, wie die in Abbildung 2.5, werden über den Kopf und die Halsöffnung über die Gummimanschette des Tauchanzugs am Halsabschluss gezogen. Hauben, die mit einem Nasstauchanzug getragen werden, sind häufig mit einem Latz versehen, der bei einem Zweiteiler vorne unter die Jacke und über den Long-Johns gelegt wird oder vorne unter das Oberteil bei einem Einteiler. Einige Hauben sind an einer ärmellosen Weste befestigt. Das bietet einen weiteren guten Kälteschutz unter einem Einteiler.

Hauben aus Lycra werden bevorzugt im warmen Wasser getragen. Das Material, das für eine Haube aus Lycra verwendet wird, ist gewöhnlich schwerer als das Zeug, woraus der Tropentauchanzug besteht, wohingegen der Latz wiederum aus leichterem Material besteht, weshalb dieser mühelos in den Tauchanzug gesteckt werden kann.

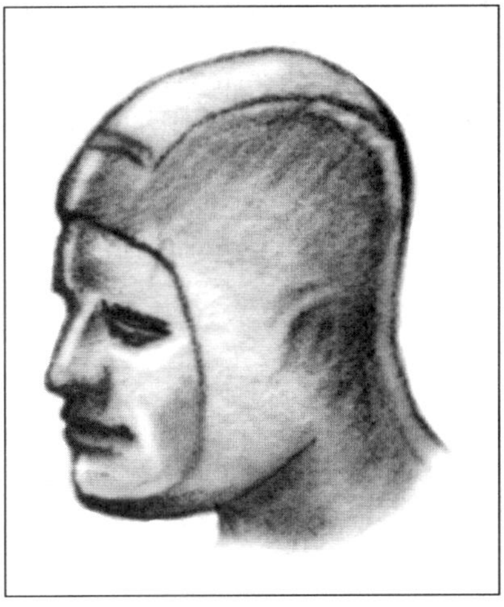

*Abbildung 2.5: Hauben sind beim Tauchen in kaltem Wasser sehr wichtig.
Der Kopf ist derjenige Körperteil, der am schnellsten Wärme verliert.*

Handschuhe

Wenn Sie jemals versucht haben eine Tätigkeit mit den Händen auszuführen, wenn diese eiskalt sind, dann wissen Sie, wovon ich spreche. Und Sie wissen auch, warum Handschuhe wichtig sind. Manche Taucher tragen sogar im warmen Wasser leichte, nicht isolierte Handschuhe. Ich selbst gehöre nicht zu denen und bin eigentlich dagegen, weil ich den Verdacht nicht loswerde, dass diese Taucher die Handschuhe deswegen tragen, weil sie unter Wasser Dinge berühren, die sie nicht anfassen sollten. Das Tauchen mit bloßen Händen in tropischen Gewässern erinnert Sie immer daran, nichts anzufassen.

Im kalten Wasser benötigen Sie Handschuhe aus Neopren. Sie beeinträchtigen die Beweglichkeit der Hände allerdings in einem gewissen Maße. Die Handschuhe sind in drei Ausführungen erhältlich:

- ✔ **Leicht, nicht isoliert:** Diese Handschuhe sind aus einem synthetischen Material hergestellt, das relativ unempfindlich ist. Die Handfläche besteht in der Regel aus synthetischem Leder. Diese Handschuhe schützen kaum vor Kälte, jedoch vor Kratzern, Schnitten und Stichen, die Sie aber schon dadurch vermeiden können, dass Sie unter Wasser nichts anfassen. Sie eignen sich auch hervorragend zum Surfen und Kajak fahren.
- ✔ **Fingerhandschuhe aus Neopren**: Diese Handschuhe bieten einen guten Schutz vor Kälte, Kratzern, Schnitten und Stichen. (Verletzungen können Sie natürlich dadurch vermeiden, dass Sie unter Wasser nichts anfassen.) In Fingerhandschuhen aus Neopren sind Sie etwas ungeschickt, dafür können Sie aber die Kälte davon abhalten, von Ihren Fingern Besitz zu ergreifen.
- ✔ **Fausthandschuhe aus Neopren**: Diese Handschuhe bestehen aus dickem Neopren, mit Ausbuchtungen für den Daumen, den Zeigefinger und die übrigen drei Finger. Benutzen Sie bei großer Kälte diese Art Handschuh, auch wenn dies Ihre Fingerfertigkeit beim Gitarre spielen stark beeinträchtigt. Aus den unterschiedlichsten Gründen nimmt die Popularität des Gitarrespielens unter Wasser aber so und so seit den 60er Jahren kontinuierlich ab.

Habe ich Sie schon darauf hingewiesen, dass Sie in der Unterwasserwelt nichts anfassen sollen? Falls nicht, so sei dies hiermit getan.

Füßlinge

Füßlinge halten die Füße warm und schützen sie in den verstellbaren Schwimmflossen vor dem Wundreiben. Sie schützen Ihre Füße vor Verletzungen, während Sie ins Wasser waten, wenn Sie in der Nähe des Strands tauchen möchten (siehe Kapitel 5), und sehen darüber hinaus äußerst schick aus.

Standard-Füßlinge (siehe Abbildung 2.7) bestehen aus Neopren. Sie haben eine Laufsohle und einen Reissverschluss auf der Seite, was das Anziehen erleichtert. Beim Kauf der Füßlinge brauchen Sie nicht viel überlegen – entscheiden Sie sich für die Stärke des Materials und suchen Sie die passende Größe. Da sie ja aus einem weichen Material bestehen, ist der Sitz weniger wichtig wie bei normalen Schuhen.

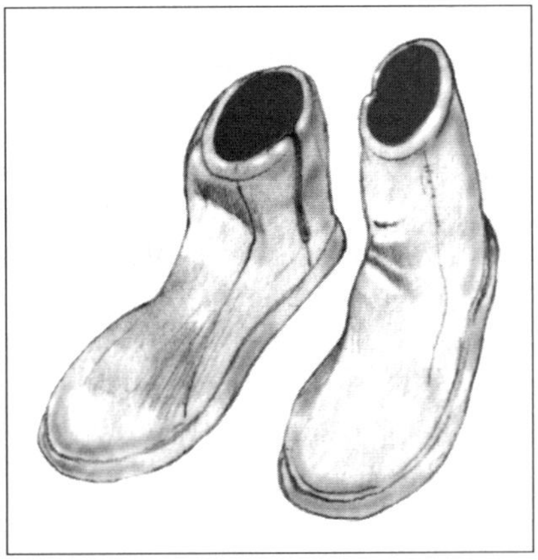

Abbildung 2.7: Füßlinge halten Ihre zarten Füßchen warm und schützen sie, wenn Sie verstellbare Schwimmflossen tragen, vor dem Wundreiben.

Druckluftflasche

In der Druckluftflasche befindet sich die Luft, die Sie unter Wasser zum Atmen und zur Kontrolle des Auftriebs benötigen. Alle Flaschen haben ein einfaches Ein/Aus-Ventil mit einem Hochdruck-Sicherheitsventil, das verhindert, dass zu viel Luft eingefüllt wird. Außerdem gibt es auch immer eine O-Ring-Abdichtung zum einstufigen Lungenautomat (Atemregler). (Mehr darüber erfahren Sie im Abschnitt »Lungenautomat« weiter hinten in diesem Kapitel.) Wenn Sie wissen, dass Sie nur in fernen, exotischen Gewässern tauchen werden, sollten Sie sich keine Druckluftflasche kaufen, weil diese sperrig und schwierig zu transportieren ist. Da es für die O-Ring-Abdichtung zum Atemregler ein Standard existiert, können Sie in jedem Tauchshop eine Flasche mieten, auf die Ihre Geräte passen. Wenn Sie aber oft in unmittelbarer Nähe zu Ihrer Wohnstätte tauchen gehen, lohnt es sich, Geld für eine eigene Druckluftflasche auszugeben.

Flaschentypen

Der Sporttaucher benutzt entweder Flaschen aus Stahl oder Aluminium.

✔ **Stahlflaschen:** Stahl ist härter und daher nicht so leicht zu beschädigen wie Aluminium. Da sie auch schwerer sind, muss der Taucher weniger Gewicht verwenden (lesen Sie hierzu den Abschnitt »Gewichte« weiter hinten im Kapitel). Der Nachteil von Stahlflaschen ist jedoch, dass sie mehr gepflegt werden müssen, um Rost und Korrosion zu verhindern.

✔ **Aluminiumflaschen:** Diese Flaschen sind ebenfalls korrosionsanfällig. Bei der Korrosion bildet sich an der Oberfläche der Flasche jedoch Aluminiumoxid, welches eine weitere Korrosion verhindert. Wegen des geringen Pflegeaufwands werden in Tauchshops in der Regel Aluminiumflaschen vermietet.

Stahlflaschen sind in der Regel galvanisiert (und manchmal bemalt), um die Korrosion einzudämmen. Aluminiumflaschen brauchen eigentlich keine Schutzschicht. Dennoch wird sie häufig aufgetragen, da sie dann schicker aussehen.

Die meisten Flaschen haben einen Plastik-Standfuß, der zum einen eine Beschädigung verhindert und zum anderen für einen festen Stand sorgt. Der Standfuß ist am Rand abgeflacht, damit die Flasche beim Hinlegen nicht wegrollt.

Die Flaschengröße

Flaschen, die zum Mieten angeboten werden, haben eine Standardform und -größe. Wenn Sie sich aber selbst eine kaufen, werden Sie mit einer Vielzahl von Größen und Formen konfrontiert, von kurz und breit bis zu lang und schmal. Das Wichtigste an einer Flasche ist jedoch nicht das Aussehen, sondern ihr *Luftvorrat*. Am gebräuchlichsten sind Druckluftflaschen mit 10-, 12- oder 15-l-Volumeninhalt. Aus den Einzelflaschen können auch Flaschenpakete gebaut werden. Deren Popularität hat aber in den letzten Jahren nachgelassen. Einige Taucher bevorzugen ein Flaschenpaket jedoch immer noch gegenüber einer einzigen, größeren Flasche.

Inspektion und Prüfung von Druckluftflaschen

Die Prüfzeit ist verschieden von Land zu Land. In Deutschland müssen die Stahlflaschen alle zwei, Aluminiumflaschen alle sechs Jahre druckgeprüft werden. Eine Prüfplakette bestätigt die durchgeführte Wartung.

- **Inspektion:** Bei einer Inspektion wird das Ventil von der Druckluftflasche entfernt und der Innenraum mit einer speziellen Lampe auf Korrosionsschäden überprüft. Das Ventil wird ebenfalls einer Prüfung unterzogen. Nach erfolgreicher Prüfung werden die Teile wieder zusammengesetzt und vom Prüfer wird eine Plakette angebracht, die den Tag und die Inspektionsstelle anzeigt. Kein ordentlicher Tauchshop wird eine Flasche füllen, die keine gültige Plakette trägt.
- **Hydrostatischer Test:** Der auch als Druckprüfung bekannte Test ist von Land zu Land verschieden. Um die Druckfestigkeit einer Pressluftflasche in Deutschland während der Druckprüfung zu messen, bei der die Flasche in der Regel (aber nicht unbedingt) mit Wasser gefüllt wird, muss die Flasche gemäß der »Technischen Regeln Druckgase« (TRG) mit dem 1,5-fachen des zulässigen Fülldrucks gefüllt werden, wobei dieser Druck mindestens 30 Sekunden zu halten ist.

Flaschencode

Wichtig für jeden Taucher sind die Stempel, die am Flaschenhals angebracht sind. Es handelt sich hier um eine mysteriöse Anreihung von Buchstaben und Ziffern. Viele vernachlässigen diese Angaben, da wir uns daran gewöhnt haben, dass viele Dinge, die wir benutzen, irgendwelche unerklärlichen Nummern und Codes tragen. Wenn Sie sich jedoch einen eigenen Tank kaufen, sollten Sie sich diese Angaben etwas näher ansehen.

Sie erhalten folgende Informationen:

- ✔ Pressluft oder Atemluft
- ✔ Seriennummer der Flasche
- ✔ Hersteller-/Händlerangabe
- ✔ Prüfdruck: 300 bar
- ✔ Fülldruck: 200 bar
- ✔ Datum der letzten Prüfung, z.B. 02. 2000, mit dem Prüfzeichen und dem Datum der nächsten Prüfung: 04. 2002, ebenfalls mit Prüfzeichen.

Pflege und Wartung der Druckluftflasche

Äußere Gewalteinübung auf die Flasche, ersichtlich etwa an Dellen, kann deren Festigkeit schwächen. Aluminiumflaschen sind weicher als Flaschen aus Stahl und folglich für solche Beschädigungen anfälliger. Das Flaschenventil, das meist aus Messing besteht, ist ebenfalls sehr stoßempfindlich und sollte daher immer gut geschützt sein. Wenn Ihre Flasche solche Beschädigungen aufweist, sollten Sie sie vor Gebrauch unbedingt prüfen lassen.

In einer Flasche, die mit Druckluft gefüllt ist, entwickeln sich Rost und Korrosion viel schneller als an der Außenwand – daher muss jedes Eindringen von Feuchtigkeit in den Zylinder unbedingt vermieden werden. Die Kompressoren, mit deren Hilfe die Flaschen gefüllt werden, filtern die Luft und entfernen daraus die Feuchtigkeit, bevor sie in die Flasche gefüllt wird. Überprüfen Sie, ob Filter und Kondensator des Kompressors, mit dem Ihre Flasche gefüllt wird, auch gut funktionieren.

Wenn Sie eine eigene Flasche verwenden, sollten Sie diese nie ganz leer aufbewahren, da durch das offene Ventil Feuchtigkeit in den Zylinder eindringen kann. Bei der Abnahme des einstufigen Lungenautomaten (der im nächsten Abschnitt beschrieben wird) nach jedem Tauchgang sollten Sie das Flaschenventil ein paar Sekunden lang leicht öffnen, damit die Wassertröpfchen, die sich im Ventil angesammelt haben könnten, ausgeblasen werden.

Lungenautomat (Atemregler)

Sie haben nicht viel davon, wenn Sie 10 l komprimierte Luft auf dem Rücken mit sich herumschleppen, wenn Ihnen diese nicht zum Atmen zur Verfügung steht. Der Druck der Luft, die Sie einatmen, muss genau so groß sein wie der Druck, der Sie umgibt – auch *Umgebungsdruck* genannt. Unter Wasser sind Sie einem höheren Druck ausgesetzt. Deshalb muss die Luft, die Sie einatmen, den gleichen Druck haben – und genau das ist die Aufgabe des Lungenautomaten. Ein Lungenautomat reagiert auf Anforderung nämlich dann, wenn Sie einatmen; beim Ausatmen schließt er sich wieder. Damit geht die Luft nicht unnütz verloren, anders als in einem offenen System. Der Taucher inhaliert die Luft durch den Atemregler ein und durch ihn in das Wasser aus. Wenn der größte Teil des Luftvorrats in der Flasche verbraucht ist, muss sich der Taucher auf den Weg an die Wasseroberfläche machen.

Die modernen Lungenautomaten bestehen aus zwei Teilen: dem einstufigen und zweistufigen Lungenautomaten. Ich weiß, dass das alles ganz schön verwirrend ist, da der einstufige und zweistufige Lungenautomat *zusammen* den Lungenautomaten ergeben. Auch ich bin hier am Ende meiner Weisheit angelangt. Ich hätte dem Ding einfach einen anderen Namen gegeben.

Lungenautomat 1. Stufe: Die erste Stufe des Lungenautomaten ist über das An/Aus-Ventil mit der Flasche verbunden. Die komprimierte Luft aus der Pressluftflasche kommt am einstufigen Lungenautomaten an. Ein kleiner Teil dieser Luft wird an das Druckluftmessgerät oder den Tauchcomputer mittels eines Schlauchs weitergeleitet. Der einstufige Lungenautomat misst den umgebenden Wasserdruck, stellt den verbleibenden Luftstrom entsprechend darauf ein und gibt diese Informationen an die 2. Stufe des Lungenautomaten und andere Niedrigdruckschläuche weiter.

- **Lungenautomat 2. Stufe**: Die zweite Stufe des Lungenautomaten befindet sich am Ende des Niedrigdruckschlauchs und stellt immer dann Luft zur Verfügung, wenn der Taucher danach verlangt (siehe Abbildung 2.8). Die zweistufigen Atemregler gibt es in vielen unterschiedlichen Formen, sie funktionieren aber im Wesentlichen alle auf die gleiche Weise: Beim Einatmen erniedrigt sich der Druck im Mundstück. Eine Membran wölbt sich und drückt auf den zweistufigen Lungenautomaten, was nun wiederum dazu führt, dass ein Ventil Luft aus dem Niedrigdruckschlauch an das Mundstück weitergibt. So funktioniert's! Luft, du süßer Lebensspender! Beim Ausatmen gleicht sich der Druck im Mundstück aus und das Ventil schließt sich.

Durch spezielle Öffnungen im Mundstück wird die ausgeatmete Luft direkt an das Wasser abgegeben. Sie sind für gewöhnlich seitlich angebracht, damit die aufsteigenden Luftbläschen nicht die Sicht behindern. Ein Ablassventil vorne am Mundstück drückt mechanisch eine Membrane herunter, so dass Sie bei Bedarf das Mundstück mittels Knopfdruck entleeren können. Bei manchen zweistufigen Lungenautomaten können Sie sogar den Stärkegrad einstellen, mit dem sich das Ventil öffnet – eine ziemlich praktische Sache, durch die verhindert wird, dass versehentlich zu viel Luft entweicht.

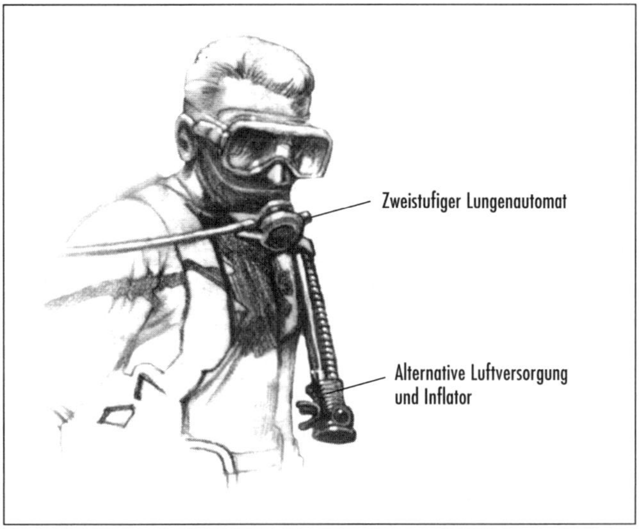

Abbildung 2.8: Wenn man die alternative Luftversorgung mit dem Inflator der Tarierweste verbindet, spart man sich ein paar herunterhängende Schläuche.

Ob nun ein Lungenautomat über einen Bolzen oder eine Membran geregelt wird und ob er aus Messing oder Titan besteht, macht keinen großen Unterschied. Alles, was Sie wollen, ist Luft, wann immer Sie danach schnappen. Sie möchten darüber hinaus, dass Sie mit einem Atemregler leicht Luft holen können, dass Sie sich auf den Luftvorrat verlassen können und dass der Regler schnell und leicht zu reparieren ist (sollte das einmal nötig sein). Glücklicherweise ist ein Lungenautomat ein einfaches Gerät, dessen Funktionstüchtigkeit bereits einen hohen Standard erreicht hat. Sie können beim Kauf nicht viel falsch machen, dennoch sollten Sie sich vorher ein wenig umhören – die Erfahrungen anderer Taucher sind immer hilfreich bei der Beurteilung der Ausrüstungsgegenstände. Testen Sie im Laden ein paar Atemregler darauf, wie gut sie sitzen und wie leicht Sie mit ihnen atmen können.

Das Wichtigste beim Kauf eines Lungenautomaten ist der Service. Fragen Sie, wie lange es dauert, bis Ersatzteile besorgt werden können und wie lange eine Reparatur in der Regel dauert. Kaufen Sie den Lungenautomaten in einem Laden, der für seinen guten Service bekannt ist.

Alternative Luftversorgung

Jeder Taucher, der einen Tauchschein besitzt, erhielt schon einmal eine Unterweisung im Gebrauch einer alternativen Luftversorgung, die mittlerweile zur Standardausrüstung gehört. Jeder Taucher muss ein redundantes, d.h. mehrfaches, Atemsystem mit sich führen, um im Notfall weiter atmen zu können, egal welcher Teil des Atemsystems versagt. Wesentlich häufiger kommt es jedoch vor, dass Sie die alternative Luftversorgung nicht selbst verwenden, sondern sie einem anderen Taucher überlassen, dem die Luft ausging (oder umgekehrt, Sie brauchen die Hilfe eines

Mittauchers). Mit Hilfe der alternativen Luftversorgung können Sie weitgehend problemlos an die Wasseroberfläche zurückkehren. Nachfolgend werden die vier alternativen Möglichkeiten der Luftversorgung vorgestellt. Die große Mehrzahl der Taucher entscheidet sich für eine der ersten beiden Möglichkeiten, die sich der Luft in der Flasche bedienen. Bei den beiden letzten Möglichkeiten müssen Sie einen zweite, kleine Flasche mitführen.

Der Octopus: In den meisten Fällen wird bei der alternativen Luftversorgung ein *Octopus* verwendet. Hierbei handelt es sich um einen weiteren zweistufigen Lungenautomaten, der, wie schon die Hauptversorgung, über einen Niedrigdruckschlauch mit dem einstufigen Lungenautomaten verbunden ist. Für gewöhnlich hat dieser einen etwas längeren Schlauch als der Haupt-zweistufige-Lungenautomat. Beide sind in der Bedienung gleich.

- **Inflator-Automat:** Dieser Automat (siehe Abbildung 2.8) vereint den Inflator in der Tarierweste (mehr dazu weiter hinten im Abschnitt »Tarierweste«) mit einem zusätzlichen zweistufigen Regulator. Für beide wird der gleiche Niederdruckschlauch verwendet. Indem man den gleichen Schlauch verwendet, erspart man sich weitere Schläuche.

Pony-Bottles: Eine *Pony-Bottle* ist eine separate, kleinere Druckluftflasche, die zusätzlich zur Hauptversorgung mitgetragen wird. Diese Flasche verfügt über einen eigenen ein- und zweistufigen Lungenautomten, so dass dieses System eine vom Hauptsystem völlig unabhängige alternative Luftversorgung darstellt und sich dadurch von den oben beschriebenen Alternativen unterscheidet, die beide aus der Hauptflasche gespeist werden. Die Pony-Bottles enthalten so viel Luft, dass man Zeit für ein sicheres Auftauchen, einschließlich eines Sicherheitsstopps, hat. Sie werden meist von Tief- oder Wracktauchern verwendet und all jenen, die längere Tauchgänge planen.

Aufstiegsflasche (Spare-Air-Bottle). Eine *Aufstiegsflasche* sieht wie eine kleine Pony-Bottle aus, bei der sich der Atemregler aber im Ventil oben an der Flasche befindet. Sie beinhaltet nicht viel Luft, jedoch genug, um Sie sicher an die Oberfläche zu bringen. Diese Flasche ist häufig an der Tarierweste befestigt (siehe nachfolgender Abschnitt) und kann mit anderen Tauchern ausgetauscht werden.

Taucher- oder Tarierweste

Taucherwesten, häufig auch Tarier- oder Rettungswesten genannt (siehe Abbildung 2.9), sind nicht nur nützlich, sondern für den Taucher ein lebensnotwendiges Zubehör zur Ausrüstung. Sie ist eine Art Rucksack, in dem der Luftzylinder verstaut wird und dient an der Wasseroberfläche als Schwimmhilfe und unter Wasser zum Austarieren. Die Taucherweste ist der Teil der Taucherausrüstung, an dem am häufigsten Veränderungen und Neuinstallationen vorgenommen werden. Wenn Sie dem Verkäufer glauben, müssen Sie immer unbedingt das Neueste haben, aber eigentlich ist eine Taucherweste nicht anderes als eine Blase, in die Luft gefüllt oder aus der Luft abgelassen werden kann. Obwohl die Taucherwesten Unterschiede in Aufmachung und Zubehör aufweisen, haben sie doch einige Merkmale gemeinsam:

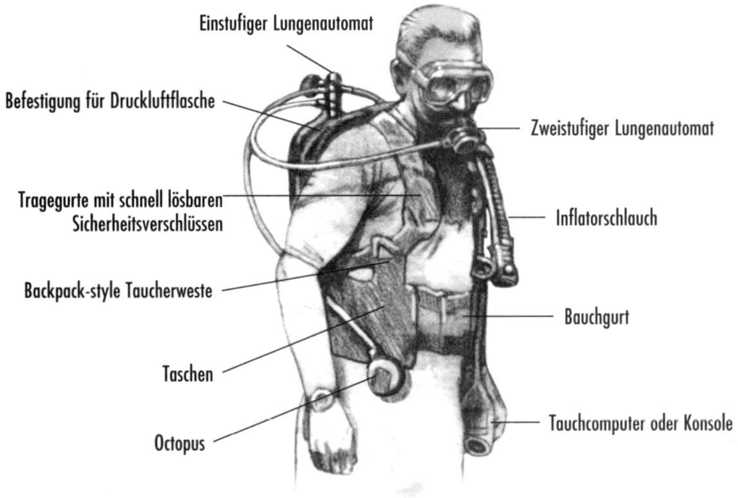

Abbildung 2.9: Die Taucherweste und der Lungenautomat sind das Herzstück Ihrer Taucherausrüstung. Mit Hilfe des Lungenautomaten können Sie unter Wasser atmen und die Taucherweste sorgt dafür, dass Sie immer den richtigen Auftrieb haben.

- ✔ **Luftkörper:** Ein oder zwei in der Weste angebrachte, aufblasbare Säcke, die sich entweder auf dem Rücken, an den Seiten der Druckluftflasche oder unter den Armen befinden. Das Material besteht aus festem, beständigen Urethan.
- ✔ **Inflator:** Der Inflator ist über einen Schlauch an der linken Schulter der Taucherweste angebracht. Der Taucher kann seine Taucherweste mit Luft füllen, indem er entweder per Hand einen Knopf drückt und in das Mundstück bläst oder mit Hilfe eines Niederdruckschlauchs, der mit dem einstufigen Lungenautomaten verbunden ist. Bei einigen Taucherwesten befindet sich am Niedrigdruckschlauch des Inflators eine alternative Luftversorgung.
- ✔ **Überdruckventil:** Das Überdruckventil verhindert, dass die Taucherweste reisst, wenn zu viel Luft eingelassen wird. Für gewöhnlich ist das Überdruckventil Bestandteil des Schnellablassventils_(siehe nächsten Absatz) und befindet sich in der Regel da, wo der Inflatorschlauch mit der Taucherweste verbunden ist (an der linken Schulter).
- ✔ **Schnellablassventil:** Mittels dieses Ventils kann aus dem Luftkörper in der Taucherweste Luft entlassen werden. Meist befindet es sich zusammen mit dem Überdruckventil auf der linken Schulter, an der Stelle, wo der Inflatorschlauch mit der Taucherweste verbunden ist. Viele Taucherwesten verfügen über ein zweites Schnellablassventil auf der Höhe der rechten Hüfte. So kann der Taucher in vertikaler Position von der Schulter Luft entlassen, oder, in horizontaler Lage, über das Ventil an der Hüfte.

- **Befestigung für die Druckluftflasche:** Alle modernen Taucherwesten haben eine rucksackähnliche Vorrichtung, in welche die Flasche gestellt wird. Die Flasche wird mit einem dicken Nylonband, an dem sich ein Verschluss befindet, befestigt. Diese offene Konstruktion erlaubt es dem Taucher, Flaschen der unterschiedlichsten Formen und Größen zu verwenden.
- **Bauchgurt:** Die Taucherweste wird in den meisten Fällen am Bauch mit einem verstellbaren Klettverschluss oder einer Schnellabwurfschnalle zugemacht.

Zusätzlich zu dieser Standardausrüstung für eine Taucherweste wird oft noch folgendes Zubehör angeboten:

- **Integrierte Gewichte:** An vielen Taucherwesten sind Taschen angebracht, in denen man Gewichte verstauen kann, deren man sich im Ernstfall schnell entledigen kann. Bei Verwendung dieses Westentyps kann man sich die umständlichen und oft unbequemen Bleigurte sparen.
- **Taschen:** Einige Taucherwesten verfügen über Taschen, in denen man einen Meißel, Tauchkarten, eine Sicherheitsboje oder andere lose Gegenstände aufbewahren kann. Diese Taschen haben am Boden ein Netz, aus denen das Wasser schnell abfließen kann.
- **Ringe und Haken:** Diese ermöglichen das Anbringen von weiterem Tauchzubehör an der Taucherweste, wie zum Beispiel Lampen, Tauchmesser, Maskottchen und so fort. Meist befinden sich die Ringe und Haken vorne an der Weste, wo sie leicht erreichbar sind, und bestehen aus rostfreiem Stahl.
- **Kabelbinder:** Das sind in der Regel kleine Plastikclips oder Gummibänder, mit denen all die lose herabhängenden Schläuche eng an der Taucherweste fixiert werden. Auf diese Weise wissen Sie immer, wo sich die Schläuche befinden, und Sie können das beruhigende Gefühl haben, dass Sie keinen über ein Riff schleifen.
- **Schnellabwurfschnallen:** Mit Hilfe von Schnellverschlüssen an den Tragegurten können Sie die Taucherweste nach Bedarf schnell an- oder ausziehen.

Die Hersteller werden natürlich nicht müde, immer wieder neue Dinge für die Taucherweste zu erfinden. Vielleicht steht uns ja in nicht allzu weiter Ferne ein unendlicher Luftvorrat und Propellerantrieb zur Verfügung.

Gewichte

Taucher müssen Gewichte tragen, um den Auftrieb des eigenen Körpers, des Tauchanzugs und den anderer Ausrüstungsgegenstände auszugleichen. Außer in dem Fall, wo sich die Gewichte bereits in der Taucherweste befinden, werden die Gewichte in einem Gurt getragen. Auch hier gibt es einige unterschiedliche Ausführungen:

- Die am häufigsten benutze Variante des Gurtes besteht aus einem Nylonnetz, einer Schnellabwurfschnalle, die sich mit einer Hand öffnen lässt, und rechteckigen Bleigewichten. Die einzelnen Gewichte haben Schlitze, durch welche der Gurt geführt wird. Der Gurt, als *Bleigurt* bezeichnet, wird um die Hüfte unterhalb der Taucherweste getragen. Diese Art Gurt ist einfach gebaut und billig. Wenn Sie auf einer Reise nicht den eigenen Gurt mitnehmen möchten und lieber einen mieten, wird Ihnen in der Regel ein solcher Bleigurt angeboten. Wenn Sie eine Taucherweste mit Taschen für Gewichte besitzen, können Sie hier die geschlitzten Bleigewichte aber auch viele andere Arten verstauen.

- ✔ Einige Taucher finden diesen gängigen Standardgurt umständlich und es viel zu zeitaufwendig, Gewichte zu befestigen oder zu entfernen. Sie können sich auch einen Gurt mit Taschen zulegen, in denen die rechteckigen Gewichte oder kleine, abgewogene Säckchen mit Bleikügelchen verstaut werden. Es gibt auch Gurte, die nur für die Aufnahme von Säckchen geeignet sind. Diese Gurte sind weicher und bequemer als die Bleigurte. Die Taschen haben einen Klettverschluss, wodurch sie schnell und leicht zu öffnen sind.

Außer den rechteckigen Gewichten gibt es auch solche in Zylinderform mit runden Ecken (bullet weights). Diese haben in der Mitte einen Schlitz, durch den der Gurt geschoben wird. Beide Arten, rechteckige und zylinderförmige, sind manchmal mit einer dicken Vinylschicht überzogen, da Blei ein weiches Metall ist, das leicht beschädigt werden kann.

Messgeräte

Damit Sie sich unter Wasser keiner Gefahr aussetzen, sind einige Informationen unverzichtbar. Dazu gehört die vorhandene Luftmenge in der Flasche, die Tauchtiefe, die maximale Tauchtiefe während des Tauchgangs und die Tauchzeit. (Ein Tauchcomputer, der im folgenden Abschnitt beschrieben wird, liefert Ihnen all diese Informationen. Darüber hinaus berechnet er Ihre Stickstoffaufnahme und noch vieles mehr, was vielleicht nicht lebensnotwendig, aber interessant ist.) Eine Standardkonsole mit den üblichen Instrumenten und eine gute Taucheruhr geben Ihnen all die Informationen, die Sie für einen Tauchgang benötigen. Die Menge des von Ihnen absorbierten Stickstoffs müssen Sie dann aber selbst berechnen. Eine Standardtauchkonsole (siehe Abbildung 2.10) besteht aus folgenden Messgeräten:

- ✔ **Druckmanometer (Finimeter):** Sie müssen während des Tauchgangs jederzeit sagen können, wie viel Luft noch in der Flasche ist. Wenn die verbleibende Menge etwa 50 bar beträgt, müssen Sie sich auf den Weg nach oben machen. Wenn Sie bei der Hälfte der Differenz zwischen Ausgangsdruck und 50 bar angelangt sind, sollten Sie in Richtung Boot oder Ufer umkehren.

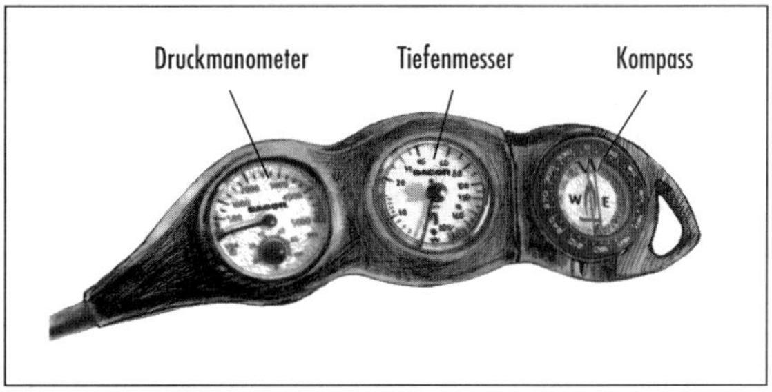

Abbildung 2.10: Eine typische Tauchkonsole besteht aus einem Kompass, einem Tiefenmesser und einem Druckmanometer (Finimeter).

- **Tiefenmesser:** Wenn Sie beim Sporttauchen nicht die empfohlene Tauchtiefe einhalten, kann dies die Dekompressionskrankheit oder die Stickstoffnarkose zur Folge haben (siehe Kapitel 7). Ein Tiefenmesser zeigt Ihnen an, in welcher Tiefe Sie sich gerade befinden. Sie sollten dieses Instrument während des Tauchgang ständig gut im Auge behalten.

Kompass: Wahrscheinlich kennen Sie alle einen Kompass, der die Himmelsrichtung angibt. Dieser besteht aus einem Einstellring (in 360° unterteilt) und einer Nadel, die in eine Flüssigkeit gebettet ist, und immer den magnetischen Nordpol anzeigt. Genau so funktioniert auch ein Kompass, der beim Tauchen verwendet wird.

Tauchcomputer

Tauchcomputer haben beim Sporttauchen eine wahre Revolution ausgelöst. Außer dem verbleibenden Luftvorrat in der Flasche und der Tauchtiefe, stellt er zusätzlich einige oder sämtliche der folgenden Informationen zur Verfügung:

- Maximal erreichte Tauchtiefe während des Tauchvorgangs
- Wassertemperatur
- Verstrichene Grundzeit
- Berechnung der verbleibenden Zeit anhand des Luftverbrauchs
- Aufstiegsgeschwindigkeit und Anzahl der Sicherheitsstopps
- Druck in der Flasche zu Beginn und am Ende des Tauchgangs
- Temperatur in größter Tiefe
- Datum und Zeit

Die Beliebtheit der Tauchcomputer beruht jedoch hauptsächlich darauf, dass er die Sauerstoffabsorption berechnen und den Taucher folgende akkurate, ständig aktualisierte Informationen zur Verfügung stellen kann:

- Benötigte Dekompressionszeit (wenn überhaupt)
- Die Dauer des Aufenthalts an der Oberfläche zwischen mehreren Tauchgängen
- Vorschlag über Tiefe und Dauer des folgenden Tauchgangs
- Dauer des Aufenthalts an der Oberfläche vor einem Flug

Da ein Computer bei seinen Berechnungen ständig aktuelle Informationen heranzieht, gesteht er Ihnen mehr Zeit unter Wasser zu als die nach herkömmlichen Methoden berechnete.

Die meisten Computer werden beim Kontakt mit Wasser aktiviert, registrieren den Vorgang aber erst ab einer Tiefe von etwa 1,50 m. Alle Computer berücksichtigen bei den Berechnungen die körperliche Konstitution eines durchschnittlichen Tauchers. Obwohl die meisten Computer bis zu einem gewissen Grad dem individuellen Taucher angepasst werden können, kann er nicht feststellen, ob Sie ängstlich oder müde sind oder gerade gegen die Strömung kämpfen – kein Computer kann die gegenwärtige körperliche Verfassung eines Tauchers messen.

Computer sind eine große Hilfe für Taucher, aber sie sind nicht unfehlbar. Machen Sie sich daher nicht völlig von ihnen abhängig. Sie sind verlässlich, aber hin und wieder haben sie auch versagt. Sie sollten immer Ersatz für den Notfall dabei haben: ein Druckmanometer, einen Tiefenmesser und eine Taucheruhr (siehe nachfolgenden Abschnitt).

Der Tauchcomputer zeichnet etwa alle 60 Sekunden Daten von Ihrem Tauchgang auf und speichert diese für den späteren Gebrauch. Daher ist es möglich, mit den Eintragungen ins Logbuch zu warten, bis Sie zu Hause sind. Viele Tauchcomputer bieten sogar die Möglichkeit, die Daten auf Ihren Home-PC herunterzuladen.

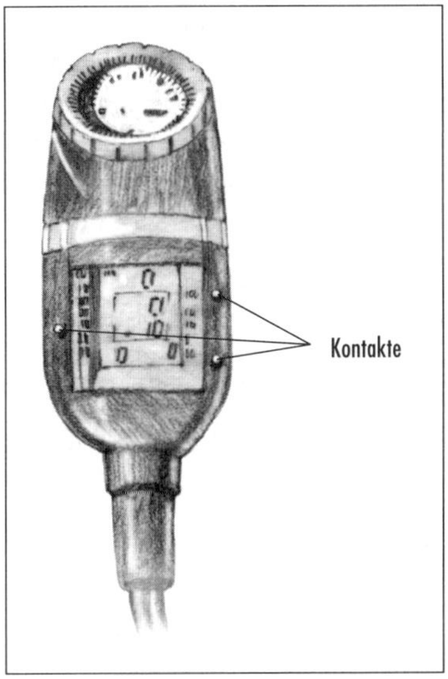

Abbildung 2.11: Tauchcomputer stellen alle Informationen zur Verfügung, die bei einem Tauchgang wichtig sind, einschließlich Ihrer Sauerstoffabsorption.

Taucheruhr

Eine Taucheruhr unterscheidet sich rein äußerlich kaum von der Uhr, die Sie am Handgelenk tragen. Sie ist sowohl in analoger als auch in digitaler Ausführung zu haben. Dennoch besteht ein bedeutender Unterschied, da eine Taucheruhr absolut wasserdicht und gegen den Wasserdruck beständig sein muss. (Je mehr Sie ausgeben, desto tiefer können Sie damit tauchen.) Eine analoge Uhr besitzt ein drehbares Ziffernblatt, das in 60 Minuten unterteilt ist. Zu Beginn des Tauchgangs werden die 0 auf dem Ziffernblatt und der Minutenzeiger zusammengebracht, um so die verstrichene Zeit während des Tauchgangs messen zu können. Die digitale Version verfügt oft über eine Stoppuhr, einen Alarm und viele andere Dinge, die in dem schwachen Licht unter Wasser oft aber nur schwer abzulesen sind.

Sonstiges Tauchzubehör

Zusätzlich zu den Ausrüstungsgegenständen, die Sie tatsächlich brauchen, gibt es noch allerlei Zubehör, das zwar nicht unbedingt notwendig ist, den Tauchgang aber vielleicht etwas einfacher und sicherer macht oder einfach eine gute Gelegenheit bietet, das Geld loszuwerden, das so schwer in der Brieftasche liegt.

- **Unterwasserleuchte**: Bei Nachttauchgängen oder bei der Besichtigung von Höhlen und Wracks müssen Sie eine Unterwasserleuchte bei sich tragen, besser noch natürlich zwei. Aber ihr Einsatz ist nicht nur auf diese Situationen beschränkt, denn Sie können damit unter Wasser die wahre Farbe der Gegenstände erkennen und auch Ritzen und Spalten ausleuchten, wo sich oft die faszinierendsten Lebewesen verstecken.

  Taucherlampen gibt es in vielen Größen und Formen. Wenn Sie Nachttauchgänge vorhaben, sollten Sie als Hauptlichtquelle eine größere Lampe wählen, in der starke Batterien eingesetzt werden. Als Ersatzlampe reicht eine kleinere Ausgabe. Bei einem Tauchgang bei Tag reicht diese Ersatzlampe völlig aus. Aber für einen wirklich großen Auftritt unter Wasser muss schon eine der starken Leuchten her. Diese können, im Gegensatz zu den bescheideneren Lampen, nicht mehr an der Taucherweste angebracht oder ums Handgelenk getragen werden.

- **Tauchermesser:** Diese haben sich als nützliche und mitunter sogar notwendige Werkzeuge erwiesen. Sie können tausend Mal getaucht sein, ohne es vermisst zu haben, aber Sie wissen, wovon ich spreche, wenn Sie jemals in der Situation waren, sich in einem Fischernetz verfangen haben. Dann ist ein Tauchermesser lebensnotwendig. Vielleicht brauchen Sie ja kein eigenes, aber wenigstens eine Person sollte beim Tauchgang ein Messer, wie es in 2.12 abgebildet ist, dabei haben.

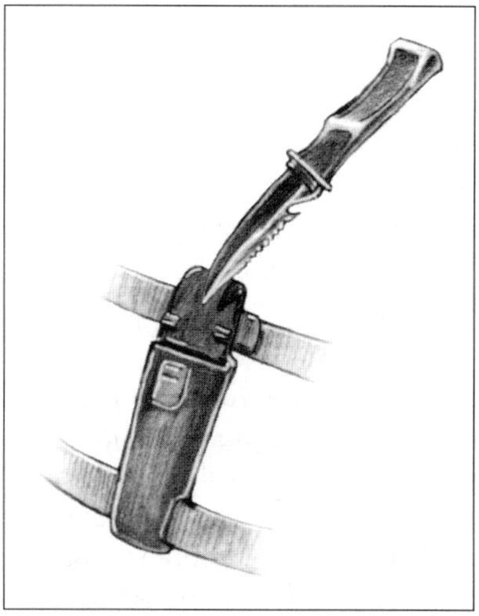

Abbildung 2.12: Ein Tauchermesser kann Ihr Leben retten, wenn Sie sich in einem Fischernetz oder anderem Zeug verfangen.

Messer eignen sich auch ganz hervorragend dafür, etwas abzumessen oder als Klopfwerkzeug, um die anderen auf Sie aufmerksam zu machen. Die Tauchermesser gibt es in den unterschiedlichsten Formen; sie bestehen aber in der Regel aus rostfreiem Stahl. Das Messer sollte außer einer Klinge noch mit anderem versehen sein, wie etwa Rückensäge und Schraubenzieher. Die meisten Taschenmesser befinden sich bereits in einer Scheide, an der sich zwei Gummibänder mit Schnallenverschlüssen befinden. Sie können das Messer im Prinzip überall dort am Arm oder Bein tragen, wo es leicht erreichbar ist. Am sinnvollsten wird es aber am inneren Unterschenkel getragen, da es hier leicht erreichbar und nicht im Weg ist.

Sicherheitsboje: Sie werden Sie vielleicht nie benutzen müssen, dennoch ist es sinnvoll, eine Sicherheitsboje beim Tauchen dabei zu haben. Bei diesem Gegenstand handelt es sich um einen etwa 1,20 m langen Plastikschlauch, der zusammengerollt in einer Tasche der Taucherweste aufbewahrt wird. Sie dient dazu, an der Wasseroberfläche besser erkennbar zu sein. Das ist nämlich nicht immer so leicht, besonders bei einem rauhen Seegang. An der Wasseroberfläche blasen Sie die Boje auf und halten sich an einem Ende daran fest. Nun sind Sie als Wendemarke weithin sichtbar.

- ✔ **Schreibtafel:** Jeder Taucher sollte wenigstens die Grundlagen der Unter-Wasser-Sprache kennen (mehr darüber finden Sie im fünften Kapitel). Sie können aber in eine Situation kommen, wo diese Sprache nicht mehr ausreicht. Ihr Mittaucher fuchtelt mit den Armen herum und führt alle möglichen seltsamen Verrenkungen aus, aber das Einzige, was Sie verstehen ist, dass er keine Zukunft als Pantomime hat. Wenn Sie nun eine Schreibtafel dabei haben, kann er Ihnen seine Gedanken mitteilen. Diese ist etwa 12 auf 18 cm groß und mit einem Stift versehen, mit dem unter Wasser geschrieben werden kann. Eine Schreibtafel bietet Ihnen die Möglichkeit, Ihre Gedanken über ein eindrucksvolles Erlebnis in der Nähe eines Riffs oder über den dialektischen Materialismus auszutauschen.

Logbuch: In Ihrem Logbuch verzeichnen Sie alle Ihre Tauchgänge. Ein Tauchausweis weist Sie zwar als jemand aus, der gewisse Kurse und Prüfungen absolviert hat, aber Ihr Tauchlehrer oder im Tauchsportladen kann man daraus nicht ersehen, über wie viel Erfahrung Sie verfügen. Manchmal müssen Sie beides vorlegen, Tauchausweis und Logbuch, bevor man Ihre Wünsche erfüllt. Manchmal reicht das Logbuch allein als Nachweis, dass Sie die erforderlichen Kenntnisse besitzen. Und es kann in manch stürmischer Nacht zu Ihrer Lieblingslektüre werden, indem es Sie in Situationen und Plätze zurückversetzt, die sonst für immer vergessen wären.

Überall dort, wo Sie einen Tauchschein erwerben können, erhalten Sie auch ein Logbuch. Sie müssen nur noch Ihre Einträge machen. Inzwischen gibt es aber auch schon spezielle Software, mit deren Hilfe Sie von Ihrem Tauchcomputer Daten auf den Heimcomputer runterladen, eventuell kommentieren und ausdrucken. Cool, eh?

- ✔ **Tauchtasche**: In einer Tauchtasche können Sie die nicht gerade kleine Anzahl an Ausrüstungsgegenständen verstauen, die Sie zum Tauchen benötigen. Alles an einem Platz aufbewahrt, erleichtert selbstverständlich auch den Transport. Tauchtaschen sind in vielen Größen und Formen erhältlich. In der Regel enthalten Sie aber einen großen Taschenraum und mehrere kleine Taschen an der Außenseite. Dort befinden sich auch zwei längliche Taschen für die Tauchflossen (siehe Abbildung 2.13). Tauchtaschen bestehen aus dickem Nylonmaterial (dem die ständige Nässe nichts anhaben kann) und Nylonreißverschlüssen (die nicht rosten oder einfrieren, auch wenn sie, was oft nicht zu vermeiden ist, in Salzwasser eingelegt werden). An einigen sind kleine Räder, ein rechteckiger Tragebügel, Schulterriemen und eine entfernbare Tasche – für den Regulator und den Tauchcomputer – angebracht.

Eine andere, sehr nützliche Tauchtasche besteht ganz oder zum größten Teil, aus einem Nylonnetz. Für den Transport werfen Sie die noch tropfenden Ausrüstungsgegenstände hinein, bevor Sie die Möglichkeit hatten, diese zu waschen und zu trocknen.

Scooter: Ein *Scooter* ist im Wesentlichen nichts anderes als ein Propeller, der sich in einem wasserdichten Gehäuse befindet. Bei einigen kann man die Geschwindigkeit regulieren, andere haben nur einen Ein/Aus-Schalter, aber alle machen sich davon, sobald man den Griff loslässt.

Mit einem Scooter können Sie sich wesentlich schneller vorwärts bewegen als ohne. Sie können so aber auch wesentlich schneller in Schwierigkeiten geraten, da Sie sich mit diesem Gerät allzu schnell von Ihren Mittauchern, dem Boot und sonstigem entfernen können – hoppla, wann haben Sie zuletzt den Luftvorrat kontrolliert. Hilfe, ist das alles, was übrig ist?

Es ist bei Gott nicht witzig, wenn der Scooter einen Kilometer vom Boot entfernt seinen Geist aufgibt und Sie die ganze Strecke zurückschwimmen müssen, mit einem toten Scooter im Schlepptau. Oder, noch schlimmer, er versagt seinen Dienst und Sie haben nicht mehr genug Luft, um zu den Anderen zurückzukehren.

Abbildung 2.13: In einer Tauchtasche kann die gesamte Taucherausrüstung verstaut und bequem transportiert werden.

Scooter bringen Sie natürlich auch schneller nach unten und wieder nach oben, wie Sie das ohne bewerkstelligen können. Das Abtauchen ist hierbei kein Problem, so lange Sie schnell genug für eine Druckausgleich sorgen können. Beim Auftauchen sieht die Sache jedoch ganz anders aus. Es gibt eine Reihe von Verletzungen und anderen Problemen in Folge eines zu raschen Auftauchens. Wenn Sie einen Scooter benutzen, machen Sie es sich zur Gewohnheit, diesen nie fürs Auftauchen zu verwenden.

Kommunikationssysteme: Es gibt viele verschiede Systeme für die Kommunikation unter Wasser. Wenn Sie meinen, dass Ihnen die Unter-Wasser-Zeichensprache oder eine Tafel nicht ausreichen, können Sie sich ja so ein System anschaffen. Wahrscheinlich hat es weit mehr Funktionen, als Sie jemals benötigen werden. Ein Kommunikationssystem (oft Comlink genannt), wird in vielen Preisklassen angeboten, aber keines ist wirklich preisgünstig. Es gibt die High-End-Versionen, die Taucherbrille und Lungenautomat bereits enthalten, bis hin zu einfachen Mikrofonen, die auch mit einer gewöhnlichen Taucherbrille verwendet werden können.

Was Sie wirklich nicht brauchen

Sie brauchen unbedingt eine Ausbildung und den Tauchschein einer anerkannten Ausbildungsstätte (siehe Kapitel 3 und Anhang), eine Grundausrüstung, einen gesunden Menschenverstand und gutes Urteilsvermögen. Was Sie dagegen nicht brauchen, sind all die neuesten High-Tech-Spielereien. Wenn Sie unbedingt einen Lungenautomaten aus Titan, ergonomische Schwimmflossen und einen dreifarbigen Neon-Lamotex-Tauchanzug haben wollen, so lassen Sie sich davon nicht abhalten. (Sie brauchen übrigens nicht nach einem Lamotex-Anzug Ausschau zu halten – so was gibt es nicht.) Auch weitaus billigere Ausrüstungsgegenstände bieten alles, was ein Taucher braucht.

Kauf oder Miete: das Pro und Kontra

Weltweit können Sie bei fast allen Tauchbasen eine Ausrüstung auch mieten. Früher oder später kaufen sich die meisten Schnorchler und Taucher zumindest aber eine Taucherbrille, Schwimmflossen und einen Schnorchel. Gegen das Mieten einer Taucherausrüstung ist nichts einzuwenden, außer, dass Sie es manchmal schwer haben, die passenden Teile zu bekommen. Wenn Sie eigene verwenden, steht Ihnen jederzeit eine gut sitzende Taucherausrüstung zur Verfügung.

Das Gleiche gilt auch für die Ausrüstungsgegenstände, die ein Sporttaucher verwendet. Hier gewöhnt man sich ebenfalls schnell an den eigenen Tauchanzug, die Bedienung des eigenen Tauchcomputers und so weiter. Und je weniger Sie mit der Eingewöhnung zu tun haben, desto mehr können Sie den Tauchgang selbst genießen. Andererseits sind jedoch die hohen Anschaffungskosten nicht sinnvoll, wenn Sie selten tauchen und daher kaum mit dem Gebrauch Ihrer Ausrüstungsgegenstände vertraut sind. In diesem Fall können Sie die Dinge genauso gut mieten. Überlegen Sie daher zuerst, wie oft Sie wirklich tauchen gehen werden. Wenn Sie vorhaben, alle exotischen Unterwassergründe dieser Welt zu erforschen und so viele Tauchgänge auszuführen, bis Ihr zweiter Vorname Stickstoff lautet, dann sollten Sie sich für den Kauf entscheiden.

Erwarten Sie nicht, dass die Ausrüstung, die in allen Winkeln der Welt gemietet werden kann, immer dem neuesten Stand entspricht – außer bei den Druckluftflaschen und den Gewichten. Die Luftqualität in den Flaschen ist fast überall sehr gut und ein 5-KiloGewicht wiegt immer 5 Kilo. Daher sollten Sie, wenn Sie erst eine Reise antreten müssen, bevor Sie einen Tauchgang unternehmen können, auf den Kauf von Flaschen und Gewichten verzichten. Sehr oft müssen Sie, wenn Sie exotische Tauchplätze aufsuchen, in ein kleineres Flugzeug wechseln. Hier nimmt man es mit den Gepäckvorschriften sehr genau. Es kann Sie ein halbes Vermögen kosten, wenn Sie mehr Gewicht bei sich haben, als die Vorschriften erlauben. Die meisten Fluggesellschaften erlauben es nicht, mit einem gefüllten Tank zu reisen. Sie sind verpflichtet, das Ventil ganz zu öffnen – was sich aber schlecht auf die Flaschen auswirkt. Dann kann Feuchtigkeit in den Innenraum eindringen, was die Lebensdauer des Tanks stark verringert.

Allgemeine Pflege und Wartung

Die Taucherausrüstung besteht, wie alles andere im Universum, aus rastlosen Molekülen, die nichts lieber tun, als ihre Reise durch das Chaos der wandelbaren Formen, welche die Welt überziehen, fortzusetzen. Und nur wenige Dinge auf dieser Welt beschleunigen diese Reise so stark wie Salzwasser. Die Zerstörung kann durch nichts aufgehalten, aber durch die richtige Pflege und Wartung verlangsamt werden.

Waschen Sie die Ausrüstungsgegenstände nach jedem Tauchgang so bald wie möglich mit Süßwasser ab. Salzwasser greift so ziemlich alles an, was sich ihm anbietet. Die Taucherausrüstung ist selbstverständlich aus resistenten Materialien hergestellt, das macht sie aber noch lange nicht immun. Nachdem Sie alle Gegenstände gut aus- oder abgewaschen haben, trocknen Sie diese und heben sie an einem trockenen, vor der Sonne geschützten Platz auf – ultraviolette Strahlung wirkt auf viele Materialien ebenfalls zerstörerisch.

Obwohl die Taucherausrüstung außerordentlich robust und zuverlässig ist, kann ab und zu etwas kaputt gehen. Mit ein wenig technischem Verstand können Sie kleine Probleme selbst beheben, wie etwa den Austausch eines O-Ringes. Schwierigere Reparaturen sollten jedoch einer Fachkraft überlassen werden. Bringen Sie das Teil in den Laden zurück, in dem Sie es gekauft haben, oder nehmen Sie Kontakt mit dem Hersteller auf. Sie möchten in einer Tiefe von 25 m nicht feststellen müssen, dass Sie mit einem Schraubenzieher doch nicht so gut umgehen können, wie Sie glaubten!

Atemübungen

3

In diesem Kapitel

- Der Erwerb einer Lizenz für das Gerätetauchen
- Kurse uns Speziallizenzen für Fortgeschrittene
- Sicherheit beim Tauchen
- Die Überprüfung des Stickstoffgehalts

Als Sporttaucher beschränkt sich Ihre Zeit unter Wasser nicht auf einen Atemzug, da Ihnen ja komprimierte Luft zur Verfügung steht. Sie können bis zu 40 m tief tauchen und so lange unter Wasser bleiben, bis Sie der schwindende Sauerstoffvorrat in Ihrer Flasche zum Rückzug zwingt. Die Dauer Ihres Unterwasseraufenthalts ist unterschiedlich, abhängig davon, wie tief Sie tauchen und wie Sie mit der Luft umgehen. Dieser Luxus, dass Ihnen unter Wasser Luft zum Atmen zur Verfügung steht, macht es Ihnen möglich, in eine Welt vorzudringen, von der Sie bisher vielleicht nur geträumt haben.

Als Sporttaucher ist es für Sie wichtig, dass Sie eine international anerkannte Ausbildung und einen international anerkannten Tauchschein besitzen. Auskunft und Informationen können Sie bei der nächstgelegenen Tauchsportschule oder Tauchsportverein einholen (eine Adressenliste finden Sie im Anhang). Nach der Teilnahme an einem Kurs und einer erfolgreich bestandenen Prüfung wird Ihnen ein Tauchschein ausgehändigt, der Sie dazu berechtigt, eine Taucherausrüstung zu mieten, die Pressluftflasche zu füllen, an Tauchgängen im offenen Wasser und an Exkursionen zu exotischen Plätzen teilzunehmen – anders ausgedrückt, handelt es sich bei einem Tauchschein also um eine Art Reisepass in die Unterwasserwelt.

Sind Sie bereit?

Die meisten Tauchschulen, in denen Sie den Tauchschein erwerben können, setzen voraus, dass Sie wenigstens 12 Jahre alt sind. Die Teilnahme an einem Kurs wird man Ihnen auch verwehren, wenn Sie Probleme mit dem Herzen, der Atmung, den Ohren und den Nasennebenhöhlen haben. Weitere Krankheiten, die Ihren Weg in die Unterwasserwelt vereiteln, sind Epilepsie, eine von der Behandlung mit Insulin abhängige Diabetes, Geisteskrankheiten und schweres Asthma. Vielleicht erlaubt Ihnen Ihr Arzt bei einigen dieser Erkrankungen eine Ausnahme; dennoch müssen Sie letztendlich selbst beurteilen, wie hoch das Risiko für Sie ist.

Das Sporttauchen kann an den Körper hohe Anforderungen stellen, vor allem dann, wenn die Bedingungen nicht ideal sind. Ein Taucher, dessen Kondition zu wünschen übrig lässt, kann sich selbst und seine Tauchkameraden unter Wasser schnell in Gefahr bringen. Sei müssen als Taucher aber kein Leistungssportler sein. Ein regelmäßiger Ausdauersport muss allerdings sein, um sich fit zu halten.

Die meisten Schulen setzen voraus, dass Sie nachfolgende oder ähnliche Übungen absolvieren können. Diese Standards eignen sich auch als guter Fitnesstest.

- ✔ Schwimmen Sie 200 m weit (das entspricht vier Mal der Länge eines olympischen Schwimmbeckens).
- ✔ Tauchen Sie den Kopf unter Wasser und öffnen Sie die Augen.
- ✔ Lassen Sie sich 10 Minuten lang an der Wasseroberfläche treiben, ohne Schnorchelausrüstung oder fremde Hilfe in Anspruch zu nehmen.
- ✔ Schwimmen Sie ohne Taucherausrüstung und ohne sich vom Beckenrand abzustoßen 15 m weit unter Wasser.

Ran an den Tauchschein

Wenn Sie sich unter Tauchern umtun, werden Sie immer wieder zu hören bekommen, dass Sie unbedingt in diese oder jene Tauchschule gehen sollten und von einer anderen besser die Finger lassen. Verlassen Sie sich aber lieber auf anerkannte Institutionen wie den Verein Deutscher Sporttaucher (VDST) oder PADI (Professional Association of Diving Instructors). Wenn Sie auf der ganzen Welt tauchen wollen, können Sie beim VDST das deutsche Tauchsportabzeichen mit seinen verschiedenen Leistungsstufen erwerben. Nur dieses Abzeichen kann vom VDST auf das internationale *CMAS-Brevet* umgeschrieben werden. Die CMAS (Confédération Mondiale des Activités Subaquatiques) ist der Weltverband der Tauchsportler. Wenn Sie bei PADI den *Open Water Diver* erfolgreich abgeschlossen haben, erhalten Sie das Brevet als PADI Open Water Diver. Im Amerikanischen heisst der Tauchschein oder das Brevet Certification-Card, kurz *C-Card*. Professionelle Tauchgeschäfte, Tauchboote und andere Profis im Sporttauchbereich fragen immer nach dem Brevet, bevor sie Taucherausrüstung verleihen oder verkaufen werden, die Pressluftflasche füllen oder die Teilnahme an Tauchgängen akzeptieren.

Wenn Sie lange genug unter den Tauchern geweilt haben, werden auch Sie von den so genannten alten Hasen immer wieder zu hören bekommen, dass früher alles besser war, dass die Schulen nur noch ans Geldverdienen denken, dass die Ausbildung früher viel sorgfältiger durchgeführt wurde und so fort. Das ist Nonsens. Auch wenn es wahr wäre, würde es keinen Unterschied machen, da Sie mit dem leben müssen, was heute in den Kursen angeboten wird. Das Training ist heute genauso gut (oder besser) wie es immer war – und zwar deshalb, weil es im Wesentlichen gleich geblieben ist. Wenn Sie vom Kurs profitieren möchten, sollten Sie ein guter Schüler sein: Hören Sie gut zu und vergewissern Sie sich, dass Sie alles verstanden haben, was der Tauchlehrer gesagt hat, bevor ein anderes Thema behandelt wird. Und ignorieren Sie einfach die Besserwisser.

Für welche Tauchschule Sie sich letztendlich entscheiden, wird wohl in den häufigsten Fällen davon abhängen, wie weit diese von Ihrem Wohnort entfernt liegt – ein Grund, so gut wie manch andrer. Wenn Sie sich jedoch vorher über mehrere Schulen informieren möchten, sollten Sie im Anhang nachsehen und beim nächsten VDST oder VIT (Verband Internationaler Tauchschulen) Adressen anfordern. Lassen Sie sich Informationsmaterial zusenden und sprechen Sie mit den Verantwortlichen. Anschließend entscheiden Sie sich für die Schule, die Ihren Vorstellungen am ehesten entspricht.

Unterrichtstage

Jede Schule folgt im Prinzip dem gleichen Lernprogramm: Theorie, Training im Pool, Training im offenen Gewässer. Anstelle eines Schwimmbeckens kann auch in einer flachen, geschützten Bucht praktischer Unterricht erteilt werden. Unter offenem Wasser versteht man das Meer, einen See, einen Baggersee oder ähnliches, tieferes Gewässer. Die Ausbildung zum Sporttaucher läuft in etwa so ab:

- ✔ **Theorie:** Im Klassenzimmer lernen Sie all die Dinge kennen, die Sie beim Tauchen beherrschen und beachten müssen: die Wirkung des Wassers auf den menschlichen Körper, den Umgang mit der Ausrüstung, Erste-Hilfe-Maßnahmen und so weiter. In einer schriftlichen Prüfung müssen Sie zeigen, was Sie gelernt haben. Erst wenn Sie diese Prüfung bestanden haben, können Sie mit der Theorie fortfahren. Wenn Sie es nicht geschafft haben, müssen Sie den Stoff wiederholen und die Prüfung nochmals absolvieren.

  Auch wenn Sie zu den Leuten gehören, die die Schule immer gehasst haben, Mathematik und naturwissenschaftliche Fächer gerade so schafften und in der ständigen Angst leben, dass man eines Tages Ihre mathematischen Grundkenntnisse überprüfen wird, müssen Sie sich keine Sorge machen. Beim Tauchen müssen Sie sich weder mit der Quantenphysik noch mit Algebra herumschlagen. Die Trainer in den Tauchschulen sind viel geduldiger als die Lehrer, die Sie aus Ihrer Schulzeit gewohnt sind.

Sie haben aber auch die Möglichkeit dem Unterricht zu Hause mittels CD-ROM oder Video beizuwohnen und sich mit einem Lehrer individuell zu treffen. Das ist eine Möglichkeit für diejenigen, die an einem Unterricht nicht regelmäßig teilnehmen können. Wenn Sie diesen Weg wählen, können Sie den praktischen Unterricht immer noch in einer Gruppe absolvieren oder auch Einzelstunden nehmen. Die meisten Tauchschulen bieten diese Alternative an.

- ✔ **Schwimmbad-Ausbildung**: Alles was Sie im Unterricht lernen, muss natürlich in die Praxis umgesetzt werden. Und das geschieht zuerst in einem Schwimmbecken oder im Schutz einer flachen Bucht. Wenn Sie eine Übung beherrschen, machen Sie mit einer anderen weiter. Der Unterricht im Becken findet in der Regel in einer Gruppe statt, aber natürlich können Sie auch Einzelunterricht nehmen, wenn Sie bereit sind, mehr dafür zu zahlen.

- ✔ **Freiwasser-Training**: Nachdem Sie nun alle Handgriffe oft wiederholt haben und der Tauchlehrer davon überzeugt ist, dass Sie diese auch beherrschen, nimmt er Sie mit hinaus ins offene Wasser. Dieser Unterricht findet meist über mehrere Wochen verteilt jeweils ein paar

Stunden lang am Abend statt oder als Intensivkurs an mehreren Wochenenden. Das Training in offenem Gewässer findet ebenfalls in einer Gruppe statt oder privat mit einem Tauchlehrer. Letzteres kostet natürlich mehr.

Oft bietet sich auch die Gelegenheit, dass Sie das Training im offenen Gewässer während eines Urlaubs absolvieren. Das ist eine gute Möglichkeit für all diejenigen, denen am Wohnort kein geeignetes Gewässer zur Verfügung steht oder wenn Sie einen Urlaub gebucht haben. Theorie und Praxis im Schwimmbad eignen Sie sich zu Hause an, den Rest absolvieren Sie in Ruhe im Urlaub an einem exotischen Ort. Informieren Sie sich bei den im Anhang genannten Organisationen, wo diese Kurse angeboten werden.

- ✔ **Tauchschein:** Wenn Sie nun auch im offenen Gewässer alle Prüfungen bestanden haben, wird Ihnen der Tauchlehrer Ihr Zertifikat aushändigen und Sie gehören von nun an zu der großen Gemeinde der Sporttaucher.

Auf und davon

Nachdem Sie sich nun als Taucher ausweisen können, haben Sie vielleicht Interesse daran, noch weitere Kurse zu belegen. Diese werden von vielen Tauchschulen angeboten. Obwohl sich die Bezeichnungen der Kurse unterscheiden, ähneln sie sich doch im Inhalt. Sie können sich in der Regel wie folgt weiterbilden:

- ✔ **Sporttauchen:** Hierbei handelt es sich um den oben beschriebenen Grundkurs, mit dem Sie sich zum Taucher qualifizieren. Sie lernen die Grundlagen des Tauchsports kennen, den Umgang mit der Ausrüstung und wie Sie sich verhalten müssen, um Gefahren zu vermeiden. Diese Ausbildung ist Teil der Ausbildung zum Open-Water-Diver-Kurs und Sie erwerben sich damit die Berechtigung unter Aufsicht zu tauchen. Wenn Sie tauchen möchten, sollten Sie zumindest die Teilnahme an diesem Kurs nachweisen können.

- ✔ **Open Water Diver**: Hiermit erwerben Sie den Tauchschein, der Ihnen erlaubt, ohne Aufsicht (aber zusammen mit einem Tauchpartner) zu tauchen, die Druckluftflasche neu füllen zu lassen und eigene Tauchgänge zu planen und durchzuführen.

- ✔ **Advanced Open Water Diver:** Obwohl beinahe jede Schule eine eigene Bezeichnung für diesen Kurs hat, ähneln sie sich doch alle darin, dass er für »Fortgeschrittene« angeboten wird. Hier erweitern Sie Ihre Grundkenntnisse. In der Regel umfasst der Kurs einen Nacht-, einen Tief- oder einen Strömungstauchgang (mehr über die unterschiedlichen Tauchgänge erfahren Sie im zehnten Kapitel), einen Tauchgang zu einem Wrack, Unterwasserfotografie oder – videoaufnahmen oder sonstige Unternehmungen für Fortgeschrittene. Voraussetzung: Open Water Diver.

- ✔ **Spezialtauchkurs (Specialty):** In diesem Kurs konzentrieren sich die Teilnehmer auf ein Teilgebiet, auf das sie speziell geschult werden. So können Sie sich zum Beispiel auf Nachttauchen, Strömungstauchen, Unterwasserfotografie, Wracktauchen und so weiter spezialisieren. Um an diesem Kurs teilnehmen zu können, müssen Sie bereits ein Open Water Certificate vorweisen können. Manche Kurse, so zum Beispiel das Wracktauchen, erfordern das Advanced-Open-Water-Certificate. Klären Sie das von Fall zu Fall mit Ihrer Tauchschule ab.

- ✔ **Rettungstaucher (Rescue Diver):** Bei dieser Ausbildung erfahren Sie Dinge, die Sie sich nicht selbst aneignen können. Hier lernen Sie, wie Sie sich in einer Gefahrensituation verhalten, wie Sie einem Taucher in Not helfen, wie Sie Erste Hilfe anwenden, wie Sie einen verloren gegangenen Taucher ausfindig machen und so fort. Es lohnt sich wirklich, diesen Kurs zu belegen und er ist unumgänglich, wenn Sie sich zum Tauchlehrer oder sonst einer Führungskraft unter Wasser ausbilden lassen möchten. Vorkenntnisse: Open Water, Herz-Lungen-Wiederbelebung.
- ✔ **Master Diver:** Das ist der höchste Titel, den Sie beim Sporttauchen erwerben können. Sie sind am offiziellen Gipfel der Tauchausbildungsterminologie angelangt. Hier fängt der Weg zum Tauchlehrer an. Wenn Sie dieses Ziel anstreben, beginnt für Sie eine weitere Runde der Ausbildung. (Wenn Sie mehr dazu erfahren möchten, sollten Sie bei VDST oder PADI Informationen einholen.) Voraussetzung: Advanced, Rescue, Specialty (unterschiedlich).

Sicherheitsmaßnahmen

Bereits als Anfänger lernen Sie im Grundkurs die Sicherheitsmaßnahmen kennen, die Sie beherrschen müssen, um ein sicherer Taucher zu sein. Machen Sie sich mit diesen Maßnahmen immer wieder vertraut, bevor Sie ins Wasser steigen – vor allem dann, wenn Sie schon sechs Monate oder länger nicht mehr beim Tauchen waren. Nachfolgend stelle ich einige der wichtigsten Sicherheitsmaßnahmen dar. Ein Kurs, mit dem Sie den Tauchschein erwerben, gibt Ihnen natürlich weit mehr Informationen und praktische Hinweise, als ich es hier tun kann.

Unter Druck

Die Luft in und um Ihren Körper herum wird durch den enormen Druckanstieg unter Wasser komprimiert und muss ausgeglichen werden. Die meiste Luft befindet sich in den Ohren und der Maske. Beim Sporttauchen sorgen Sie für einen Druckausgleich, wie es im ersten Kapitel im Abschnitt über freies Tauchen beschrieben wurde.

Das größte Luftvolumen in Ihrem Körper befindet sich natürlich in den Lungen. Beim freien Tauchen halten Sie beim Tauchen die Luft an. Durch den steigenden Druck auf den Körper werden die Lungen zusammengepresst, was Sie aber nicht merken, da diese sehr flexibel sind und sich leicht weiten und zusammenziehen. Beim Aufstieg nimmt die Lunge wieder ihr Normalvolumen ein, abzüglich der Luft, die Sie beim Tauchen verbraucht haben. Dieser Vorgang stellt für den Körper kein Problem dar.

Anders verhält es sich jedoch, wenn Sie Pressluft aus einer Flasche einatmen. Der Lungenautomat an der Flasche versorgt Sie mit Luft, die den gleichen Druck hat wie das Sie umgebende Wasser. Wenn der Luftdruck aus der Flasche dem Druck an der Oberfläche entsprechen würde, könnten Sie wegen des Wasserdrucks auf Ihre Lungen nicht einatmen. Bei einer Tauchtiefe von 30 m ist der auf Sie ausgeübte Druck doppelt so hoch wie an der Oberfläche; der Lungenautomat stellt Ihnen Luft mit dem doppelten Druck zur Verfügung. Sie können also auch im Wasser mühelos atmen. Dieser Vorgang stellt für den Körper kein Problem dar.

Wenn Sie 30 m unter der Wasseroberfläche komprimierte Luft aus der Flasche einatmen, dann aber zur Oberfläche zurückkehren, wird sich die Luft in der Lunge (die nun keinem größeren Druck mehr ausgesetzt ist) ausdehnen und das doppelte Volumen beanspruchen – was natürlich gefährlich werden kann. Deshalb lautet die erste und wichtigste Regel für alle Sporttaucher: Halten Sie beim Tauchen niemals die Luft an!

So lange Sie beim Weg zurück an die Oberfläche gleichmäßig ein- und ausatmen, wird die expandierende Luft problemlos aus den Lungen entweichen. Wenn Sie jedoch die Luft anhalten, riskieren Sie durch das steigende Volumen in der Lunge eine Überdehnung und im schlimmsten Fall sogar einen Lungenriss.

Atmen Sie daher beim Auftauchen immer gleichmäßig weiter, damit die expandierende Luft entweichen kann. Ich empfehle Ihnen, leise »Ah« zu sagen und einen stets gleichen Strom von Bläschen auszuatmen; so können Sie sicher sein, dass Sie für das richtige Luftvolumen in der Lunge sorgen. Auf diese Weise können Sie auch einen Notaufstieg ausführen; es ist jedoch sehr unwahrscheinlich, dass Sie das jemals tun müssen.

Das richtige Zeug

Mit der richtigen Ausrüstung können Sie sich länger im Unterwasserreich aufhalten. Ihre Sicherheit und das Vergnügen an Ihrem Aufenthalt sind davon abhängig, sorgen Sie daher dafür, dass die Ausrüstung funktioniert und instand gehalten wird.

Die Ausrüstung für das Sporttauchen ist in ihrer Form und Funktion einfach gehalten und erfüllt hohe Sicherheitsansprüche. Es kommt selten vor, dass die Ausrüstung versagt, dennoch sollten Sie sich vor jedem Tauchgang – vor allem dann, wenn der letzte schon eine Weile zurückliegt – davon überzeugen, dass alles in Ordnung ist. Testen Sie, wenn möglich, die Geräte unter Wasser, bevor Sie eine weite Reise planen. Ihre schönsten Tauchabenteuer könnten daran scheitern, dass ein billiges Teilchen, das am Urlaubsort nicht erhältlich ist, nicht funktioniert.

Ihr Kumpel

Das Kumpelsystem hat beim Sporttauchen oberste Priorität in der Sicherheit. Bei jedem Tauchgang werden Sie von einem Taucher begleitet, der immer in Ihrer Nähe bleibt. Dieser Taucher ist Ihr Kumpel. Sie unterstützen sich beim Anlegen und Ausprobieren der Ausrüstung vor dem Tauchgang, kontrollieren die Tiefe und das Luftreservoir und helfen sich während des Tauchgangs beim Auftreten von Problemen und Notsituationen, welcher Art auch immer. Es ist gut, wenn Sie einen Freund haben, der beim Tauchen Ihr Kumpel ist. Andererseits bietet aber die Kumpelei auf dem Boot vor einem Tauchgang eine gute Gelegenheit, neue Freundschaften zu schließen.

So weit möglich, sollten Sie und Ihr Kumpel die gleichen Interessen verfolgen. Wenn Sie es sich in den Kopf gesetzt haben, ein bestimmtes Riff aufzusuchen, Ihr Kumpel aber lieber die ganze Zeit mit der Videokamera einen Harlekinfisch verfolgen will, wird einer von Ihnen nicht glücklich werden – oder auf eigene Faust losgehen. Aber das ist verboten. Sie wissen, dass Sie unter Wasser immer in der Nähe des Kumpels bleiben müssen. (Im fünften Kapitel erhalten Sie Informationen darüber, wie Sie im Wasser mit Ihrem Begleiter kommunizieren können.)

Obwohl Sie während des Tauchens nicht allein sind, sollten Sie sich nicht Situationen oder Bedingungen aussetzen, denen Sie nicht gewachsen sind, nur weil Sie davon ausgehen, dass Ihr Kumpel Sie da wieder rausholt. Solche Annahmen können sich unter Wasser als gefährlich erweisen. Ein Freund von mir, der Tauchlehrer ist, unternahm mit einer Anfängergruppe einen Tauchgang in den Channel Islands vor Südkalifornien. Für einen Taucher war er auch der Kumpel, zugleich aber für die ganze Gruppe verantwortlich. Sein Kumpel, in diesem Fall eine Kumpelin, die ebenfalls Anfängerin war, machte sich sofort selbständig und entfernte sich von der Gruppe. Er gab den anderen per Zeichensprache zu verstehen, dass sie vor Ort warten sollten, und machte sich auf den Weg, die Taucherin einzuholen. Diese war jedoch schon im dichten Seetang verschwunden. Er musste also den Tauchgang abbrechen und die Suche nach einer vermissten Person initiieren. Die Taucherin kam zwar heil zurück, der Rest der Gruppe war jedoch über den missglückten Tauchgang nicht gerade erfreut. Dieser Vorfall hätte auch schnell in einer Katastophe enden können, wenn sich die Taucherin im Seetang verfangen hätte und niemand da gewesen wäre, um ihr zu helfen. Natürlich möchten Sie sich unter Wasser so viel wie möglich ansehen. Vergessen Sie dabei aber nicht, dass Sie auch einen Kumpel dabei haben.

Klar, ein Kumpel ist unter Wasser wichtig. Aber seine Hauptaufgabe erfüllt er erst dann, wenn Sie wieder auf dem Boot angelangt sind. Sie spucken den Atemregler aus, reissen sich die Tauchmaske vom Gesicht und kreischen: »Mensch, hast Du den riesigen Rochen gesehen?« Die Pflicht Ihres Kumpels besteht darin, zurückzuschreien: »Heiliger Bimbam, der war so groß wie ein Flugzeugträger!«

Ohne einen Kumpel und ohne gemeinsame Erlebnisse würde es auf einem Boot wesentlich ruhiger zugehen.

Gut geplant ist halb geschafft

Wenn Sie vorher einen Plan aufstellen, können Sie sich oft jede Menge Ärger ersparen. Sie und Ihr Kumpel sollten sich darüber absprechen, wie lange und wie tief Sie tauchen möchten und immer auch eine gewisse Pufferzone einkalkulieren. Überprüfen Sie, ob Sie beide mit den Sicherheitsvorschriften vertraut sind, besprechen Sie Rettungsmaßnahmen und wiederholen Sie die Unterwasser-Zeichensprache (mehr hierzu finden Sie im fünften Kapitel). Machen Sie sich auch mit der Örtlichkeit vertraut – erkundigen Sie sich nach Gefahren und Risiken, auf die Sie stoßen könnten. Wenn Sie mit diesem Teil des Meeres nicht vertraut sind, sollten Sie sich einem erfahrenen Führer anvertrauen. Seien Sie immer auf mögliche Notsituationen vorbereitet.

Kennen Sie Ihre Grenzen

Scheuen Sie sich nicht davor, einen Tauchgang zu annulieren, wenn das Wetter oder die Bedingungen, die Sie vorfinden, nicht günstig sind. Unter widrigen Umständen ist ein Tauchgang eher Kampf als Spaß, so dass Sie in kritischen Situationen leicht überfordert sein könnten. Es ist ganz normal, dass Sie vor einem Tauchgang etwas nervös sind (lesen Sie im vierten Kapitel nach, wie Sie damit umgehen). Je mehr Erfahrung Sie haben und je voller das Logbuch mit Aufzeichnungen ist, desto weniger werden Sie vor einem Tauchgang aufgeregt sein. Lassen Sie nicht zu, dass Sie wegen dieser Nervosität mit dem Tauchen aufhören, aber zwingen Sie sich auch nicht zu etwas, wovor Sie wirklich zurückschrecken. Sie sollen Spaß bei der Sache haben. Wenn Sie das Gefühl haben, dass ein anstehender Tauchgang zu hohe Anforderungen an Sie stellt, sollten Sie auch nicht daran teilnehmen.

Das gleiche gilt auch, wenn Sie sich bereits unter Wasser befinden. Wenn Sie sich wirklich unwohl dabei fühlen, sollten Sie mit Ihrem Kumpel zum Boot oder an Land zurückkehren.

Hände weg

Fassen Sie nichts an, was sehr schön oder sehr hässlich ist – es ist wahrscheinlich giftig (häufig vorkommende, giftige Kreaturen unter Wasser sind im neunten Kapitel aufgeführt). Am besten ist es, wenn Sie gar nichts anfassen. Viele Geschöpfe des Meeres sind äußerst empfindlich. Ihre Berührung hinterlässt bei Ihnen vielleicht keine Spuren, aber ob das umgekehrt auch der Fall ist? Sie könnten deren Leben durch Berührung oder Fütterung gefährden. Lassen Sie Ihre Hände in der Nähe Ihres Körpers (das ist auch eine ausgezeichnete Methode, um den Auftrieb zu kontrollieren). Das fünfzehnte Kapitel enthält weitere Hinweise, wie Sie die Unterwasserwelt vor der Zerstörung bewahren können.

Kommen Sie langsam nach oben

Tun Sie Folgendes, wenn Sie einen Tauchgang beenden möchten:

1. **Verständigen Sie Ihren Kumpel und beginnen Sie gemeinsam mit dem Auftauchen.**
2. **Beginnen Sie mit dem Auftauchen, wenn noch ausreichend Luft in der Flasche angezeigt wird. (Warten Sie niemals damit, bis der Luftvorrat sich seinem Ende neigt.)**

   Schwimmen Sie langsam noch oben. Benutzen Sie zur Kontrolle Ihre Taucheruhr und den Tiefenmesser oder den Tauchcomputer. Sie sollten nicht schneller als 30 cm pro Sekunde nach oben steigen, also alle 10 Sekunden 3 m. Das ist viel langsamer, als Sie denken.

   Atmen Sie gleichmäßig weiter. Halten Sie nie die Luft an.

3. **Strecken Sie einen Arm über dem Kopf aus, blicken Sie nach oben, und drehen Sie sich beim Aufsteigen langsam um die eigene Achse.**

Wenn Sie während des Auftauchens nach oben blicken und sich um die eigene Achse drehen, sehen Sie alles, was sich über und hinter Ihnen befindet. Achten Sie auf Boote und andere Hindernisse an der Wasseroberfläche.

4. **Legen Sie, wenn möglich, etwa 5 m unter der Wasseroberfläche einen Sicherheitsstopp ein.**

Während des *Sicherheitstopps* hat der Körper Zeit, mehr Stickstoff abzubauen. Dadurch verringert sich die Gefahr einer Dekompressionskrankheit (vergleiche Kapitel 7). Üben Sie während des Stopps die Auftriebskontrolle und sehen Sie nach oben, ob Ihnen etwas den Weg versperrt. Bleiben Sie etwa drei Minuten lang in dieser Tiefe, bevor Sie an die Oberfläche schwimmen.

Maßnahmen im Notfall

Bewahren Sie in einer gefährlichen Situation die Ruhe und geraten Sie nicht in Panik, da Sie sonst die Fähigkeit verlieren, überlegt zu handeln. Außerdem verbrauchen Sie mehr Luft, da Sie in Panik schneller atmen. Sie bewältigen die meisten gefährlichen Situationen, indem Sie ruhig bleiben, das Problem zu erkennen versuchen und es dann so lösen, wie Sie es gelernt haben. Die am häufigst vorkommenden Probleme werden in den folgenden Abschnitten behandelt.

Versagen der Ausrüstung

Es kommt nicht oft vor, dass die Ausrüstung versagt. Sie ist nicht kompliziert gebaut und bei der Herstellung gelten hohe Standards. Dennoch kann es mal passieren, dass ein Teil der Ausrüstung versagt. Einen Sporttaucher beunruhigt natürlich am meisten, wenn mit der Luftzufuhr etwas nicht stimmt. Die Ausrüstung ist jedoch so konzipiert, dass beim Auftreten eines Fehlers beständig Luft zugeführt wird und sie nicht vollkommen ausfällt. In der Regel hat der Taucher immer genug Luft zur Verfügung, um an die Oberfläche zurückzukehren. Wenn also einmal die Luftversorgung ausfällt, müssen Sie sofort die Alternative in Anspruch nehmen (siehe Kapitel 2). Sie müssen auch sofort Ihren Kumpel auf Ihre Situation hinweisen. Schwimmen Sie auf ihn zu und klopfen Sie auf Ihre Pressluftflasche.

Octopus zu Hilfe

Heute muss jeder Taucher mit einer alternativen Luftversorgung ausgestattet sein – einem Reserve-Lungenautomaten, der sowohl bei einem Ausfall des Hauptlungenautomaten als auch bei einer Wechselatmung mit einem Tauchpartner zum Einsatz kommt. Dieser Reserve-Lungenautomat ist als *Octopus* bekannt (mehr Informationen hierzu finden Sie im zweiten Kapitel). Wenn der Hauptlungenautomat versagt, kann der Octopus einspringen. Sie können das testen, indem Sie auf die *Luftdusche* drücken – damit entleeren Sie auch das Mundstück und machen es für den Einsatz fertig. Der Octopus wird genauso bedient wie der Hauptlungenautomat. Nehmen Sie das Mundstück des Octopus in den Mund und schwimmen Sie wie gewohnt nach oben. Wenn sowohl der Hauptlungenautomat als auch der Octopus versagen, müssen Sie den Octopus Ihres Kumpels verwenden.

Wenn Sie den Octopus Ihres Partners benötigen, machen Sie ihn auf sich aufmerksam und zeigen Sie ihm an, dass Sie keine Luft mehr bekommen. Sie tun das, indem Sie die Finger quer über die Kehle ziehen, als wollten Sie diese aufschlitzen. Wenn Sie hierfür keine Zeit mehr haben, schnappen Sie sich einfach seinen Octopus und atmen normal damit weiter. Halten Sie sich an Ihrem Kumpel fest, da Sie nun unverzüglich mit dem Aufstieg beginnen. Sollten aus irgendwelchen unerklärlichen, bizarren Gründen alle drei Möglichkeiten der Luftversorgung versagen, müssen Sie einen Notaufstieg durchführen oder während des Aufstiegs den Lungenautomten des Partners miteinander teilen. (Lesen Sie hierzu weiter hinten in diesem Kapitel den Abschnitt: »Hey Kumpel, hast Du ein wenig Luft für mich übrig?«)

Notaufstieg

Wenn Sie, aus welchen Gründen auch immer, von Ihrem Partner getrennt werden und Ihre Luftversorgung versagt oder wenn Ihre Ausrüstung sich in irgendwelchen Dingen am Meeresgrund verfängt, müssen Sie einen Notaufstieg durchführen. Viele Tauchschulen favorisieren den Notausstieg gegenüber der Wechselatmung (mehr hierzu erfahren Sie im nächsten Abschnitt), da diese schwieriger durchzuführen ist, die Kooperationsbereitschaft Ihres Partners und mehr Übung erfordert. Um nun einen Notaufstieg durchzuführen, müssen Sie sich der Gewichte entledigen, sich vom Meeresboden abstoßen (falls Sie sich überhaupt so weit unten aufhalten) und nach oben schwimmen, während dessen Sie ein »Ah« von sich geben und gleichmäßig ausatmen. An der Wasseroberfläche blasen Sie manuell die Taucherweste auf.

Hey Kumpel, hast du ein wenig Luft für mich übrig?

Nehmen wir mal an, dass Ihre Luftversorgung komplett ausfällt und – oh weh – auch der Octopus Ihres Tauchpartners. Sie haben nun die Wahl zwischen einem Notaufstieg und der gemeinsamen Benutzung des Hauptlungenautomaten Ihres Partners – letzteres wird Wechselatmung genannt.

Wechselatmung ist gar nicht so leicht, wenn Sie es nicht geübt haben. Im Prinzip müssen Sie dabei wir folgt vorgehen: Da Sie schon den Octopus Ihres Partners ausprobiert haben, ist dieser auf Sie und Ihre Notlage aufmerksam geworden. Zeigen Sie nun auf seinen Hauptlungenautomaten. Er atmet ein, und reicht diesen an Sie weiter. Nehmen Sie den Atemregler in die rechte Hand und halten Sie sich mit der linken Hand an seinem rechten Schulterband fest – er wird ebenfalls Ihr rechtes Schulterband in die Hand nehmen. Machen Sie ein paar Atemzüge, bevor Sie den

Atemregler wieder an ihn zurückgeben und sich zusammen auf den Weg nach oben machen. Das also ist Wechselatmung.

Die Abhängigkeit zweier Taucher von einer Luftversorgung klingt ziemlich furchterregend. In der Praxis ist es aber nicht so. Das Teilen des Atemreglers ist ganz einfach, wenn Sie es einmal geübt haben. Sie entwickeln dabei sogar ziemlich schnell einen eigenen Rhythmus. Das Problem hierbei ist natürlich, dass Sie diese Prozedur nur im Notfall anwenden und so (hoffentlich) nicht genug Übungsmöglichkeiten haben werden, um darin eine gewisse Sicherheit zu erwerben. Sollten Sie dennoch einmal in eine Situation kommen, in der Sie von einer Wechselatmung abhängig sind, müssen Sie daran denken, dass Sie während der Zeit, in der Ihr Partner den Atemregler benutzt, »ah« sagen und dabei gleichmäßig einen dünnen Bläschenstrahl ausblasen. So sorgen Sie während des Aufstiegs für einen Druckausgleich in der Lunge.

Mehr Stickstoff bitte

Die Luft, die Sie in diesem Moment einatmen, besteht aus einem Gasgemisch. Der Hauptanteil, etwa 79 Prozent, ist Stickstoff. An der Erdoberfläche bereitet die Stickstoffzufuhr keine Probleme, unter Wasser sieht das jedoch anders aus. An der Luft löst sich der Stickstoff wie auch der Sauerstoff in Ihrem Blut auf. Während der Sauerstoff für den Stoffwechsel des Körpers von großer Bedeutung ist, könnte der Körper auf den Stickstoff verzichten. An der Luft, wie gesagt.

Unser Körper ist an der Erdoberfläche mit Stickstoff gesättigt, was, anders ausgedrückt, bedeutet, dass sich so viel Stickstoff im Körper aufgelöst hat, wie dieser bei normalem Luftdruck aufnehmen kann. Wenn Sie nun den Druck auf Ihren Körper erhöhen (was Sie ja beim Tauchen tun), kann dieser mehr Stickstoff aufnehmen. Je größer der Druck, um so mehr Stickstoff kann er aufnehmen (siehe Kapitel 6). Wenn Ihr Körper über einen längeren Zeitraum einem höheren Druck ausgesetzt ist, wird sich abermals ein Sättigungsgrad einstellen, so dass wiederum nicht mehr Stickstoff aufgenommen werden kann. Bei weiterer Druckerhöhung erhöht sich der Stickstoffanteil im Körper abermals, und so fort. Es ist nicht möglich, unter Wasser einen absoluten Sättigungsgrad zu erreichen, da dies etwa 12 Stunden dauern würde. Ich kenne jedenfalls niemanden, der es so lange mit einer Druckluftflasche unter Wasser ausgehalten hat.

Je tiefer Sie tauchen, desto größer ist der Unterschied zwischen der Menge des Stickstoffs, der sich im Körpergewebe aufgelöst hat, und der Menge des gelösten Stickstoffs, den der Körper aufnehmen kann – was heisst, je tiefer Sie tauchen, desto schneller absorbieren Sie den Stickstoff. Je länger Sie unter Wasser dem erhöhten Druck ausgesetzt sind, desto mehr Zeit haben Sie, um den Stickstoff in Ihr Körpergewebe aufzunehmen – je länger Sie unten bleiben, desto mehr Stickstoff absorbieren Sie.

Cocktails in 30 m Tiefe

»Was soll's?«, höre ich Sie fragen. »Stickstoff ist doch nicht schädlich, oder? Was soll also das ganze Gerede?« Nun, so einfach ist es nicht. Es gibt zwei Probleme, die mit der erhöhten Stickstoffaufnahme unter Druck einhergehen. Das erste ist unter der Bezeichnung *Stickstoffnarkose* bekannt, die Beschreibung des zweiten Problems finden Sie im nachfolgenden Abschnitt. Man nimmt an, dass eine Stickstoffnarkose dann eintritt, wenn der Stickstoff, der sich im Gewebe befindet, die Übertragung von Impulsen, die von den Nerven ausgesandt werden, beeinträchtigt und dadurch eine narkotisierende Wirkung ausübt.

Die narkotische Wirkung tritt in der Regel bei einer Tauchtiefe von 30 m und darunter ein. Der Effekt ist nicht bei allen Menschen gleich stark, da dieser sowohl von der körperlichen Verfassung als auch von Umweltfaktoren abhängig ist. Die meisten Taucher merken gar nichts bis zu einer Tiefe von 20 m. Die meisten Taucher spüren eine leichte Wirkung in 30 m Tiefe und fast alle Taucher ab einer Tiefe von 45 m.

Die Wirkung ist ähnlich wie die beim Genuss von Alkohol – verlangsamtes Denken und verzögerte Reaktionszeit, ein körperliches Wohlbefinden bis hin zur Euphorie (Tiefenrausch), leichtsinniges Verhalten, Überschätzen der eigenen Fähigkeiten, Risikobereitschaft und so fort. Aber anders als beim Alkohol tritt die narkotisierende Wirkung des Stickstoffs ab einer bestimmten Tiefe ein und verschwindet wieder, sobald Sie wieder auftauchen. Obwohl durch die Stickstoffnarkose keine bleibenden Schäden am Körper verursacht werden und die Wirkung schnell nachlässt, liegt ihre Gefahr darin, dass der Taucher unter ihrem Einfluss wider die Vernunft handelt, sein Urteilsvermögen beeinträchtigt ist und er im Notfall nicht schnell genug reagiert.

Wenn sich bei Ihnen während eines Tauchgangs rauschähnliche Effekte bemerkbar machen, müssen Sie sofort die Tauchtiefe verringern.

Vermeiden Sie »Bends«

Vielleicht merken Sie nichts von einem Tiefenrausch, dennoch kann all der gelöste Stickstoff in Ihrem Gewebe Probleme verursachen. Wenn Sie nach einem Tauchgang wieder zur Oberfläche zurückkehren wollen, erniedrigt sich der auf Ihren Körper ausgeübte Druck, was zur Folge hat, dass nun mehr Stickstoff im Gewebe gelöst ist, als dieses aufnehmen kann – es tritt eine *Übersättigung* ein. Wird nun dem Körper nicht genügend Zeit gegeben, die überflüssige Stickstoffmenge wieder über die Lunge abzuatmen, so wird sich dieser Stickstoffüberschuss im Blut der verschiedenen Körpergewebe zu Gasblasen verbinden und *ausperlen*. Was nun eintritt, ist unter dem Begriff *Dekompressionskrankheit* (Deko-Krankheit) oder auch »*Bends*« bekannt.

Im siebten Kapitel erfahren Sie mehr über die Symptome dieser Krankheit, die je nach Größe und Vorkommen der Gasbläschen im Gewebe sehr unterschiedlich ausfallen können. Neuesten Untersuchungsergebnissen zu Folge treten die Bläschen nach jedem Tauchgang auf – so lange diese jedoch winzig und nur wenige sind, werden sie zur Lunge transportiert und ausgeatmet. Wenn sich die Bläschen jedoch zu Gasblasen verbinden und davon zu viele im Blut vorhanden sind, führt dies zur Dekompressionskrankheit. Diese kann sich auf unterschiedliche Weise bemerkbar machen, von leichteren Schäden bis hin zum Tod.

Die Dekompressionskrankheit äußerst sich meist auf folgende Weise:

- ✔ Die Haut kann fleckig aussehen und brennen oder jucken. Diese Symptome verschwinden meist nach ein paar Stunden von selbst.
- ✔ In den großen Gelenken, wie etwa den Ellenbogen, können heftige Schmerzen auftreten.
- ✔ Steife Glieder, Schwindel, Torkeln, Kopfschmerzen und verschwommene Sicht können ebenfalls als Symptome auftreten. Eine Schädigung der Wirbelsäule macht sich meist durch Rückenschmerzen bemerkbar, die sich auf den Rumpf ausbreiten. Hinzu kommt eine Taubheit und ein Kribbeln in den Beinen.

Bei den oben genannten Symptomen handelt es sich nur um die am häufigsten auftretenden. Die Dekompressionskrankheit kann sich noch auf vielerlei – oft erstaunliche – Art und Weise äußern. Sie alle aufzuzählen, würde den Rahmen dieses Kapitels sprengen. Die Symptome treten in einer Zeitspanne zwischen ein paar Minuten und 48 Stunden – normalerweise innerhalb von sechs Stunden – nach dem Auftauchen auf. Begeben Sie sich sofort zu einem Arzt, wenn Sie vermuten, dass Sie die Symptome einer Dekompressionskrankheit zeigen.

Eine Dekompressionskrankheit wird durch Rekompression in speziell dafür vorgesehenen Druckkammern behandelt. Die hier eingeatmete Luft besteht zu 100 Prozent aus Sauerstoff. In der Kammer entledigt sich der Körper des Tauchers langsam des überschüssigen Stickstoffs. Obwohl man mit der Dekompressionskrankheit nicht sorglos umgehen soll, so führt diese, wenn richtig und rechtzeitig behandelt, nur sehr selten zum Tod. Darüber hinaus kann der Taucher leicht dafür Sorge tragen, dass es erst gar nicht dazu kommt, wenn er nämlich die in den Tauchtabellen festgelegten Tauchzeiten und -tiefen befolgt.

Tauchtabellen

Der Körper wird mühelos mit einem kleinen Überschuss an Stickstoff, der sich im Gewebe beim Tauchen ansammelt, fertig. Der Taucher kann sich an die Werte in den *Tauchtabellen* halten, die ihm sagen, wie viel Stickstoff der Körper auf dem Weg in die Tiefe ansammelt. Da die Menschen sehr unterschiedlich gebaut sind, können diese Tabellen natürlich nicht garantieren, dass Sie niemals eine Dekompressionskrankheit am eigenen Leib erfahren werden. Wenn Sie sich jedoch an die Richtwerte in den Tabellen halten und nichts übertreiben, sollten Sie davon verschont bleiben.

Fast jede Tauchschule, an der Sie einen Tauchschein erwerben können, stellt diese Tauchtabellen zur Verfügung. Zur Ausbildung gehört auch, dass Sie diese beim Tauchen problemlos anwenden können.

Da die Menge und die Geschwindigkeit der Stickaufnahme mit zunehmender Tiefe steigt, sollten Sie immer am tiefst gelegenen Punkt des Tauchgangs beginnen. Damit stellen Sie sicher, dass die Stickstoffaufnahme auf ein Minimum beschränkt bleibt. Beschränken Sie die ersten Tauchgänge auf eine Tiefe von 20 m oder weniger. Erst wenn Sie mehr Erfahrung gesammelt haben, sollten Sie tiefer tauchen. Beschränken Sie aber auch jetzt die Tauchtiefe auf 30, maximal 40 Meter. Sollten Sie dennoch einmal den Wunsch verspüren, tiefer zu tauchen – 30 m und mehr –, beschränken Sie die Zeit auf ein paar Minuten und schwimmen langsam nach oben, damit der Körper genug Zeit hat, den angesammelten Stickstoff abzuatmen. Bei einem Tauchgang in größere Tiefe muss auch ein Sicherheitsstopp eingeplant werden. Vergewissern Sie sich deshalb, ob Ihnen dafür noch ausreichend Luft zur Verfügung steht (lesen Sie hierzu weiter vorne im Kapitel den Abschnitt »Kommen Sie langsam nach oben«).

Das Problem der Stickstoffaufnahme beschränkt sich nicht auf einen Tauchgang. Es dauert ein paar Stunden, bis nach dem Auftauchen die gelösten Gase aus dem Körpergewebe wieder entwichen sind. Wenn Sie daher innerhalb der folgenden sechs Stunden einen weiteren Tauchgang planen, müssen Sie den überhöhten Stickstoffgehalt im Gewebe einkalkulieren.

Die Tauchtabellen sind für Sporttaucher so gestaltet, dass er beim Auftauchen keine Dekompressions-Pausen einlegen muss und die gelösten Gase langsam und ohne Blasenbildung aus dem Gewebe entweichen können (Nicht-Dekompressionstauchen). Das *Dekommpressionstauchen* ist für Sporttaucher zu gefährlich.

Computer

Tauchcomputer haben in den letzten Jahren fast vollständig die Überwachung der Stickstoffaufnahme übernommen. Dadurch ist natürlich das Tauchen einfacher geworden. Sie sollten sich aber nie ganz auf einen Computer verlassen, sondern auch wissen, wie eine Tauchtabelle benutzt wird. Nicht nur Menschen, sondern auch Computer können versagen.

Die meisten Tauchcomputer schalten sich automatisch ein, wenn sie unter die Wasseroberfläche kommen. Sie kalkulieren während der gesamten Tauchzeit und häufig auch noch danach den Stickstoffgehalt des Gewebes anhand theoretischer Richtlinien oder anhand eines mathematischen Modells entsprechender Tauchtabellen. Sie signalisieren dem Taucher, wenn die vorgegebenen Richtzahlen erreicht sind und zeigen die Dekompressionszeiten an. Da ein Computer kontinuierlich Tauchzeit und Tauchtiefe aufzeichnet, erlaubt er dem Taucher meist mehr Zeit unter Wasser als dies die Tauchtabellen tun. Die meisten Taucher sehen im Computer einen bedeutenden Fortschritt gegenüber den Tauchtabellen; Sie sollten sich jedoch nicht allein darauf verlassen, sondern bei jedem Tauchgang auch eine Uhr, einen Tiefenmesser und eine Tauchtabelle mitführen.

Teil II

Kopfüber ins Wasser

In diesem Teil...

erfahren Sie, was Sie vor einem Tauchgang alles tun müssen, egal ob Sie vom Boot oder vom Ufer aus starten: vom Anlegen der Ausrüstung bis zum Ausziehen nach dem Tauchgang und alles dazwischen. Ich erkläre Ihnen, wie und warum das Wasser, die Luft und Ihr Körper sich beim Tauchen so verhalten, wie sie es tun. Ich beschreibe auch die am häufigsten vorkommenden Krankheiten, Verletzungen und Komplikationen, mit denen es Taucher zu tun haben und wie Sie vermeiden können, dass Sie selbst davon betroffen sind. Und wenn doch nicht alles so glatt abläuft, wie es sollte, erfahren Sie hier auch, wie Sie die Situation retten können.

Noch im Trockenen

4

In diesem Kapitel

- Ausgangspunkt: Boot oder Ufer
- Ihre gesamte Ausrüstung
- Kleine Anziehhilfe
- So besiegen Sie Ihre Nervosität

Nun haben Sie den Tauchschein endlich in der Tasche, einen Flug gebucht, sich im Hotel einquartiert und können es kaum erwarten, nass zu werden. Wie geht's nun eigentlich weiter?

Meist wird es so aussehen, dass Sie die nächste Tauchbasis aufsuchen, eine Druckluftflasche und Gewichte mieten und sich auf einem Tauchboot zum nächsten Tauchgang anmelden, wo immer der auch stattfinden mag. Die meisten Tauchshops erfüllen die hohen Ansprüche, die an sie gestellt werden. Sogar in den Ländern, wo Sie der Armut überall begegnen, bekommen Sie saubere Luft für Ihre Flasche und eine anständige Ausrüstung. Ganz, ganz selten begegnen Sie einem Möchte-gern-Unternehmer, der nicht besonders vertrauenswürdig aussehende Flaschen mit Luft aus einem selbstgebastelten Kompressor füllt. Beschränken Sie sich lieber aufs Sightseeing, wenn Sie nichts Besseres auftreiben können.

Ihre Tauchkollegen sind eine sprudelnde Quelle an Informationen, die Sie auch ohne Skrupel ausschöpfen sollten. Die meisten teilen gern Ihre Erfahrungen mit Ihnen, nennen Ihnen die beste Tauchbasis, die besten Tauchplätze und so fort. Wenn Sie natürlich eine Reise buchen, die den ganzen Service beinhaltet, brauchen Sie sich selbst um nichts zu kümmern

Vor dem Tauchgang

Wenn Sie sich einen Tauchplatz aussuchen, zu dem Sie selbst fahren können, werden Sie sich wahrscheinlich, aber nicht unbedingt, für einen Tauchgang vom Land aus entscheiden. Bei einer Urlaubsreise, bei der Tauchgänge bereits inbegriffen sind, werden Sie wahrscheinlich von einem Boot aus starten. Was immer Sie auch wählen, Sie brauchen in beiden Fällen die gleiche Taucherausrüstung (mehr hierzu finden Sie im zweiten Kapitel) und zum Sporttauchen (anders als beim Schnorcheln) einen gültigen Tauchschein. Wenn Sie reisen – und hier vor allem fliegen – müssen, um den Ort des Geschehens zu erreichen, möchten Sie die Ausrüstungsgegenstände am Zielort vielleicht mieten. Ich nehme jedoch immer meine eigenen mit, mit der Ausnahme von Flaschen und Gewichten, die man fast überall auf der Welt den Anforderungen entsprechend mieten kann. Vor allem bei einer Flugreise kann das Mitführen von Gewichten und Flaschen mühselig sein. Andererseits sparen Sie Geld, wenn Sie sich eigene kaufen und viel in der Nähe Ihres Wohnsitzes tauchen. Wenn Sie eigene Flaschen und Gewichte verwenden, müssen Sie die Flasche im Tauchshop füllen lassen.

Am gebräuchlichsten sind die Druckluftflaschen mit 10 oder 12 l Volumeninhalt aus Aluminium, manchmal aber auch aus Stahl. Stahlflaschen sind schwerer als solche aus Aluminium, deshalb braucht der Taucher in diesem Fall weniger Gewichte mitnehmen. Die Bedienung beider Flaschen ist gleich, das unterschiedliche Material hat nur auf das Gewicht Einfluss. (Ab und zu befindet sich auch noch ein 15-l-Zylinder darunter. Wenn Sie zu denen gehören, die schwer atmen, sollten Sie vielleicht diesen Tank mieten, da Sie damit länger unter Wasser bleiben können. Aber wie gesagt, sie werden nicht immer angeboten.) Mieten Sie für jeden Tauchgang eine eigene Flasche. Obwohl die Flaschen oft verbeult und zerkratzt aussehen, werden sie regelmäßig überprüft und sind zuverlässig.

Wie viel Gewicht Sie benötigen, ist individuell sehr unterschiedlich. Eine Orientierung finden Sie vielleicht in den Unterlagen aus der Tauchschulzeit. Allerdings müssen Sie hier beachten, ob Sie die Tauchgänge auch unter den gleichen Bedingungen durchführen. Zu Hause haben Sie vielleicht einen 7 mm dicken Tauchanzug und so viele Gewichte getragen, dass Sie kaum noch laufen konnten. Nun bewegen Sie sich in tropischen Gewässern und tragen nichts weiter als einen dünnen Nasstauchanzug und ein Lächeln.

Führen Sie diese Übungen durch, bevor Sie zum Tauchen gehen, um das benötigte Gewicht zu bestimmen:

1. **Begeben Sie sich zu einem Strand oder Schwimmbecken mit all der Ausrüstung, die Sie beim Tauchen tragen werden.**

   Sie benötigen eine Wassertiefe, die über Ihren Kopf reicht. Ein flacher Sandstrand oder ein Pool, in dem Sie noch stehen können, ist nicht ausreichend.

2. **Ziehen Sie die Ausrüstung an, einschließlich der Gewichte.**

   Wenn Sie beim Tauchen einen Trockentauchanzug tragen, sollten Sie 10 Prozent Ihres Körpergewichts an Gewicht hinzufügen. Wenn Sie also 80 kg wiegen, sollte Ihr Bleigurt 8 kg schwer sein. In warmen Gewässern, in denen Sie nur einen Nasstauchanzug oder einen Halbtrockentauchanzug mit kurzen Armen und Beinen tragen, beginnen Sie mit 5 Prozent Ihres Körpergewichts.

   Gewichte, die zum Mieten angeboten werden, bestehen meist aus rechteckigen Metallblökken. Diese verfügen über einen Schlitz, durch den ein Nylongürtel geschoben wird. Viele Taucherwesten (siehe Kapitel 2) haben bereits eingearbeitete Taschen, in welche die Gewichte geschoben werden. Wenn Sie einen Bleigurt benutzen, suchen Sie sich einen aus, der lang genug ist, dass er um Ihre Taille passt und noch etwa 25 cm übersteht.

3. **Gehen Sie ins Wasser.**

   Das Wasser muss über Ihren Kopf reichen. Gehen oder Schnorcheln Sie so weit, bis das Wasser tief genug ist. Im Süßwasser benötigen Sie etwas weniger Gewicht als im Salzwasser, da letzteres einen stärkeren Auftrieb hat.

4. **Lassen Sie sich im Wasser hängen.**

   Benutzen Sie nun das Pressluftauchgerät. Sie schweben bewegungslos, vertikal im Wasser und atmen normal ein und aus. Der Wasserspiegel sollte bei vollen Lungen genau bis zur Mitte der Tauchmaske reichen. Beim Ausatmen sollten Sie etwas absinken.

5. **Passen Sie das Gewicht an.**

   Wenn Ihre Maske nach dem Einatmen – bei vollen Lungen – vollständig unter Wasser ist, tragen Sie zu viel Gewicht bei sich. Umgekehrt müssen Sie Gewicht hinzufügen, wenn die Tauchmaske ganz aus dem Wasser ragt.

Tauchen vom Boot aus

Meist sind die besten Tauchplätze nur vom Boot aus zu erreichen und Sie benötigen für die Fahrt nur ein paar Minuten, manchmal aber auch über eine Stunde. Fast überall werden von den Tauchbasen aus Bootfahrten zu den Tauchplätzen hinaus angeboten. Sie können natürlich auch ein eigenes Boot mieten, aber viel Geld sparen Sie, wenn Sie mit einer Gruppe unterwegs sind. Von Mittauchern und dem Bootfahrer erhalten Sie oft nützliche Informationen über den bevorstehenden Trip. Sie und Ihr Kumpel können aber auch ein Boot mieten und auf eigene Faust losziehen. Wenn Sie schon zu den erfahrenen Tauchern gehören, habe ich keine Bedenken gegen diese Vorgehensweise. Anfängern rate ich jedoch strikt davon ab. Wenn Sie sich für einen Alleingang mit Ihrem Kumpel entscheiden, bereiten Sie sich auf den Tauchgang genau so vor wie es weiter hinten in diesem Kapitel im Abschnitt »Tauchen vom Ufer aus« beschrieben wird. Vergewissern Sie sich vorher davon, dass der Fahrer des Boots über Erfahrungen mit Tauchern verfügt.

In der Regel fahren die Boote am Vormittag für einen oder zwei Tauchgänge aufs Meer hinaus und kehren zum Mittagessen zurück oder es wird die Verpflegung mit aufs Boot genommen. Im letzteren Fall findet meist ein Tauchgang am Vormittag und ein zweiter Tauchgang nach dem Mittagessen auf dem Boot oder am Strand statt. Nehmen Sie warme Kleidung mit, wenn Sie den ganzen Tag unterwegs sind. Das Wetter kann sich schlagartig ändern, vor allem in den Tropen. Es mag Sie überraschen, dass Ihnen im warmen, feuchten Klima der Tropen kalt werden könnte. Wenn Sie aber einmal einem Regenschauer und anschließend, nass bis auf die Haut, stundenlang dem Wind ausgesetzt waren, wissen Sie, warum ich die Mitnahme von warmer Kleidung empfehle.

Auf einigen Booten gibt es die Möglichkeit, die Ausrüstung in eigens dafür vorgesehenen Behältern unterzubringen. Aber auch in diesen Fällen sollten Sie Ihre Ausrüstung mit Namen oder Initialen versehen – andere Leute auf dem Boot haben vielleicht genau die gleichen Schwimmflossen, Taucherweste oder Maske wie Sie. Vor allem nach einem Tauchgang kommt es häufig vor, dass Sachen verwechselt werden, wenn sich alle nur schnell der nassen Sachen entledigen wollen und auf der Suche nach etwas Trockenem sind.

Wenn Sie leicht seekrank werden (mehr hierzu finden Sie im siebten Kapitel), sollten Sie Medikamente dagegen bereits vor der Bootsfahrt einnehmen. Suchen Sie sich einen Platz in der Mitte des Bootes, da hier die Wellenbewegungen am Wenigsten zu spüren sind und halten Sie die Augen stur auf den Horizont gerichtet.

Für gewöhnlich haben Sie ausreichend Zeit auf dem Boot, um hier vor dem Tauchgang die Ausrüstung anzulegen. Wenn Sie jedoch wissen, dass Sie nur kurz unterwegs sein werden, sollten Sie das schon vorher tun.

Wenn Sie an der Stelle im Meer angelangt sind, an der der Tauchgang stattfinden soll, überprüft der Tauchleiter oder Kapitän die Bedingungen und entscheidet, ob ein Tauchgang stattfinden kann. Springen Sie nie ohne vorherige Erlaubnis ins Wasser. Auch wenn das Wetter tadellos ist und alles andere ebenfalls völlig normal aussieht, kann der Kapitän auf ungünstige Bedingungen, wie etwa starke Strömung, aufmerksam geworden sein.

Bevor Sie sich ins Wasser begeben, wird Sie der Tauchleiter davon in Kenntnis setzen, was Sie unter Wasser erwartet: die Bodenbeschaffenheit, Dinge und Tiere, die Sie wahrscheinlich sehen werden, welcher Route Sie folgen, wie tief Sie tauchen werden und so fort. Häufig wird diese Einweisung (Briefing) durch Illustrationen auf einer Tafel deutlich gemacht. Zum Beispiel: »Wir beginnen oben am Kamm des Riffs, in etwa 12 m Tiefe, bevor wir uns an der Kante entlang in eine Tiefe von etwa 20 m begeben. Auf unserer Route werden wir auf ein paar Felsvorsprünge stoßen, die mit schönen dunkelroten und rosanen Korallen bedeckt sind. Anschließend schwimmen wir in Richtung Westen, indem wir der Wand des Riffs folgen. Gleich neben diesem riesigen Schwamm lebt eine große, grüne Moräne im Riff – mal sehen, ob ich sie zum Herauskommen bewegen kann« und so weiter. Wenn das Briefing abgeschlossen ist, gibt der Teamleiter Anweisungen, wie ins Wasser gegangen werden soll. Jetzt wird es Zeit, die Ausrüstung anzulegen.

Die vorherige Besprechung des Tauchgangs hat sich in der Praxis bewährt. Zum einen dient sie Ihrer Sicherheit, andererseits können Sie gut vorbereitet mehr aus einem Tauchgang herausholen. Ersparen Sie dem Tauchleiter unnötige Aufregungen oder Sonderwünsche. Wenn Sie bereits zu den erfahrenen Tauchern gehören, können Sie zusammen mit einem Kumpel Ihren eigenen Tauchgang planen. Als Anfänger halten Sie sich lieber an das, was der Teamleiter für Sie vorgesehen hat.

Boot-Terminologie

Damit Sie sich auf dem Boot nicht blamieren, sollten Sie vielleicht mit ein paar Fachausdrücken vertraut sein.

- **Bug:** Das vordere, spitze Ende eines Bootes. Wenn Sie zum Bug gehen, gehen Sie nach *vorne*.
- **Heck:** Das hintere Ende des Bootes. Sie begeben sich in den hinteren Bereich des Bootes, um Ihre Ausrüstung anzulegen. Sie gehen Richtung Heck, oder *achtern*.

- **Steuerbord:** Die rechte Seite des Bootes, wenn Sie Richtung Bug blicken.
- **Backbord:** Die linke Seite des Bootes, wenn Sie Richtung Bug schauen.
- **Die Brücke:** Hier befinden sich die Armaturen und das Kontrollzentrum.
- **Die Kombüse:** Die Schiffsküche
- **Luv:** Die Seite der Bootes, von der aus der Wind bläst.
- **Lee:** Die vom Wind abgewandte Seite (über die Sie sich hängen, wenn Sie seekrank sind und Ihre Kleider schonen sowie sich bei den Tauchkumpanen nicht unbeliebt machen wollen).

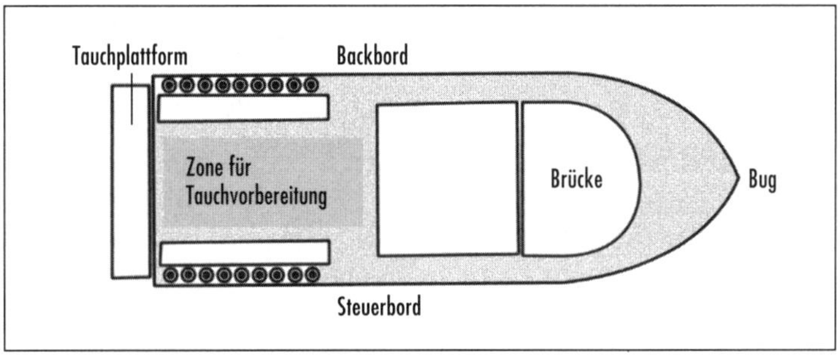

Tauchen vom Ufer aus

Sie können zusammen mit Ihrem Kumpel ein Boot mieten und Ihren eigenen Tauchgang planen. Wenn Sie sich jedoch einer Gruppe anschließen, wird für Sie alles organisiert und das Ganze ist auch kostengünstiger. Anders sieht es natürlich bei Tauchgängen aus, die vom Ufer aus vorgenommen werden. Sie können sich natürlich auch hier einer Gruppe mit einem Tauchleiter anschließen. Vielleicht macht es Ihnen aber mehr Spaß und es ist auch billiger, auf eigene Faust loszuschwimmen. Vergessen Sie hierbei aber nicht, dass sogar ein Tauchgang in flachem Gewässer Planung voraussetzt. Es gibt Menschen, die lieber auf sich selbst gestellt sind und das so Erreichte mehr schätzen. Sich auf sich selbst verlassen können, ist beim Tauchen ein Riesenbonus! Wenn Sie zu dieser Personengruppe gehören, sollten Sie sich die ersten paar Mal dennoch einem erfahrenen Taucher anschließen.

Die Planung des Tauchgangs

Wenn Sie die Planung des Tauchgangs selbst übernehmen, müssen zunächst festlegen, wo Sie tauchen möchten und wen Sie als Partner mitnehmen. Viele Paare gehen dem Sport zusammen nach, was die Suche nach einem Partner natürlich wesentlich vereinfacht. Wenn Sie Ihren Partner aber nicht dabei haben, machen Sie sich am besten auf den Weg in den Tauchshop, um sich dort nach einem geeigneten Tauchpartner umzuhören. Sie müssen da ja sowieso hin, um die Flasche und die Gewichte zu mieten oder die eigene Flasche auffüllen zu lassen. Wenn Sie also einen Tauchgang in der näheren Umgebung planen und keinen geeigneten Kumpel dabei haben, sollten Sie mit der Suche im Tauchshop oder bei einem Tauchclub beginnen.

Die Auswahl der Örtlichkeit hängt natürlich von Ihren Zielen ab. Bücher und Zeitschriften können Ihnen dabei behilflich sein, wie auch die Kapitel 10, 11 und 13 in diesem Buch. Erkundigen Sie sich aber auch im Tauchshop am Ferienort nach Möglichkeiten und Angeboten. Erklären Sie den Leuten dort, was Sie gerne sehen möchten und profitieren Sie von den Erfahrungen der Ortsansässigen. Man wird Ihnen sicherlich einen geeigneten Tauchplatz nennen und Sie auch darüber informieren, zu welcher Tageszeit Sie sich am besten dahin begeben. Planen Sie auch mit ein, wie weit das Ufer vom Parkplatz entfernt ist. Sogar in den Tropen müssen Sie eine Menge Ausrüstung dabei haben und mitschleppen. Wenn Sie sich für einen Tauchplatz entschieden haben, sollten Sie immer noch eine zweite Alternative einplanen. Es kann immer vorkommen, dass der Tauchgang an dem von Ihnen gewählten Ort aus irgendwelchen Gründen nicht möglich ist.

Nachdem Sie sich nun für eine Örtlichkeit entschieden haben, müssen Sie dies mit Ihrem Partner besprechen und auch festlegen, wie Sie mit all der Ausrüstung, die Sie für das Tauchen brauchen, dahin kommen, wo und wann Sie sich treffen und welche Maßnahmen Sie im Falle eines Notfalls ergreifen werden.

Die Vorbereitungen

Tun Sie folgende Dinge, entweder am Abend vor einem Tauchgang oder am Morgen des Nachmittagtauchgangs:

Erzählen Sie jemandem vom Tauchgang, der nicht daran teilnehmen wird. Sie würden sich auch nicht auf den Weg in die Wildnis machen, ohne jemandem vorher Bescheid zu sagen. Informieren Sie die Person auch darüber, wann Sie wieder zurück sein wollen und was sie unternehmen soll, wenn Sie zur verabredeten Zeit nicht zurück sind.

✔ **Überprüfen Sie die Ausrüstung.** Legen Sie sich die Ausrüstung zurecht und überprüfen Sie, ob alles komplett ist und funktioniert.

Hören Sie sich den Wetterbericht an. Sie möchten während des Tauchgangs nicht in die Fänge von Hurrikan Getrud oder irgend eines anderen atmosphärischen Ereignisses geraten. Vergewissern Sie sich auch, dass die See ruhig ist, denn oft haben Stürme, wenn auch das Zentrum Tausende von Kilometern entfernt ist, einen enormen Einfluss auf den Wellengang. Vielleicht sollten Sie an einem solchen Tag gar nicht tauchen, sondern lieber mit Ihrem Surfboard zum Strand runter gehen.

Bedingungen

Wenn Sie und Ihr Partner am Ort des Geschehens ankommen, sollten Sie erst die Begebenheiten begutachten, bevor Sie sich umziehen oder die ganze Ausrüstung zum Strand runter schleppen.

Der Zustand des Meeres. Wenn die Wellen hoch sind und die Strömung stark oder etwas anderes nicht so ist, wie Sie es gerne vorfinden würden, sollten Sie sich überlegen, ob Sie nicht den alternativen Tauchplatz aufsuchen. Wenn da die Bedingungen nicht besser sind, sollten Sie den Tauchgang abblasen. Jeder Taucher muss ab und zu mal auf einen Tauchgang verzichten.

- ✔ **Besprechen Sie den Tauchgang.** Entscheiden Sie zusammen mit Ihrem Tauchpartner, wo Sie ins Wasser gehen, welchen Kurs Sie nehmen und wo Sie wieder auftauchen werden.
- ✔ **Legen Sie Grenzen fest.** Besprechen Sie, wie tief Sie maximal tauchen werden und beginnen Sie mit diesem Abschnitt. Begrenzen Sie auch die Tauchzeit und den Luftvorrat. Legen Sie auch fest, wie Sie vorgehen werden, wenn die erste Person am Minimum des Luftvorrats angelangt ist.
- ✔ **Wiederholen Sie kurz die Unterwasser-Zeichensprache.** Vergewissern Sie sich, dass Sie unter Wasser auch miteinander kommunizieren können (siehe Kapitel 5). Wenn Sie unter Wasser feststellen, dass es nicht klappt, ist es zu spät.

Besprechen Sie, was Sie tun werden, wenn Sie wider Willen getrennt werden. Das sollte natürlich unter allen Umständen vermieden werden. Aber dennoch kann es passieren. Wie Sie schon als Pfadfinder gelernt haben, müssen Sie auf diese Situationen vorbereitet sein. Im siebten Kapitel erfahren Sie, wie Sie sich in Notfällen verhalten sollten. Sie sollten vor dem Tauchgang bereits wissen, wo Sie in einem solchen Fall am schnellsten Hilfe bekommen.

Tauchen Sie nach Plan

Halten Sie sich beim Tauchgang an die vorher besprochenen Einzelheiten. Die Kommunikation ist unter Wasser schwieriger als an Land, daher legen Sie ja schon alles vorher fest. Sie kennen Ihr Ziel und haben eine Vorstellung davon, was Sie erwartet. Dennoch werden Sie noch oft genug Überraschungen erleben. Wenn Sie mit den Situationen, von denen Sie erwarten, dass sie eintreten werden, sicher umgehen können, werden Sie die Ausnahmesituationen eher als ein Abenteuer als eine böse Erfahrung erleben.

Die Vorbereitung der Ausrüstung

Der Vorgang ist der gleiche, ob Sie die Ausrüstung nun auf dem Boot oder am Ufer herrichten. Am Ufer müssen Sie jedoch darauf achten, dass kein Schmutz oder Sand in die Ventile und die Schläuche gerät. Konzentrieren Sie sich darauf, was Sie tun, es ist wichtig, dass die Ausrüstung richtig funktioniert. Gehen Sie beim Anlegen folgendermaßen vor:

1. **Befestigen Sie die Flasche an der Taucherweste.**

   Ihre Taucherweste verfügt auf dem Rücken über einen oder zwei Gurte, mit denen Sie die Druckluftflasche an der Taucherweste befestigen. Lassen Sie die Flasche, wie es in Abbildung 4.1 gezeigt wird, von oben in die Gurte gleiten. Vergewissern Sie sich, dass die Öffnung des Ventils Richtung Taucherweste zeigt. Das Ventil sollte etwa auf der Höhe des Nackenausschnitts der Weste liegen. Wenn es höher angebracht ist, kann es gegen Ihren Hinterkopf schlagen - was nicht sonderlich angenehm ist. Zurren Sie die Gurte fest um die Flasche und schließen Sie sie mit den dafür vorgesehenen Schnallen. Da die Gurte verstellbar sind, können Flaschen unterschiedlicher Größe und Form in der Taucherweste befestigt werden. Taucherwesten werden je nach Hersteller mit vielen unterschiedlichen Gurten und Schnallen für die Flaschen angeboten. Machen Sie sich bitte mit Ihrer Weste vertraut. Die Systeme sind jedoch in der Regel leicht zu handhaben.

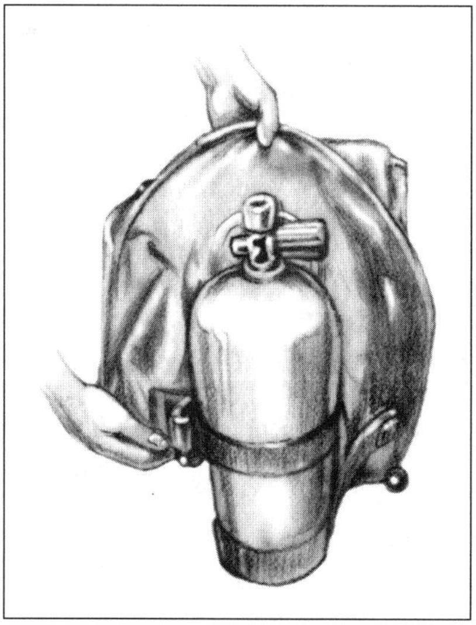

Abbildung 4.1: Lassen Sie die Flasche von oben in die Gurte der Taucherweste gleiten.

2. **Überprüfen Sie den Sitz der Flasche.**

   Nehmen Sie die Schultergurte der Taucherweste in die Hand, heben Sie diese ein paar Zentimeter hoch und schütteln Sie sie leicht. Wenn die Flasche aus den Gurten gleitet oder sich diese lockern, müssen Sie sie fester zuziehen. Öffnen Sie hierfür die Schnalle, ziehen Sie die Gurte enger, machen Sie die Schnalle wieder zu. Jetzt wiederholen Sie das Ganze von oben. Nichts ist locker oder wackelt? Gut so.

3. **Befestigen Sie den einstufigen Lungenautomaten an der Flasche.**

   Immer wenn ich ein paar Monate lang nicht tauchen war, muss ich mir wieder überlegen, wie ich dieses verdammte Ding an der Flasche befestige. Mit all seinen Haken, Schläuchen und anderen Vorrichtungen erinnert es an ein dreidimensionales Puzzle. Verzagen Sie nicht, wenn Sie keine besonders gute räumliche Vorstellungskraft haben. Befolgen Sie Schritt für Schritt die nachfolgend beschriebenen Handgriffe und sehen Sie sich die Abbildung 4.2 genau an.

   - **Überprüfen Sie den O-Ring an der Flasche.** Das Flaschenventil ist wahrscheinlich mit einer Plastikhaube verdeckt. Nehmen Sie diese ab und schauen Sie sich den O-Ring im Ventil genau an. Er sollte sauber und glatt sein. Wenn nicht, müssen Sie ihn ersetzen.

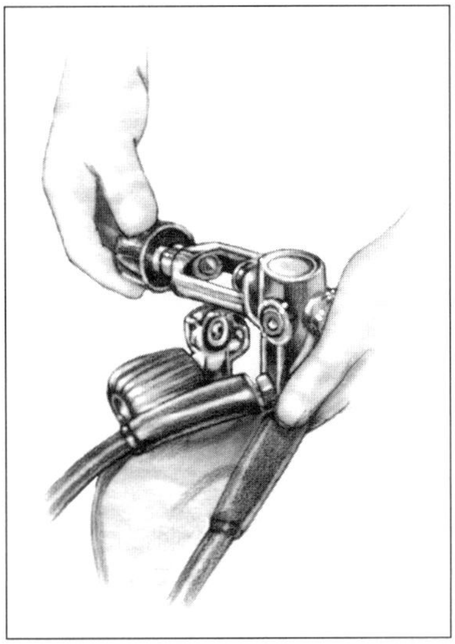

Abbildung 4.2: Verbinden Sie den einstufigen Atemregler mit dem Flaschenventil.

- **Öffnen Sie das Flaschenventil ein klein wenig.** Nur eine Sekunde lang, damit Wasser oder Schmutz aus dem Ventil entweichen kann.
- **Entfernen Sie die Schutzkappe vom einstufigen Lungenautomaten.** Öffnen Sie den Atemregler durch Drehen des Schraubknopfes und entfernen Sie den Filtereinsatz. In der Regel sind beide Teile an einer Kette um Bügel befestigt, so dass sie nicht verloren gehen können.
- **Befestigen Sie den einstufigen Atemregler**. Passen Sie die Öffnung am einstufigen Lungenautomaten in das Flaschenventil ein. Der Hauptteil des einstufigen Atemreglers und der Bügel bilden einen rechten Winkel. Wenn Sie den Bügel am Flaschenventil anschrauben, wird der Hauptteil des Atemreglers entweder nach oben oder nach unten zeigen. Die Richtung ist eigentlich egal, dennoch empfehle ich die Position nach unten, da der Atemregler so stromlinienförmig anliegt und nicht an Ihren Kopf stoßen kann. Unabhängig von der Position des einstufigen Atemreglers, sollte die zweite Stufe (und der Octopus, wenn Sie einen solchen für die alternative Luftversorgung verwenden) sich auf der rechten Seite der Tarierweste befinden und der Inflatorschlauch und die Instrumentenkonsole auf der linken. Wenn alles in der Lage angebracht ist, wie Sie es sich wünschen, drehen Sie die Schraube am Bügel fest, um den einstufigen Atemregler festzustellen. Drehen Sie die Schraube gut zu, aber nicht zu fest, damit Sie den O-Ring nicht beschädigen.

4. **Befestigen Sie den Inflatorschlauch.**

Der Inflatorschlauch ist auf der gleichen Seite am einstufigen Atemregler angebracht wie die Instrumentenkonsole und ist mit nichts verbunden – noch nicht. Am Ende des Schlauchs befindet sich ein Ring. Ziehen Sie den Ring zurück und schieben Sie das Ende des Schlauchs auf das Aufblasventil an der Taucherweste, so wie es in Abbildung 4.3 gezeigt wird. Wenn Sie den Schlauch so weit wie möglich auf das Ventil geschoben haben, lassen Sie den Ring los und der Schlauch ist an der Weste befestigt. Normalerweise wird der Schlauch auch noch mit ein paar Clips an der Weste befestigt.

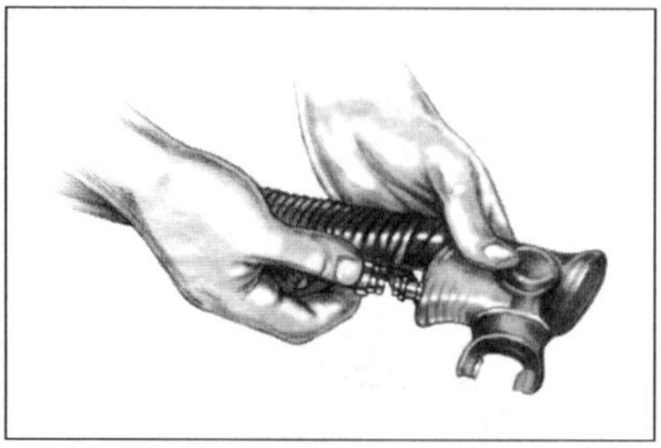

Abbildung 4.3: Befestigen Sie den Niederdruckschlauch am Inflator der Taucherweste.

5. **Lassen Sie Luft ein.**

   Halten Sie die Konsole so in der linken Hand, dass das Ventil nicht auf Sie gerichtet ist. Mit der rechten Hand öffnen Sie nun langsam das Ventil an der Flasche. Wenn Sie feststellen, dass sich irgendwo eine undichte Stelle befindet, drehen Sie die Luft wieder zu, entfernen den Lungenautomaten und überprüfen noch einmal den O-Ring. Wenn jedoch alles dicht ist, drehen Sie das Flaschenventil bis zum Anschlag auf und dann einen halben Kreis zurück. Überprüfen Sie den Druck in der Flasche mit einem Blick aufs Manometer. Wenn Sie zur Kontrolle des Drucks einen Computer benutzen, der über einen Hochdruckschlauch mit der Flasche verbunden ist, müssen Sie die Kontakte befeuchten, da dies den Computer erst aktiviert.

6. **Testen Sie den zweistufigen Lungenautomaten.**

   Drücken Sie vorne am Automaten den Knopf an der Luftdusche etwa eine Sekunde lang. Die Luft sollte ungehindert ausströmen, so lange Sie auf den Knopf drücken. Atmen Sie durch das Mundstück aus, um sicher zu sein, dass nichts das Ausatmen blockiert. Atmen Sie ein paar Mal durch den zweistufigen Lungenautomaten ein, um sicher zu sein, dass die Luft ungehindert und ohne Kraftanstrengung fließt. Wenn sich beim Test des Atemreglers Probleme ergeben, müssen Sie ihn vor der Benutzung warten lassen.

7. **Legen Sie die Flasche hin.**

   Das ist wichtig, da die Flasche leicht umgeworfen werden kann. Oft reisst dadurch ein Schlauch oder der Lungenautomat wird beschädigt. Legen Sie den Tank so auf den Boden, dass sich die Taucherweste oben befindet. Legen Sie dann den zweistufigen Atemregler und den Octopus auf die Taucherweste, damit kein Schmutz und Sand in das Mundstück und die Luftwege gelangen können. Wenn es länger dauert, bis Sie am Tauchplatz ankommen, drehen Sie die Luft während der Fahrt wieder zu.

8. **Richten Sie Ihren Bleigurt her.**

   Wenn Ihre Taucherweste bereits Taschen enthält, die für Gewichte vorgesehen sind, dann sollten Sie diese auch benutzen. Wenn Sie in warmen Gewässern tauchen, dürften diese Gewichte sogar ausreichen. Wenn an Ihrer Taucherweste jedoch keine Taschen für Gewichte vorgesehen sind oder wenn Sie mehr Gewicht benötigen, als in der Taucherweste Platz findet, brauchen Sie einen Bleigurt.

Die üblichen Gewichte, die man beim Tauchen verwendet, sind rechteckige Blöcke aus Blei. Manchmal werden Sie aber auch abgerundete, zylindrische Formen (bullet weights) sehen. Für letztere Gewichtsstücke müssen am Gürtel Schlaufen angebracht sein, damit sie nicht hin- und herrutschen können und dadurch den Ausgleich des Auftriebs schwierig gestalten. Diese Schlaufen können Sie auch für die rechteckigen Blöcke verwenden, allerdings ist es leichter, wenn Sie den Gurt durch einen Schlitz im Bleigewicht schieben, diesen dann im Halbkreis verdrehen und durch den anderen Schlitz schieben. Auf diese Art kann das Gewicht auch nicht hin- und herrutschen und Sie brauchen kein Geld für Schlaufen ausgeben.

Es gibt zwei Möglichkeiten, die bei der Anbringung von Gewichten an Gurten favorisiert werden: Reihen Sie sie entweder gleichmäßig über den Gürtel verteilt auf oder alle so nahe an der Schnalle, wie nur möglich. Letzteres hat den Vorteil, dass die Gewichte sich in der horizontalen Schwimmlage am tiefsten Punkt des Körpers befinden, wodurch der Ausgleich des Auftriebs am besten kontrolliert werden kann. Diese Methode ist ganz gut, so lange nicht das Öffnen der Schnalle behindert wird. Ich habe beide Möglichkeiten ausprobiert und kann keine eindeutige Empfehlung für die eine oder andere Methode aussprechen.

9. **Richten Sie Tauchmaske, Schnorchel und Schwimmflossen her.**

   Wenn Sie das nicht schon bereits getan haben, sollten Sie im ersten Kapitel nachsehen, wie Sie hierbei verfahren.

Das Anlegen der Ausrüstung

Nachdem Sie nun die gesamte Ausrüstung überprüft und bereitgelegt haben, der Tauchleiter die Einweisung abgeschlossen hat oder Sie den Tauchgang im Detail mit ihrem Partner besprochen haben, wird es Zeit, sich anzuziehen. Ich schlage vor, folgendermaßen vorzugehen:

1. **Ziehen Sie den Tauchanzug an.**

   Es spielt keine Rolle, ob es sich dabei um einen Nass-, Trocken- oder Polyester-Bell-Bottom-neongrünen-Elvis-Tauchanzug handelt. Ein dicker Trockentauchanzug, den Sie im kalten Wasser brauchen, kann Sie allerdings beim Anziehen ins Schwitzen bringen. Das ist jedoch um vieles besser als ein Aufenthalt ohne ihn im kalten Wasser. Vergessen Sie natürlich auch die Füßlinge, Haube und alle anderen Extras nicht, die Sie dabei haben möchten (siehe Kapitel 2).

2. **Ziehen Sie die Taucherweste an.**

   Am einfachsten ist es, wenn Ihr Kumpel die Flasche hochhält, während Sie die Weste anziehen. Vergewissern Sie sich, dass die Gurte nicht verdreht oder die Schläuche unter der Weste verklemmt sind. Ziehen Sie die Bänder so fest, dass die Flasche bequem auf Ihrem Rücken liegt und die Weste gut sitzt. Nachdem alle Schnallen geschlossen und die Gurte eventuell noch einmal nachgestellt wurden, kann Ihr Partner die Flasche loslassen und Sie können prüfen, ob die Weste gut sitzt. Beugen Sie den Kopf nach hinten um festzustellen, ob der einstufige Atemregler auch nicht gegen den Hinterkopf stößt. Nun helfen Sie Ihrem Partner.

3. **Legen Sie den Bleigurt um.**

   Der Gurt muss so getragen werden, dass er im Fall eines Schnellabwurfs durch nichts behindert wird. Nehmen Sie die Schnalle in die linke Hand, legen Sie den Gurt um die Taille und verschließen Sie ihn so, dass er mit der rechten Hand geöffnet werden kann. Sie möchten den Gurt mit der rechten Hand öffnen können, da sich die meisten Taucherwesten mit der linken Hand öffnen lassen. Sie möchten in einer Notsituation, bei schlechtem Licht oder aus anderen Gründen nicht die beiden Schnallen durcheinanderbringen und Ihre Taucherweste irrtümlich öffnen. Wenn Sie sich von Anfang an daran gewöhnen, dass Sie mit der rechten Hand die Schnalle des Bleigurts öffnen, kann Ihnen eine solche Verwechslung nicht unterlaufen. Manchmal, vor allem auf einem Boot, das sehr schaukelt, ist es einfacher, den Gurt locker zuzumachen, hineinzusteigen und bis zur Taille hochzuziehen, um ihn dann erst festzuziehen.

4. **Setzen Sie die Tauchermaske und den Schnorchel auf.**

   Sehen Sie im ersten Kapitel nach, wie Sie beim Anlegen von Tauchermaske und Schnorchel vorgehen sollen. Vermeiden Sie es, Ihre Maske auf die Stirn zu schieben. Sie können Sie dadurch leicht verlieren; manchmal wird es auch als Zeichen dafür verstanden, dass der Taucher in Schwierigkeiten ist.

5. **Ziehen Sie die Schwimmflossen an.**

   Bei den Flossen handelt es sich immer um den letzten Ausrüstungsgegenstand, den Sie anziehen. Der Grund liegt darin, dass das Gehen damit nicht einfach und daher nicht ganz ungefährlich ist. Ziehen Sie sie erst an, wenn Sie ins Wasser steigen. Wenn sich auf dem Boot eine Tauchplattform befindet, werden Sie die Schwimmflossen dort im Sitzen anziehen. Wenn das jedoch nicht möglich ist, sollten Sie sich beim Anziehen mit einer Hand an jemandem abstützen. Ziehen Sie nun die Flossen nacheinander an und helfen Sie anschließend Ihrem Partner.

6. **Führen Sie eine abschließende Kontrolle durch.**

   Bevor Sie sich nun ins Wasser stürzen, sollten Sie sich die Ausrüstung Ihres Partners noch einmal ansehen und prüfen, ob alles richtig sitzt. Das gilt natürlich auch umgekehrt. Sie kommen sich ziemlich blöd vor, wenn Sie ohne Tauchermaske oder Bleigurt ins Wasser springen oder wenn der Inflatorschlauch lose herunterbaumelt. Sie glauben, ich übertreibe? Nein, das ist alles schon passiert.

   - **Überprüfen Sie die Taucherweste**. Achten Sie darauf, dass alle Schläuche verbunden und nicht unter den Gurten eingeklemmt sind. Sämtliche Schnallen müssen verschlossen und die Gurte festgezogen sein.
   - **Überprüfen Sie den Bleigurt**. Vergewissern Sie sich, dass der Gurt mit der rechten Hand geöffnet werden und kein anderer Gegenstand einen Schnellabwurf verhindern kann.

- **Überprüfen Sie alle Verschlüsse.** Machen Sie sich auch mit den Verschlüssen an der Ausrüstung Ihres Partners vertraut. Es gibt Situationen, wo Sie ihm zur Hilfe kommen müssen.
- **Überprüfen Sie den Luftvorrat.** Vergewissern Sie sich, dass das Ventil an der Flasche offen ist, das Manometer funktioniert und die Flasche voll ist. Machen Sie sich mit der alternativen Luftversorgung des Partners vertraut.
- **Signalisieren Sie Ihr Okay.** Wenn Sie alles kontrolliert haben und das auch umgekehrt passiert ist, geben Sie sich gegenseitig die Erlaubnis zum Tauchen. Nun sind Sie bereit für den Tauchgang.

Die häufigsten Angstfaktoren

Wovor haben die meisten Anfänger Angst? Hier folgen die häufigst genannten Befürchtungen:

- ✔ **Ich werde ertrinken.** So lange Sie atmen, können Sie nicht ertrinken. Ihr Lungenautomat ist ein einfacher und robuster Ausrüstungsgegenstand. So lange Sie sich keine No-Name-Marke zulegen, können Sie darauf vertrauen, dass bei der Herstellung äußerste Sorgfalt angewendet wurde. Wenn er doch einmal versagen sollte, äußerst sich das nicht darin, dass Ihnen weniger, sondern mehr Luft zur Verfügung gestellt wird. Zusätzlich zur Hauptversorgung steht Ihnen immer noch eine alternative Luftversorgung zur Verfügung und ein Tauchkumpel, der ebenfalls mit diesen beiden Gegenständen ausgerüstet ist. Es ist so gut wie unmöglich, dass alle Systeme auf einmal den Dienst versagen. Mangelnde Luftversorgung ist meist die Folge davon, dass Sie das Druckluftmessgerät nicht genau kontrollieren. Aber nicht einmal dann wird Ihnen von einer Sekunde auf die andere keine Luft mehr zur Verfügung stehen. Sie merken, dass der Luftvorrat zu Ende geht, daran, dass Sie sich beim Einatmen immer mehr anstrengen müssen – Hinweis genug, sich auf den Weg nach oben zu machen.
- ✔ **Haifische greifen mich an.** Es gibt etwa 350 verschiedene Haifischarten, und nur von 30 ist bekannt, dass sie schon einen Menschen angegriffen haben. Und es ist weiterhin äußerst unwahrscheinlich, dass Sie auf eine solchen Haifisch während eines normalen Tauchgangs stoßen. Sollten Sie doch einmal einen sehen, zeigt er in den allermeisten Fällen kein Interesse an Ihnen. Es stimmt zwar, dass Taucher von Haifischen angegriffen wurden, aber es ist doppelt so wahrscheinlich, dass Sie an einem Bienenstich sterben. Unter allen bekannten Haifischattacken war nur ein Drittel auf Taucher und das häufig auf jene, die mit Speeren unterwegs waren. Die meisten erfahrenen Taucher haben wenig Angst vor Haien. Es werden sogar oft Exkursionen zum Haifischfüttern durchgeführt (siehe hierzu Kapitel 10). Wenn Sie diesen Meeresbewohner in Ruhe lassen, wird er das höchstwahrscheinlich auch mit Ihnen tun. Die meisten Tiere, ob im Wasser oder an Land, ergreifen die Flucht, wenn sie Menschen sehen. Was ja nicht weiter verwunderlich ist, bei den Erfahrungen, die sie mit diesen Art Lebewesen bereits gemacht haben.

- **Ich werde dekompressionskrank.** Ursache für die Dekompressionskrankheit (siehe Kapitel 7) ist der gelöste Stickstoff, der sich im Körpergewebe des Tauchers unter erhöhtem Druck angesammelt hat und die sich bildenden Gasbläschen, wenn er zu schnell auftaucht und der Druck auf den Körper nachlässt. Ursache ist in den meisten Fällen die Nichtbeachtung der in den Tauchtabellen oder vom Computer festgelegten Richtlinien (siehe Kapitel 3). Fast alle Taucher, die eine Dekompressionskrankheit am eigenen Leibe erfahren haben, wurden durch den Aufenthalt in einer Dekompressionskammer erfolgreich behandelt. Wenn Sie sich beim Tauchen an die Vorschriften halten, ist es sehr unwahrscheinlich, dass Sie sich diese tauchspezifische Erkrankung jemals zuziehen.

- **Man wird mich auslachen.** Jeder, der taucht, war einmal ein Anfänger. Das gilt auch für viele andere Dinge des Lebens. Was ist also lächerlich daran? Seien Sie ehrlich zu sich und den anderen und fragen Sie um Rat oder Hilfe – Sie werden überrascht sein, wie gerne Leute freundlich und nett weiterhelfen, wenn man sie darum bittet. Wenn Sie auf eine unfreundliche Person treffen, möchten Sie mit dieser sowieso nicht tauchen gehen. Diese Person hat Probleme, die mit Ihnen nichts zu tun haben, belassen Sie's dabei. Nehmen Sie sich nicht zu ernst, warum sollten Sie nicht auch mal über sich selbst lachen? Bleiben Sie bei der Sache, üben Sie, und es wird nicht lange dauern, bis auch Sie einem Anfänger behilflich sein können.

Angst vorm Tauchen

Anfänger sind vor jedem Tauchgang ein wenig nervös oder sogar ängstlich. Angst ist nicht unbedingt eine schlechte Sache: Sie macht Sie aufmerksamer und vorsichtiger, zwei Eigenschaften, die Ihnen beim Tauchen zugute kommen. Leider hat die Angst auch Schattenseiten: Sie überschätzen potenzielle Gefahren und reagieren übertrieben darauf.

Statistisch gesehen passiert beim Tauchen sehr wenig. Im vergangenen Jahr kam auf 250.000 Tauchgänge ein Toter. Und häufig hatten die Todesursachen nicht unmittelbar mit dem Tauchen zu tun, sondern gingen auf Herzversagen und andere Krankheiten zurück.

Mit zunehmender Erfahrung wächst natürlich auch das Selbstvertrauen. Sie sollten jedoch niemals das Meer unterschätzen und unvorsichtig werden, weil ja bisher immer alles gut ging. Behalten Sie stets einen kühlen Kopf und ein klares Urteilsvermögen. Setzen Sie sich keiner Situation aus, die Sie überfordert, lassen Sie aber auch nicht die Angst die Oberhand gewinnen, so dass Sie vor den meisten Dingen zurückschrecken. Wenn Sie nicht sicher sind, ob Sie erfahren genug sind, um sich einer bestimmten Situation auszusetzen, sollten Sie mit dem Tauchleiter darüber sprechen. Erklären Sie ihm, dass Sie mit dem Tauchen erst angefangen haben und etwas nervös sind. Wenn möglich, gewinnen Sie ihn oder eine andere erfahrene Person als Tauchpartner.

Abtauchen

5

In diesem Kapitel

- Der grazile Sprung ins Wasser
- Die Zeiteinteilung unter Wasser
- Der Ausstieg aus dem Wasser
- Die Wartung der Ausrüstung

Okay, Sie haben alle Vorbereitungen abgeschlossen, sind komplett angezogen und können es kaum erwarten, ins Wasser zu kommen – schließlich wollen Sie ja Ihren Spaß haben. Aber natürlich ist das Vergnügen am Tauchen viel größer, wenn Sie mit dem Luftvorrat und Ihrer Energie sinnvoll umgehen. Sie müssen das Gefühl haben, die Sache zu beherrschen, und das Tauchen nicht als ständigen Kampf mit dem Wasser und der Ausrüstung empfinden. In diesem Kapitel erhalten Sie viele wertvolle Tipps, wie Sie von Anfang an das Tauchen genießen können.

Der Einstieg ins Wasser

Es gibt verschiedene Möglichkeiten, wie Sie ins Wasser kommen, je nachdem, von wo aus Sie starten. Für alle gelten aber folgende Tipps:

- ✔ **Versuchen Sie, möglichst sauber ins Wasser zu kommen, in einem spitzen Winkel, ohne viel um sich zu schlagen**. Auf diese Art sparen Sie Energie und Luft und Sie verringern die Gefahr, dass sich irgendwelche Ausrüstungsgegenstände lockern.
- ✔ **Halten Sie beim Einstieg immer die Maske fest**. Dieser Gegenstand ist derjenige, der sich am leichtesten lockert.
- ✔ **Überprüfen Sie, ob auch nichts im Weg ist.**
- ✔ **Warten Sie mit dem Einstieg, bis auch Ihr Partner so weit ist.**

Der Einstieg vom Boot aus

Wenn Sie den Ort des Tauchgangs erreicht haben, die Ausrüstung sitzt und Sie für den Einstieg bereit sind, sollten Sie dennoch nicht einfach ins Wasser springen, sondern das Okay des Tauchleiters abwarten. Er zeigt Ihnen auch, wo Sie ins Wasser steigen sollen. Der Tauchleiter prüft vielleicht zuerst noch die Strömung oder andere Bedingungen vor Ort, haben Sie also noch etwas Geduld. Sie werden vom Boot aus meist mit einem großen Schritt nach vorne ins Wasser springen oder, falls das Boot über eine Tauchplattform verfügt oder niedrig im Wasser liegt, mit einer Rolle rückwärts (siehe Abbildung 5.1).

Abbildung 5.1: Der Einstieg ins Wasser

- **Ein großer Schritt nach vorne:** Füllen Sie ein wenig Luft in Ihre Taucherweste (mehr darüber erfahren Sie im zweiten Kapitel), so dass Sie, wenn sie ins Wasser gestiegen sind, an der Oberfläche schweben. Halten Sie die Tauchermaske und den Atemregler mit einer Hand fest. Mit der anderen Hand drücken Sie die Messinstrumente, den Octopus und andere herunterhängende Gegenstände gegen den Körper. Wenn der Tauchleiter ein Zeichen gibt, prüfen Sie, ob nichts im Wasser unter Ihnen schwimmt und machen einen großen Schritt nach vorne. Halten Sie die Beine so lange gespreizt, bis diese ins Wasser eintauchen, dann führen Sie sie mit einem Beinschlag zusammen. Wenn Sie an der Wasseroberfläche schweben, geben Sie ein Okay-Zeichen nach oben. Jetzt nehmen Sie den Schnorchel in den Mund. Schließen Sie sich Ihrem Partner an oder machen Sie für ihn den Weg frei, damit er ins Wasser springen kann.
- **Rolle rückwärts:** Wenn die Seitenränder des Bootes nah am Wasserspiegel sind, können Sie mit einer Rolle rückwärts den Einstieg ausführen. Setzen Sie sich auf den Rand des Bootes, den Rücken dem Meer zugewandt. Füllen Sie die Taucherweste etwa zur Hälfte mit Luft. Halten Sie die Tauchermaske und den Atemregler mit einer Hand fest, und mit der anderen alle weiteren Gegenstände, die herunterhängen. Prüfen Sie, ob hinter Ihnen nichts im Weg ist, und lassen Sie sich nach hinten fallen. Ziehen Sie dabei die Knie hoch, damit Sie nicht mit den Beinen an der Bootswand scheuern. Nachdem Sie im Wasser schweben, geben Sie Ihr Okay-Zeichen, tauschen den Atemregler mit dem Schnorchel und warten auf ihren Partner oder schließen sich ihm an.
- **Einstieg im Sitzen:** Sie können aus dem Sitzen heraus ins Wasser springen, wenn Ihnen eine Taucherplattform oder eine andere flache Oberfläche, die nur knapp über dem Wasser angebracht ist, zur Verfügung steht. Füllen Sie die Taucherweste etwa zur Hälfte mit Luft. Nun lassen Sie die Füße im Wasser baumeln und drehen sich aus der Hüfte heraus so hin, dass Sie beide Hände auf einer Seite an den Rand der Plattform legen können. Drehen Sie sich nun

mit dem Gesicht zur Plattform und lassen Sie sich langsam ins Wasser gleiten. Signalisieren Sie Ihr Okay, wechseln Sie Atemregler mit Schnorchel, schwimmen Sie zu Ihrem Partner oder warten Sie auf ihn.

Der Einstieg vom Ufer aus

Nachdem Sie die Ausrüstung angelegt haben, waten Sie (und Ihr Kumpel) so weit ins Wasser hinaus, bis Sie eine Tiefe erreicht haben, wo Sie schwimmen können. Hier setzen Sie den Schnorchel auf und schwimmen zu der Stelle, wo Sie den Tauchgang beginnen möchten.

In ruhigen Gewässern

Wenn das Wasser ruhig ist, tragen Sie die Schwimmflossen vielleicht lieber so lange in der Hand, bis Sie brusttief im Wasser stehen. Wenn Sie sie jedoch vorher anziehen, sollten Sie, während Sie sich am Tauchpartner stützen, rückwärts gehen und sich dabei natürlich immer umsehen. Schleifen Sie dabei mit den Flossen am Boden entlang, um die Tiere zu vertreiben, die sich im Sand versteckt haben und um zu vermeiden, dass Sie über etwas auf dem Grund Liegendes stolpern. Sobald Sie eine Wassertiefe erreicht haben, in der Sie schwimmen können, nehmen Sie den Schnorchel in den Mund und schwimmen zur Tauchstelle.

Bei Wellengang

Der Einstieg ins Wasser bei hohem Wellengang erfordert ein spezielles Training und viel Übung. Sogar eine kleine Welle kann Sie umwerfen und Ihnen ziemlich zu schaffen machen. Wenn Sie durch Wellen waten müssen, die höher als kniehoch sind, sollten Sie das nicht ohne vorheriges Training riskieren. Kleine Wellen sind zu schaffen, wenn Sie den richtigen Zeitpunkt abpassen und mit der Wellenkraft zusammenarbeiten (mehr über Wellen und Brandung finden Sie im achten Kapitel). Gehen Sie durch die Brandung hindurch, wie Sie es auch bei ruhigem Wellengang tun, aber setzen Sie dabei den Lungenautomaten auf. So werden Sie kein Wasser verschlucken, wenn Sie von einer Welle umgeworfen werden. Bleiben Sie ruhig stehen und halten Sie die Tauchermaske fest. Wenn die Welle näher kommt, sollten Sie leicht in die Knie gehen und sich nach vorne lehnen, wenn Sie die Welle erreicht. Wellen kommen gewöhnlich in Dreier- oder Fünfer-Gruppen. Warten Sie diesen Ansturm ab, bevor Sie weiter ins Meer hinausgehen. Sobald das Wasser tief genug ist, tauchen Sie unter und schwimmen am Meeresboden so weit hinaus, bis Sie die Brandung hinter sich gelassen haben.

Unter Wasser

Bevor Sie abtauchen, müssen Sie die Zeit registrieren (im zweiten Kapitel finden Sie Informationen über Taucheruhren). Stellen Sie die 0 auf dem Einstellring über den Minutenzeiger, damit Sie wissen, wie lange Sie im Wasser sind. Schauen Sie auch auf den Kompass (lesen Sie weiter hinten in diesem Kapitel den Abschnitt »Navigation unter Wasser«) und merken Sie sich die Richtung, in der sich das Land, das Boot, Ihr Mittagessen, Hollywood oder eine andere wichtige Orientierungshilfe befindet.

Der Abstieg

Geben Sie Ihrem Partner ein Zeichen, wenn Sie zum Abstieg bereit sind. Wenn er Ihnen sein Okay gibt, tauschen Sie den Schnorchel mit dem Lungenautomaten, nehmen einen tiefen Atemzug und entlassen, beim Ausatmen, die Luft aus Ihrer Taucherweste. Dafür ziehen Sie entweder am Inflatorschlauch oder Sie halten das Ende des Schlauchs über Ihren Kopf und drücken auf den manuellen Inflatorknopf.

Im Inneren des Inflatorschlauchs verläuft von dessen Ende bis zum Ausatemventil an der linken Schulter ein rostfreier Draht. Wenn Sie am Ende des Schlauchs anziehen, wird diese Bewegung über den Draht an das Ausatemventil übertragen. Das Ventil öffnet sich und Luft entweicht aus der Taucherweste. Wenn Sie den Schlauch über Ihren Kopf halten und auf den manuellen Inflatorknopf drücken, entweicht die Luft aus dem Schlauch.

Befolgen Sie diese Hinweise, bevor Sie abtauchen:

- ✔ **Tauchen Sie mit den Füßen voran ab. Dann haben Sie die Flossen unten, wenn Sie plötzlich auftauchen müssen.** Wenn Sie die richtigen Gewichte gewählt haben, sollten Sie beim Ausatmen und beim Ablassen der Luft aus der Taucherweste langsam sinken. Wenn Sie nicht sinken, sollten Sie zuerst prüfen, ob Luft aus Ihrer Taucherweste entweicht. Wenn das Schnellablasventil richtig funktioniert, dann liegt es wahrscheinlich an Ihrer Atmung. Sie atmen zu kurz ein und behalten zu viel Luft in der Lunge. Dieses Problem tritt bei Anfängern sehr häufig ein, da sie meist etwas verkrampft und ängstlich sind. Konzentrieren Sie sich darauf, regelmäßig und ruhig zu atmen. Nun versuchen Sie es noch einmal. Wenn Sie immer noch nicht sinken, brauchen Sie höhere Gewichte.

- ✔ **Sorgen Sie während des Absinkens für einen Druckausgleich in den Ohren.** Lesen Sie im ersten Kapitel nach, wie Sie einen Druckausgleich herstellen. Wenn Sie damit Probleme haben, geben Sie Ihrem Partner ein Zeichen und tauchen nicht tiefer. Schwimmen Sie ein paar Meter in die Höhe, bis der Druck in den Ohren verschwindet. Nun lassen Sie sich wieder absinken und sorgen erneut für einen Druckausgleich. Wenn Sie das ganze Spiel ein paar Mal wiederholt haben und der Druck in den Ohren dennoch anhält, müssen Sie den Tauchgang aufgeben.

- ✔ **Benutzen Sie, wenn möglich, beim Abtauchen eine Ankerleine oder etwas ähnliches.** Sie sollten beim Sinken die Geschwindigkeit kontrollieren, so dass Sie nicht unsanft am Meeresboden ankommen und jede Menge Ablagerungen aufwirbeln. Halten Sie während des gesamten Absinkens den Kontakt zu Ihrem Partner aufrecht.

Kontrolle von Haltung und Auftrieb

Bei guter Haltung und richtiger Kontrolle von Auf- bzw. Abtrieb verbrauchen Sie weniger Energie und weniger Luft und Sie fühlen sich wesentlich entspannter unter Wasser.

Unter *guter Haltung* versteht man nichts weiter, als dass Sie eine natürliche und effiziente Form beim Schwimmen einnehmen. Jeder Körper ist individuell verschieden, daher gibt es nicht die eine perfekte Form. Sie sollten versuchen, sich stromlinienförmig zu bewegen, dem Wasser also möglichst wenig Widerstand bieten. Wasser ist viel dichter als Luft und übt daher eine wesentlich größere Kraft auf Sie aus.

Wenn Sie sich folgendermaßen bewegen, nehmen Sie eine gute Haltung ein:

- ✔ Halten Sie die Arme seitlich dicht am Körper, um eine stromlinienförmige Haltung zu haben. Manche Taucher verschränken die Hände und strecken Sie nach vorne aus.
- ✔ Der Körper sollte horizontal zur Wasseroberfläche liegen, da er so den geringsten Widerstand bietet.
- ✔ Bewegen Sie sich so ruhig und effizient wie möglich. Je mehr Sie Arme und Beine einsetzen, desto größer ist der Widerstand.

Die Kontrolle der *Gewichtskraft* im Wasser erscheint auf den erster Blick schwieriger, als es wirklich ist. Unter Gewichtskraft versteht man den Auftrieb oder Abtrieb, der sich je nach Wassertiefe verändert. Jeder Taucher muss daher auf sorgfältige *Tarierung* großen Wert legen. Folgende Tipps sollen Ihnen dabei helfen:

- ✔ Wenn Sie im Wasser schweben, befinden Sie sich im so genannten austarierten Zustand oder, anders ausgedrückt, im *hydrostatischen Gleichgewicht*. Natürlich ist dieser Zustand auch von der Wassertiefe abhängig und ändert sich entsprechend. Je tiefer Sie tauchen, desto mehr Luft müsssen Sie in die Taucherweste blasen, um die Kräfte im Gleichgewicht zu halten.
- ✔ Das gleiche gilt natürlich auch umgekehrt. Wenn Sie auftauchen, dehnt sich die Luft in der Taucherweste aus. Hierdurch erhöht sich der Auftrieb. Sie müssen etwas Luft entweichen lassen, damit Sie nicht zu schnell nach oben schießen.
- ✔ Wenn Sie Luft in die Taucherweste blasen, dauert es vielleicht ein paar Sekunden, bis Sie einen Unterschied bemerken. Um die Sache noch komplizierter zu machen, weise ich auch darauf hin, dass der Auf- und Abtrieb ebenfalls vom Ein- und Ausatmen abhängt.
- ✔ Füllen Sie die Taucherweste mit Luft, indem Sie entweder auf den entsprechenden Knopf am Inflatorschlauch drücken oder indem Sie selbst in das Mundstück am Ende des Inflators blasen, während Sie das Einlassventil durch Drücken eines Knopfes geöffnet halten. Die erste Methode ist schnell und einfach und Sie müssen auch nicht den Atemregler aus dem Mund nehmen. Wenn Sie die zweite Methode anwenden, sparen Sie natürlich kostbare Luft. Sie ist jedoch schwieri-

ger auszuführen, vor allem dann, wenn Sie das Kräftegleichgewicht im Wasser fein einstellen wollen.

Wenn Sie Ihre Taucherweste mit Luft füllen, sollten Sie immer nur kleine Mengen einfüllen. Haben Sie Geduld. Warten Sie ein wenig, damit sich der Unterschied auch bemerkbar machen kann. Sie möchten nicht zu viel Luft hinzufügen. Damit haben Sie nur erneute Probleme mit dem Auftrieb und Sie verschwenden Luft. Mit der Zeit entwickeln Sie ein Gefühl dafür, wieviel Luft Sie zufügen sollten.

✔ Beim Auftauchen müssen stets bereit sein, Luft über das Ausatemventil abzulassen. Wenn Sie das nicht tun, kann es passieren, dass Sie plötzlich unkontrolliert nach oben steigen. Sollte das passieren, schwimmen Sie Richtung Meeresboden und entlassen Luft aus dem Ablassventil, das am unteren Ende der Taucherweste angebracht ist. Wenn das nichts bringt breiten Sie die Arme weit aus, um den Wasserwiderstand zu erhöhen, und lassen die Luft über das Ventil an der Schulter der Taucherweste entweichen, wie Sie das bei einem ganz normalen Aufstieg tun.

Zeichensprache

Sie tun sich schwer beim Sprechen mit einem Atemregler im Mund und sogar wenn Sie es könnten, würden die Worte durch das Wasser nicht zu Ihrem Partner durchdringen. Deshalb müssen sich die Taucher auf eine Zeichensprache verlassen, mit der sie unter Wasser die wichtigsten Botschaften austauschen können.

Bevor Sie Ihrem Kumpel etwas mitteilen können, müssen Sie ihn erst auf sich aufmerksam machen. Das geschieht am häufigsten dadurch, dass Sie mit einem harten Gegenstand – etwa dem Tauchermesser – auf Ihre Flasche klopfen. Da er nun weiss, dass Sie ihm etwas mitteilen möchten, können Sie die Handsignale ausführen, wie sie in Abbildung 5.2 beschrieben sind. Oder Sie erfinden ganz einfach Ihre eigene Zeichensprache. Seien Sie in diesem Fall aber nicht über den verwirrten Ausdruck im Gesicht Ihres Gegenübers überrascht und spucken Sie nicht vor Lachen den Atemregler aus.

Wenn Sie jedoch mehr sagen wollen, als Sie dies durch die Zeichensprache können, sollten Sie vielleicht eine Tafel verwenden, auf der unter Wasser geschrieben werden kann (siehe hierzu Kapitel 2). Es gibt hier ein vielfältiges Angebot, unter dem Sie auswählen können. Die meisten Tafeln lassen sich gut in der Tasche der Taucherweste verstauen.

Der Luftverbrauch

Ohne Sauerstoff ist kein Stoffwechsel möglich. Genau so wichtig ist aber, dass das hierbei entstehende Kohlendioxid entfernt wird. Beide Prozesse finden normalerweise beim Ein- und Ausatmen statt. Die Luft, die Sie aus der Flasche einatmen, besteht zu etwa 21 Prozent aus Sauerstoff und zu 78 Prozent aus Stickstoff, mit nur einem winzigen Anteil an Kohlendioxid. Die Luft, die Sie ins Wasser ausatmen, besteht aus ungefähr 16 Prozent Sauerstoff und 6 Prozent Kohlendioxid – Sie verbrauchen bei jedem Atemzug etwas Sauerstoff und scheiden etwas Kohlendioxid aus.

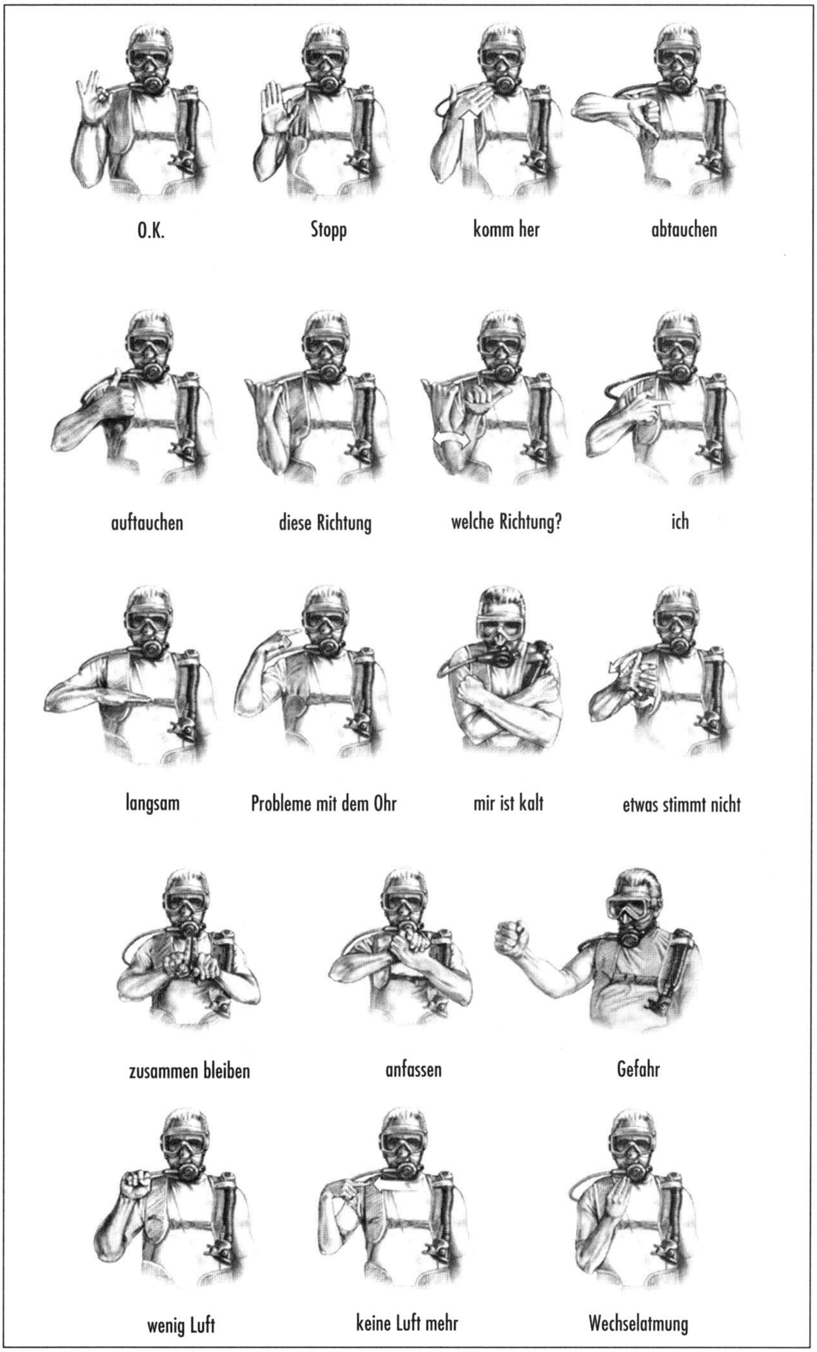

Abbildung 5.2: Allgemein übliche Unterwasser-Zeichensprache

Der Stoffwechselvorgang und der Luftverbrauch sind von Mensch zu Mensch unterschiedlich. Nicht jeder Körper nutzt die Luft gleich gut, die Unterschiede sind jedoch relativ gering. Der Hauptgrund dafür, dass ein Taucher mehr Luft verbraucht als notwendig ist, besteht darin, dass er öfter atmet, als er eigentlich müsste. Man bezeichnet diesen Vorgang als *Hyperventilation*, worunter man bewusstes oder unbewusstes, tiefes und schnelles Überatmen ohne Bedarf versteht. Fast alle Anfänger tun dies mehr oder weniger stark, da schnelles Atmen eine natürliche Reaktion auf Stress darstellt. Und natürlich befinden wir uns in einer Stresssituation, wenn wir unsere ersten Taucherfahrungen machen. Je sicherer Sie sich unter Wasser fühlen, desto länger können Sie auch mit Ihrer Druckluftflasche auskommen.

Für gewöhnlich stellt die Hyperventilation kein großes Problem dar. In extremen Fällen kann sie jedoch dazu führen, dass der Taucher nicht nur die Luft zu schnell verbraucht, sondern ihm auch schwindlig wird, die Gliedmaßen zu kribbeln beginnen und er sogar ohnmächtig wird. Diese Symptome werden durch einen zu geringen Kohlendioxidlevel im Blut verursacht. Manchmal werden diese Symptome für die Dekompressionskrankheit gehalten (siehe Kapitel 7), was den Stress, den der Taucher empfindet, noch verstärkt.

In den meisten Fällen wird man eine Hyperventilation aber daran bemerken, dass man zu viel Luft verbraucht. Oft ist sich der Taucher dessen gar nicht bewusst und wird erst darauf aufmerksam, wenn er aufs Manometer schaut. Ein hyperventilierender Taucher atmet entweder kurz, flach und schnell oder tief und schwer ein oder beides. Diese Atemtechnik verbraucht aber nicht nur mehr Luft, sondern macht auch die Kontrolle des Auf- und Abtriebs schwieriger. Konzentrieren Sie sich daher als Anfänger auf Ihre Atmung, um Luft zu sparen. Atmen Sie langsam und nicht zu tief ein. Wenn Sie es schaffen, sich auf die Atmung zu konzentrieren und diese zu kontrollieren, werden Sie fast augenblicklich eine Verbesserung beim Luftverbrauch feststellen.

Navigation unter Wasser

Sogar wenn die äußeren Bedingungen gut sind ist die Sicht unter Wasser nicht perfekt. Da meist keine markanten Orientierungsmerkmale vorhanden sind, können Sie schnell das Gefühl für die Richtung verlieren. Daher ist es empfehlenswert, beim Tauchen einen Kompass dabeizuhaben. Gewöhnen Sie es sich an, bei jedem Tauchgang – auch wenn ein Tauchleiter dabei ist – wiederholt auf den Kompass zu blicken. Lernen Sie, mit einem Kompass umzugehen und den Weg zurück selbst zu finden.

Jeder Taucher muss sich unter Wasser zurechtfinden und fähig sein, einen Kompasskurs von Punkt A nach B und zurück einzuhalten. Wenn Sie aber einen ausgedehnten Ausflug planen, empfehle ich einen Kurs in Navigation. Im Allgemeinen reicht es jedoch, wenn Sie folgende Kenntnisse besitzen:

Machen Sie sich mit den einzelnen Komponenten und spezifischen Bezeichnungen vertraut.

- **Kompassnadel:** Die *Kompassnadel* ist der Teil, der sich bewegt, wenn Sie den Kompass drehen. Der Zeiger richtet sich immer nach dem magnetischen Norden aus. In den meisten Tauchkompassen ruht die Nadel in einem flüssigen Lager und einem wasserdichten Gehäuse.

- ✔ **Peillinie.** Die *Peillinie* ist eine feste Linie auf dem Kompass, welche die eingeschlagene Richtung anzeigt. Sie befindet sich entweder direkt auf dem Gesicht des Kompasses oder direkt daneben. Diese Linie zeigt immer dahin, wohin Sie sie eingestellt haben.

  Wenn der Kompass Teil Ihrer Instrumentenkonsole ist, halten Sie diese vor sich hin und stellen die Peillinie ein. Wenn Sie nicht direkt dieser Linie folgen, verändern Sie Ihren Kurs.

- ✔ **Einstellring:** Der *Einstellring* umschließt das Gesicht des Kompasses. Er lässt sich drehen und verfügt über eine Anzahl von Markierungen, darunter zwei oder drei – die Indexmarkierung – die über die Kompassnadel gestellt werden können.

- ✔ **Indexmarkierung:** Wenn Sie die Indexmarkierung in eine Linie über die Kompassnadel (welche immer Norden anzeigt) stellen, zeigt die Peillinie (Ihre Bewegungsrichtung) an, wie viele Grade Ihre Richtung vom Norden abweicht.

- ✔ **Gradzahlen:** Der Einstellring um den Kompass herum ist in 360 gleiche Teile unterteilt. Diese Teile stellen natürlich die Gradeinteilung des Kompasses dar. Sie zeigt Ihnen an, wie viele Grade Ihre Bewegungsrichtung (die Peillinie) vom Norden abweicht, wenn Sie die Indexmarker mit der Kompassnadel in eine Linie gebracht haben.

Achten Sie darauf, dass Sie den Kompass so halten, dass sich die Nadel frei bewegen kann. Wenn Sie den Kompass am Handgelenk tragen, strecken Sie den Arm ohne Kompass kerzengerade vor sich aus. Nun fassen Sie mit der Hand des Arms, an dem Sie den Kompass tragen, den ausgestreckten Arm direkt oberhalb des Ellenbogens an und schauen direkt auf den Kompass hinunter.

Die Kompassnadel zeigt den magnetischen Norden an. Nun drehen Sie den Einstellring so weit, bis die Indexmarkierung über der Kompassnadel liegt. Wenn Sie der Peillinie folgen und die Kompassnadel innerhalb der Indexmarkierung bleibt, wissen Sie, dass Sie sich auf dem richtigen Kurs befinden. Wenn die Nadel abweicht, müssen Sie den Kurs korrigieren.

Um wieder dahin zurückzukehren, woher Sie kamen, müssen Sie eine Wende um 180° vollziehen. Falls der Einstellring auch an der gegenüberliegenden Seite eine Indexmarkierung hat, bringen Sie die Kompassnadel mit dieser Markierung in eine Linie. Falls nicht, drehen Sie am Einstellring so weit, bis die Indexmarkierung 180° von der Bewegungsrichtung abweicht oder eine Linie mit der nach Süden zeigenden Spitze der Kompassnadel bildet. Wenden Sie nun so weit, bis die nach Norden zeigende Spitze der Kompassnadel eine Linie mit der Indexmarkierung bildet.

Ihr Tauchprofil

Je länger Sie unter Wasser Luft aus einer Flasche einatmen, desto mehr Stickstoff wird vom Körpergewebe absorbiert. Je tiefer Sie tauchen, desto mehr Stickstoff löst sich im Gewebe, bevor es den Sättigungsgrad (mehr geht nicht) erreicht. Je höher der Druck ist, desto mehr Stickstoff kann das Gewebe aufnehmen. Diesen Vorgang beschreibt das Gesetz von Henry (im sechsten Kapitel erfahren Sie mehr darüber).

87 Prozent der Luft, die Sie gerade einatmen, ist Stickstoff. Unter normalen Bedingungen hat der Körper damit kein Problem. Der Stickstoff kann jedoch zu einem Problem werden, wenn der Druck auf den Körper steigt, wie etwa beim Tauchen. Wenn das der Fall ist, wird der Körper mit Stickstoff *übersättigt*, er enthält mehr Stickstoff, als das Gewebe aufnehmen kann. Sie müssen also wieder Stickstoff loswerden.

Wenn Sie auf ein hohes Gebäude steigen, einen Berg hochfahren oder in einem Flugzeug fliegen, ist Ihr Körper übersättigt (als Folge des geringeren Drucks) und muss Stickstoff abgeben. Meist merken Sie nicht viel davon, weil der Unterschied im Stickstoffgehalt relativ gering ist und der Körper – bis zu einem gewissen Maße – damit ganz gut klar kommt. Wenn dieser Punkt überschritten wird, stellt sich die *Dekompressionskrankheit* ein, die auch unter der Bezeichnung *Bends* bekannt ist. Da Wasser um vieles dichter als Luft ist, geht beim Tauchen die Druckveränderung viel schneller vor sich und es kann daher auch viel leichter zur Dekompressionskrankheit kommen. Um das zu vermeiden, tauchen Sie nie ohne Tauchtabellen oder Tauchcomputer. Wenn Sie sich beim Tauchen an die Richtlinien der Tauchtabelle oder des Tauchcomputers halten, können Sie problemlos zu jeder Zeit des Tauchgangs wieder auftauchen, ohne dass Sie Sicherheitsstops einlegen müssen, um dem Körper die Zeit zu geben, sich des überschüssigen Stickstoffs zu entledigen (Nicht- Dekompressionstauchgänge).

Während Ihrer Tauchausbildung erhalten Sie *eine Tauchertabelle*, in der festgehalten ist, wie lange Sie sich maximal in verschiedenen Tiefen aufhalten dürfen, wenn Sie sich nicht der Gefahr einer Dekompression aussetzen wollen. Diese Tauchertabellen beruhen auf langjährigen Erfahrungen und dienen dem Durchschnittstaucher als Richtlinien. Da aber nicht alle Menschen gleich sind und unterschiedlich auf die Dekompression reagieren, kann keine Tauchertabelle 100 Prozent Sicherheit für jeden Taucher bieten. Im Allgemeinen aber können sich die Taucher damit innerhalb der sicheren Grenzen bewegen und es kommt nur höchst selten zu einer Dekompressionskrankheit.

Das *Tauchprofil* ist eine grafische Darstellung des Tauchgangs – auf der horizontalen Ebene wird die Zeit, auf der vertikalen Ebene die Tauchtiefe zu jedem Zeitpunkt des Tauchgangs eingetragen (siehe Abbildung 5.3). Nehmen wir mal an, dass Sie sich in einer Tiefe von 20 m befinden und an einem Riff entlang tauchen. Plötzlich entdecken Sie über sich, in 15 m Tiefe, eine Meeresschildkröte. Sie schwimmen hoch, um sich das Tier genauer anzusehen. Nach einer Weile bemerken Sie diesen riesigen Schwamm in 20 m Tiefe, also machen Sie sich auf den Weg dorthin und so weiter. Da Sie ja die

Regeln kennen, wissen Sie, dass Sie mit der tiefsten Stelle beginnen und sich langsam nach oben bewegen. Es lässt sich jedoch nicht vermeiden, dass Sie zwischendurch ein paar Ups and Downs einlegen, da es immer wieder etwas Interessantes zu entdecken gibt. Nach 45 Minuten kommen Sie an die Oberfläche zurück.

Dieses Tauchverhalten ist typisch bei einem Tauchgang. Man bezeichnet es als *Tauchen auf verschiedenen Ebenen* (Multilevel-Tauchen). Mit einer normalen Tauchtabelle können Sie diese Art des Tauchgangs nicht nachvollziehen, da diese davon ausgeht, dass Sie in einer Tiefe von 20 m beginnen, sich dort über einen gewissen Zeitraum aufhalten, und langsam nach oben steigen, Sie also beim Tauchgang die Form eines Rechtecks *(Square Dive)* beschreiben. Deshalb sind die in Tauchtabellen angegebenen Werte weniger großzügig bemessen als die eines Tauchcomputers.

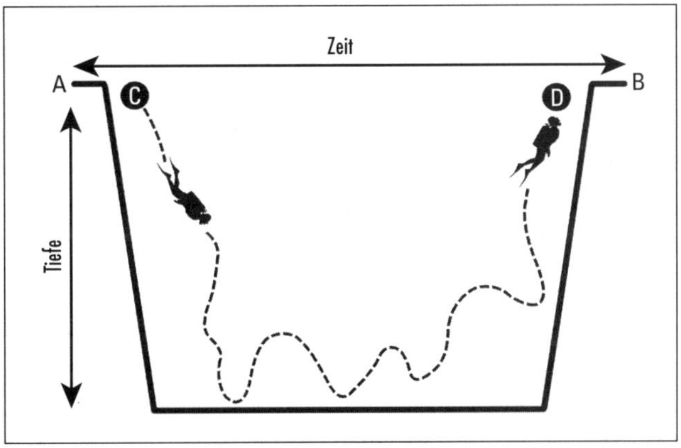

Abbildung 5.3: Die meisten Tauchtabellen gehen von einem rechteckigen Bewegungsablauf aus (AB), die meisten Tauchgänge beschreiben aber einen Zick-Zack-Kurs (CD).

Mit einem *Tauchcomputer* können die Tauchtiefe und die entsprechende Dauer jederzeit nachvollzogen werden. Er zeichnet diese Informationen in einem Abstand von einer Sekunde oder ähnlich auf und berechnet anhand dieser Informationen und eines theoretischen Modells die Menge des aufgenommenen und ausgeschiedenen Stickstoffs. Für einen Computer stellt es also keine Schwierigkeit dar, die Tauchgänge auf verschiedenen Ebenen aufzuzeichnen und ein genaues Tauchprofil zu erstellen. Wie aber in den Tauchtabellen, so sind auch beim Computer die Werte auf den Durchschnittstaucher zugeschnitten. Auch seine Werte sind also nicht für jeder Mann zu jeder Zeit 100 Prozent zuverlässig. Der Computer berücksichtigt nicht Ihre individuelle körperliche Verfassung und die Bedingungen, unter denen Sie tauchen. Ohne Zweifel wird es einmal einen Computer geben, der alles weiss – Ihr Alter und Gewicht, den Fettanteil des Gewichts in Prozent, Ihre Kondition und vielleicht sogar den Stickstoffspiegel in Ihrem Körpergewebe und die zum Abbau benötigte Zeit. Im Moment müssen Sie sich aber noch mit einer Tauchtabelle oder einem Computer zufrieden geben, um die Stickstoffaufnahme zu kontrollieren und die Zeit zu bestimmen, die Sie ohne Gefahr unter Wasser verbringen können.

Verhalten bei Stress

Es wird unter Wasser immer wieder vorkommen, dass Sie auf eine unvorhergesehene Situation spontan reagieren müssen. Einige Entscheidungen können nicht getroffen werden, ohne dass Sie dabei Stress ausgesetzt sind: Wo zum Teufel schwimmt mein Kumpel so schnell hin? Soll ich ihm folgen? Warum befindet sich in der Tauchermaske plötzlich Blut? Darf ich diesen Hai streicheln? Was sich wohl in dieser Höhle versteckt? Dieser Aal sieht meiner Großmutter ähnlich! Wie war das gleich wieder mit der Dekompressionskrankheit?

Sie befinden sich unter Stress, wenn Sie eine Entscheidung treffen müssen, bei der Sie nicht wissen, wie das Ergebnis aussehen wird. Der Herzschlag erhöht sich, Sie hyperventilieren und Sie haben vielleicht das Gefühl, nicht mehr Herr der Lage zu sein. Ein gutes Urteilsvermögen hilft natürlich dabei, solche Situationen richtig einzuschätzen und Stress zu vermeiden. Aber es wird sich doch nicht immer vermeiden lassen, dass Situationen eintreten – Sie verfangen sich zum Beispiel in einem Fischernetz – die nicht stressfrei zu bewältigen sind. Viel hängt nun davon ab, wie Sie auf Stress reagieren.

Jemand, der in Panik gerät, macht leicht einen Fehler und kann mitunter eine missliche Lage sogar noch verschlimmern. Um das zu vermeiden, sollten Sie in diesem Fall folgendes beherzigen:

1. **Stopp.**

   Denken Sie erst nach, bevor Sie handeln.

2. **Atme.**

   Kontrollieren Sie Ihre Atmung, während Sie das Problem bedenken. Holen Sie langsam und tief Luft.

3. **Denk' nach.**

   Was haben Sie im Unterricht gelernt? Entscheiden Sie sich für die Möglichkeit, die Ihnen in dieser Situation am plausibelsten erscheint. Ziehen Sie auch in Betracht, was Sie über physikalische Gesetze und Physiologie wissen (siehe Kapitel 6).

4. **Handle.**

   Wenn Sie eine Entscheidung getroffen haben, handeln Sie schnell und entschieden.

Jeder Taucher kann in eine Situation geraten, die Stress erzeugt. Wenn er jedoch die oben genannten vier Schritte befolgt, wird er damit besser umgehen als einer, der in Panik gerät.

Auftauchen

Früher oder später geht jeder Tauchgang zu Ende und Sie müssen an die Wasseroberfläche zurückkehren. Das ist normalerweise dann der Fall, wenn Sie oder Ihr Tauchpartner an dem Punkt angelangt sind, an dem Sie noch ausreichend Luft für einen sicheren Aufstieg in der Flasche haben (in der Regel etwa 35 bar). Da Sie ja die Tauchregeln befolgen, haben Sie auch die in der Tauchtabelle vorgegebenen Richtlinien eingehalten – also in größter Tiefe den Tauchgang begonnen – und können nun wie folgt die Rückkehr an die Wasseroberfläche durchführen:

1. **Geben Sie dem Tauchpartner ein Zeichen.**

   Achten Sie darauf, dass er es auch bestätigt.

2. **Blicken Sie auf die Uhr und die anderen Messgeräte.**

   Merken Sie sich die Uhrzeit, den verbleibenden Luftvorrat und die Tauchtiefe.

3. **Lassen Sie Luft aus der Taucherweste ab.**

   Greifen Sie nach dem Inflatorschlauch an der Taucherweste, damit Sie im Bedarfsfall beim Auftauchen Luft ablassen können. Die Luft, die sich in der Taucherweste befindet, dehnt sich beim Auftauchen aus und erhöht somit den Auftrieb. Damit Sie nicht zu schnell nach oben steigen, müssen Sie den Aufstieg durch das Ablassen von Luft aus der Weste kontrollieren.

4. **Halten Sie einen Arm über den Kopf.**

   Die Tauchermaske schränkt den Sehradius ein. Damit Sie beim Auftauchen nicht mit dem Kopf an ein Hindernis stoßen, strecken Sie die Hand als Fühler aus.

5. **Schauen Sie nach oben.**

   Halten Sie nach Booten, herumschwimmenden Gegenständen oder was auch immer Ausschau, das Ihnen den Weg an die Oberfläche versperren könnte. Drehen Sie sich beim Auftauchen langsam um die eigene Achse.

6. **Tauchen Sie langsam auf.**

   Die Richtwerte sind beim Auftauchen 30 cm pro Sekunde oder 3 m alle 10 Sekunden. Das ist langsamer, als es klingt. Lassen Sie sich Zeit, es besteht kein Grund zur Eile. Behalten Sie Ihren Tiefenmesser und die Uhr im Auge, und überholen Sie niemals Ihre Luftblasen.

7. **Legen Sie einen Sicherheitsstopp ein.**

   Legen Sie, wenn möglich, einen Sicherheitsstopp ein. Halten Sie vier bis fünf Meter unter der Wasseroberfläche an und warten Sie drei Minuten. Da Ihr Tauchgang immer als Nicht-Dekompressionstauchgang geplant ist, dürfen Sie natürlich auch sofort bis zur Wasseroberfläche auftauchen. Wenn Sie jedoch über einen ausreichenden Luftvorrat verfügen, sollten Sie einen Sicherheitsstopp einlegen. Dadurch ermöglichen Sie Ihrem Körper, überschüssigen Stickstoff zu entfernen, und Sie können die Zeit nutzen, den Auftrieb vor dem letzten Anstieg noch einmal zu regulieren. Sie können sich auch noch ein letztes Mal in Ruhe umsehen und alles, was Sie in den Tiefen gesehen haben, Revue passieren lassen.

Je tiefer Sie tauchen und je länger Sie unten bleiben, desto mehr Stickstoff löst sich im Körpergewebe auf. Legen Sie daher immer einen Sicherheitsstopp ein, wenn Sie tiefer als 30 m unter dem Meeresspiegel waren oder sich im Grenzbereich der Tauchtabelle bewegt haben. Es ist nie verkehrt einen Sicherheitsstopp einzulegen. Dennoch kann es vorkommen, dass Sie diese Pause nicht einhalten können, weil Ihr Luftvorrat das nicht mehr erlaubt, Sie zum Boot zurückbeordert wurden, einem anderen Taucher behilflich sind oder aus einem anderen Grund. So lange Sie die Richtlinien der Tauchertabelle oder des Computers nicht überschreiten, müssen Sie nicht unbedingt eine Sicherheitspause einlegen – aber es ist besser, wenn Sie dem Körper diese Möglichkeit bieten, den Stickstoff wieder loszuwerden.

Wieder an der Wasseroberfläche

Wenn Sie an der Wasseroberfläche angelangt sind, blasen Sie die Schwimmweste ganz auf, damit Sie auf dem Wasser treiben, und nehmen den Schnorchel in den Mund. Jetzt müssen Sie nur noch aus dem Wasser steigen und Ihre Ausrüstung für den nächsten Tauchgang vorbereiten.

Der Ausstieg aus dem Wasser

Wenn Sie vom Boot aus ins Wasser gesprungen sind, haben Sie die oft nicht einfache Aufgabe vor sich, mit all der Ausrüstung, die Sie tragen, wieder dorthin zurückzukehren. Auf jedem Boot gibt es hierfür eine bewährte Prozedur, die vor dem Tauchgang bereits besprochen wurde. Es ist zumindest immer ein Besatzungsmitglied da, das den Tauchern beim Einsteigen ins Boot behilflich ist. Meistens stellt es auch kein großes Problem dar – bei ruhiger See. Wenn das Boot jedoch auf und ab schaukelt, sieht die Sache anders aus.

Das Ufer bewegt sich natürlich nicht auf und ab. Dafür haben Sie es hier aber mit der Brandung zu tun. Der Abschnitt »Rückkehr durch die Brandung« enthält Tipps, wie Sie das tun.

Rückkehr aufs Boot

Wenn Sie nun mit aufgeblasener Taucherweste auf dem Meer treiben, zeigen Sie der Mannschaft im Boot durch ein Zeichen an, dass bei Ihnen alles in Ordnung ist und nehmen den Schnorchel in den Mund. Keine Panik, wenn Sie das Boot beim Auftauchen nicht entdecken. Blasen Sie die Sicherheitsboje (siehe zweites Kapitel) auf, bleiben Sie ruhig und warten Sie ab. Das Boot muss sich vielleicht um einen Notfall kümmern oder ist einfach abgetrieben. Die meisten Boote verfügen aber über ein Global Positioning System (GPS) und wenn nicht, kennt die Crew auch so die Position, wo Sie zu finden sind. Sollte sich das Ufer in Sichtweite befinden, schwimmen Sie langsam darauf zu.

Meistens holt Sie das Boot an der Stelle ab, an der Sie aufgetaucht sind. Wenn Sie jedoch bemerken, dass andere Taucher ins Boot steigen und Sie ziemlich nahe sind, schwimmen Sie zum Boot hin. Halten Sie Abstand zur Leiter, wenn bereits andere Personen da sind, die aus dem Wasser steigen möchten. Es kann vorkommen, dass

Taucher beim Hochklettern wieder rückwärts ins Wasser fallen oder Gegenstände verlieren, die Sie verletzen könnten.

Wenn Sie an der Reihe sind ins Boot zu klettern, tun Sie Folgendes:

1. **Reichen Sie die Kamera oder jeden anderen Gegenstand, der nicht befestigt ist, nach oben.**
2. **Auf Booten, die über keine Leiter verfügen, wird oft erwartet, dass Sie zuerst den Bleigurt und die Taucherweste hoch reichen.**

   Befolgen Sie dabei diese Reihenfolge: Zuerst den Bleigurt und dann die Taucherweste. Sie möchten nicht den Bleigurt noch in den Händen haben, wenn Sie die Weste abgegeben haben!
3. **Nachdem jemand den Bleigurt übernommen hat, schlüpfen Sie aus der Taucherweste.**

   Halten Sie die Weste so hoch, dass sich die Flasche zwischen der Bootswand und der Weste befindet und das Flaschenventil nach oben zeigt.
4. **Wenn die Besatzung die Ausrüstungsgegenstände entgegengenommen hat, ziehen Sie sich am Dollbord (dem oberen Rand der Bootswand) hoch, während Sie fest mit den Schwimmflossen im Wasser strampeln.**

   Wenn sich am Boot eine Leiter befindet, ist es vielleicht einfacher für Sie, die Flossen nach oben zu reichen und mit der Ausrüstung hochzuklettern. Halten Sie sich an der Leiter fest, wenn Sie die Flossen ausziehen. Sollten Sie nämlich von einer Strömung erfasst werden, die Sie vom Boot wegträgt, kann es sein, dass Sie sich schwer tun, ohne Flossen wieder zurück zu schwimmen.

   Wenn Sie sich dafür entscheiden, in Ihrer Ausrüstung die Leiter hochzuklettern, müssen Sie den Atemregler im Mund behalten. Sollten Sie nämlich ausrutschen und rückwärts ins Wasser fallen, steht Ihnen immer noch eine Luftversorgung zur Verfügung.

Sobald Sie auf dem Boot angekommen sind, ziehen Sie die Taucherausrüstung aus. Wenn Sie noch einen weiteren Tauchgang vorhaben, schließen Sie den Lungenautomaten an einer frischen Flasche an. Wenn nicht, sammeln Sie die Gegenstände ein und verstauen Sie sie. Es kann nämlich leicht zu Verwechslungen kommen. Die Gegenstände stellen jedoch auch eine Gefahr für andere Taucher dar, die vor lauter Freude über den gelungenen Tauchgang auf dem Boot hin- und her rennen und über Ihre Ausrüstung stolpern. Dabei können sie natürlich selbst oder die Ausrüstung zu Schaden kommen.

Rückkehr durch die Brandung

Bevor Sie durch die Brandung ans Ufer gehen, müssen Sie sich erst darüber informieren, wie hoch die Wellen und wie stark die Brandung ist. Tauchen Sie vor der Brandung auf und sehen Sie sich die Sache an. Die Brandung kann stärker sein als zu dem Zeitpunkt, an dem Sie ins Meer gingen. Wie schon beim Gang hinaus aufs Meer tragen Sie auch auf dem Weg zurück den Lungenautomaten. Heben Sie sich daher etwas Luft dafür auf.

Wenn die Brandung nicht sehr stark ist, warten Sie ab, bis die Wellen etwas flacher sind und schwimmen Sie auf direktem Wege und so schnell wie möglich ans Ufer. Verlieren Sie dabei Ihren Tauchpartner nicht. Für die Rückkehr ans Ufer bei starker Brandung benötigen Sie ein spezielles Training. Wenn die Wellen aber nicht allzu hoch sind, gibt es noch eine weitere Methode, wie Sie raus kommen. Sie kriechen am Meeresboden entlang auf Händen und Knien ans Ufer. Im flachen Wasser kann nämlich die Strömung ins Meer zurück sehr stark sein. Dagegen anzuschwimmen erfordert ziemlich viel Kraft, daher empfehle ich den Krabbelgang.

Die Pflege der Taucherausrüstung

Sie geben ziemlich viel Geld für den Kauf der Taucherausrüstung aus, da Sie wissen, dass unter Wasser Ihr Leben davon abhängen kann. Daher wird es in Ihrem Interesse sein, dass die Ausrüstung lange hält und immer im funktionstüchtigen Zustand ist. Wenn Sie darauf aufpassen, ist sie es auch. Im nächsten Abschnitt erfahren Sie, was Sie dafür tun müssen.

Entfernung des Lungenautomaten von der Flasche

Egal, ob Sie ihn wechseln, weil Sie noch einen Tauchgang unternehmen möchten, oder es für den Tag genug sein lassen, entfernen Sie immer als erstes den Lungenautomaten von der gebrauchten Flasche. Gehen Sie dabei folgendermaßen vor:

1. **Drehen Sie das Luftventil an der Flasche im Uhrzeigersinn zu.**
2. **Wenn das Ventil geschlossen ist, drücken Sie vorne am zweistufigen Lungenautomaten auf die Luftdusche. Sie können hören, wie die Luft entweicht und der Druck nachlässt.**

   Wenn das Geräusch nach ein oder zwei Sekunden nicht aufhört, ist das Ventil an der Flasche nicht ganz zugedreht.
3. **Nachdem die Luft entwichen ist, entfernen Sie den einstufigen Lungenautomaten, indem Sie den Bügel abschrauben.**

Passen Sie auf, dass kein Wasser in den einstufigen Lungenautomaten gelangt.

4. **Säubern und trocknen Sie die Schutzkappe, bevor Sie diese wieder aufschrauben.**
5. **Entfernen Sie den Inflatorschlauch und trennen Sie den Lungenautomaten und die Taucherweste.**

Auswaschen

Spülen Sie Ihre Taucherausrüstung in klarem Wasser, damit sich keine Salzkristalle bilden können. Salz greift Metall an, es korrodiert. Salz vergrößert sich bei der Kristallisation und bildet scharfe Kanten. Wenn das in Ihrer Taucherweste passiert, zerstört es deren Gewebe und lässt sie vorzeitig kaputt gehen. Sie müssen Ihre Ausrüstung nach einem Tauchgang in Süßwasser nicht unbedingt ausspülen. Da diese Gewässer aber nicht immer ganz sauber sind, empfehle ich trotzdem eine Reinigung in fließendem Wasser, da sich Gott weiss welche schimmel- und geruchsbildenden Mikroben in der Taucherausrüstung tummeln können.

Verfahren Sie bei der Reinigung der Taucherausrüstung folgendermaßen:

- ✔ Alle Ausrüstungsgegenstände sollten nach jedem Gebrauch sorgfältig unter fließendem Süßwasser ausgewaschen werden.

Lassen Sie die Ausrüstung in einem großen Behälter, gefüllt mit Süßwasser, längere Zeit liegen. Anschließend spritzen Sie sie mit einem Schlauch ab. Wenn die Taucherausrüstung getrocknet ist, bevor Sie die Gelegenheit hatten, sie auszuwaschen, sollten Sie sie über Nacht einweichen. Die Tauchermaske, den Schnorchel und die Flossen spülen Sie dagegen sofort mit Süßwasser ab.

- ✔ Zielen Sie beim Bespritzen mit einem Wasserschlauch nicht direkt auf die Ventile und Messgeräte. Die Taucherweste und den Tauchanzug müssen Sie gründlich ausspülen.
- ✔ Reinigen Sie die Taucherweste mit frischem Wasser, indem Sie das obere Ende nach unten halten, der Inflatorschlauch befindet sich also unten. Drücken Sie während der Reinigung auf den manuellen Inflatorknopf.

  Es kommt relativ häufig vor, dass in die Luftkammern der Taucherweste während des Tauchgangs Salzwasser eindringt. Lassen Sie es auslaufen und spülen Sie die Kammern mit Süßwasser aus.
- ✔ Wenn die Schutzkappe richtig aufgeschraubt wurde, können Sie den Lungenautomaten, ohne Schaden anzurichten, mit Wasser reinigen. In manchen Tauchshops werden milde, antiseptisch-wirkende Lösungen angeboten, in die Sie den zweistufigen Regulator und den Octopus eintauchen, um die Entstehung von Schimmel, Mehltau und anderen, unbekannten, Gehirnmasse-fressenden Sporen zu verhindern.

Trocknen

Trocknen Sie Ihre Ausrüstung an einem Ort, an dem das Wasser abtropfen kann und an den frische Luft kommt. Wenn Sie die Ausrüstung in noch feuchtem Zustand in einer Tasche verstauen, fördern Sie dadurch die Bildung von Mehltau und die Ausrüstung nimmt einen muffigen Geruch an. Alles, was aus Neopren gefertigt ist, muss vor direkter Sonneneinstrahlung geschützt werden – UV-Strahlung beschleunigt den Alterungsprozess von Neopren. Hängen Sie daher den Tauchanzug auf einem Plastikbügel an einem schattigen, luftigen Platz auf. Vermeiden Sie Bügel aus Metall, da diese rosten und so den Anzug beflecken und ihn außerdem an den Schultern verziehen.

Aufbewahren

Nachdem die Ausrüstung sorgfältig gewaschen und getrocknet wurde, können Sie sie verstauen. Wenn Ihre Tauchertasche trocken und salzfrei ist, können Sie diese zur Aufbewahrung verwenden. Am besten verwahren Sie die Gegenstände an einem dunklen, trockenen Ort. Vielleicht möchten Sie den Tauchanzug auch in einem Schrank aufbewahren. Verwenden Sie in diesem Fall bitte einen an den Schultern breiten Kleiderbügel, damit sich der Anzug nicht verzieht.

Physik und Physiologie

6

In diesem Kapitel

- Die physikalischen Eigenschaften des Wasser
- Unter Wasser hören und sehen
- Die Atmung unter Wasser

Wer kennt Sie nicht, die Binsenweisheit: Wissen ist Macht? Sie müssen nicht unbedingt alles über Physik und Physiologie wissen, um das Tauchen zu lernen, aber etwas kann auch nicht schaden. Vielleicht kommt das im verborgen schlummernde Wissen in einer entscheidenden Situation an die Oberfläche und hilft Ihnen bei der Lösung eines Problems. Andererseits können Sie mit Ihrem Wissen vielleicht Ihre Freunde bei der nächsten Trivial-Pursuit-Runde beeindrucken.

Wunderbares Wasser

Wasser ist die großartigste Substanz, die wir auf Erden – vielleicht im ganzen Universum – haben. Es überrascht daher nicht, dass fast jeder Mensch beim Anblick von Wasser in glückselige Meditation verfällt – vor den tosenden Wellen des Pazifischen Ozeans oder dem leisen Tröpfeln eines Brunnens. Wasser ist in mittel- oder in unmittelbarer Weise dafür verantwortlich, was es auf dieser Welt an Schönem gibt. Was aber ist Wasser? In diesem Abschnitt werden Sie es erfahren.

Warum Wasser wichtig ist

Das ganze Universum besteht aus *Materie*, die aus allen mögliche Elementen und aus Verbindungen dieser Elemente bestehen. Wasser ist eine Verbindung aus Sauerstoff und Wasserstoff, das chemisch als H_20 dargestellt wird. Elemente, wie Sauerstoff und Wasserstoff, bestehen aus kleinsten Teilchen, den *Atomen*. Diese Atome setzen sich aus noch kleineren Teilchen, den *Protonen* (positive elektrische Ladung) und den *Neutronen* (neutrale elektrische Ladung) zusammen, die sich im *Atomkern* befinden. Um den Kern herum bewegen sich in bestimmten Abständen die Neutronen (negative elektrische Ladung) innerhalb der *Neutronenhülle*. Die Anziehungskraft zwischen den positiv und negativ geladenen Teilchen hält das Atom zusammen. Abhängig vom Element, können sich die Elektronen auf mehr als einer Bahn um den Atomkern herum bewegen.

Jede Neutronenhülle kann nur eine bestimmte Anzahl von Elektronen aufnehmen. Innerhalb der Hülle bewegen sich die Elektronen auf verschiedenen kreisförmigen bzw. elliptische Bahnen. Wenn sich auf der äußersten Bahn (diejenige, die am weitesten vom Kern entfernt ist), all die Elektronen befinden, die darauf Platz haben, bezeichnet man das Element als *stabil,* was bedeutet, dass es sich nur schwer mit anderen Elementen verbindet. Wenn die äußere Bahn der Elektronenhülle nicht voll, also *instabil,* ist, sucht sich das Elektron einen Partner, um eine Verbindung einzugehen. Die Elemente unterscheiden sich in ihrer Bereitschaft, mit anderen Elementen eine Verbindung einzugehen. Einige unter ihnen sind echte Snobs und lassen sich ungern mit anderen ein, andere wiederum sind so gesellig, dass sie nur in Verbindungen angetroffen werden und kaum alleine zu kriegen sind.

Sauerstoff und Wasserstoff, die zusammen das Wasser bilden, sind sehr gesellige Elemente. Vor allem mögen sie sich gegenseitig. Jedes Sauerstoffatom besteht aus einem Kern mit acht Protonen und acht Neutronen sowie acht Neutronen, die sich auf zwei Bahnen um den Kern bewegen, von denen die eine weiter innen gelegen ist als die andere. Der Raum, den die einzelnen Elektronen einnehmen, wird *Orbit* genannt. Der Wasserstoff ist in der Periodentafel der Elemente das erstgenannte Element, da er die denkbar einfachste Zusammensetzung hat: ein Proton im Kern und ein Elektron, das sich auf einer Bahn bewegt. Was könnte simpler sein? (Siehe Abbildung 6.1.) Wasserstoff gehört zu den Elementen, die auf der Erde nicht allein angetroffen werden, da er leidenschaftlich gern Verbindungen eingeht. Er ist sogar noch geselliger als Sauerstoff und verbindet sich mit vielen anderen Elementen, am liebsten jedoch mit Sauerstoff und Kohlenstoff.

Die Dichte von Stoffen

Wasser ist viel dichter als Luft: Die *Dichte* drückt aus, wie viel Masse in einem bestimmten Raum Platz gefunden hat. Wasser hat eine ziemlich hohe Dichte, obwohl es wegen seiner Beweglichkeit gar nicht den Anschein hat. Im Vergleich zu Luft ist im Wasser etwa 770 Mal mehr untergebracht, bezogen auf den dabei eingenommenen Raum. Die höhere Dichte des Wassers ist auch der Grund dafür, warum Wasser Wärme besser aufnimmt und leitet.

Die Wärmeleitfähigkeit von Wasser

Wasser leitet die Wärme gut weiter, mehr als 20 Mal besser als Luft. Das ist ein Grund dafür, warum sich die meisten Menschen bei einer Lufttemperatur von 20°C ganz wohl fühlen, bei einer Wassertemperatur von 20°C aber leicht zu frieren beginnen. Das Wasser leitet die Wärme sehr effektiv von Ihrem Körper ab. Luft ist im Gegensatz hierzu eine schlechter Wärmeleiter und stellt daher einen guten Isolator dar.

Wärmeleitung ist ein Grund dafür, warum Wärme nicht nur auf einen Ort begrenzt auftritt. Wenn Sie Ihren pfeifenden Teekessel ohne Topflappen anfassen und sich dabei die Finger verbrennen, haben Sie den Versuch der Wärmeleitung , uh, na ja ... erstklassig durchgeführt und die Ergebnisse am eigenen Leib erfahren. Die aufgeregten Moleküle im kochenden Wasser und im Kessel übertragen ihre Aufregung auf alle benachbarten Moleküle, also über den Griff des Kessels auf die Ihrer Hand.

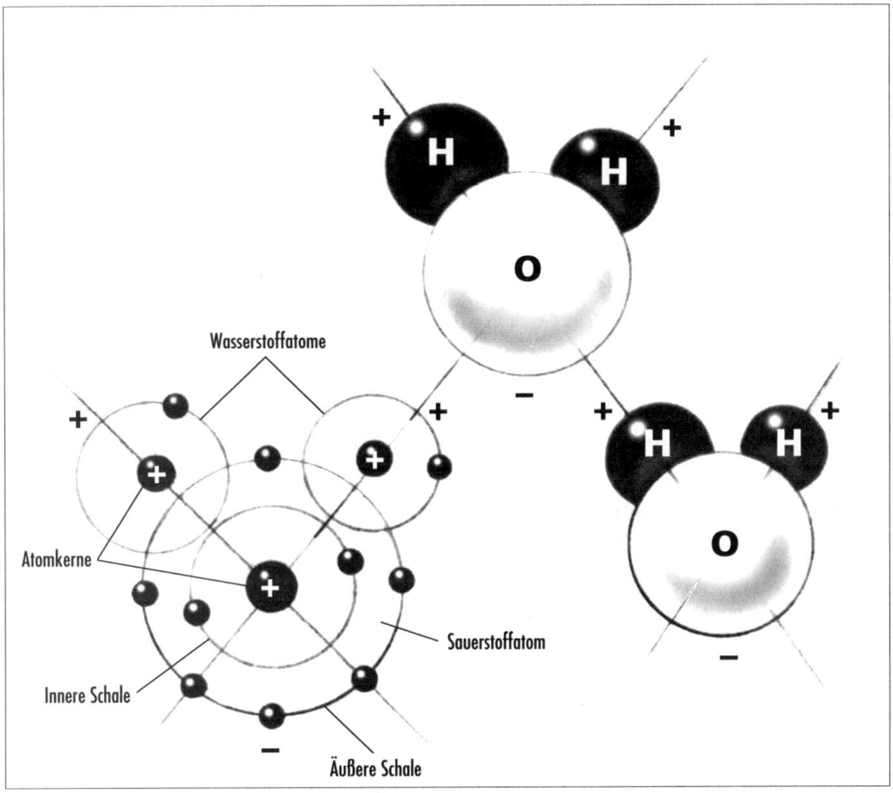

Abbildung 6.1: Sowohl das Wasserstoff- als auch das Sauerstoffatom verbinden sich gerne mit anderen Atomen, am liebsten aber miteinander.

Wärmeübertragung – ein weitere Möglichkeit, wie Wärme transportiert wird – findet nur in Flüssigkeiten (sowohl flüssig als auch gasförmig) statt, da sich hier die Moleküle frei bewegen können. Wenn eine Flüssigkeit erwärmt wird, erniedrigt sich deren Dichte und sie dehnt sich aus. Sofort eilt kältere Flüssigkeit herbei, um den Platz, der frei wurde, zu besetzen. Unter Wasser wird das Wasser, das Ihrem Körper am nächsten ist, erwärmt und weggetragen. Sofort wird diese Lücke durch kühleres Wasser aufgefüllt. Der hier beschriebene Prozess – in Kombination mit der Wärmeleitung – ist eine sehr effektive Kühlmethode, die aber dazu führen kann, dass wir sogar in 26 °C warmen Wasser frieren.

Der Vollständigkeit halber weise ich noch auf die dritte Möglichkeit hin, Wärme zu übertragen. Hierbei handelt es sich um die *Wärmestrahlung*, bei der Energie mit Hilfe elektromagnetischer Wellen übertragen wird. Diese Art der Wärmeübertragung spielt beim Schnorcheln und Tauchen keine große Rolle, aber spätestens dann, wenn Sie aus dem Wasser kommen und sich in die Sonne legen, bekommen Sie sie zu spüren.

Oh, wie so trügerisch

Sie wissen, wenn auch nicht in der Therorie, so zumindest in der Praxis, wie sich das Licht auf seiner Reise durch Luft verhält. Sobald es jedoch auf das viel dichtere Medium Wasser trifft, wechselt es sein Verhalten.

Wellenlängen

Licht, so wie wir es kennen, breitet sich in Wellen aus. Innerhalb des Spektrums des für den Menschen sichtbaren Bereichs von Licht werden unterschiedliche Wellenlängen als unterschiedliche Farben wahrgenommen. Die längeren Wellenlängen sind energieärmer und werden von uns rot wahrgenommen. Die nächste Stufe, etwas energiereicher, wird orange gesehen, dann gelb, grün, blau und so weiter.

Wenn das Licht auf ein Objekt trifft, werden einige Wellenlängen absorbiert, andere aber reflektiert. Wenn ein Objekt alle Wellenlängen »verschluckt«, nehmen wir es schwarz war, wenn es alle reflektiert, weiss. Und dazwischen liegen natürlich all die anderen Farben, die wir kennen. Da Luft ja nicht sehr dicht ist, kann das Licht sich darin sehr schnell fortbewegen.

Sobald das Licht aber auf das sehr viel dichtere Medium Wasser trifft, wird es schneller absorbiert. Die energieärmsten Wellen, die roten, verschwinden als erste, dann natürlich orange, gelb und so fort. Objekte, die in der Luft rot oder orange aussehen, sind unter Wasser schwarz oder grau, da die Wellenlängen, die diese Farben hervorrufen, nicht ins Wasser vordringen. Blaue Wellenlängen dringen am weitesten in die Tiefe vor. Das ist der Grund dafür, warum Ihnen in zunehmender Tiefe alles blauer und gedämpfter vorkommt.

Wenn das Wasser trüb ist, weil viele Teilchen darin schweben, wird das Licht sogar noch schneller absorbiert. Sogar in vollkommen klarem Wasser erreichen nur etwa 20 Prozent des Lichts eine Tiefe von 10 m, in trübem nur bis zu etwa 2 m. Gelb-grünes Licht kann in verunreinigtes Wasser am besten vordringen. Das ist der Grund, warum diese Gewässer grünlich aussehen.

Es kommt auf die Details an

Die Intensität der Farben nimmt unter Wasser auch deshalb ab, weil wir auf den geringeren Lichteinfluss physiologisch reagieren. Im schwachen Licht öffnen sich unsere Pupillen ganz weit, damit so viel Licht wie möglich eindringen kann. Unsere Augen stellen sich von der farbintensiven Tagessicht auf die lichtintensive Nachtsicht um. Und Sie wissen ja, dass Sie nachts Farben und Details weniger gut unterscheiden können.

Einzelheiten sind unter Wasser deshalb schlechter zu erkennen, da dort die Kontraste verschwimmen. Wenn Sie bei Sonnenlicht eine dünnes weißes Tuch hochhalten, bemerken Sie, dass scharf begrenzte Schatten weicher und heller werden. Man spricht hier von *Diffusion*. Sogar in ganz klarem Wasser wird das Licht diffus. Und je tiefer das Licht im Wasser vordringt, desto diffuser wird es natürlich. Deshalb wird auch der

Schatten mit zunehmender Tiefe weicher und verschwommener, Kontrast geht verloren, Einzelheiten sind schwerer zu unterscheiden.

Lichtbrechung

Die *Lichtbrechung* hat einen gewaltigen Einfluss darauf, wie ein Taucher unter Wasser Entfernungen wahrnimmt. Wenn Lichtstrahlen in Wasser eintreten, werden sie gebeugt bzw. *gebrochen*, da diese beiden Medien eine unterschiedliche Dichte aufweisen. Das menschliche Auge ist so gebaut, dass es gut an der Luft, aber weniger gut im Wasser sieht. Deshalb tragen die Taucher auch eine Maske. Die Maske schafft einen Luftraum vor den Augen. Bevor aber das Licht zum Auge gelangt, muss es sich durch Luft, dann durch Wasser und dann wieder durch Luft bewegen. Das hat zur Folge, dass wir unter Wasser alles näher wahrnehmen, als es wirklich ist, und zwar in einem Verhältnis von 4:3. Wenn Sie also von etwas 4 m entfernt sind, sieht es aus, als wären es nur 3 m (siehe Abbildung 6.2). Jetzt kennen Sie den Grund, warum Tauchanfänger immer neben die Leiter greifen, wenn sie am Ende eines Tauchgangs aufs Boot zurück klettern wollen. Aber keine Sorge: Man lernt schnell, auch die Entfernungen unter Wasser richtig einzuschätzen.

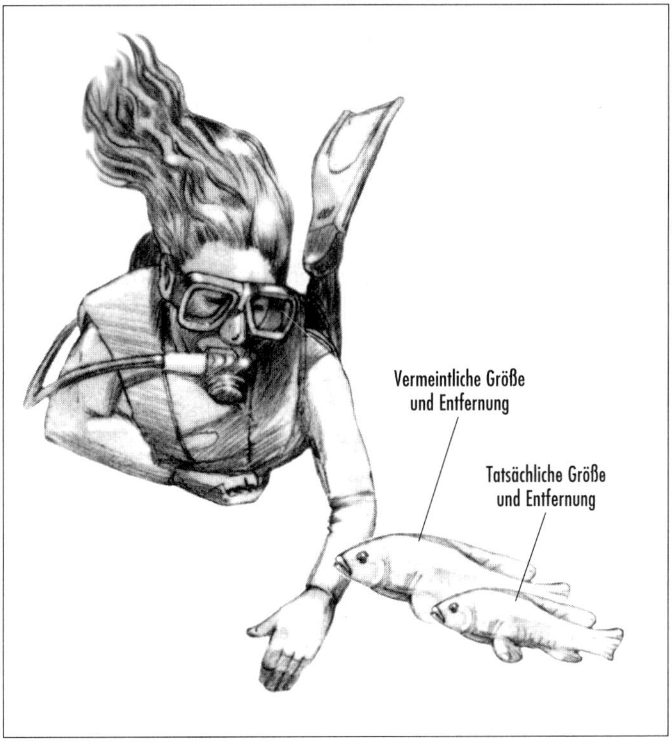

Abbildung 6.2: Wegen der Lichtbrechung scheinen Dinge unter Wasser näher zu sein.

Lichtbrechung ist auch die Ursache für das wellenförmige Muster auf dem sandigen Grund eines Gewässers oder im Pool. Die Wellenkämme wirken wie eine konvexe Linse, die die Lichtwellen bündeln und die Wellentäler breiten diese fächerförmig aus.

Reflexion

Die *Reflexion* von Lichtwellen ist im Wasser ebenfalls viel stärker als in der Luft. Da das Wasser um vieles dichter als Luft ist, wird viel mehr Licht von der Oberfläche reflektiert. Je flacher der Einfallswinkel ist, desto stärker ist die Reflexion. Wenn Sie einen Tag auf einem Boot unterwegs waren und mit einem Sonnenbrand unterm Kinn nach Hause kommen, dürfte Sie das kaum überraschen. Am frühen Morgen und am späten Nachmittag bildet das Licht beim Auftreffen auf die Wasseroberfläche den geringsten Winkel, daher ist um diese Zeit die Reflexion am stärksten.

Und was ist mit dem Schall?

Schall breitet sich wie Licht in Wellen aus und verhält sich daher im Wasser ebenfalls anders als an der Luft.

Der Schall breitet sich am besten in einer Umgebung von größerer Dichte, wie Wasser, aus, da die Moleküle enger zusammen sind und die Energie einer Schallwelle leichter weitergegeben werden kann. (Luft leitet im Vergleich zum Wasser den Schall ziemlich schlecht. Der Schall breitet sich im Wasser vier Mal schneller aus als an der Luft.) Daher können Sie unter Wasser viel besser hören. Allerdings hat dies auch einen Nachteil: Da sich der Schall sehr schnell verbreitet, haben Sie das Gefühl, dass er aus allen Richtungen auf Sie eindringt. Sie können daher die Richtung, aus der er kommt, nicht bestimmen.

Demnach würde man denken, dass die Kommunikation unter Wasser eine einfache Sache ist. Dem ist aber nicht so. Wir erzeugen Töne, indem wir unsere Stimmbänder beim Ausatmen zum Vibrieren bringen. Das klappt gut, so lange wir uns an der Luft bewegen. Die Weitergabe des Schalls von Luft an Wasser lässt jedoch zu wünschen übrig. Darum können Sie auch nicht hören, wenn sich die Leute auf dem Boot über Ihnen darüber unterhalten, wie gerne sie jetzt an der Bar sitzen würden und was für ein Langweiler Sie doch sind. Umgekehrt hören diese auch nicht die Delphine, die geräuschvoll vorbeiziehen, nachdem sie beschlossen hatten, den Tauchgang abzubrechen, da es nichts Interessantes zu sehen gab.

Es ist ein Gas

Beim Tauchen haben wir es mit Flüssigkeiten – meist Wasser und Gase – zu tun.

- ✔ Wasser und andere Flüssigkeiten sind Flüssigkeiten, weil sie flüssig sind; Gase (wie etwa die Luft) sind ebenfalls Flüssigkeiten.
- ✔ Jede Materie kann unter Druck zusammengepresst werden. Das gilt jedoch nicht für Wasser bei den Druckverhältnissen, denen ein Taucher ausgesetzt ist.

- ✔ Luft ist eine andere Art von Flüssigkeit als Wasser, da sich diese bei Druckanwendung leicht zusammenpressen lässt. Wenn dem nicht so wäre, könnten Sie mit einer Flasche Luft nicht so lange unter Wasser bleiben.

Da dies aber möglich ist, können sich für den Taucher beim Einatmen von Druckluft eine Reihe von Komplikationen ergeben. Im nächsten Abschnitt erfahren Sie, wie sich diese vermeiden lassen.

Was ist Luft?

Die Erdatmosphäre besteht aus einem Gasgemisch, das wir Luft nennen. *Gase* sind Materie, ebenso wie Flüssigkeiten und feste Stoffe. Als solche haben sie auch Substanz und Gewicht – zwar viel weniger als Flüssigkeiten und feste Stoffe, aber dennoch. Die Moleküle in festen Formen halten sich sozusagen aneinander fest. Die Moleküle in Flüssigkeiten sind zwar nah zusammen, können sich aber bewegen. Die Gasmoleküle sind weiter auseinander als diejenigen in Flüssigkeiten und festen Stoffen, sie fliegen sozusagen herum. Dieses Verhalten erklärt auch, warum sich Gase so schnell vermischen und in reiner Form kaum auftreten.

Die Luft, ein Gemisch aus vielen verschiedenen Gasen, besteht hauptsächlich aus Stickstoff und Sauerstoff. Luft setzt sich wie folgt zusammen: 78 Prozent Stickstoff, 21 Prozent Sauerstoff und ein Prozent bestehend aus Argon, Kohlendioxid, Kohlenmonoxid, Helium, Wasserstoff, Krypton, Neon, Radon, Xenon und ein paar weiteren Gasen. Beim Tauchen können wir auf die in Spuren vorkommenden Gase verzichten, da nur Stickstoff, Sauerstoff und Kohlendioxid von Bedeutung sind. Das Kohlendioxid ist nur deshalb wichtig, da es das bedeutendste Nebenprodukt bei menschlichen Stoffwechsel ist. Man bezeichnet daher im Prinzip die Luft als ein Gemisch aus Stickstoff und Sauerstoff (siehe Abbildung 6.3).

Luft ist lebensnotwendig

Das menschliche Atmungssystem beruht auf einem Austausch von Gasen – und funktioniert daher nicht in Flüssigkeiten. Wenn Flüssigkeit in die Lunge eindringt, verhindert dies den Austausch von Gasen, was zum Tod führen kann. Tauchen ist deshalb möglich, weil der Mensch die Luft, die er zum Atmen braucht, mit sich unter Wasser nimmt. Bis hierher ist das Ganze relativ einfach. Was die Sache aber kompliziert macht, ist der erhöhte Druck, der vom Wasser auf den Taucher ausgeübt wird. Durch den erhöhten Druck wird der Austausch des Gases, der beim Atmen stattfindet, stark beeinflusst.

Obwohl bei weitem der größte Anteil der Luft Stickstoff ist, spielt er für den Körper keine wichtige Rolle. Der Körper absorbiert den Stickstoff, was ihm unter normalem Druck weder hilft noch schadet – Stickstoff ist ein unwirksames Gas. Ganz anders verhält es sich jedoch damit, wenn er unter erhöhtem Druck eingeatmet wird. Mehr hierzu erfahren Sie im siebten Kapitel.

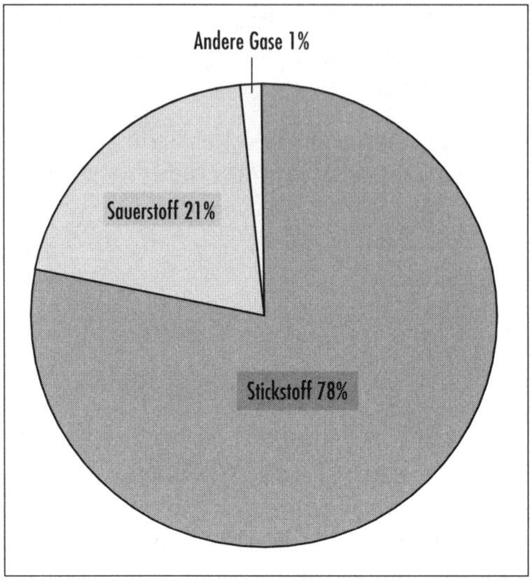

Abbildung 6.3: Die Zusammensetzung der Luft

Die Körperzellen brauchen den Sauerstoff aus der Luft bei der Umwandlung der Chemikalien, die in der Nahrung enthalten sind, in Energie, die uns wiederum am Leben erhält. Einige Zellen kommen eine Zeitlang ohne Sauerstoff aus; andere benötigen jedoch eine stete Versorgung damit. Zu den Letzteren gehören das Gehirn und die Nervenzellen, die ohne Sauerstoff beinahe auf der Stelle sterben. Eines der Nebenprodukte, das bei der Atmung entsteht, ist das Kohlendioxid. In dem Maße, wie die Aufnahme von Sauerstoff für die Zellen lebensnotwendig ist, ist es auch lebensnotwendig, dass das Kohlendioxid daraus entfernt wird. Wenn dies nicht schnell genug geschieht, erreicht der Kohlendioxidgehalt im Blut schnell ein toxisches Maß. Die Aufgabe des Atmungssystems besteht darin, für einen ständigen Austausch von Kohlendioxid und Sauerstoff im Blut zu sorgen.

Das mit Sauerstoff angereicherte Blut fließt in die linke Herzkammer und wird von dort aus im Körper verteilt. Blutgefäße durchziehen das gesamte Körpergewebe, verzweigen sich immer weiter und enden in Millionen von winzigen Kapillaren. In diesen Kapillaren findet, wie in der Lunge, ein Gasaustausch statt, nur genau anders herum. Sauerstoff wird von den Zellen aufgenommen und das Kohlendioxid über den Blutkreislauf zur Lunge transportiert, von wo aus es ausgeschieden wird.

Nachdem der Gasaustausch mit den Zellen vollzogen ist, fließt das sauerstoffarme Blut durch immer größer werdende Venen, zur rechten Herzkammer. Von dort aus wird es in die Lungen gepumpt, wo der umgekehrte Gasaustausch stattfindet. Der Kreis hat sich geschlossen.

Die Gasgesetze

Das Verhalten von Gas unter Druck lässt sich mithilfe einiger Gesetze beschreiben. Wasser kann nicht zusammengepresst werden – zumindest nicht unter den Bedingungen, mit denen es ein

Taucher zu tun hat. Da unser Körper ja zum größten Teil aus Wasser besteht, kann er diesem erhöhten Druck unter Wasser gut standhalten. Anders sieht es jedoch bei den Körperteilen aus, die mit Gas gefüllt sind. Hier treten natürlich Probleme auf.

Alle Gase sind gleich

Wenn Sie Gas in einen geschlossenen Behälter füllen, streifen sich die herum fliegenden Gasmoleküle gegenseitig, prallen aufeinander oder auf die Seiten des Behälters. Die Stärke des Aufpralls hängt von der Geschwindigkeit ab, mit der sich die Moleküle bewegen, und von deren Gewicht. Sie wird als Druck bezeichnet. Bei Wärmeeinwirkung erhöht sich die Geschwindigkeit der Moleküle, sie bewegen sich schneller und stoßen auch häufiger an die Wände des Behälters. Der Druck steigt. Nicht alle Gasmoleküle sind gleich schwer. Wasserstoffmoleküle sind sehr leicht, Sauerstoffmoleküle hingegen relativ schwer. Wegen des höheren Gewichts muss ein Sauerstoffmolekül nicht so schnell herumfliegen wie ein Wasserstoffmolekül, um den gleichen Druck auszuüben. Wenn beiden Gasen die gleiche Wärmeenergie zugeführt wird, werden sich die Wasserstoffmoleküle viel schneller bewegen als die Sauerstoffmoleküle, so dass beide Gase, trotz unterschiedlicher Geschwindigkeit, den gleichen Druck auf den Behälter ausüben. Diese Gleichheit unter den Gasen bezeichnet man als kinetische Gastheorie.

Da die Abstände zwischen den Gasmolekülen ziemlich groß sind, können Sie viel mehr davon in einen geschlossenen Raum quetschen als sich eigentlich da befinden würden. Wenn Sie das tun, sind die Moleküle natürlich viel enger zusammen und sie stoßen viel häufiger an die Seiten des Behälters, was wiederum den Druck erhöht.

Bei gleicher Temperatur, gleichem Druck und konstanter Raumgröße hält sich immer die gleiche Anzahl von Gasmolekülen in einem Raum auf, unabhängig davon, um welches Gas es sich handelt. Die Gleichberechtigung unter den Gasen regelt das Allgemeine Gasgesetz und jede Zuwiderhandlung wird strafrechtlich geahndet.

Das Gesetz von Boyle

Sir Robert Boyle war ein irischer Wissenschaftler, der sich bereits im 17. Jahrhundert mit den Auswirkungen von Druckveränderungen beschäftigte. In einem seiner berühmten Versuche legte er eine Schlange in einen Glasbehälter, in dem er langsam den Druck erniedrigte. Boyle beobachtete, wie sich im Auge der Schlange eine Blase bildete – der erste dokumentierte Nachweis der Dekompressionskrankheit. Boyle wurde jedoch nicht wegen des Versuchs, sondern wegen der Formulierung des Boyl'schen Gesetzes berühmt.

Boyle wollte wissen, wie eine gewisse Menge Luft auf Druckveränderung reagiert, und machte folgende Entdeckung:

Bei gleichbleibender Temperatur ist das Produkt aus dem Druck und dem Volumen konstant. (p x V = k; p=Druck, V=Volumen; k=konstant).

Sie können das Gesetz von Boyle nachvollziehen, wenn Sie einen oben offenen Behälter 10 m unter Wasser tauchen. Der hier herrschende Druck beträgt zwei *Atmosphären*, weil in einer Wassertiefe von 10 m der Druck genau doppelt so hoch ist wie auf Meereshöhe (eine Atmosphäre). In zehn Meter Tiefe herrscht also ein doppelt so hoher Druck wie auf der Oberfläche, die im Behälter enthaltene Luft wird auf die Hälfte zusammengedrückt. Wenn Sie den Behälter 20 m tief tauchen (drei Atmosphären), beträgt das Luftvolumen nur noch ein Drittel des ursprünglichen Volumens, 30 m tief ein Viertel und so fort. (Siehe Abbildung 6.4.)

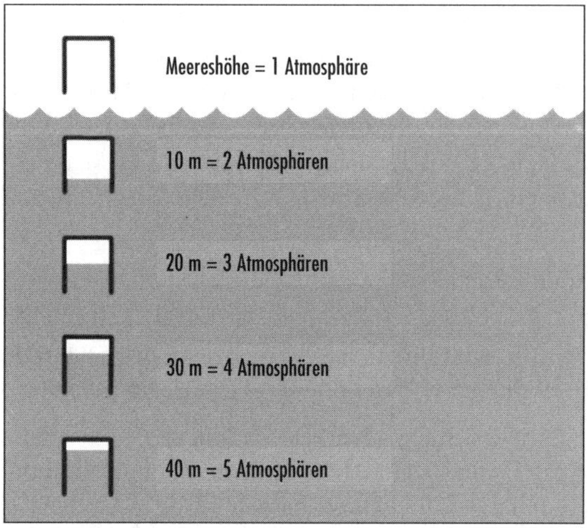

Abbildung 6.4.: Das Gasvolumen verringert sich umgekehrt proportional zum Druck.

In der Taucherpraxis bedeutet das Ganze, dass ein Atemzug in 10 m Tiefe zwei Mal so viel Luft aus der Flasche verbraucht als an der Oberfläche und der Luftvorrat nur halb so lange hält, in 20 m Tiefe nur ein Drittel so lang, in 30 m Tiefe nur ein Viertel so lang und so fort.

Das Gesetz von Charles

Charles Gesetz befasst sich ebenfalls mit dem Zusammenhang zwischen Gasvolumen und dem darauf ausgeübten Druck, zieht aber noch einen weiteren, wichtigen Faktor mit in Betracht – die Temperatur. Jacques Charles war ein französischer Physiker, der im späten 18. und frühen 19. Jahrhundert forschte. Charles entdeckte, dass bei konstantem Volumen der Druck steigt, wenn die Temperatur erhöht wird. Oder, wenn der Druck gleich bleibt, bei erhöhter Temperatur auch das Volumen steigt.

Nehmen wir mal an, dass Sie an einem wirklich heißen Tag Ihre Druckluftflasche auffüllen lassen. Die Anzeige steht auf 220 bar. Auf dem Weg zum Strand kommt es zu einem Kälteeinbruch. Sie schauen aufs Manometer und entdecken, dass sich nur noch 200 bar in der Flasche befinden. Ist das Ventil undicht? Nein, Charles Gesetz hat zugeschlagen.

Das Gesetz von Dalton

Da sich Gase leicht vermischen, trifft man sie in der Natur selten in ihrer reinsten Form an. Luft, zum Beispiel, besteht aus 78 Prozent Stickstoff, 21 Prozent Sauerstoff und einem Prozent anderer Gase. In Mischgasen (wie Luft) vermengen sich die einzelnen Komponenten gleichmäßig untereinander und jedes Gas verhält sich so, als würde ihm der ganze Raum allein gehören. John Dalton, ein englischer Wissenschaftler und Zeitgenosse von Jacques Charles, fasste dieses Verhalten der Gase im Daltonschen Gesetz zusammen. Wenn er etwas freie Zeit hatte, befasste er sich auch mit der Atomstruktur von Materie.

Das Gesetz von Dalton sagt:

Der Gesamtdruck eines Gasgemisches (wie Luft) ist gleich den Teil- bzw. Partialdrücken der beteiligten Einzelgase.

Der Druck, der von einem einzelnen Gas in einem Gasgemisch ausgeübt wird, wird als *Partialdruck* bezeichnet. Wenn Sie Ihre Druckluftflasche mit komprimierter Luft füllen, steigt zwar der Gesamtdruck, der prozentuale Anteil jedes Einzelgases bleibt aber gleich. Wenn sich also der Luftdruck erhöht oder erniedrigt, erniedrigt oder erhöht sich der Partialdruck eines bestimmten Gases analog. Unter Wasser erhöht sich der Partialdruck der beteiligten Einzelgase im Luftgemisch, in höheren Lagen verhält es sich natürlich genau umgekehrt.

Sie können sich das Ganze auch so vorstellen: Ein Atemzug Luft mit höherem Partialdruck hat den gleichen Effekt wie ein höherer Prozentsatz von Luft mit niedrigerem Partialdruck. Nehmen wir mal an, dass ein kleiner Anteil von Kohlenmonoxid oder einem anderen giftigen Gas aus Versehen mit in Ihre Flasche gefüllt wurde. Das ist natürlich schlecht, kann Ihnen aber an der Oberfläche nicht viel schaden. In 40 m Tiefe sieht die Sache natürlich anders aus, da hier der Partialdruck wesentlich höher ist und Sie mit jedem Atemzug eine viel höhere Dosis davon aufnehmen als auf Meereshöhe.

Das Gesetz von Henry

Materie ist entweder fest, flüssig oder gasförmig. In einer festen Substanz greifen die Moleküle ineinander; in einem Gas sind sie relativ weit voneinander entfernt und schwirren wir verrückt durcheinander und in einer Flüssigkeit gleiten sie sozusagen nebeneinander her. Aber auch in Flüssigkeiten besteht so viel Platz zwischen den einzelnen Molekülen, dass sich ab und an ein Molekül – fest oder gasförmig – darin ausbreiten kann. Man nennt diesen Vorgang im Fachjargon *Auflösung*. Das ist es auch, was passiert, wenn Sie einen Teelöffel Zucker in Ihren Tee rühren. Zuckermoleküle werden nestflüchtig, tun sich mit Wassermolekülen zusammen und sind bald überall im Glas anzutreffen, gut versteckt in den Zwischenräumen zwischen den Wassermolekülen. Gase verhalten sich genau so. Kohlendioxid löst sich im Wasser auf und wir erhalten Sodawasser. Lösen Sie darin noch etwas Zucker, einige Farbstoffe und ein paar Geschmacksstoffe auf und schon haben Sie den Grundstein für ein erfolgreiches Unternehmen gelegt – besser leben mit Chemie.

William Henry, ein weiterer englischer Wissenschaftler und Kollege von John Dalton, war der erste, der sich mit diesem Phänomen beschäftigte und seine Ergebnisse in einem Gesetz zusammenfasste.

Es lautet folgendermaßen:

Die Menge eines Gases, die sich bei gegebener Temperatur in einer Flüssigkeit auflöst, ist dem Partialdruck des Gases direkt proportional.

Haben Sie das verstanden? Wenn nicht, hier ein weiterer Erklärungsversuch: Wie viel Gas sich in einer Flüssigkeit auflöst, ist davon abhängig, wie leicht sich die Flüssigkeitsmoleküle mit den Gasmolekülen verbinden. Dies ist natürlich auch von der Höhe von Temperatur und Druck abhängig.

Sogar in einer Flüssigkeit verhalten sich Gasmoleküle immer noch wie Gasmoleküle. Sie üben den gleichen Partialdruck aus, was als *Gasspannung* bezeichnet wird. Wenn ein Gas mit einer Flüssigkeit in Kontakt kommt, dringt es so lange in die Flüssigkeit ein, bis die Gasspannung dem Druck des Gases entspricht.

Beim Tauchen ist der Temperaturunterschied so geringfügig, dass dies wenig Einfluss darauf hat, wie viel Gas sich im Körper, der hauptsächlich aus Wasser besteht, auflöst. Der Druckunterschied spielt aber eine bedeutende Rolle. Einige Körpergewebe absorbieren Gase sehr leicht, andere wiederum nicht. Es gibt noch eine Menge weiterer Faktoren, die bei der Kalkulation der im Körper gelösten Gase mit in Betracht gezogen werden. Die Basis bildet jedoch das Henry'sche Gesetz.

Gesundheitliche Risiken beim Tauchen

7

In diesem Kapitel

- Vermeiden Sie Seekrankheit und Probleme, die von der Sonne verursacht werden
- Halten Sie Nase und Ohren offen
- Vermeiden Sie Barotraumen
- Bescheid wissen über die Absorption und die Ausscheidung von Stickstoff
- Unterkühlung und Ertrinkungstod
- Maßnahmen, die im Notfall ergriffen werden

Statistisch gesehen stellen die größte Gefahr für einen Taucher weder Haie noch eine kaputte Ausrüstung oder bösartige Bewohner der vom Meer verschlungenen Stadt Atlantis dar, sondern Falscheinschätzungen des Tauchers. Beim Reisen und Tauchen lässt es sich nicht vermeiden, dass man manchmal mit ungewöhnlichen, auch stressreichen Situationen klar kommen muss. Wenn Sie dann nicht wissen, wie Sie sich verhalten sollen, kann es passieren, dass Sie Ihre teure Reise unterbrechen, in Ihrem Hotelzimmer im Bett oder, schlimmer noch, im Krankenhaus verbringen müssen. Glücklicherweise können Sie die meisten Probleme vermeiden.

Seekrankheit

Nicht alle Leute reagieren gleich auf Bewegungen, wie wir sie aus dem Auto, dem Schiff oder dem Flugzeug kennen. Manchen wird schon schlecht, wenn sie sich im Schreibtischstuhl im Büro zu schnell drehen, andere können während einer stürmischen Hornumsegelung problemlos Sardinen und Leberwurstbrote verdrücken. Die meisten Menschen jedoch liegen irgendwo zwischen diesen beiden Extremen. Ich selbst war noch nie seekrank, habe aber schon viele Leute beobachtet, die damit zu kämpfen haben. Und das sieht kein bisschen lustig aus. Vielleicht liegt es daran, dass ich mir als Kind einen Sport daraus gemacht habe, Schallplatten zu spielen und mich so lange im Kreis zu drehen, bis mir so schwindlig war, dass ich nicht mehr stehen konnte. Vielleicht liegt es aber auch daran, dass ich die meiste Zeit meines Lebens in Kalifornien verbracht habe, wo sich nicht einmal der Erdboden lange ruhig hält. Vielleicht gehören Sie ja auch zu den Glücklichen, die nicht seekrank werden. Wenn aber doch, können Sie Vorsorge treffen, bevor Sie sich dem Auf und Ab der Wogen aussetzen.

Seekrank zu werden ist in der Regel auf einem kleinen Boot wahrscheinlicher als auf einem großen und kommt seltener bei ruhiger als bei bewegter See vor. Wenn Sie damit Probleme haben, sollten Sie sich für ein größeres Boot entscheiden, auf dem Sie zum Tauchen hinaus fahren oder grundsätzlich nur vom Ufer aus ins Wasser gehen. Warten Sie die Tage ab, an denen das Meer ruhig da liegt.

Wenn Sie aber nicht auf einen Tauchgang vom Boot aus verzichten wollen, haben Sie immer noch die Wahl, Medikamente gegen Reisekrankheiten einzunehmen. Es gibt eine Anzahl von Arzneimitteln, die der Seekrankheit vorbeugen: Dramamine, Promethazin, Scopolamin und andere. Sie können entweder geschluckt oder als Pflaster über die Haut aufgenommen werden. Diese Medikamente sind meist recht wirksam, können aber auch unerwünschte Nebenwirkungen hervorrufen – Schwindel, Mundtrockenheit und so fort. Die meisten Medikamente gegen Seekrankheit sind nicht verschreibungspflichtig, dennoch sollten Sie vorher Ihren Arzt fragen, welches er für Sie am geeignetsten hält.

Einige Leute schwören auf *Sea-Bands*, ein 2,5 cm breites, elastisches Acrylband, das von der Britischen Navy entwickelt wurde und am Handgelenk über einem Akupressurpunkt getragen wird. Eine Akupressur an dieser Stelle verringert bei manchen Menschen die Übelkeit. Um festzustellen, ob Sie zu dieser Gruppe gehören, müssen Sie es ausprobieren. Manchen hilft auch der Verzehr von Ingwer, vorausgesetzt, Sie können ihn überhaupt im Magen behalten. Versuchen Sie es mit Tee oder Pillen aus Ingwer.

Vorsorge gegen die Seekrankheit zu treffen kann eine gute Sache sein, hilft aber nichts mehr, wenn Sie bereits über der Reling hängen und Ihr Mageninhalt in allen Regenbogenfarben schimmernd als Fischfutter dient. Sie müssen diese Mittel natürlich einnehmen, bevor Sie an Bord gehen. Am besten nehmen Sie sie einen Tag vorher, spätestens jedoch eine Stunde vor der Reise zum Tauchziel ein. Vermeiden Sie alles, was eine Seekrankheit fördern kann, wie:

- ✔ fettes und schwer verdauliches Essen
- ✔ ein zu langer Aufenthalt an der Sonne
- ✔ zu viel Alkohol
- ✔ zu wenig Schlaf
- ✔ Dehydrierung

Wenn Sie seekrank sind, können Sie nicht mehr viel dagegen unternehmen. Vielleicht hilft es ein wenig, wenn Sie ins Wasser gehen. Schnorcheln und Schwimmen unterbricht das Auf und Ab des Bootes, zumindest für eine Weile. Wenn das Boot jedoch unterwegs ist, ist das natürlich auch keine Alternative mehr, jetzt heisst es nur noch durchhalten. Eine Seekrankheit dauert normalerweise nicht länger als einen oder zwei Tage. Dann hat sich Ihr Körper an die schaukelnden Bewegungen gewöhnt und Sie machen vielleicht noch einmal das Gleiche mit, wenn Sie wieder Land betreten!

Probleme mit Hitze und Sonne

Viele der großartigsten Tauchplätze befinden sich in heißen, tropischen Gegenden und viele Leute träumen von dem sanften Klima und den wunderbaren Sandstränden. Das ist natürlich eine großartige Sache, aber nicht ohne Gefahren, die Ihnen den Spaß gründlich verderben können, wenn Sie sich nicht richtig verhalten.

Sonnenbrand

Mittlerweile hat jeder schon von den Gefahren der Sonnenstrahlen gehört: Bleiben Sie nicht zu lange an der Sonne, schützen Sie Ihre Haut, lauten die üblichen Vorsichtsmaßregeln. Aber immer noch sehen Sie Leute, die stundenlang am Strand liegen, bis sie wie gegrillt aussehen. Wenn Sie gerade ein kaltes nördliches Land hinter sich gelassen haben, ist es natürlich eine große Versuchung, sofort vom Flughafen zum Stand zu eilen und sich auf dem warmen, weißen Sand auszustrecken und wie ein Salamander auf einem flachen Stein in der Sonne zu backen. Widerstehen Sie der Versuchung. Wenn Sie es nicht gewöhnt sind (und manchmal sogar dann, wenn Sie es sind), kann die tropische Sonne auf Ihrem größten Organ, der Haut, ein Desaster anrichten.

Bedenken Sie auch die Sonnenstrahlung, die vom Meer reflektiert wird und Ihnen, zusammen mit der direkten Strahlung von oben, dieses gleichmäßig geröstete Aussehen und Gefühl verleiht. Schnorchler fühlen sich oft sicher vor Verbrennungen, da Ihr Körper von kühlem Wasser umspült wird. Das ermöglicht es ihnen, stundenlang im Wasser zu bleiben und Rücken und Beine der Sonne auszusetzen. Nachts im Bett haben sie dann das Gefühl, als würden sie glühen. Benutzen Sie am ersten Tag in den Tropen einen Sonnenschutz mit dem Faktor 45 (oder höher). Nach ein paar Tagen können Sie auf 15 heruntergehen, noch etwas später vielleicht auf 8.

Dehydrierung

Unter *Dehydrierung* versteht man eine Austrocknung des Körpers, wenn er also mehr Wasser ausscheidet als ihm zugeführt wird. Das kann in einem heißen Klima, wie es etwa auf Baja oder am Roten Meer (siehe Kapitel 13) herrscht, überraschend schnell passieren. Dort ist die Luft sehr trocken, so dass der Schweiß schnell verdunstet – Sie schwitzen möglicherweise wie ein Rennpferd, ohne es überhaupt zu bemerken. Symptome für eine Dehydrierung äußern sich in Erhitzung, Schwindel, Kopfschmerzen und Müdigkeit. In warmen Zonen kann die Dehydrierung Erschöpfungszustände und Hitzschlag zur Folge haben (siehe nachfolgenden Abschnitt). Dehydrierung vergrößert die Gefahr einer Dekompressionskrankheit (lesen Sie hierzu weiter hinten in diesem Kapitel den Abschnitt »Stickstoffabsorption und -ausscheidung«), da sie die Blutmenge, die für den Gasaustausch zur Verfügung steht, und die Ausscheidung von Stickstoff aus dem Gewebe verringert.

Sie können selbst gut beurteilen, ob Sie genug trinken, wenn Sie auf die Farbe Ihres Urins achten – er sollte hellgelb sein. Wenn er dunkler gefärbt ist, trinken Sie nicht genug Wasser. Trinken Sie sofort alkohol- und koffeinfreie Getränke. Alkohol und Koffein wirken entwässernd (dehydrierend), da Koffein zu den Diuretika (Mittel, die die Urinausscheidung erhöhen) gehört und der Alkohol beim Stoffwechselprozess im Körper jede Menge Wasser verbraucht. Ich habe immer eine Flasche Wasser bei mir und gehöre zu den zwanghaften Trinkern. Sie sehen, zwanghaftes Verhalten kann auch Vorteile haben.

Muskelkrämpfe

Unter einem Muskelkrampf versteht man das unfreiwillige Zusammenziehen eines Muskels, was eine Folge von Überanstrengung, Müdigkeit, Kälte, Dehydrierung oder einer Störung des Salzgehalts im Blut ist Die plötzlich auftretende und anhaltende Muskelkontraktion verursacht oft große Schmerzen und tritt bei Tauchern am häufigsten in den Waden auf. Sie können etwas dagegen tun, indem Sie die Spitze der Schwimmflosse fassen und die Flosse nach hinten auf ihren Körper zu ziehen. Sie dehnen so den verkrampften Muskel. Wenn der Muskelkrampf nachgelassen hat, schonen und, falls möglich, massieren Sie den Muskel.

Erschöpfung und Hitzschlag

Beim Tauchen selbst ist die Gefahr nicht groß, dass Sie einen Hitzeschaden erleiden, da der Körper vom Wasser kühl gehalten wird. Dennoch kann es vorkommen. Körperliche Anstrengung und ein dicker Tauchanzug kann in warmen, tropischen Gewässern schlimme Folgen haben. Unter normalen Umständen reagiert der Körper auf Überhitzung derart, dass sich die in der Haut befindlichen Kapillaren erweitern und das Blut so schneller Wärme an die Umgebung abgeben kann. Gleichzeitig schwitzen Sie auch. Der Schweiß, der von der Hautoberfläche verdunstet, kühlt diese und die darunterliegenden Blutgefäße. In einem Tauchanzug kann keine Verdunstung stattfinden, demnach auch keine Abkühlung. Wenn Ihr Körper seine Temperatur nicht auf normalem Niveau halten kann, führt dies zu einem *Erschöpfungszustand.*

Dieser kann auch vor oder nach einem Tauchgang auftreten. Die Symptome äußern sich wie folgt:

- ✔ flaches, schnelles Atmen
- ✔ schneller Pulsschlag
- ✔ Schwäche
- ✔ kühle, klamme Haut
- ✔ Übelkeit (manchmal)

Das alles sind Anzeichen dafür, dass der Körper versucht, seine Temperatur zu erniedrigen, so wie umgekehrt Zittern dazu dient, den Körper zu erwärmen. Da Wasser die Wärme sehr gut vom Körper ableitet, ist ein Aufenthalt im kühlen Wasser die beste Methode, um die Temperatur zu senken. Auch kühle Umschläge, zirkulierende Frischluft (vielleicht mit Hilfe eines Ventilators) und viel Flüssigkeit helfen dem Körper sich durch Verdunstung abzukühlen.

Wenn Sie es nicht schaffen, den Körper abzukühlen, kann das einen *Hitzschlag* zur Folge haben. Sie erkennen ihn am schnellen, starken Pulsschlag, am raschen Anstieg der Körpertemperatur, am Einstellen der Schweißsekretion. Ein Hitzschlag ist ein besorgniserregender Zustand und bedarf sofortiger medizinischer Behandlung. Wenn damit zu lange gewartet wird, kann er zu Krämpfen, Gehirnschaden und im schlimmsten Fall Tod durch Herz-Kreislaufversagen führen.

Probleme in den Nasennebenhöhlen und Ohren

Alles, was den Durchfluss von Luft in der Nase und den Ohren behindert, wird den Druckausgleich erschweren und das Tauchen vielleicht unmöglich machen. Die meisten Erkrankungen, die in den Kopfhöhlen und den Ohren auftreten können, sind nicht besonders gravierend, können es jedoch werden, wenn man nachlässig damit umgeht.

Erkältungen, Allergien und Stirnhöhlenvereiterung (Sinusitis)

Gegen eine Erkältung gibt es eine ganze Reihe von Behandlungsmethoden: die guten lassen uns in zirka einer Woche wieder gesund werden, die schlechten in zirka sieben Tagen. Kurz gesagt, Sie können nicht viel dagegen tun. Wahrscheinlich wissen Sie es ja selbst, dennoch werde ich es hier sagen: Sie sollten nicht tauchen, wenn Sie erkältet sind. Da Sie Probleme mit der Atmung haben wird eine Erkältung einen Druckausgleich erschweren, wenn nicht gar unmöglich machen. Also warten Sie eine Woche. Sie werden sich dann viel besser fühlen. Sie werden tauchen gehen. Sie werden dann viel mehr Spaß an der Sache haben.

Bei Allergien können ähnlich Blockaden der Atemwege auftreten, allerdings sind hierfür die Auslöser keine Viren, sondern Pollen oder Staub. Gegen eine Allergie können Sie Antihistamine einnehmen, passen Sie aber auf, dass Sie kein Mittel erwischen, das Sie schläfrig macht. Beim Tauchen müssen Sie hellwach sein. Und wenn die verstopfte Nase nicht weggeht, sollten Sie auch nicht tauchen.

Bei einer Stirnhöhlenvereiterung sind die Symptome ähnlich, aber schwerwiegender als bei einer Erkältung oder einer allergischen Reaktion. Eine Infektion in der Stirnhöhle geht meist einher mit einer Druckempfindlichkeit der Stirn, mit Schmerzen, zähflüssigem Auswurf, manchmal auch noch mit Kopfschmerzen und Fieber. Diese Symptome weisen auf eine schwerere Erkrankung hin, die ärztlicher Behandlung bedarf. Oft kommt man um die Einnahme von Antibiotika nicht herum, da diese Krankheit leicht chronisch werden kann. Denken Sie bei einer Stirnhöhlenvereiterung nicht einmal im Traum ans Tauchen!

Ohrinfektion

Eine Ohrinfektion kann sowohl im äußeren, als auch im mittleren Ohr auftreten. Sie sollte immer ernst genommen und von einem Arzt behandelt werden.

Blut in Ihrer Maske!

Das klingt ziemlich beängstigend, oder? Keine Sorge. Direkt unter der Hautoberfläche befinden sich ziemlich viele Blutgefäße, auch in der Naseninnenseite. Sie müssen gar nicht viel anstellen, damit die Nase zu bluten anfängt. Manchmal wird das Nasenbluten schon allein durch die Druckveränderungen ausgelöst, denen man beim Tauchen ausgesetzt ist. Wenn sich das Blut in der Maske sammelt, sieht das natürlich erschreckend aus. Die Ursache lässt sich aber leicht behandeln und gibt keinen Grund zur Aufregung.

- ✔ Infektionen im Mittelohr sind oft eine Folge von nicht ausgeheilten Erkältungen oder Stirnhöhlenentzündungen. Sie können aber auch auftreten, wenn in das innere Ohr durch eine Öffnung im Trommelfell Wasser eindringen kann. Ein Riss im Trommelfell kann auftreten, wenn Sie in den Ohren für keinen Druckausgleich sorgen (siehe Kapitel 1). Eine Infektion im inneren Ohr sollten Sie ernst nehmen, da Sie im schlimmsten Fall taub werden können. Suchen Sie auf alle Fälle einen Arzt auf.
- ✔ Infektionen im Außenohr deuten entweder auf einen Furunkel oder eine sonstige bakterielle Infektion hin. Ein Furunkel am Ohr ist nichts anderes als ein Furunkel an einer anderen Körperstelle. Da aber das Ohr sehr knorpelig ist und nicht viel weiches Gewebe vorhanden ist, das anschwellen kann, ist es hier schmerzhafter als anderswo. Sie brauchen wahrscheinlich nicht viel gutes Zureden, um einen Arzt aufzusuchen.

Bakterielle Infektionen können mit Antibiotika behandelt werden. Bei Pilzinfektionen, die in den Tropen häufiger vorkommen als in den gemäßigten Zonen dieser Erde, ist das nicht der Fall. Eine Pilzinfektion des äußeren Ohrs ist meist eine Erkrankung der Haut, die im Gehörgang beginnt und sich auf das übrige äußere Ohr ausdehnt. Im Gehörgang befindet sich eine Schutzschicht, die durch häufiges Tauchen oder zu sorgfältige Reinigung entfernt wird und dadurch anfälliger für Infektionen des äußeren Ohrs macht. Umgekehrt kann zu viel Ohrenschmalz das Ohr verstopfen und damit das Entfernen von Wassers aus dem Gehörgang erschweren, was wiederum leicht Infektionen hervorruft. Beschreiten Sie daher auch hier den goldenen Mittelweg: Saubere Ohren ja, aber nicht zu sauber!

Benutzen Sie zur Reinigung der Ohren keine Wattestäbchen, auch nicht mit Alkohol getränkte. Dadurch können Sie eine aufkeimende Infektion weiter in den Gehörgang drücken, so dass aus einer kleinen Entzündung schnell ein ernsthaftes Problem werden kann.

Exostosis

Bei der Exostosis handelt es sich um ein Knochenwachstum im Gehörgang. Dieser tritt nicht plötzlich auf, sondern entwickelt sich aufgrund von wiederholtem und längerem Aufenthalt in kaltem Wasser über Jahre hinweg. Die Exostosis ist keine Infektion und wird auch nicht durch eine Infektion hervorgerufen. Sie kann aber für Infektionen anfällig machen, da durch sie das Entfernen von Wasser aus dem Gehörgang behindert wird. Die Exostosis stellt kein Problem für Taucher dar, die hauptsächlich in warmen Gewässern tauchen. Im kalten Wasser bietet eine Taucherkappe ausreichend Schutz davor.

Exostosis tritt bei Surfern wesentlich häufiger auf als bei Tauchern. Dennoch trifft sie auch Taucher, die den Schutz Ihrer Ohren im Wasser vernachlässigen. In weit fortgeschrittenem Stadium kann diese Erkrankung sogar zu Taubheit führen, die sich jedoch durch eine Operation wieder rückgängig machen lässt.

Probleme mit der Atmung

Ein Tauchschein und viel Taucherfahrung schützen Sie nicht davor, dass Sie eines Tages Probleme mit der Atmung bekommen können, die ein weiteres Tauchen unmöglich machen – vorübergehend oder auch auf Dauer. Es sollte jedem Taucher wichtig sein – und nicht nur ihm – seine Atemorgane zu schützen. Dennoch sind wir täglich von Menschen umgeben, die ihre Lungen wissentlich zerstören. Wer könnte das wohl sein?

Die Gefahren des Rauchens

Es überrascht mich immer wieder, wie viele Raucher es unter den Tauchern gibt. Sie schrecken vor nichts zurück – Zigaretten, Zigarren, Pfeifen und anderer Qualm, mit dem sie ihre Lungen ersticken. Nachdem sie nun in einem Tauchkurs vieles über die Funktion und Bedeutung der Atemorgane gehört und gesehen haben, würde man denken, dass sie etwas sorgfältiger mit diesem Wunderwerk der Natur umgehen würden. Ich bin sicher, Sie haben diese Worte schon oft genug gehört. Wenn Sie immer noch am Glimmstengel hängen, werde ich Ihnen hier nicht ins Gewissen reden – es gibt genügend Leute, um Sie herum, die das für mich erledigen. Ich weise Sie nur darauf hin, dass Sie die Risiken, die das Rauchen für einen Taucher mit sich bringt, nicht auf die leichte Schulter nehmen sollten.

Kohlenmonoxid (CO) ist ein geschmackloses, geruchloses Gas, das bei der Verbrennung von Zigaretten, Petroleum und anderen Dingen entsteht. Kohlenmonoxid verbindet sich mit dem Blut viel schneller als Sauerstoff. Das ist der Grund dafür, warum bereits eine geringe Dosis tödlich ist. Ein Raucher nimmt natürlich nicht so viel Kohlenmonoxid auf, dass er daran sterben könnte, aber er erhöht den Kohlenmonoxidgehalt des Bluts ganz beträchtlich, was wiederum den Sauerstoffgehalt senkt. Das ist der Grund, warum ein Taucher, der raucht, bereits beim Einsteigen ins Wasser einen Sauerstoffmangel aufweist und damit das Risiko für damit verbundene gesundheitliche Probleme, wie etwa Herzschlag, steigt.

Es ist schon lange bewiesen, dass Rauchen auch Lungenerkrankungen wie Emphysema und chronische Bronchitis hervorruft. Das kann eine dauerhafte Schädigung des Atemwege zur Folge haben. Wenn das passiert, können Sie das Tauchen vergessen, für immer. Genug dazu.

Lungenfibrose

Lungenfibrose nennen die Mediziner Vernarbungen der Lunge. Sie sind in der Regel der Beweis für eine Erkrankung an *Sarkoidose* oder *Pneumokoniose* – manchmal kann die Ursache dafür aber auch nicht genannt werden.

- ✔ Wenn der Grund für das Auftreten der Lungenfibrose nicht bekannt ist, nennt man sie *Idiopathische Lungenfibrose*. (Ich hoffe sehr Sie merken sich das alles, weil Sie später darüber getestet werden.) Das kommt nur sehr selten vor, aber jeder, bei dem es diagnostiziert wurde, sollte *niemals* tauchen.
- ✔ Wenn der Grund dafür die Sarkoidose ist, eine Erkrankung bei der in der Lunge und auch an anderen Stellen Knötchen festgestellt werden, dürfen Sie vielleicht tauchen. Es hängt letztendlich davon ab, wie stark Sie daran erkrankt sind. Diese Frage kann nur ein Lungenarzt mit Hilfe eines speziellen Tests beantworten.
- ✔ Wenn die *Pneumokoniose* – die im Bergbau als *Staublunge* bekannt ist – dahinter steckt, kann die Frage, ob Tauchen prinzipiell möglich ist oder nicht auch nur anhand eines Lungentests entschieden werden. Häufig fällt das Ergebnis zu Ungunsten des Tauchens aus. Ich rate Ihnen daher, wenn Sie ein Taucher sind oder werden wollen, einen großen Bogen um Kohlegruben zu machen. Auch wenn's schwer fällt.

Risiken bei Asthmaerkrankungen

Beim Thema Asthma und Tauchen scheiden sich die Geister. Da diese Behinderung der Atmungsorgane nur sporadisch und von Fall zu Fall unterschiedlich stark auftritt, wird die Frage, ob Asthmatiker überhaupt tauchen sollten, ganz unterschiedlich beantwortet. Das reicht von »unter keinen Umständen« bis hin zu »nicht innerhalb von 24 Stunden nach einem Anfall«. Was soll ein Asthmatiker mit diesen Aussagen anfangen? Wenn Sie den Tauchschein ablegen wollen, werden Sie gefragt, ob Sie jemals Probleme mit Asthma hatten. Und wenn Sie diese Frage bejahen – auch wenn dieser Vorfall schon Jahre zurück liegt – werden Sie nicht zur Prüfung zugelassen. Andererseits gibt es aber zertifizierte Taucher, die erst nach den Prüfungen mit Asthma zu tun bekamen und das Tauchen nicht einstellen.

Bei Asthma verengen sich die Lungenröhren, was sich durch Husten, Keuchen, Engegefühl im Brustraum und Kurzatmigkeit äußert. Der Zeitpunkt und die Heftigkeit einer Attacke kann nicht vorhergesehen werden. Bei einem Asthmaanfall können die Atemwege blockiert werden, was zu einem Barotrauma in den Lungen führen kann. Mehr hierzu erfahren Sie im nachfolgenden Abschnitt.

Klar, wenn Sie niemals tauchen, werden Sie mit all dem auch keine Probleme haben. Das ist sicher auch das, was die meisten Ärzte dazu zu sagen haben. Wenn Sie häufig mit Asthma zu tun haben und Medikamente dagegen einnehmen, sollten Sie sich das Tauchen aus dem Kopf schlagen. Wenn der letzte Anfall sich aber auf Ihre Kindheit zurückdatieren lässt und Sie seither nichts mehr damit zu tun hatten, sehen Sie vielleicht auch nicht die Notwendigkeit ein, ganz und gar auf das Tauchen zu verzichten. Sie haben ja auch gar nicht so Unrecht damit: Es gibt keinen Beweis dafür, dass Taucher, die einmal mit Asthma zu tun hatten, häufiger verunglücken als normale Taucher. Da das Tauchen aber in jedem Fall ein gewisses Risiko in sich birgt, ist dieses für einen Asthmatiker mit Sicherheit höher. Wie viel höher dieses Risiko ist, ist von Fall zu Fall unterschiedlich. Wie viel ist akzeptabel? Das können natürlich nur Sie alleine entscheiden. Wenn Sie bereits mit Asthma zu tun haben oder hatten, sollten Sie sich, bevor Sie sich für einen Tauchkurs anmelden, mit Ihrem Arzt besprechen.

Barotrauma

Ein *Barotrauma* ist jede Verletzung, die aufgrund von Druckdifferenzen in starren Hohlräumen auftritt (im sechsten Kapitel finden Sie mehr über Druck). Da wir es beim Tauchen ständig mit Druckdifferenzen zu tun haben, ist das Barotrauma allgegenwärtig. Barotraumen können nur da auftreten, wo im Körper Hohlräume vorhanden sind, meist in den Lungen, im Mittelohr oder in den Nasennebenhöhlen. Ursache dafür ist eine Druckdifferenz und entweder die Kompression oder die Ausdehnung eines Körperhohlraumes. Die Folgen reichen von einem leichten Unbehagen bis hin zum Tod.

Barotrauma der Lungen

Unter einem *Barotrauma der Lungen* versteht man eine Verletzung der Lungen aufgrund von Druckdifferenzen. Am häufigsten tritt diese Verletzung beim Auftauchen bei einer Überdehnung der Lungen auf.

Das Tauchen in relativ große Tiefen über einen längeren Zeitraum hinweg ist nur möglich, weil ein Lungenautomat uns mit Luft versorgt, die dem Umgebungsdruck entspricht. Ein Atemzug in einer Tiefe von 10 m würde an der Oberfläche doppelt so viel Volumen einnehmen (lesen Sie hierzu das Gesetz von Boyle im sechsten Kapitel). Wenn Sie auftauchen und die sich in den Lungen ausdehnende Luft nicht entweichen kann, können Sie ein Barotrauma der Lungen erleiden. Deshalb lautet das erste Tauchgesetz auch: *Halten Sie niemals den Atem an!*

Erfolgt eine über die Dehnungskapazität hinausgehende Volumenzunahme in den Lungen, resultieren daraus zwangsläufig Risse im Lungengewebe. Dieses besteht aus kleinen individuellen Lufthohlräumen – den *Alveolen* – in denen der Austausch der Gase stattfindet. Nachdem die Luft aus den Alveolen entweicht, wird sie sich – je nachdem, wo der Riss entstand – auf den Weg zu einem von drei möglichen Plätzen machen.

- ✔ **Mediastinalemphysem**: Gelangt bei einem Lungenriss Atemgas in den Raum zwischen die beiden Lungenflügel, kann es von hier aus in Höhlräume im Herz, in die inneren Organen oder in den Nacken vordringen.
- ✔ **Pneumothorax**: Wird bei einem Lungenriss das Lungenfell (*pleura*) eingerissen, gelangt die sich ausdehnende Luft in den Hohlraum der Brust. Die Lungen fallen dann aufgrund ihrer Elastizität in sich zusammen.
- ✔ **Luftschuss (Embolie)**: Die Luft wird als Blase im Blut transportiert. Das kann zur Folge haben, dass das Gehirn oder Herz nicht ausreichend durchblutet werden, was einen Schlaganfall oder den Tod bewirken kann.

Alle Barotraumen sind gefährlich für den Menschen und verlangen sofortige medizinische Behandlung. Dazu gehört die Sauerstoffbeatmung und eine Ruhigstellung des Patienten.

Glücklicherweise kommen Barotraumen der Lungen nicht sehr häufig vor und die Ursache ist immer darin zu finden, dass der Taucher beim Auftauchen die Luft anhält. Das lässt sich jedoch leicht vermeiden. Allerdings kommt es auch vor, dass Taucher beim Aufsteigen nicht die Luft anhalten und dennoch ein Barotrauma der Lungen erleiden. Diese Fälle sind jedoch auf Lungenanormalitäten zurückzuführen, von denen der Taucher oft keine Kenntnis hatte, da sie ihm an Land nie Schwierigkeiten bereitet haben. Durch den Druckunterschied, denen ein Taucher ausgesetzt ist, wurde er erst auf diese Anormalität aufmerksam. Wenn Sie den Verdacht hegen, dass mit Ihrer Lunge nicht alles in Ordnung ist, sollten Sie einen Arzt aufsuchen und ein Röntgenbild anfertigen lassen. Gehen Sie lieber auf Nummer sicher, bevor Sie sich eine Flasche umschnallen.

Barotrauma des Mittelohrs

Ein Druck in den Ohren gehört zu den häufigsten Symptomen beim Tauchen. Jeder Taucher kennt es und weiss auch, wie er sich durch einen Druckausgleich davor schützen kann. (Wenn Sie es nicht wissen, sollten Sie im ersten Kapitel nachschlagen).

Ein *Barotrauma des Mittelohrs* ist die Folge eines nicht richtig vorgenommenen Druckausgleichs im Ohr (siehe Abbildung 7.1). Das Mittelohr ist eine luftgefüllte Höhle, die über die *Eustachische Röhre* mit dem Nasen-Rachenraum in Verbindung steht. Die Eustachische Röhre ist vergleichbar mit einem Einweg-Ventil, durch das komprimierte Luft aus dem Mittelohr in den Rachenraum gelangt. Deshalb hat ein Taucher beim Auftauchen ganz selten Probleme beim Druckausgleich. Umgekehrt ist es jedoch nicht so einfach – die Luft gelangt aus dem Rachenraum nicht so leicht in das Mittelohr – daher müssen Sie selbst für einen Druckausgleich sorgen, wenn Sie tiefer tauchen.

Zuerst haben Sie das Gefühl, Ihre Ohren seien verstopft. Wenn Sie nun, ohne für einen Druckausgleich in den Ohren zu sorgen, weiter abtauchen, werden Sie einen plötzlichen, stechenden

Schmerz spüren, weil das Trommelfell sich nach innen wölbt. Bei steigendem Druck sammelt sich Blut und andere Körperflüssigkeit im Mittelohr – dadurch kann es hier zu einer Infektion kommen. Wenn Sie sehr rasch in die Tiefe gehen, kann das Trommelfell reißen und Wasser dringt im Mittelohr ein. Dadurch lässt der Schmerz zwar nach, aber wegen des kalten Wassers im Mittelohr wird Ihnen schwindlig und Bakterien im Wasser können eine Infektion hervorrufen. Ein zerrissenes Trommelfell kann aber wieder heilen.

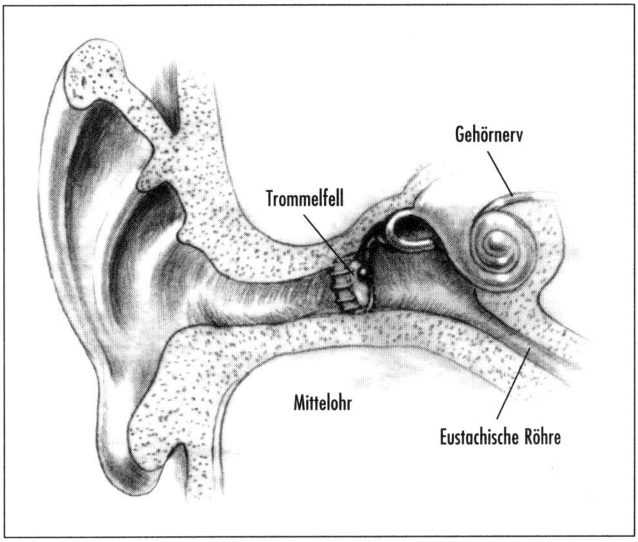

Abbildung 7.1: Ein Barotrauma des Mittelohrs ist die Folge eines nicht richtig durchgeführten Druckausgleichs im Mittelohr.

Barotraumen der Nasennebenhöhlen

Eine Erkältung, eine Allergie oder andere Erkrankungen der Nasennebenhöhlen können verhindern, dass Sie für einen Druckausgleich sorgen können. Barotraumen in den Schädelhöhlen, die sich an den Nasenraum anschließen, können Schmerzen im Wangenbein, zwischen den Augen, im Oberkiefer oder in der Stirn verursachen.

Bei einer Druckdifferenz zwischen dem Innen- und Außendruck eines Hohlraums wird Blut und andere Gewebeflüssigkeit aus dem umliegenden Gewebe in den Hohlraum gedrückt. Das gilt auch bei Barotraumen der Nasennebenhöhlen. Beim Auftauchen drückt die expandierende Luft diese Flüssigkeiten in die Nase, so dass diese zu bluten beginnt (siehe Abbildung 7.2). Wenn Sie in der Maske oder hinten im Rachen Blut bemerken, ist die Wahrscheinlichkeit groß, dass Sie ein Barotrauma hatten. Die Barotraumen der Nasennebenhöhlen heilen für gewöhnlich von selbst und benötigen keine medizinische Behandlung. Es kommt jedoch vor, dass sich daraus eine Infektion entwickelt, die mit Antibiotika behandelt werden muss.

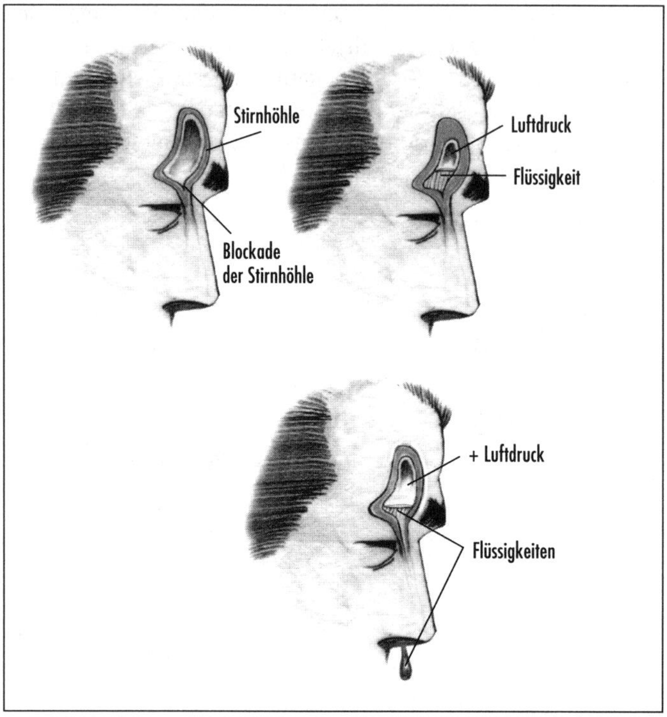

Abbildung 7.2: Ein Barotrauma der Stirnnebenhöhle kann Nasenbluten verursachen, das in der Regel beim Auftauchen oder nach dem Tauchen auftritt.

Schützen Sie Ihre Ohren

Nachfolgend ein paar Tipps, wie Sie Ihre Ohren schützen können:

- ✔ **Druckausgleich:** Sorgen Sie beim Abtauchen stets für einen Druckausgleich in den Ohren und nicht erst, wenn sich dort ein unangenehmes Gefühl bemerkbar macht.
- ✔ **Tauchen Sie nicht tiefer, wenn Sie keinen Druckausgleich herstellen können:** Schwimmen Sie wieder ein wenig nach oben, bis sich das unangenehme Gefühl verliert. Nun versuchen Sie es erneut. Wenn sich immer noch kein Druckausgleich einstellt, müssen Sie diesen Tauchgang beenden.
- ✔ **Tauchen Sie nicht bei einer Erkältung:** Erkältungen und Allergien können die Schleimhäute anschwellen lassen und die Eustachische Röhre verengen. Schleimlösende Mittel können in der Tiefe in Ihrer Wirkung nachlassen, wodurch beim Aufstieg der umgekehrte Effekt auftritt: Komprimierte Luft ist im Mittelohr sozusagen gefangen und kann nicht entweichen.

- ✔ **Verwenden Sie niemals Ohrenstöpsel:** Diese würden wie ein Kolben in einem Zylinder wirken und das Trommelfell zum Zerreißen bringen. Durch den Druck könnten die Stöpsel auch so weit in den Gehörgang geschoben werden, dass Sie diese nur schwer entfernen können.
- ✔ **Lassen Sie sich untersuchen:** Suchen Sie schon bei dem bloßen Verdacht eines Barotraumas der Ohren sofort einen Hals-Nasen-Ohrenarzt auf.

Barotraumen des Verdauungsapparats

Jeder weiß, dass bestimmte Nahrungsmittel zu Blähungen führen. Solange die hierbei entstandenen Gärgase auf natürliche Art abgelassen werden können, ist das ganze kein Problem – zumindest nicht, wenn Sie allein sind. Ein Gas, das sich während eines Tauchgangs in Ihrem Gedärm bildet, wird sich beim Auftauchen ausdehnen. Das kann ein sehr unangenehmes Gefühl beim Taucher hervorrufen, das als *Barotrauma der Verdauungsorgane* bezeichnet wird. Wenn Sie auf Ihrem Weg nach oben diese Erfahrung machen, halten Sie an, lassen Sie sich wieder tiefer sinken und kommen Sie langsamer nach oben, so dass das Gas in Ihrem Verdauungsapparat auf natürliche Weise entweichen kann. Nehmen Sie vor dem Tauchen nur leichte Speisen zu sich.

Barotrauma des Auges

Zu einem weiteren Barotrauma kann es durch die Maske kommen, wenn kein Druckausgleich im Maskenraum hergestellt wird. Der Effekt ist der Gleiche, wie bei den anderen Barotraumen im Kopfbereich. Durch den hohen Druck schwillt das Gewebe unter der Maske an. Die Haut verhindert, dass Blut und andere Körperflüssigkeit in die Maske fließt. Meistens bemerkt man nur eine Schwellung um die Augen herum, es kann aber auch dazu kommen, dass kleine Haargefäße im Augapfel platzen; die Folge ist ein Bluterguss. Das sieht schlimmer aus, als es ist, und heilt von selbst wieder. Vielleicht bemerken Sie dieses Barotrauma erst, wenn Sie in einen Spiegel blicken.

Stickstoffaufnahme und -ausscheidung

Neben den Risiken, ein Barotrauma zu erleiden, gehört die Anreicherung des Blutes mit Stickstoff mit zu den Hauptgefahren beim Tauchen. Stickstoff ist ein inertes Gas – 78 Prozent der Luft, die wir einatmen, besteht daraus. Eine Stickstoffnarkose ist das Ergebnis einer gesteigerten Stickstoffaufnahme, aber meist ist es nicht die Aufnahme, die uns Schwierigkeiten bereitet, sondern seine Ausscheidung, nachdem er vom Körpergewebe absorbiert wurde.

Auf den Zahn gefühlt

In einem gesunden Zahn befinden sich keine Hohlräume. Manchmal kommt es jedoch vor, dass in den Zähnen durch Füllungen oder Karies ein Luftraum entsteht, der ebenfalls ausgeglichen werden müsste. Da dies jedoch nicht möglich ist, kann ein *Barotrauma der Zähne* die Folge sein.

Wenn Sie beim Tauchen Zahnschmerzen verspüren, sollten Sie den Tauchgang beenden und einen Zahnarzt aufsuchen. Sie hätten es sowieso bald tun müssen.

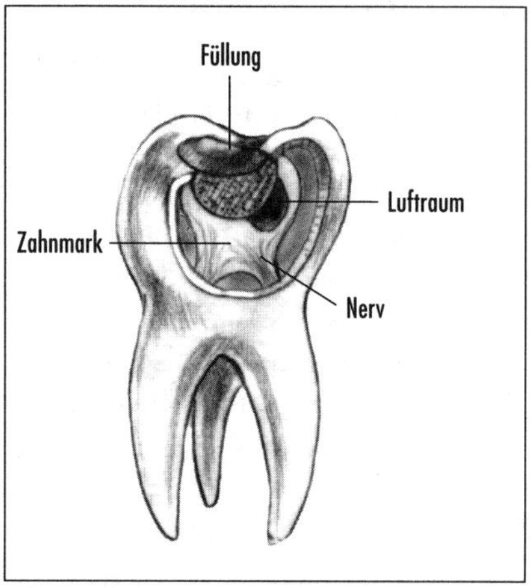

Dekompressionskrankheit

Sowohl das Gesetz von Henry als auch das von Dalton (siehe Kapitel 6) sagen aus, dass die Menge des sich im Körpergewebe lösenden Stickstoffs mit zunehmender Tiefe steigt. Lässt beim Aufstieg der Druck langsam nach, wird die überschüssige Menge in umgekehrter Weise, wie sie in den Körper gelangt ist, nämlich über Blutkreislauf und Lunge, wieder ausgeschieden. Wenn Sie langsam auftauchen und einen Sicherheitsstopp einlegen, erniedrigt sich der Druck nur langsam und der Körper kann problemlos den überschüssigen Stickstoff ausscheiden. Wenn der Druck jedoch zu schnell sinkt, formt der Stickstoff Bläschen im Blut – so wie eine Flasche mit kohlensäurehaltigem Wasser beim Öffnen Bläschen bildet. Diese Bläschen sind die Ursache für die *Dekompressionskrankheit*.

Die Bläschengröße hat einen Einfluss darauf, ob die Dekompressionskrankheit auftritt oder nicht. Eine gewissen Blasenbildung wird während des Aufstiegs immer stattfinden. Dies wurde auch bereits nachgewiesen. Damit aber die Symptome für die Dekompressionskrankheit in Erscheinung treten, müssen sich viele kleine Bläschen zu größeren zusammen schließen.

Die Bläschen, die sich im Blut bilden, werden normalerweise vom Blut aus dem Gewebe mitgenommen, wenn dieses von den Kapillaren zum Herz zurückfließt. Wenn sie nicht irgendwo aufgehalten werden, wandern die Bläschen weiter zu den sehr engen Kapillaren in der Lunge, wo das Gas diffundiert und dann abgeatmet wird. Wenn die Bläschen groß sind, kann es sein, dass sie nicht so weit vordringen können. Sie bleiben sozusagen bereits in den Venen hängen, was eine Vielzahl von Symptomen auslösen kann.

Folgende Probleme können von den Stickstoffbläschen im Blut verursacht werden:

- ✔ **Blockade der Zirkulation:** Die Bläschen sammeln sich in den Venen an, was Schmerzen verursacht. Diese treten typischerweise in den Gelenken auf, und zwar zuerst in den Schultern und Ellenbogen, müssen sich aber nicht auf diese Bereiche beschränken. Da die Schmerzen in den Gelenken auftreten, sind sie auch unter der Bezeichnung »Bends« (engl. für beugen, krümmen) bekannt.
- ✔ **Kompression der Nerven:** Stickstoff löst sich besser in Fett als in anderem Gewebe. Da die Nerven von einer Fettschicht umhüllt werden, treten bei der Dekompressionskrankeit neurologische Symptome häufig auf – Kribbeln, Gefühllosigkeit, sogar Lähmung.
- ✔ **Chemische Reaktion:** Stickstoffbläschen im Blut können auch zu einer Entzündung führen, welche Blutgefäße beschädigt und die Blutgerinnung beeinflusst.

Obwohl davon ausgegangen wird, dass Stickstoffbläschen die Ursache für die Deko-Krankheit sind, können sie in fast allen Körperteilen auftreten und dort die unterschiedlichsten Symptome verursachen. Da diese so vielfältig sind, kann die Diagnose der Deko-Krankheit mitunter schwierig sein. Es gibt jedoch ein paar gemeinsame Merkmale, an die man sich halten kann. Für gewöhnlich machen sich die Symptome innerhalb einer Stunde nach dem Tauchgang bemerkbar, aber es kommt auch vor, dass es bis zu 36 Stunden dauert. Der Zustand des Erkrankten verschlechtert sich mit der Zeit, wenn eine Behandlung ausbleibt.

Die Dekompressionskrankheit wird in zwei Kategorien unterteilt: Typ I und Typ II.

- ✔ **Typ I der Dekompressionkrankheit**: Die Symptome von Typ I sind weniger gravierend als die von Typ II, müssen aber dennoch ernst genommen werden, da sie auf Dekompressionsprobleme hinweisen, die leicht in den Typ II übergehen können. Symptome sind:
  - Haut-Dekompressionskrankheit: Diese äußert sich als rotgesprenkelter, fleckenförmiger Hautausschlag, normalerweise auf den Schultern oder im oberen Brustkorbbereich. Der Ausschlag kann jucken oder brennen.
  - Gelenk- und Glieder-Dekompressionskrankheit (Bends): Der Name für die Krankheit deutet schon auf ihre Symptome hin: anhaltende, dumpfe Schmerzen in den Gelenken und Gliedern, bevorzugt in den Schultern und Ellenbogen.
- ✔ **Typ II der Dekompressionskrankheit**: Die Symptome von Typ II sind viel gravierender als die von Typ I und können manchmal sogar lebensbedrohend sein. Symptome vom Typ I können in die gefährlichen Typ-II-Symptome übergehen, welche sich äußern als:

- Dekompressionskrankheit der Lungen: Bläschen, die die Lungenkapillaren erreichen, diffundieren normalerweise in die Alveolen und werden abgeatmet. Wenn es jedoch zu viele oder zu große sind, können sie sich ansammeln und den Blutfluss blockieren. Wenn weniger Blut zur Lunge transportiert wird, erhält auch die linke Seite des Herzens weniger Blut, was zu einem Kollaps des Blutkreislaufs führen kann. Symptome sind Schmerzen bei der Atmung, Atemnot und Reizhusten. Das Opfer hat das Gefühl, dass es nicht genug Luft bekommt (was auch tatsächlich so ist) und erstickt.
- Neurologische Dekompressionskrankheit: Eine Bläschenbildung im Nervengewebe kann sich in Bewegungsstörungen und Lähmungen äußern. Auch der Herzschlag und die Atmung können davon betroffen sein. Das Rückenmark erleidet am häufigsten Schaden bei der neurologische Dekompressionskrankeit. Es beginnt mit Taubheit und Lähmung der unteren Extremitäten, die sich nach oben ausbreiten. Bläschen können sich auch im Gehirn bilden, wodurch Symptome, ähnlich denen bei einer zerebralen Luftembolie – verschwommene Sicht, Kopfschmerzen, Bewusstlosigkeit und schließlich den Tod – auftreten.

Rekompression

Es gibt nur eine Behandlung gegen jede Form der Dekompressionskrankheit: die Rekompression in der Druckkammer. Wenn die Behandlung früh einsetzt, werden keine Schäden bleiben. Während einer Rekompression wird die Größe der Stickstoffblasen im Körper verringert und langsam wieder der normale Druck hergestellt. Der überschüssige Stickstoff kann auf sichere Weise ausgeschieden werden.

Eine *Druckkammer* ist ein großer, verschlossener Behälter in Form eines Zylinders, in dem die Luft komprimiert wird, um die Druckbedingungen beim Tauchen zu simulieren. In der Kammer wird das Opfer langsam dekomprimiert: dadurch wird dem angesammelten Stickstoff genügend Zeit gegeben, die Körpergewebe auf sichere Weise zu verlassen. Die Höhe des Drucks wird dabei von einem Arzt über ein Messgerät kontrolliert. Zur Behandlung gehört die Verabreichung von Sauerstoff. Manchmal werden auch Medikamente eingenommen, um die Gefahr einer Entzündung und anderer Symptome zu minimieren.

Druckkammern gibt es in den meisten Großstädten und auf den meisten Tauchbasen. Manchmal wird es jedoch notwendig sein, das Opfer von einem abgelegenen Ort zur nächsten Druckkammer zu fliegen. Hierbei ist zu beachten, dass sich in der Höhe die Dekompressionskrankheit meist verschlechtert, da der niedrigere Umgebungsdruck noch mehr Stickstoff aus dem übersättigten Gewebe drückt. Dennoch, die Zeit, die durch den Flug eingespart wird, rechtfertigt dieses Risiko. Wenn möglich, sollte das Flugzeug so tief wie möglich fliegen und einen Kabinendruck haben, der dem auf Meereshöhe entspricht.

Stickstoffnarkose

Bei ausreichender Dekompressionszeit stünde einem Tauchgang von weit mehr als 40 m nichts im Wege, da ja die Stickstoffabsorption und -ausscheidung kontrolliert werden kann. Es ist allerdings nicht die Dekompressionskrankheit, die die Tiefe des Gerätetauchens begrenzt, sondern die *Stickstoffnarkose*, der »Tiefenrausch«. Stickstoff, unter Druck im Gehirn- und Nervengewebe aufgelöst, wirkt wie ein Narkosegas, das den Taucher in einen Zustand der Euphorie versetzt, so dass er sich wie betrunken fühlt. Betrunken sein ist beim Tauchen ein sehr gefährlicher Zustand.

Bei erhöhtem Druck löst sich im Körpergewebe (einschließlich dem des Gehirns) mehr Stickstoff auf. Die Menge und die Wirkung sind direkt vom Umgebungsdruck abhängig. Auf Meereshöhe merken wir davon nichts und bei 2 Atmosphären haben wir auch noch keine Probleme damit. Ab 3 Atmosphären (etwa 20 m) kommt es bereits zu Funktionsstörungen im Gehirn (siehe Kapitel 6). Der Taucher bemerkt davon vielleicht noch nichts, Messungen haben jedoch ab 3 Atmosphären eine Leistungsminderung gezeigt. Ab einer Tiefe von 4 Atmosphären bemerken die meisten Taucher jedoch die Auswirkungen des erhöhten Stickstoffgehalts im Körpergewebe und ab 4,5 Atmosphären spürt es jeder. Seltsame Dinge können in der Vorstellung des Tauchers ablaufen und schwerwiegende Konsequenzen nach sich ziehen. Die Strafe für verminderte Urteilsfähigkeit in der Unterwasserwelt folgt sofort und ist hart.

Die Auswirkungen der Stickstoffnarkose sind von Person zu Person sehr unterschiedlich. Manche spüren in einer Tiefe von 40 m kaum etwas, andere fühlen sich schon in 25 m leicht bekloppt. Für alle gilt jedoch: Sobald Sie etwas bemerken, verstärkt sich das Gefühl, je tiefer Sie tauchen. Umgekehrt schwächt sich die Wirkung ab oder verschwindet ohne merkliche Nebenwirkungen bei einem Aufstieg vollständig.

Jedes Gas, also nicht nur Stickstoff, kann unter Druck eine narkotische Wirkung haben. Die Löslichkeit von Gas in einer Flüssigkeit bestimmt dessen narkotische Wirkung. Stickstoff zum Beispiel ist viel leichter löslich als Helium (ein weiteres inertes Gas); die narkotische Wirkung des letzteren ist daher verschwindend gering. Deshalb benutzt die kommerzielle Tauchindustrie ein Gemisch aus Helium und Sauerstoff, das *Heliox*. Warum, höre ich Sie fragen, wird von den Sporttauchern kein Heliox verwendet und so die Gefahr einer Stickstoffnarkose gebannt? Nun, zum einen ist es sehr teuer und hat zum anderen Probleme eigener Art, die ein Taucher kennen und mit denen der umgehen können muss, um nicht in Schwierigkeiten zu geraten. Für einen Sporttaucher ist die Verwendung von Heliox zu kompliziert. Bleiben Sie lieber beim Luftgemisch und halten Sie sich an das Tauchlimit von 40 m. Die interessantesten Dinge finden Sie sowieso in dieser Tiefe.

Deko-krank ganz hoch oben

Der geringere Luftdruck in höheren Lagen kann bei einem Taucher Symptome der Dekompressionskrankheit auslösen, von denen er auf Meereshöhe nichts bemerkt hat.

Obwohl die Kabinen in den Flugzeugen unter Druck stehen, entspricht dieser nicht dem Druck auf Meereshöhe. In einem Flugzeug herrscht in der Regel der Druck wie in einer Höhe von 1500 bis 3000 m. Bei einem Taucher, in dessen Körpergewebe immer noch viel Sauerstoff gelöst ist, kann das die Dekompressionskrankheit auslösen.

Viele Tauchcomputer zeigen Ihnen an, wie lange Sie nach dem letzten Tauchgang warten sollen, bevor Sie ein Flugzeug besteigen. Halten Sie sich aber von sich aus immer an die Regel: mindestens 12 Stunden. Wenn Sie täglich mehrmals tauchen, sollten Sie sogar länger warten. Bedenken Sie, dass der Computer Ihre individuelle Tagesform nicht berücksichtigen kann, so dass Sie sich auch auf ihn nicht mit Sicherheit verlassen können. Am besten ist es, wenn Sie am letzten Tag vor dem Abflug nicht tauchen. Verbringen Sie diesen Tag mit Sightseeing, Einkaufen oder legen Sie sich faul an den Strand.

Tauchen in hochgelegenen Gewässern kann zu den gleichen Problemen führen wie das Fliegen nach dem Tauchen. Der Unterschied besteht natürlich darin, dass Sie den Tauchgang in höherer Lage, also bei geringerem Luftdruck, beginnen und beenden. Sie können die normalen Tauchtabellen für das Tauchen in Höhen bis 300 m benutzen; für alles, was darüber hinausgeht, benötigen Sie spezielle Umrechnungstabellen und eigene Tauchvorschriften. Einige Computer können bei ihren Berechnungen die Höhenlage des Tauchortes berücksichtigen, andere verlangen, dass Sie die Höhe selbst eingeben und wieder andere sind für so etwas überhaupt nicht zu gebrauchen. Wenn Sie unbedingt in höheren Lagen tauchen wollen, sollten Sie an einem Kurs teilnehmen, der sich allein damit befasst.

Giftigkeit des Sauerstoffs

Alle Lebewesen brauchen Sauerstoff zum Leben. Eine gesunde Person benötigt genau die Menge, die in der Luft enthalten ist (21 Prozent), das ist alles. Ist es nicht schön, dass die Natur so gut vorgesorgt hat? Leute, die krank sind und in deren Blut sich weniger Sauerstoff befindet, erhalten oft eine Extraportion Sauerstoff, um den Sauerstoffgehalt im Blut zu erhöhen. Mehr ist aber nicht immer unbedingt besser. Zu viel Sauerstoff ist nicht gut, da dies zu einer Sauerstoffvergiftung führen kann – mit potenziell tödlichen Folgen.

Unter normalen Umständen können Sie gar nicht so viel Sauerstoff einatmen, dass es zu einer Vergiftung kommt. Nur bei einer Sauerstoffbeatmung oder bei einem erhöhten Sauerstoffpartialdruck kann der Körper so viel aufnehmen, dass er giftig wirkt. Beim Sporttauchen ist eine Vergiftung durch Sauerstoff praktisch unbekannt. So lange Sie die Angaben Ihres Computers oder der Tauchtabellen befolgen (siehe Kapitel 3), werden Sie keine Probleme haben. Bei einer im Sporttauchen vorgeschriebenen maximalen Tauchtiefe von 40 m entspricht der Teildruck des Sauerstoff in etwa 100 Prozent Sauerstoff auf Meereshöhe. Sie müssten sich mindestens eine Stunde in dieser Tiefe aufhalten, bevor es zu einer Vergiftung kommt. Ihre Tauchtabellen erlauben aber nur ein paar Minuten so weit unten. Wenn Sie den Sauerstoffanteil in der Druckluftflasche jedoch erhöhen, dann sieht die Sache ganz anders aus.

Mit Sauerstoff angereicherte Luft, *Nitrox,* ist ein Gasgemisch, das mehr Sauerstoff enthält als normale Luft. Nitrox wird bei den Sporttauchern immer beliebter (siehe Kapitel 12). Und das nicht umsonst, da es ein paar Vorteile gegenüber der normalen Pressluft bietet. Nitrox enthält 32 oder 36 Prozent Sauerstoff und senkt somit ganz beträchtlich das Risiko einer Stickstoffvergiftung und der Dekompressionskrankheit. Aber nichts ist vollkommen. Mit Nitrox erhöht sich das Risiko einer Sauerstoffvergiftung – und das vor allem in großen Tiefen. Da die ersten Symptome sich durch Zuckungen und Krämpfe äußern können, ist die Gefahr des Ertrinkens hoch.

Als die mit Sauerstoff angereicherte Luft zuerst auf den Markt kam, war die Diskussion darüber, ob sie sich für das Sporttauchen eignet, groß. Heute ist sie unter den Tauchern völlig akzeptiert – viele Hersteller bieten Produkte dafür an und Tauchschulen haben spezielle Kurse im Programm. Mit genug Training und Erfahrung ist die Verwendung von Nitrox eine sichere Sache. Vergessen Sie aber nie, dass Ihnen eine Sauerstoffvergiftung oft keine zweite Chance mehr gibt.

Hpyothermie

Sie mögen sich an der Luft bei 21°C ja ganz wohl fühlen, im Wasser fangen Sie bei dieser Temperatur schnell zu frieren an. Das liegt daran, dass Wasser die Wärme von Ihrem Körper viel schneller ableitet als Luft. Die meisten Taucher benötigen eine Art Kälteschutzanzug im Wasser, das kälter ist als 27°C. In Wasser, das 15°C oder kälter ist, kann es bei einem Taucher schnell zur Hypothermie kommen.

Hypothermie tritt dann ein, wenn der Körper nicht mehr seine Kerntemperatur einhalten kann. Um die Betriebstemperaturen der lebenswichtigen inneren Organe aufrecht zu erhalten, drosselt der Körper die Durchblutung in der Haut und den Gliedmaßen. Die Hypothermie zeigt das Versagen dieser Wärmeregulierung des Körpers an, wenn warmes Blut wieder den ganzen Körper durchströmt. Der Taucher fühlt sich plötzlich behaglich warm. Dies ist eine gefährliche Situation, da die Kerntemperatur des Körpers rapide absinkt.

Die allgemeine Unterkühlung des Körpers lässt sich klinisch in drei Phasen einteilen:

- ✔ **1. Phase** (leichte Symptome): Orientierungslosigkeit, Sprech- und Bewegungsstörungen und unkontrolliertes Zittern.
- ✔ **2. Phase** (mittelschwere Symptome): Absinken der Pulsfrequenz und des Blutdrucks. Das Opfer kann bewusstlos werden.
- ✔ **3. Phase** (schwerwiegende Symptome): Das Opfer befindet sich in einem Zustand des Schocks, ist bewusstlos und reagiert nicht mehr. Der Herzschlag ist langsam oder unregelmäßig. Der Tod steht nahe bevor.

Zu den Erste-Hilfe-Maßnahmen bei einer Hypothermie gehört die äußere Wärmezufuhr (erwärmte Decken, Wärmflaschen) und, wenn das Opfer bei Bewusstsein ist, die Verabreichung von warmen Getränken. Alkohol und koffeinhaltige Getränke sollten jedoch vermieden werden. Es reicht nicht aus, den Körper nur einzuwickeln, da er nicht mehr in der Lage ist, sich aus eigner Kraft zu erwärmen.

Sie können sich mit Hilfe eines Tauchanzugs vor einer Hypothermie schützen. Ein Tropentauchanzug bietet in über 27° C warmen Gewässern ausreichend Schutz. Bei niedrigeren Temperaturen bis zu 10° C schützt Sie ein Nasstauchanzug – je kälter das Wasser ist, desto dicker muss der Tauchanzug sein. Wenn Sie sich der 10° C-Grenze näher, brauchen Sie auch noch eine Haube und Handschuhe. Spätestens unter 10°C müssen Sie Ihren Trockentauchanzug auspacken. (Im zweiten Kapitel erfahren Sie mehr über Taucheranzüge.)

Jeder reagiert anders auf Kälte. Fettgewebe isoliert vor Kälte, was bedeutet, dass übergewichtige Taucher Wärme langsamer abgeben als Dünne. Abhärtung spielt auch eine wichtige Rolle. Nachdem ich einen Winter lang an der kalifornischen Küste surfen war, kann ich mich für eine Weile problemlos in 27° C warmen Wasser ohne jegliche Art von Tauchanzug aufhalten, ohne dass mir kalt wird. Sobald ich mich aber zwei Wochen in tropischen Gewässern aufhalte, muss ich wieder einen 2 mm dicken Nasstauchanzug anziehen.

Ertrinken

Das Ertrinken und das Beinahe-Ertrinken treten beide dann auf, wenn eine Person nicht in der Lage ist, ihren Sauerstoffbedarf im Wasser zu decken. Ertrinken ist, wie Sie wahrscheinlich schon geahnt haben, die häufigste Todesursache beim Tauchen.

Man unterscheidet zwischen zwei Arten von Ertrinken und Beinahe-Ertrinken:

- **Das Ertrinken ohne Einatmen von Wasser:** So komisch es klingen mag, nicht alle Opfer eines Todes durch Ertrinken sterben durch das Einatmen von Wasser. Etwa 15% aller Opfer durch Ertrinken und Beinahe-Ertrinken haben überhaupt kein Wasser eingeatmet. Es wird angenommen, dass bei dieser Gruppe von Tauchern ein Reflex den Kehldeckel schließt. Bei diesen Personen kann eine vollständige Genesung erwartet werden, wenn ihre Atmung wiederhergestellt wird, bevor sie einen bleibenden Schaden erlitten haben. Wenn nicht schnell genug Hilfe geleistet werden kann, werden sie allerdings ersticken.
- **Das Ertrinken mit Einatmen von Wasser**: Dabei füllen sich die Lungen des Opfers mit Flüssigkeit. Dadurch kommt es zu einem Sauerstoffmangel im Blut, der schnell zum Tod führt, wenn nicht sofort Erste-Hilfe-Maßnahmen ergriffen werden können.

  Aber sogar dann, wenn Hilfe vor Ort ist, ist das Opfer noch nicht gerettet. Das Wasser kann so große Schäden in der Lunge verursacht haben, dass noch Stunden oder sogar Tage nach dem Unfall Komplikationen auftreten können. Wenn dies der Fall ist, spricht man vom *sekundären Ertrinken*, und wenn keine Hilfe zur Stelle ist, kann es ebenfalls zum Tode führen.

Die Umstände, die zum Ertrinken führen, sind nicht immer eindeutig. Dies ist aber glücklicherweise für den Taucher, der zur Hilfe eilt, nicht wichtig zu wissen, da die Behandlung immer die Gleiche ist. Das gilt auch für die Behandlung von Verletzungen, die aufgrund einer Ausweitung der Lunge auftreten, und die Dekompressionskrankheit. Mehr dazu erfahren Sie etwas weiter hinten im Abschnitt »Herz-Lungen-Wiederbelebung«.

Notsituationen

Das Sporttauchen und das Schnorcheln beinhalten immer ein gewisses Risiko, wenn dies im Allgemeinen auch als sehr gering angesehen werden muss. Daher ist es nicht verkehrt, wenn Sie, oder ein anderer in Ihrer Gruppe, mit den Erste-Hilfe-Maßnahmen vertraut sind, wie zum Beispiel der Herz-Lungen-Wiederbelebung. Ziel der ersten Hilfe ist es:

- ✔ das Opfer am Leben zu erhalten
- ✔ die Lage nicht zu verschlechtern
- ✔ Hilfe bei der Genesung des Opfers zu leisten

Das ABC der Ersten Hilfe

Die Maßnahmen der Wiederbelebung lassen sich einprägsam durch die folgenden ABC-Regeln zusammenfassen:

A- **Atemwege freimachen und freihalten**: Wenn die Luftwege blockiert sind, ist eine Beatmung nicht möglich. Prüfen Sie daher mit den Fingern, dass die Zunge nicht nach hinten gesunken ist. Passen Sie auf, dass das Opfer nicht zubeisst, was öfter vorkommt, wenn es bei Bewusstsein oder im Halbbewusstsein ist.

B- **Beatmung**: Prüfen Sie, ob das Opfer atmet. Wenn nicht, sollten Sie eine Mund-zu-Mund-Beatmung durchführen.

C- **Cirkulation**, d.h. den Kreislauf ankurbeln: Messen Sie den Puls am besten auf einer großen Arterie, zum Beispiel am Hals direkt neben der Luftröhre. Wenn Sie keinen Puls fühlen, werden Sie eine Herz-Lungen-Wiederbelebung durchführen müssen.

Herz-Lungen-Wiederbelebung

Wenn Sie beim Opfer keinen Pulsschlag fühlen können, müssen Sie eine Herz-Lungen-Wiederbelebung durchführen. Zur Ausbildung stehen eine große Anzahl von Anschauungs- und Übungsmaterial sowie Lehrfilme zur Verfügung. Organisationen wie das Rote Kreuz, der Malteserorden u.a. vermitteln in Kursen die Grundlagen der Wiederbelebung und weitere Erste-Hilfe-Maßnahmen. Auch bei Fortgeschrittenenkursen für Taucher werden Sie mit der Wiederbelebung und Erste-Hilfe-Maßnahmen bei Verletzungen, Blutungen, Verbänden und Knochenbrüchen vertraut gemacht. Jeder sollte sie kennen, sogar diejenigen, die sie nicht selbst durchführen können. Sie können ja immer noch einen anderen anleiten. Gehen wir nun von einer Situation aus, in der das Opfer vor Ihnen auf dem Rücken liegt, wahrscheinlich bewusstlos ist und Sie die ABC-Maßnahmen bereits durchgeführt haben. Sie haben festgestellt, dass das Opfer nicht atmet und keinen Pulsschlag hat. Tun Sie nun Folgendes:

1. **Bringen Sie den Kopf in die richtige Position.**

   Wichtig ist, dass bei der Beatmung der Kopf nach hinten gebeugt wird, so dass das Kinn nach oben zeigt. Achten Sie darauf, dass die Zunge nicht den Luftweg blockiert.

2. **Atmen Sie Luft in die Lungen des Opfers.**

   Bei der Mund-zu-Mund-Beatmung müssen Sie die Nase des Opfers zudrücken. Nun umschließen Sie mit Ihrem Mund den Mund des Opfers so fest, dass keine Luft von außen eindringen oder entweichen kann. Atmen Sie aus. Ihr Atem enthält 16 Prozent Sauerstoff – genug, um Leben zu erhalten. Beobachten Sie, ob sich der Brustkorb hebt oder senkt, da dies anzeigt, ob Luft in die Lungen des Opfers gelangt.

3. **Messen Sie den Puls.**

   Nachdem Sie das Opfer mit zwei tiefen Atemzügen beatmet haben, sollten Sie am Hals den Pulsschlag messen. Wenn Sie einen Pulsschlag fühlen und das Opfer zu atmen beginnt, können Sie die Mund-zu-Mund-Beatmung einstellen. Wenn nicht, dann verfahren Sie wie in Punkt 4 beschrieben.

4. **Knien Sie sich neben den Brustkorb des Opfers.**

   Legen Sie Ihren Handballen auf den Brustkorb, etwa 3-4 Finger breit oberhalb des Unterrands des Brustbeins. Legen Sie Ihre zweite Hand auf die erste und strecken Sie die Ellenbogen durch. Drücken Sie den Brustkorb nun etwa 5-6 cm nach innen. Sie sollten das 15 Mal wiederholen und darauf achten, dass die Entspannungszeit so lange wie die Kompressionszeit ist.

5. **Führen Sie zwei weitere Mund-zu-Mund-Beatmungen durch.**

   Verfahren Sie dabei wie im zweiten Schritt. Fühlen Sie danach den Pulsschlag des Opfers und überprüfen Sie, ob es aus eigener Kraft atmet. Wenn nicht, wiederholen Sie den Zyklus – 2 Atemzüge, 15 Kompressionen – so lange, bis medizinische Hilfe eintrifft.

Notsituationen während des Tauchens sollten immer als Alarmstufe 1 betrachtet werden, bis ein Arzt den tatsächlichen Zustand des Opfers diagnostiziert hat. Bei Unfällen, wo es zu einer Ausdehnung der Lunge kam, muss stets mit einer Luftembolie gerechnet werden und alle Symptome, die auf eine Dekompressionskrankheit hinweisen, sollten von einem Arzt untersucht werden, auch wenn die Symptome nach einer gewissen Zeit von selbst wieder verschwinden.

Kontaktadressen für den Notfall

Für den Fall des Falles sollte man die für die jeweilige Gegend zutreffenden Notfall-Adressen beim Tauchen immer zur Hand haben. Dazu gehören die Telefonnummern der lokalen Rettungsdienste und der Polizei, beim Tauchen im Meer die Funkfrequenz für die Küstenwache sowie andere in der Nähe angesiedelte Notdienste. In manchen Gebieten gibt es spezielle Telefonnummern für Tauchnotfällle. In den USA und in der Karibik ist das das *DAN* (Divers Alert Network, siehe Anhang), eine Tauchorganisation die mit dem Medical Center in Durham, North Carolina, zusammenarbeitet. Im Bereich Australien, Neuseeland und im südlichen Pazifik ist dies das *DES* (Diving Emergency System). In Europa gibt es kein »länderübergreifendes« Netzwerk von Rettungsdiensten. Daher sollte man sich Adresse und Telefonnummer der nächstgelegenen Druckkammer besorgen sowie die entsprechende Kontaktinformation für die örtlichen Rettungsdienste.

Teil III

In Neptuns Reich

In diesem Teil...

Die Meere sind immer in Bewegung – die unendliche, riesige Menge an Wasser ist nie still, sondern bewegt sich ständig. Manchmal ist die Bewegung kaum zu erkennen und manchmal furchterregend. Nachdem Sie sich dazu entschlossen haben, das Meer und seine Bewohner besser kennen zu lernen, sollten Sie sich auch über die Beschaffenheit und das Verhalten der Meere informieren, um aus Ihrem Aufenthalt unter Wasser alles herausholen zu können. Das Meer hält oft eine Überraschung bereit – deshalb macht Tauchen ja auch so viel Spaß –, aber sein Verhalten folgt den bekannten physikalischen Gesetzen der Natur. In diesem Teil des Buches werden wir uns diese Gesetzmäßigkeiten näher ansehen, damit Sie sich in der dynamischen Umgebung des Meeres richtig verhalten.

Natürlich tragen all die wundervollen und oft seltsamen Dinge, die unter Wasser anzutreffen sind, im Wesentlichen zu dem Vergnügen, das uns das Tauchen bereitet, bei. Von sich schlängelnden, irisierenden, vielbeinigen Riffkletterern bis hin zu behenden, silberglänzenden Pfeilen im blauen Wasser bietet das Meer alles, was man sich nur an fantastischen Farben und Formen vorstellen kann – jedes für sich ein Wunder der Evolution.

Ach ja, richtig, das ist auch der Teil, in dem es endlich auch um Haie geht.

Meeres-Träumereien

8

In diesem Kapitel

- Die Erkundung der Unterwasserwelt
- Sich treiben lassen – die Meeresströmungen
- Brandung und Strömungen am Ufer
- Die Gezeiten verstehen
- Die Bedingungen richtig einschätzen

Die Ozeane haben Poeten und Maler (und viele andere) inspiriert, seitdem der erste Mensch an seinen Ufern stand oder sich hinauswagte auf das weite, bewegte Wasser. Drei Viertel der Erdoberfläche werden seit Urzeiten von Wellen geleckt, gepeitscht und überrollt und noch heute birgt das Meer die größten Geheimnisse der Erde – geschmiegt in stille Buchten, verstreut entlang der Ufer, wie von einem Titanen hin- und hergeschleudert in unruhigem Schlaf oder an den Klippen von seiner blauen Faust zerschmettert. Die Launenhaftigkeit der Berge ist uns fremd und das Leben im Universum unvorstellbar, aber das Meer ist sowohl geheimnisvoll als vertraut.

Das Tauchen in Seen und Flüssen hat seinen eigenen Charme und ist in den großen Inlandsgewässern von Nordamerika auch sehr beliebt; dennoch wird das Tauchen hauptsächlich in den Meeren ausgeübt. Von den Tropen bis zu den Polen finden sich im Meer eine Vielzahl an unterschiedlichen Formationen und eine schier nie enden wollende Vielfalt an Lebewesen. Die Ozeane sind immer in Bewegung. Diese Bewegungen können sanft oder sehr mächtig sein – Wellen, Strömungen, Gezeiten – und haben alle einen Einfluss auf das Tauchen.

Die Weltmeere

Alle Ozeane, Meere, Golfe, Einbuchtungen und Meeresstraßen sind miteinander verbunden und bilden einen einzigen, großen Körper. Wenn man die Erde von den Polen aus fotografiert, ist dies ganz deutlich zu erkennen. Da diese Einheit jedoch von Kontinenten durchbrochen wird, haben diese einen starken Einfluss auf die Bewegungen des Meeres und die Temperaturunterschiede zwischen den tropischen und polaren Regionen sorgen natürlich auch für Unterschiede bei den Bewohnern der Meere. Aus diesem Grund teilen die Taucher – und nicht nur sie – die Meere und Ozeane in unterschiedliche Gebiete ein.

Die Landmasse der Erde ist in fünf Kontinente unterteilt, die von vier, deutlich voneinander zu unterscheidenden Hauptozeanbecken umgeben sind: der Pazifik, der Atlantik, der Indische Ozean und die Arktis. Der Pazifik ist mit Abstand der Größte – doppelt so groß wie der Atlantische Ozean, der wiederum der zweitgrößte ist. Den dritten Platz belegt der Indische Ozean und das Schlusslicht bildet die Arktis.

Sie haben wahrscheinlich schon mal etwas von den sieben Weltmeeren gehört. In Wirklichkeit gibt es zwölf. Man hat eben dazugelernt. Dennoch bleibt es beim vorher Gesagten: Die zwölf Weltmeere sind nur Teile der vier Ozeane.

- ✔ Sieben davon gehören zum Pazifik: das Beringmeer, das Ochotskische Meer, das Japanische Meer, das Gelbe Meer, das Süd- und das Ostchinesische Meer und der Golf von Kalifornien.
- ✔ Dem Atlantik gehören fünf Meere an: das Schwarze Meer (eine Fortsetzung des Mittelmeers), das Mittelmeer, die Nordsee, die Ostsee, das Karibische Meer mit einem Golf – der Golf von Mexiko – und eine Bai – die Hudson Bai (die größer ist als manche Meere).
- ✔ Zum Indischen Ozean gehören ein Meer, das Rote Meer, und ein Golf, der Persische Golf.
- ✔ Mit dem Nordpolarmeer sind keine weiteren Meere verbunden.

Es gibt noch jede Menge anderer Meere, wie zum Beispiel die Arafurasee oder die Ägäis, und viele, viele Baien, Golfe und Meeresengen. Es handelt sich hierbei jedoch immer nur um Teile einer größeren Wassermasse, wie dem Pazifik oder dem Mittelmeer.

Um die kontinentalen Landmassen herum befinden sich Unterwasserplateaus, die sich in Meere und Ozeane hinaus erstrecken, die sogenannten *Kontinentalschelfs*. Die Breite dieser Schelfs ist sehr unterschiedlich, von ein paar bis zu mehreren hundert Kilometern. Dort, im Kontinentalschelf findet das Leben unter Wasser hauptsächlich statt, und da geht man natürlich bevorzugt zum Tauchen hin. Dahinter liegen die enormen Tiefen des Ozeans, die großen, tiefen Becken, von denen man lange annahm, dass es sich hierbei um eine Art unterirdischer Wüsten handelt. Man weiss aber auch heute noch sehr wenig darüber.

Die Weltmeere sind durch Kontinente geteilt und weisen unterschiedliche Bedingungen auf. Deshalb hat sich das Leben in ihnen auch unterschiedlich entwickelt und jedes besitzt einen ausgeprägten Charakter. Natürlich können auch noch *in ein- und demselben* Ozean Unterschiede festgestellt werden. Es gibt aber allgemeine Merkmale, die in den folgenden Abschnitten für jeden Ozean dargestellt werden.

Der Pazifik

Der Pazifische Ozean (siehe Abbildung 8.1) ist nicht nur die größte zusammenhängende Wassermasse auf Erden, sondern auch diejenige, in dem die größte Artenvielfalt unter Wasser anzutreffen ist. Der Pazifik macht allein 40 % der gesamten Wassermasse auf Erden aus. Man kann sagen, dass er im nördlichen Teil tiefer als im südlichen ist und im Osten tiefer als im Westen, mit Ausnahme des Gebietes von den Philippinen hinunter nach Nordaustralien und westlich Richtung Indischer Ozean. In diesem Gebiet ist der Pazifik am flachsten, darum befinden sich hier auch viele Inseln.

Der Pazifik ist nicht nur der größte, sondern auch der tiefste Ozean. Die mittlere Tiefe beträgt etwa 4900 Meter. Die tiefsten Stellen befinden sich in den sogenannten *Gräben* – tiefe Täler in den Unterwasserebenen – in der Nähe von Inselgruppen im westlichen Pazifik. Es gibt in diesem Teil des Weltmeeres sechs dieser Gräben: der Mindanaograben (13.310 m), der Marianengraben (11.094 m), der Tongagraben (10.953 m), der Kurilen-Kamtschatka Graben (10.611 m), der Philippinengraben (10.565 m) und der Kermadecgraben (10.112).

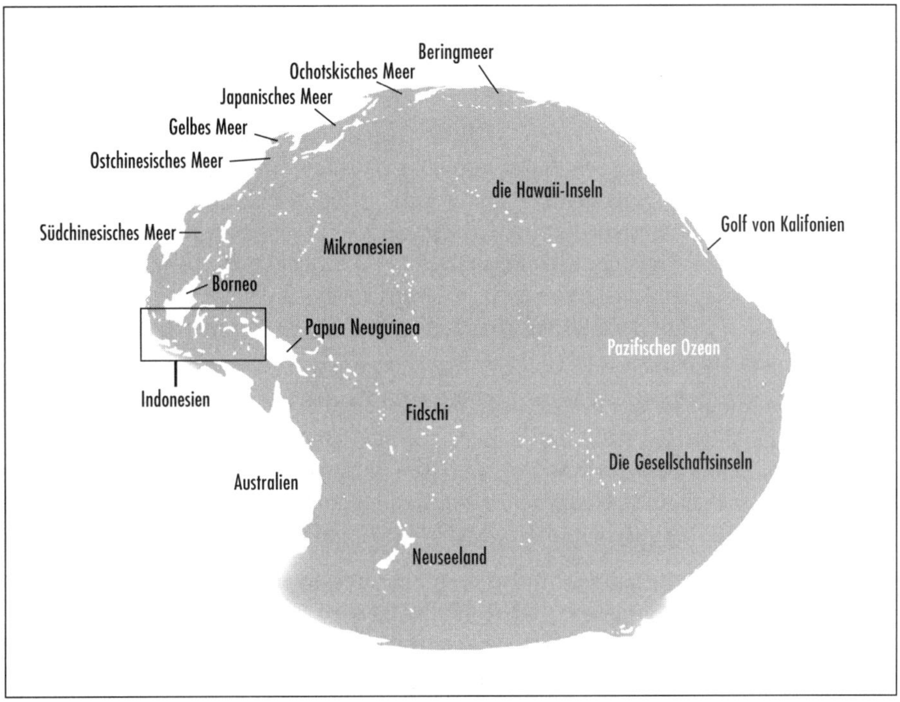

Abbildung 8.1: Der Pazifische Ozean und seine Meere

Die größte Vielfalt an Meerestieren findet man im indopazifischen Teil des Pazifik. Man kennt bisher über 2000 unterschiedliche Fischarten in diesen Gewässern und wahrscheinlich werden immer weitere dazukommen. Je weiter Sie sich im Pazifik Richtung Osten bewegen, desto geringer ist die Anzahl der Fischarten. An den Küsten von Süd- und Nordamerika sind es insgesamt etwa 300. Der westlichste Teil des Pazifik wurde während der letzen Eiszeit in drei separate Becken unterteilt. In jedem Becken entwickelte sich Leben anders. Als die Eiszeit vorüber war und sich die Becken wieder vereinigten, hatte man eine derartige Vielfalt an Fischarten, die nirgendwo auf der Welt übertroffen wird. Korallenriffe und seine Bewohner können nur in warmen, klaren, tropischen Gewässern gedeihen (siehe Kapitel 9). Bei den Korallen handelt es sich um sedimentäre Kreaturen, die sich nur als Larven weiter bewegen und das auch nur mit Hilfe der Strömung. Im tropischen Pazifik herrscht zumeist eine Ost-West-Strömung, so dass die Korallenlarven in den Westen getrieben werden. Kalte Strömungen aus dem Norden und Süden verhindern, dass sich die Larven zurück auf den Weg an Amerikas Küsten machen. Deshalb gibt es hier auch so gut wie keine Korallen und die Artenvielfalt ist viel geringer als im westlichen Pazifik.

Die Westküste von Süd- und Nordamerika mit ihren kühlen, nährstoffreichen Strömungen (siehe weiter hinten in diesem Kapitel) bietet reichlich Nahrung für ihre Bewohner, auch wenn die Artenvielfalt beschränkt ist. Hier haben sich einige der weltgrößten Fischereien angesiedelt. Hinter dem Kontinentalschelf im nördlichen Pazifik gibt es nicht viel, was das Interesse des Tauchers wecken könnte. Das ändert sich jedoch ab der Mitte des Pazifischen Ozeans, wo einer der einzigartigsten *Archipel* (eine Inselgruppe) zu finden ist: die Hawaii-Inseln.

Die Hawaii-Inseln sind die isolierteste Gruppe von Inseln auf der Erde. Bevor diese Inseln vom Menschen entdeckt wurden, gab es hier mehr *endemische* (einheimische) *Tierarten* als auf irgendeiner anderen Inselgruppe – einschließlich den Galapagos-Inseln vor Ecuador (siehe Kapitel 13). Heute hat Hawaii dafür die traurige Berühmtheit erlangt, die Inselgruppe zu sein, auf welcher die meisten Tiere für immer ausgestorben sind oder deren Anzahl so verringert wurde, dass sie vom Aussterben bedroht sind. Aber sogar heute noch ist ein Drittel aller auf Hawaii vorkommenden Fischarten nur dort anzutreffen.

Hinter den Hawaii-Inseln, im Wendekreis des Krebses, liegen die Marshall-Inseln. Dieses Gebiet ist berühmt für sein Korallenwachstum und seine vielen *pelagischen* (nur im offenen Meer, weit weg vom Land lebende) Lebewesen. Noch weiter im Osten liegt die Inselgruppe von Mikronesien; hier können Sie die Artenvielfalt, die der westliche Pazifik zu bieten hat, ausgiebig bewundern. Weiter im Norden befinden sich die japanischen Inseln, wo das Wasser aber schon wesentlich kälter ist.

Das Gebiet zwischen den Philippinen im Norden, den Fidschi-Inseln im Osten und Malaysia im Westen gehört auf der Welt zu den besten Tauchplätzen, wenn man vor allem die Artenvielfalt sucht. Viele der berühmtesten Tauchgebiete sind hier zu finden. Etwas weiter im Süden liegt Neuseeland, das für den Kaltwasser-Taucher viel zu bieten hat. Wenn Sie sich im Südpazifik weiter in Richtung Osten bewegen, erreichen Sie Polynesien, das ebenfalls ein paar ausgezeichnete Tauchplätze aufweisen kann.

Der Atlantik

Der Atlantik (siehe Abbildung 8.2) ist der zweitgrößte Ozean, der sich deutlich in einen nördlichen und südlichen Teil gliedert. Die Grenzlinie verläuft zwischen dem westlichsten Teil Afrikas (Kap Verde) und dem östlichsten Punkt von Brasilien, so dass sich deutlich eine obere und untere Hälfte erkennen lässt.

Die durchschnittliche Tiefe des Atlantiks beträgt etwa 3623 Meter. Der Atlantik ist von drei Gräben durchzogen: der Puerto-Rico-Graben (9280 m), der Süd-Sandwich-Graben (8317 m) und die Romanchetiefe (7778). Die ozeanischen Gräben bilden die fernen Grenzen des Tauchens. Diese Tiefen übersteigen natürlich bei weitem, was in der Möglichkeit eines Sporttauchers liegt. Früher war man der Meinung, dass der enorme Druck, die Kälte und die Dunkelheit, die dort herrschen, das Leben an einem solchen Ort unmöglich machen. In den letzten Jahren konnten Roboter, die diese enormen Tiefen aufsuchten, jedoch Lebenszeichen von dort unten mitbringen.

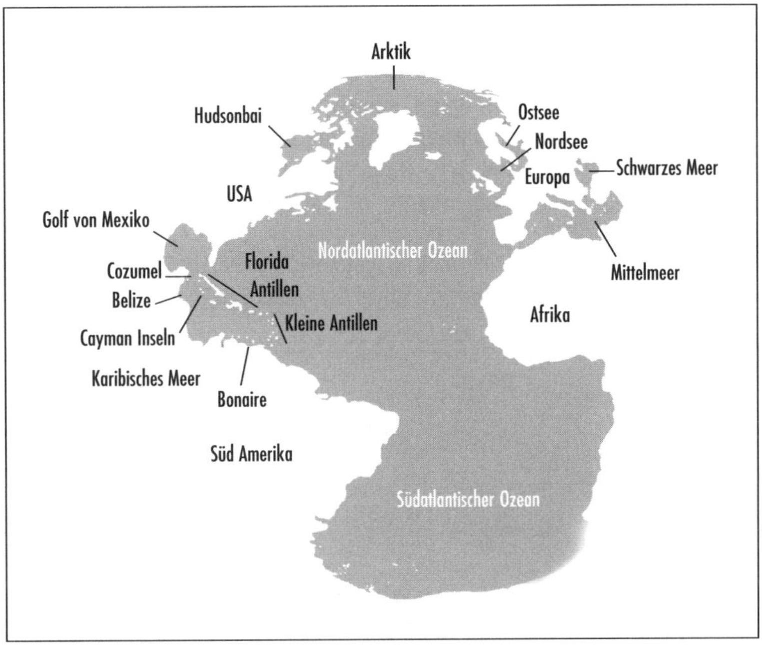

Abbildung 8.2: Der Atlantische Ozean

Im Zentrum des Atlantischen Ozeans befindet sich *der Mittelatlantische Rücken*, wo förmlich die Nähte zwischen vier tektonischen Platten auseinanderreißen.

In den tropischen Bereichen des Atlantik herrschen gute Bedingungen für das Korallenwachstum. Allerdings kommen sie sowohl in ihrem Wachstum als auch in ihrer Formenvielfalt nicht an diejenigen des westlichen Pazifiks heran. Wie im Pazifik, so herrschen auch im Atlantik unterschiedliche Strömungen: am Äquator von Ost nach West, im nördlichen Teil im Uhrzeigersinn und im südlichen Teil im Gegenuhrzeigersinn. Diese Strömungen bestimmen natürlich die Ansiedlung von Korallen und von ihnen abhängiger Lebewesen im Atlantik. Kühle Strömungen passieren die südwestliche Küste von Afrika, so dass hier keine Korallen wachsen können. Das Wachstum der Korallen wird ebenfalls durch den Zufluss von schmutzigem Wasser – wie etwa aus dem Kongo oder dem Niger – verhindert. Auf der westlichen Seite des südatlantischen Ozeans befinden sich einige Korallenriffe, weshalb das Tauchen in Brasilien und anderen südamerikanischen Staaten an Popularität gewinnt. Aber auch hier kommt es durch den enormen Zufluss aus dem Amazonas – dem größten Fluss der Erde – und aus dem Orinoco zu einer Behinderung des Korallenwachstums. Die besten Tauchplätze im Atlantik befinden sich, wie Sie sicher schon vermutet haben, um die Inseln nördlich der Großen Antillen - die Bahamas, die Turks- und die Caicos-Inseln – herum und an der Ostküste des südlichsten Teils der Vereinigten Staaten. Der Golfstrom trägt warmes Wasser nach Nordeuropa, so dass sogar in Irland und Schottland das Tauchen möglich ist und lange nicht so unangenehm, wie Sie es bei diesen Breitengraden erwarten würden. Kalt ist es natürlich trotzdem.

Die Karibik

Die Karibik (siehe Abbildung 8.3) ist ein Teil des Atlantischen Ozeans, der von diesem jedoch durch eine lange Inselkette, den Großen Antillen – Kuba, Hispaniola und Puerto Rico – und den Kleinen Antillen – mit dem Inseln über dem Winde im Norden und den Inseln unter dem Winde im Süden –, deutlich abgegrenzt wird. Die Strömungen am Äquator tragen warmes Wasser in die Karibik, weshalb hier ausgezeichnete Bedingungen für das Korallenwachstum vorherrschen. Sie können hier viele unterschiedliche Korallen antreffen, aber nicht so viele, wie im westlichen Pazifik. Man unterscheidet in der Karibik 75 Korallenarten und 500 Fischarten.

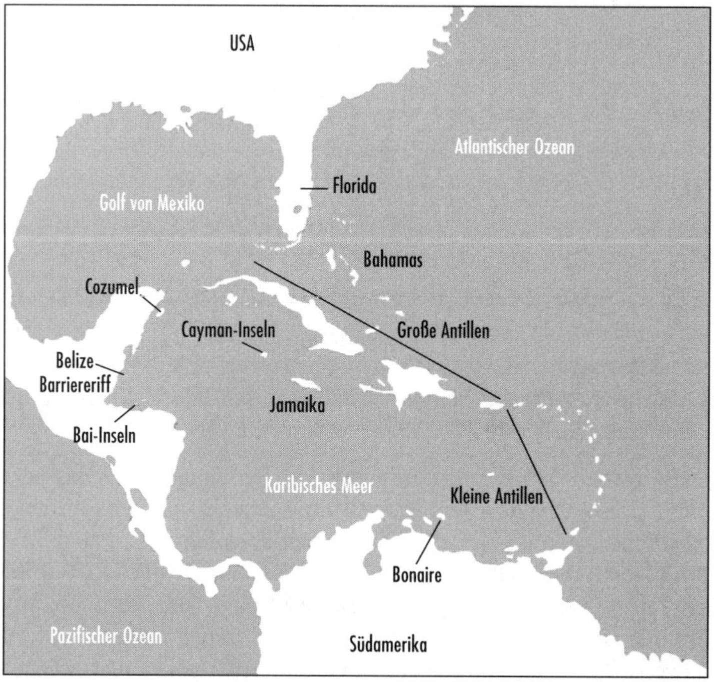

Abbildung 8.3: Die Karibik

Überall in der Karibik findet man hervorragende Bedingungen zum Tauchen vor, mit einer Ausnahme: Haiti. Die Korallenriffe von Haiti wurden zerstört und seine Gewässer leer gefischt. Leider sieht es so aus, dass die ganze Insel eine einzige Umweltkatastrophe darstellt. Die anderen Inseln der Großen Antillen haben da viel mehr zu bieten: Sowohl Kuba als auch Puerto Rico wie auch alle Kleine Antillen bieten gute Tauchmöglichkeiten.

Bonaire, an der nördlichen Küse Venezuelas gelegen, hat viele Maßnahmen ergriffen, um die Korallenriffe zu schützen und mehr Taucher anzulocken. Belize, an der Westseite des Karibischen Meeres gelegen, besitzt eines der wenigen Barriereriffs, weshalb hier der Tauchtourismus floriert. In der Karibik gibt es keine Atolle (Korallenriffe, die sich wie ein Ring um eine Insel herum aufgebaut haben, welche später im Meer versunken ist und auf die nur noch ein Korallenring an der Wasseroberfläche hinweist). Vor Belize gibt es aber drei Riffe, die sich auf Bergkuppeln bildeten, die bis knapp unter die Wasseroberfläche reichten. Diese haben die runde Form eines Atolls und heißen: Glover Reef, Turneffe Islands und Lighthouse Reef.

Cozumel, eine Insel vor dem mexikanischen Festland, teilt sich mit den Cayman Inseln den Ruf, die längste Tradition beim Sporttauchen in der Karibik vorweisen zu können – und gehört auch mit zum Besten, was die Karibik zu bieten hat. Strömungstauchgänge (siehe Kapitel 10) gehören auf Cozumel zu den beliebtesten Übungen. Auf den winzigen Cayman Inseln südlich von Kuba hat sich der Tauchsport bereits vor langer Zeit angesiedelt und bietet Ihnen viele Möglichkeiten.

Im Golf von Mexiko ist das Tauchen nicht so gut wie in der Karibik – die Sicht unter Wasser ist schlechter und es gibt nur ganz wenige Inseln, die etwas weiter von der Küste entfernt liegen.

Die durchschnittliche Wassertiefe beträgt in der Karibik etwa 2500 Meter. Die tiefste Stelle liegt im Cayman-Graben und misst 7146 Meter.

Das Mittelmeer

Das Mittelmeer ist ebenfalls nur ein Teil des Atlantiks, der über eine Meeresenge – der Straße von Gibraltar – mit diesem verbunden ist (siehe Abbildung 8.4). Die Hauptströmung verläuft entlang der Nordküste Afrikas und folgt dann, am östlichsten Ende des Meeres, den Küsten des Vorderen Orient, um schließlich in Richtung Westen an den Küsten Südeuropas entlang zu seinem Ausgangspunkt zurückzukehren.

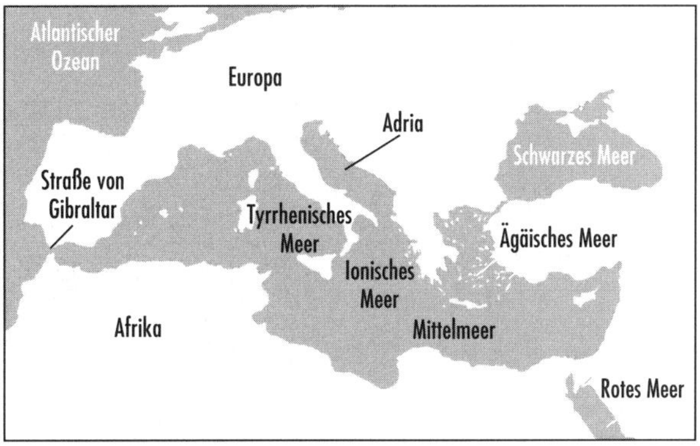

Abbildung 8.4: Das Mittelmeer

Das Mittelmeer hat nicht viel an Korallenwachstum zu bieten und ist bereits ziemlich leer gefischt. Da das Rote Meer nur ein paar Flugstunden weiter entfernt liegt, macht es nicht viel Sinn, hier tauchen zu gehen – außer man interessiert sich für Wracks und die Ruinen längst vergangener Kulturen, die vor allem in den griechischen Gewässern zu finden sind. Leider hat sich die griechische Regierung bisher als nicht sehr kooperativ gegenüber den Tauchern gezeigt. Was ja eigentlich auch verständlich ist bei der großen Menge von gestohlenen Artefakten. Als Taucher wollen wir hoffen, dass die von Tauchtouristen erbrachten Devisen bald einen Sinneswandel herbeiführen und Grund sind, das Tauchen unter Aufsicht an diesen Plätzen zu gestatten.

Die durchschnittliche Tiefe des Mittelmeers beträgt 1391 Meter; die tiefste Stelle liegt bei 4877 Metern.

Der Indische Ozean

Der größte Teil des Indischen Ozeans (siehe Abbildung 8.5) liegt in der südlichen Hemisphäre. Er stellt den drittgrößten Ozean dar, seine vorherrschenden Strömungen verlaufen im Norden im Uhrzeiger- und im Süden im Gegenuhrzeigersinn. Im Indischen Ozean befinden sich den Küsten vorgelagert schöne Korallenbänke, außer ganz im Norden im Golf von Bengalen und im Arabischen Meer. Das Andamanische Meer, im Osten gelegen, ist ein bekanntes Tauchgebiet, in dem viele Lebewesen anzutreffen sind, die auch in Indonesien und dem Westlichen Pazifik vorkommen. Vor Westaustralien befindet sich ebenfalls ein bekanntes Taucherparadies, das Ningaloo Reef, vor der Stadt Exmouth im Meer gelegen. Hier begegnen Sie mit ziemlicher Wahrscheinlichkeit dem größten Fisch auf Erden, dem Walhai. Vor der Küste von Südafrika liegen auch einige interessante Tauchplätze; allerdings weist die Insel Madagaskar erschreckende Umweltschäden auf.

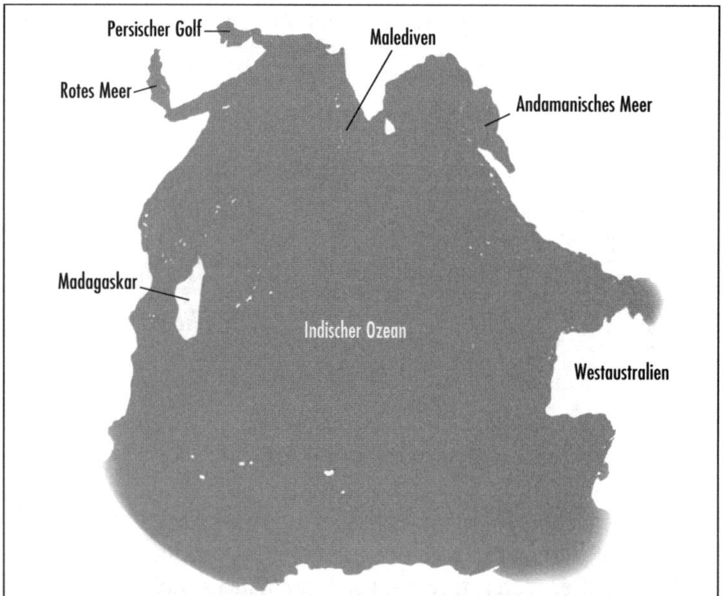

Abbildung 8.5: Der Indische Ozean

Auf den Malediven befinden sich mit die besten Tauchplätze im Indischen Ozean. Die Malediven, über die Sie im dreizehnten Kapitel noch mehr erfahren werden, bestehen aus einer Kette von 26 Atollen, die sich von der Südwest-Spitze Indiens bis über den Äquator hinaus erstrecken. Die Republik Malediven setzt sich aus vielen winzigen Inseln zusammen, auf denen weder Berge noch Flüsse vorhanden sind, dafür aber eine unglaubliche Pracht unter Wasser zu sehen ist. Die Malediven sind sehr fortschrittlich, was die Vorschriften für das Fischen betrifft: dies ist nur mit Angel und Haken erlaubt. Da keine Fischernetze eingesetzt werden dürfen, ist eine erstaunliche Vielfalt und Menge von Fischen anzutreffen. Ich war noch nie von einem Tauchgang in den Malediven enttäuscht.

Die durchschnittliche Tiefe im Indischen Ozean beträgt 4026 Meter; die tiefste Stelle misst 9059 Meter.

Abbildung 8.6: Das Rote Meer

Das Rote Meer

Das Rote Meer ist eine Verlängerung des Indischen Ozeans und ragt wie ein Finger in nordwestlicher Richtung in das Land hinein (siehe Abbildung 8.6). Am südlichsten Punkt ist das Rote Meer über die Meeresenge Bab al Mandab mit dem Indischen Ozean verbunden. Im Norden wird es von der Sinai-Halbinsel in den Golf von Akaba im Osten und den Golf von Suez im Westen geteilt. Die Strömung verläuft in der Regel an der Ostküste entlang in Richtung Norden und zurück an der

Westküste. Die Strömungen werden aber an der Meeresenge von Bab El Mandab abgeschwächt und sind daher nicht sehr stark.

Im Roten Meer herrschen ganz ausgezeichnete Bedingungen für das Korallenwachstum und es ist, vor allem im Norden – also in Ägypten und Israel – Heimat für viele einzigartige, endemische Fischarten. Sie haben dort allerorts die Gelegenheit, von einer Tauchbasis aus einen Tauchgang vorzunehmen. Die südliche Hälfte des Roten Meeres wird von Tauchern viel weniger aufgesucht und ist daher noch ursprünglicher. Es gibt zahlreiche Boote, auf denen Sie übernachten können und die Sie dorthin bringen, und das ist wahrscheinlich der beste (wenn nicht sogar einzige) Weg, um in diese Gegend zu gelangen.

Wind und Wasser

Mehr als alles andere beeinflusst der Wind die Bewegung des Meeres. Die Gezeiten unterliegen der Anziehungskraft von Sonne und Mond und können durch Erdbeben oder Vulkanausbrüche kurzzeitig im Bewegungsablauf gestört werden. Den größten Einfluss hat aber der Wind. Riesige Wassermengen, die sich im Meer in eine Richtung bewegen, nennt man Strömungen, und diese können gewaltig sein. So kann zum Beispiel der Golfstrom, der zwischen der Südspitze Floridas und Kuba fließt, eine Geschwindigkeit von vier Knoten (etwa 7,7 km/h) erreichen. Dieser trägt so viel Wasser mit sich, dass damit mehrere hundert Mal der Mississippi gefüllt werden könnte.

Eine bewegte Masse

Wasser wird in und sogar zwischen den Ozeanen durch Strömungen hin und her bewegt. *Strömungen*, wie sie in Abbildung 8.2 dargestellt sind, entstehen dadurch, dass ein konstant vorherrschender Wind auf die Wasseroberfläche bläst und das Wasser vom Wind vorangetrieben wird.

Die vorherrschenden Winde, nehmen wir als Beispiel den Pazifik, blasen von Ost nach West. Dies erzeugt am Äquator eine Strömung, welche das warme Wasser an der Oberfläche des östlichen Teils des Pazifiks, also von der Westküste von Mittel- und Südamerika aus, in den westlichen Pazifik, also nach Südost-Asien treibt. Auf Höhe der mittleren Breitengrade weht der Wind hauptsächlich aus dem Nordwesten, wodurch das Oberflächenwasser in den Südosten getrieben wird. Hier muss jedoch berücksichtigt werden, dass Flüssigkeiten (zu denen auch die Gase gehören, da diese ebenfalls fließen können), die sich in Nord-Süd-Richtung bewegen, dem *Coriolis Effekt* unterliegen, was bedeutet, dass sie, wegen der Erdrotation, in Richtung Westen abgeleitet werden. An der Westküste von Nordamerika entlang drücken die vorherrschenden Winde das Oberflächenwasser in südliche Richtung, welches aufgrund des Coriolis Effekts in den Westen abgelenkt wird – aufs offene Meer hinaus.

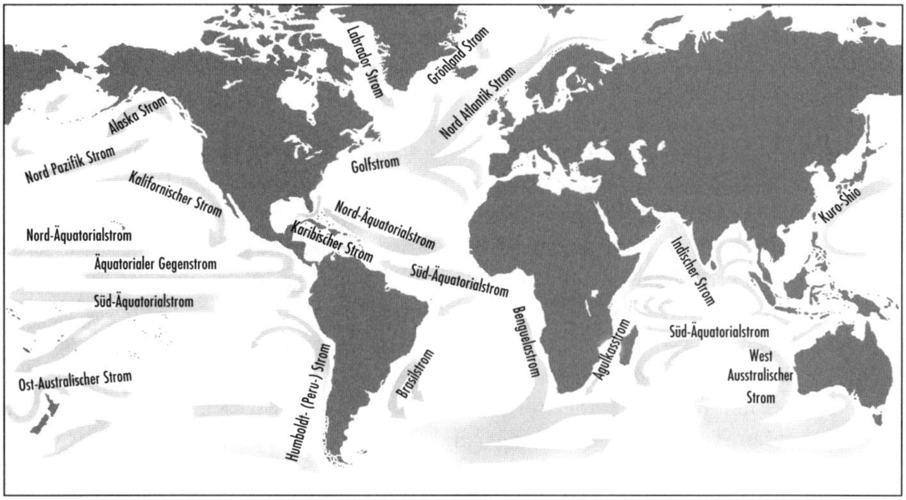

Abbildung 8.7: Die Ozeane und ihre Oberflächenströmungen

Wenn das Oberflächenwasser ins Meer hinaus gedrückt wird, steigt kühles, nährstoffreiches Wasser von unten hoch, um dessen Platz einzunehmen. Dieser Vorgang - *Hochströmung* genannt – verursacht eine zweite, vertikale Strömung aus der Tiefe an die Oberfläche. Wegen dieser Strömung, die Nährstoffe aus den Tiefen des Ozeans an die sonnenbeschienene Oberfläche trägt, gehört die Westküste Amerikas zu einer der fischreichsten Gegenden in der Welt.

Die Meeresströmungen sorgen für die Zirkulation des Wassers und somit den Transport von Nährstoffen und Lebewesen. Verallgemeinernd kann man sagen, dass wegen des Einflusses des Coriolis Effekts die Strömungen in der nördlichen Hemisphäre im Uhrzeigersinn und in der südlichen Hemisphäre im Gegenuhrzeigersinn zirkulieren. An den Stellen, wo sich die Strömungen an der Meeresoberfläche ausbreiten können, bewegen sie sich langsam weiter und sind selten sehr tief. Sogar eine ziemlich starke Oberflächenströmung kann in 100 m Entfernung kaum wahrgenommen werden. Wenn die Strömungen aber in ihrer Ausbreitung eingeschränkt werden, wie etwa in Meeresengen, können sie sehr schnell und sehr tief werden. An einigen Stellen ist die Strömung des Golfstroms noch in einer Tiefe von 850 m zu spüren.

Das Gute an der Sache ist, dass wir wissen, wo wir auf starke Meeresströmungen stoßen und deshalb auf der Hut sein und diese sogar nutzen können. Deshalb haben die Taucher selten Probleme mit dieser Naturgewalt. Im Gegenteil, oft haben wir sogar unseren Spaß damit, so wie auf der Insel Cozumel, um die der Golfstrom zirkuliert, von dem wir uns tragen lassen. Da in dieser Region auch noch ein reges Leben unter Wasser zu beobachten ist, gehört diese Gegend mit zu den beliebtesten Zielen für die am Strömungstauchen interessierten Sporttaucher.

Wellen

Der Wind ist aber nicht nur für Strömungen, sondern auch für die vertrauteren und weithin sichtbaren *Wellen* verantwortlich.

Winde entstehen aufgrund der ungleichmäßigen Erwärmung und Abkühlung der Erdatmosphäre und vieler anderer, ausgesprochen komplizierter Bewegungskräfte. Der Wind bläst auf das Wasser, wo durch das Aneinanderreiben zweier unterschiedlicher Kräfte Wellen entstehen. Eine leichte Brise erzeugt nur ein leichtes Kräuseln an der Wasseroberfläche, welches sich schnell wieder auflöst. Wenn aber der Wind über einen längeren Zeitraum hinweg über eine große Fläche weht, werden die Wellen schon erheblich größer. Je höher die Wellen sind, desto leichter hat es der Wind, seine Energie auf das Wasser zu übertragen, da der Rücken der Wellen mehr Angriffsfläche bietet. Je stärker der Wind bläst, desto höher werden die Wellen. Es gibt aber eine Grenze, die bei einem Verhältnis von etwa 1:7 liegt. Wenn die Wellenhöhe ungefähr den siebten Teil der Wellenlänge (der Abstand zwischen Wellenkamm und Wellenkamm) erreicht hat, bricht sie und formt *Schaumkronen*.

Wellen werden auf zweierlei Art gemessen: Länge und Höhe (siehe Abbildung 8.8). Die Wellenlänge bezeichnet den Abstand zwischen Wellenkamm und Wellenkamm und die Wellenhöhe die vertikale Distanz zwischen dem Wellental und dem Wellenkamm. Die Wellenlänge und die Größe der Wellen ist direkt von der Stärke des Windes abhängig, wie lange er bläst und wie groß die Fläche ist, auf die er bläst. Die größte Welle, die jemals registriert wurde, beobachtete man nach einer langen Schlechtwetterperiode im Nordpazifik. Ihre Höhe wurde auf 34 m geschätzt. Wenn schon der Gedanke daran Sie seekrank werden lässt, sollten Sie sich damit beruhigen, dass diese enormen Wasserberge sehr sehr selten sind. Die Hälfte aller Meereswellen sind keine 1,20 m hoch und 65 Prozent sind kaum 2 m hoch. Die wirklich beeindruckenden Wellen – 3,5 m und höher – haben einen Anteil von 20 Prozent und die über 6 m hohen nur noch 10 Prozent. Wenn Sie das nächste Mal über der Reling hängen und ihr Mittagessen den Heringen opfern, wissen Sie, wer daran schuld ist – der Wind!

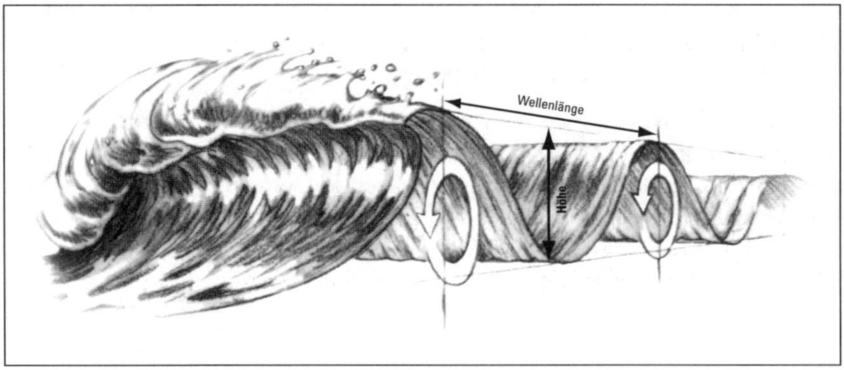

Abbbildung 8.8: Der Aufbau einer Welle

Wenn die Wellen den Einflussbereich des Windes verlassen, können sie sich sozusagen besser organisieren und vereinigen, wodurch sich sowohl die Wellenlänge als auch die Geschwindigkeit erhöhen. Die Welle schwillt an, bäumt sich gewissermaßen auf, bis ihre Bewegungsenergie verbraucht ist, oder sie trifft auf eine Landmasse und ihre Energie zerstreut sich in der Brandung. Wenn der Wind aus der Gegenrichtung zur Welle bläst, kann sich diese völlig auflösen. Wenn der Wind der Welle jedoch den »Rücken« stärkt, schwillt sie natürlich weiter an. Das bedeutet aber nicht, dass bei Windstille keine Brandung herrschen kann. Sogar an klaren, windstillen Tagen kann die Brandung sehr hoch sein; Ursache sind Wellen, die weit draußen im Meer gebildet wurden. Angenehme Witterungsbedingungen sind also keine Garantie dafür, dass der Einstieg ins Wasser vom Land aus problemlos durchgeführt werden kann (im fünften Kapitel finden Sie mehr über das Tauchen vom Ufer aus).

Eine Welle, die auf Sie zukommt, kommt Ihnen wie eine riesige, sich bewegende Wand vor. Das ist aber nicht so. Es ist nur die *Form* der Welle, die vorwärts kommt, und nicht das Wasser selbst, das sich nur wenig bewegt. Das nächste Mal, wenn Sie wieder im Bett liegen, die Bettdecke bis unters Kinn hochgezogen, und sich die Frage stellen, wie so oft: »Wie zum Teufel bewegen sich Wellen fort?«, können Sie einen ganz einfachen Versuch durchführen. Nehmen Sie die Bettdecke am Ende in beide Hände und schütteln Sie leicht. Sie werden sehen, dass ein leichtes Kräuseln der Decke, ausgehend von dem Ende der Decke, das Sie in den Händen halten, in Richtung Füße zu beobachten ist. Die Energiewelle, die Sie ausgelöst haben, pflanzt sich in der Bettdecke genau so fort wie eine Welle im Wasser. Jetzt können Sie endlich beruhigt einschlafen.

Das Wasser bewegt sich ein wenig, wenn sich die Welle darüber fortbewegt. Kleinste Teilchen im Wasser bewegen sich im Kreis und werden von der ankommenden Welle angezogen, in ihr hochgehoben und, wenn die Welle vorbei ist, nahe ihrer Ausgangsposition zurückgelassen. Die Kreise, in denen sich die Teilchen bewegen, werden mit zunehmender Tiefe kleiner – die Energie der Welle ist an der Wasseroberfläche am stärksten. Das ist auch der Grund dafür, warum bei rauher See das Wasser darunter ganz ruhig sein kann. Eine *Woge,* eine plötzliche, kraftvolle, aber begrenzte Wasserbewegung, entsteht aus der Zirkulation von Wasserteilchen, die von einer vorüberkommenden Welle hochgehoben werden. Im flachen Wasser können Sie von einer Woge, die von einer Welle über ihnen verursacht wird, ganz schön herumgeschubst werden. Das ist aber nur ein kurzzeitiges Phänomen und Sie werden auch nicht davon fortgetragen. Je weiter unten im Wasser Sie sind, desto weniger merken Sie von einer Woge.

An der Wasseroberfläche (und um so deutlicher auf einem Boot) spürt man die Bewegung der Wellen am stärksten. Eine rauhe See kann einen Tauchgang vom Boot aus schwierig gestalten. In der Theorie stellen sich die Wellen ja relativ harmlos dar, aber wenn man mit ihnen zu tun hat, merkt man, dass die Sache doch viel komplexer ist. Durch den Einfluss des Windes können sich Wellen verstärken oder abschwächen oder die Richtung ändern. Wellen können sich aber auch überlagern, was dann der Fall ist, wenn verschiedene Wellen mit einem unterschiedlichen Entstehungsort aufeinandertreffen. Wenn bei der Überlagerung ein Wellental und ein Wellenkamm zusammentreffen, schwächt das die entstehende Welle; andererseits können zwei sich überlagernde Wellenkämme Wellen erzeugen, die höher sind als die ursprünglichen zwei. Wenn das der Fall ist, entstehen Wellen, von denen man schon viel Schlimmes gehört hat. Wahrheit oder Fantasieprodukt, es gibt einige Horrorgeschichten, denen zufolge eine dieser 30 m hohen Wellen über den Bug eines Schiffes fegte und die Brücke überschwemmte – Sie werden aber höchstwahrscheinlich nie eine dieser mystischen Giganten in Ihrem Tauchboot erleben.

Das *Verhalten von Wellen* zu verstehen und einschätzen zu können, setzt viel Erfahrung voraus. Für Taucher ist dies besonders wichtig, wenn sie vom Boot aus ins Wasser gehen oder von einem Tauchgang auf dieses zurückkehren. Mit der Zeit bekommen Sie ein Gefühl dafür – haben Sie nur Geduld.

Brandung

Wenn eine Welle vom Meer kommend flachere Gebiete, für gewöhnlich das Ufer, erreicht, macht sich der Einfluss des Meeresbodens auf diese bemerkbar. Die Welle wird langsamer und die Wellenlänge kürzer. Die nachfolgende Welle holt die vorausgehende ein und wird dadurch höher und steiler, bis sie schließlich als *Brandung* bricht. Taucher, die den Tauchgang am Ufer beginnen, müssen sich zuerst durch diese Brandung kämpfen. Es gibt hier einen einfachen und einen komplizierten Weg.

Um den einfachen Weg zu verstehen, müssen Sie wissen, wie und wann die Wellen brechen. Wellen brechen wenn das Verhältnis von ihrer Höhe zur Länge (bei einem Winkel von 120°) ungefähr 1:7 beträgt. Diesen Wendepunkt erreichen die Wellen in etwa da, wo die Wassertiefe in etwa der Höhe der Welle plus einem Drittel entspricht – eine ein Meter hohe Welle bricht bei einer Wassertiefe von etwa 1,30 m. Je weiter sich die Welle in immer flacher werdendes Wasser vorwärts bewegt, desto weniger Wasser ist da, um die kreisförmige Bewegung der Wasserteilchen, die sich vor ihr befinden, zu beenden. Die Welle bricht und wir sprechen von *Brandung*. Je nachdem, wie die sich brechenden Wellen geformt sind und wie die Bodenbeschaffenheit des Ufers aussieht, unterscheidet man zwischen drei unterschiedlichen Typen:

- ✔ **Brecher**: Dieser Wellentpy tritt auf, wenn das Ufer sehr steil ins Wasser fällt. Die Wellen kommen in diesem Fall natürlich sehr nahe ans Ufer und überspülen es, manchmal sogar ohne vorher zu brechen. Die Brandungszone, sofern überhaupt vorhanden, ist sehr kurz. Das Ganze sieht also für einen Einstieg recht verlockend aus. Ist es aber nicht, da diese Wellen mit aller Gewalt am Ufer aufschlagen. Die Kraft dieser Welle kann Sie herumwirbeln wie einen Rodeo-Cowboy. Seien Sie hier beim Einstieg ins Wasser vorsichtig.
- ✔ **Dünungswellen**: Diese Wellen finden wir vor, wenn der Boden allmählich tiefer wird. In diesem Fall geben die Wellen ihre Energie langsam frei. Diese Welle bäumt sich langsam auf und fällt, wenn die maximale Höhe erreicht ist, in sich zusammen. Der Brandungsbereich ist hier meist sehr breit, was bedeutet, dass Sie bei einem Tauchgang vom Ufer aus ein gutes Stück hinauswaten müssen.

Dafür werden Ihnen die Wellen aber kaum Schwierigkeiten bereiten und die Wogen fallen ebenfalls schwach aus.

Brandungswellen: Das sind die Wellen, die von den Surfern am meisten geliebt werden. Sie treten da auf, wo das Wasser plötzlich auf einen flachen Untergrund trifft, wie es meist bei Riffen der Fall ist. Die Welle, die sich aufs Land zubewegt, hat plötzlich nicht mehr ausreichend Wasser vor sich, um die kreisförmige Bewegung zu beenden. Sie bäumt sich in die Höhe und bricht, einen Halbkreis formend, in sich zusammen. Die Brandungszone ist hier relativ schmal. Da aber die Wellen mit großer Gewalt brechen, sollten Taucher den Einstieg hier vermeiden, es sei denn, die Wellen sind nur kniehoch. Wenn sie höher sind, dann gehen Sie lieber Surfen. Da all diese Wassermassen ja irgendwie wieder ins Meer zurückfließen müssen, entstehen an bestimmten Stellen Strömungen (siehe nachfolgenden Abschnitt) oder Riffpassagen, die der Taucher ausnutzen kann, um hinter die Brecher zu gelangen. Das Problem besteht dann natürlich darin, wie man wieder zurückkommt. Machen Sie daher niemals den Fehler, sich von einer Strömung hinter die Brandung hinaustragen zu lassen, ohne sich vorher schon überlegt zu haben, wie Sie wieder zurückkommen.

Strömungen

Nicht alle Energie, die in der Welle steckt, wird von ihr an die Brandung abgegeben. All das Wasser, das sich am Ufer ansammelt, muss ja wieder wohin, und das ist zurück ins Meer. Beim Zurückfließen des Wassers entstehen starke Strömungen (siehe Abbildung 8.9, links). Diese Strömungen bilden sich zwischen oder neben den Zonen, an denen sich die Wellen brechen. Auf einem Strand, der relativ flach ist, befinden sich fast immer Sandbänke, an denen sich die Wellen brechen. Zwischen den Sandbänken entstehen Rinnen, in denen das Wasser wieder ins Meer zurückfließt.

Da, wo die Wellen von der Seite ankommen, kann das Wasser eine Strömung bilden, die parallel zum Ufer und in entgegengesetzter Richtung zu den Wellen verläuft (siehe Abbildung 8.9, rechts). In der Regel verläuft diese Strömung so lange parallel zum Ufer, bis sie auf ein Hindernis (Felsen, eine Landzung) trifft. Von hier aus wird die Strömung ins Meer zurückgelenkt.

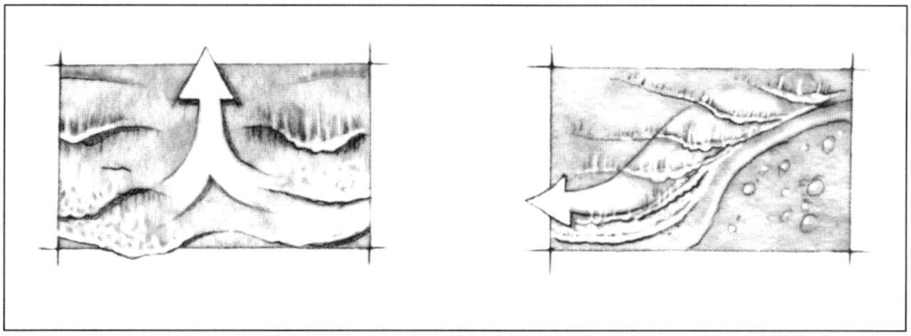

Abbildung 8.9: Verschiedene Strömungen

Die Strömungen am Ufer oder in Ufernähe können sehr reissend sein und dem Taucher, der hineingerät, gefährlich werden. Die parallel zum Strand verlaufenden Strömungen sind von den beiden die harmloseren, da Sie, wenn Sie von ihnen mitgerissen werden, immer noch ans Ufer zurückschwimmen können. Strömungen vom Ufer ins Meer hinaus sind wahrscheinlich die häufigste Ursache dafür, wenn Menschen ertrinken. Der erste Impuls ist es, gegen die Strömung, die einen erfasst hat, anzuschwimmen, um wieder das Ufer zu erreichen. Das ist aber oft ein vergeblicher Versuch, der noch dazu bald zur Erschöpfung führt. Schwimmen Sie niemals gegen eine Strömung an. Wenn Sie von der Strömung ins offene Meer hinausgetragen werden, schwimmen Sie im rechten Winkel, also parallel zum Ufer, gegen die Strömung an, bis Sie ihren Einfluss nicht mehr spüren, um dann ans Ufer zurück zu schwimmen. Die Strömungskanäle sind meist nicht sehr breit und ihre Kraft lässt kurz nach der Brandungszone bereits nach. Wenn Sie nicht die Nerven verlieren, sollten Sie mit diesem Problem zurecht kommen.

Sie erkennen eine Strömung zum Meer hinaus am Aussehen. Es ist ein trüber Strom von aufgewühltem Wasser, der sich zwischen zwei Brandungszonen gebildet hat. Der starke Sog nach draußen unterbricht das ansonsten gleichmäßige Wellenmuster. Sie können die Strömung aber auch testen, indem Sie ein Stück Holz oder Seegras in das Wasser werfen. Wenn diese schnell ins offene Meer hinaus getragen wird, ist die Strömung sehr stark.

Gezeiten

Der Wind ist natürlich nicht die einzige Kraft, die das Wasser bewegt. Die größten Wellen, zumindest was die Wellenlänge betrifft, entstehen durch die Wechselwirkung der Anziehungskräfte von Erde, Mond und Sonne. Wir nennen dieses Schauspiel der Natur die *Gezeiten*.

Ebbe und Flut

Die Anziehungskraft der Mondes zieht das Wasser auf der ihm zugewandten Seite zu sich heran, wodurch sich hier der Wasserstand erhöht. Da sich die Erde um die eigene Achse dreht, ist dieses Phänomen überall auf der Welt zu beobachten. Bei Flut sehen wir den Wellenkamm und bei Ebbe das Wellental. Diese Meeresbewegungen dürfen nicht mit den *Tsunamis* verwechselt werden, die durch seismische Tätigkeiten, wie etwa Erdbeben oder Vulkanausbrüche, hervorgerufen werden. (Mehr Informationen hierüber finden Sie im nachfolgenden Kasten.)

Wenn sich der Mond nicht bewegen würde, würden die hohen Wellen (die Flut) alle zwölf Stunden an einem bestimmten Punkt auf der Erde in Erscheinung treten. Da aber der Mond die Erde in der gleichen Richtung wie die der Erdumdrehung umkreist, ist der Zeitabstand zwischen zwei Fluten etwas länger – etwa 12 Stunden und 25 Minuten.

Die Sonne übt auf Ebbe und Flut ebenfalls einen Einfluss aus, da sie aber so weit entfernt ist, fällt dieser lange nicht so stark aus wie der des Mondes. Wenn die Sonne, der Mond und die Erde genau eine Linie bilden – zur Zeit des Voll- oder Neumonds – verstärkt die Sonne den Einfluss des Mondes auf Ebbe und Flut. Die Wellen werden höher bzw. das Wasser zieht sich weiter zurück. Wenn Sonne, Mond und Erde einen rechten Winkel zueinander bilden, schwächt die Sonne den Einfluss des Mondes ab, die Gezeiten sind weniger stark ausgeprägt.

Ebbe und Flut sind verantwortlich für starke, lokal auftretende Strömungen. Bei einer hohen Flut wird natürlich mehr Wasser bewegt, aber sogar bei durchschnittlichen Gezeiten können starke Strömungen am Ufer entstehen, vor allem am Eingang zu einem Riff oder einer Bai. Hier versuchen sich daher viele Taucher auch im Strömungstauchen, was viel Spaß bereiten kann. Andererseits wurden an solchen Stellen aber auch schon viele Taucher unangenehm überrascht, da das Wasser ein paar Stunden zuvor an dieser Stelle noch ganz ruhig war und sich plötzlich wild gebärdet. Erkundigen Sie sich daher immer erst, wenn Sie mit dem Gewässer noch nicht vertraut sind, nach den Zeiten für Ebbe und Flut und deren Auswirkungen.

Gezeitenströmungen

Große Wasserflächen, wie eine Bai oder eine Lagune, die mit dem Meer über eine enge Stelle verbunden sind, können unglaublich starke Strömungen verursachen. Während der Flut kommen vor dem Eingang in die Bucht große Wellen an. Da sich der Wasserspiegel in der Bucht und auf dem offenen Meer ausgleichen will, fließt Wasser in die Bucht. Während einer Ebbe ist der Vorgang natürlich genau umgekehrt. Je größer die Wasserfläche und je schmaler der Zufluss ist, umso stärker wird die Strömung. Wenn sich in diesem Zufluss auch noch Inseln oder irgendwelche anderen Hindernisse befinden, die dem Wasser im Wege sind, verstärkt sich natürlich ebenfalls die Strömung. Überall da, wo sich während der Gezeiten das Wasser durch eine enge Passage quetschen muss, wie etwa in der San Francisco Bay, entsteht eine starke Strömung, die so laut dröhnt wie Wildwasser in einer Schlucht.

Die wohl gefährlichste Form der von den Gezeiten verursachten Wellen ist die Springflut. Sie ist die Folge eines Gezeitenwechsel, der so schnell stattfindet, dass sofort eine riesige Welle ankommt. Dazu müssen aber gewisse Voraussetzungen erfüllt sein. So sind nur Flüsse und enge, flache, tunnelförmige Baien, (wie der Bay of Fundy in Nova Scotia) davon betroffen. Und das auch nur dann, wenn ein extremer Gezeitenwechsel vorliegt. Die in das Gewässer eindringende Welle wird durch den flachen Boden verlangsamt, so dass der Effekt eintritt, dass die Strömung des abfließenden Wassers schneller ist als die Welle, die ihr entgegenkommt. Die Welle wird sich aufgrund dieses Widerstands riesengroß aufbäumen und mit großer Kraft stromaufwärts schieben. Die Seine in Frankreich wird immer wieder Opfer einer Springflut (die in Frankreich *Mascaret* genannt wird). In Paris hat man Wellen von 7 m Höhe gemessen, die sich mit einer Geschwindigkeit von 25 km/h die Seine aufwärts bewegten. Diese Wellen töteten Victor Hugos frisch vermählte Tochter und deren Ehemann, die genau in dem Moment am Haus von Victor Hugo vorbeisegelten, als die Welle ankam.

Man kann die Gezeiten und auch Springfluten heutzutage sehr gut vorhersehen und Tragödien, wie sie sich vor dem Haus von Victor Hugo abgespielt haben, vermeiden. Der Gezeitenwechsel in den Buchten und Lagunen beeinflusst auch das Leben unter Wasser, weshalb er bei einem Tauchgang berücksichtigt werden soll. Während der *Ebbe*, wenn das Wasser wieder abfließt, werden aus Flüssen und flachen Buchten oft Sedimente und Verunreinigungen mitgetragen, wodurch sich das Wasser trübt, was einen Taucher natürlich nicht freut. Während der *Flut* wird frisches Wasser in die Bucht getragen und die Sicht ist unter Wasser wesentlich besser als während der Ebbe. Das und die starke Strömung sind der Grund dafür, warum an solchen Plätzen gerne Strömungstauchgänge vorgenommen werden (mehr über diese Art des Tauchens erfahren Sie im zehnten Kapitel). Während des Gezeitenwechsels kommen viele Meerestiere in die davon betroffenen Gebiete, da die Strömung Nährstoffe und Plankton mit sich trägt.

Tsunamis

Tsunamis (Riesenwellen) werden durch seismische Erdbewegungen, wie Erdbeben oder Vulkanausbrüche, hervorgerufen. Die Welle kann sehr lang sein – bis zu 200 km –, wobei der Kamm oft nicht mehr als einen halben Meter hoch ist. Im tiefen Wasser bemerkt man diese Welle kaum, sobald sie aber flaches Gewässer erreicht, kann ihre Auswirkung katastrophal sein.

Tsunamis breiten sich schnell aus, bis zu 850 km/h. Wenn diese Welle flachen Grund erreicht, verlangsamt sie sich vorne, während hinten die Welle mit großer Macht nachdrückt und sich steil und hoch aufbäumt. Schließlich wird die Welle instabil und bricht in sich zusammen, wobei sie einen riesigen Wasserschwall verbreitet.

Tsunamis können sehr große Schäden verursachen. Die Eruption des Krakatoa Vulkans im Jahre 1883 löste Wellen aus, die zwischen 20 und 40 m hoch waren. Zehntausende ertranken und ein Kriegsschiff, das vor Sumatra den Anker ausgeworfen hatte, wurde 5 km ins Landesinnere geschwemmt. Zum Glück sind Tsunamis sehr selten, selbst im Pazifischen Becken, wo seismische Aktivitäten häufig auftreten.

Rezept für blaues Wasser

So wichtig wie die Kenntnis über die Bewegung des Wassers sind für den Taucher auch andere Bedingungen, die er antrifft. Meist macht er sich nur über zwei Dinge Gedanken – Sicht und Temperatur. In einer Umgebung, die so komplex und umfassend ist wie das Meer, spielt aber noch mehr eine wichtige Rolle, dessen Einfluss dem Taucher vielleicht gar nicht bewusst ist.

Wasserkreislauf

Das meiste Wasser auf der Erde befindet sich in den Meeren und Seen, von wo aus es ständig in die Atmosphäre abgegeben wird, einen bestimmten Prozess, den Wasserkreislauf, durchläuft und wieder zur Erde zurückkehrt (siehe Abbildung 8.10). Das Wasser verdunstet in der Sonne (wird zu Wasserdampf). Der Dampf steigt hoch in die Atmosphäre, kondensiert, bildet Wolken und fällt als Niederschlag wieder auf die Erde. Wasser, das auf festen Boden fällt, fließt in Flüsse und Bäche und kehrt auf diese Weise wieder ins Meer zurück oder es versickert, bildet Grundwasser, das sich ebenfalls langsam wieder mit dem Meer vereint.

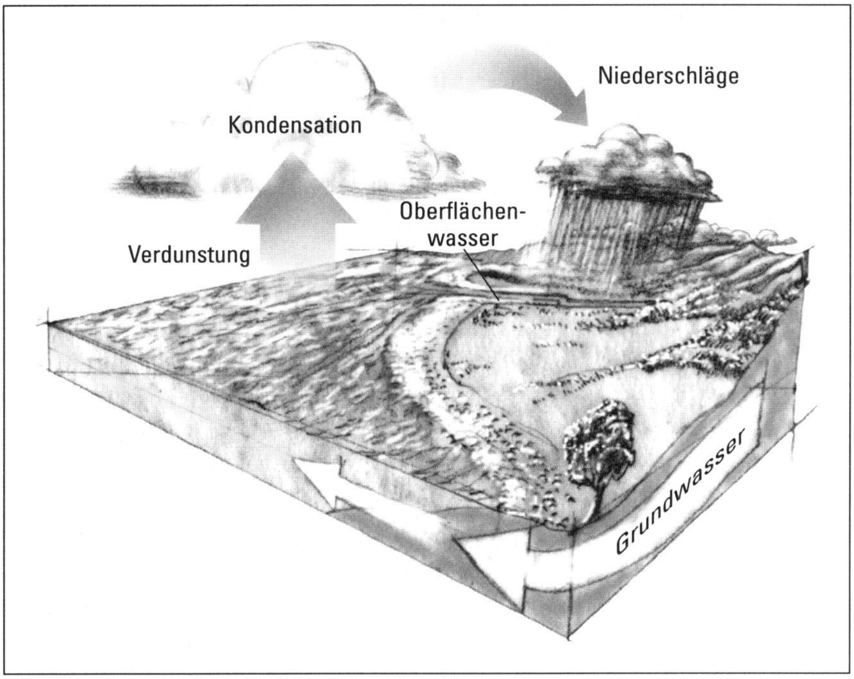

Abbildung 8.10: Der Wasserkreislauf

Auf dem Weg zurück in die Meere entziehen sowohl das Grund- als auch das Oberflächenwasser dem Boden Mineralstoffe und schwemmen diese zusammen mit Sedimenten und organischen Verbindungen in das Meer. Das Meerwasser enthält Spuren aller natürlich vorkommenden Verbindungen und immer mehr auch solche, die synthetisch hergestellt werden – zusätzlich zu den Umweltgiften, die nicht natürlich abgebaut werden, wie etwa PCB, DDT und chlorhaltige Verbindungen, was den Umweltschutz-Verbänden große Sorgen bereitet. Die Konzentration der Umweltgifte steigt kontinuierlich an, und stellt eine ernst zu nehmende Bedrohung für die im Meer vorkommenden Pflanzen und Tiere dar.

Die Vegetation auf dem Land und die Sümpfe in Ufernähe filtrieren viele Sedimentstoffe und Umweltgifte aus dem Wasser, bevor diese in das Meer gelangen. (Die Verunreinigung und Gefährdung dieser Gebiete ist ein anderes Problem.) In Gegenden, die abgeholzt wurden, oder in Sümpfen, die trocken gelegt sind, funktioniert dieser vorgeschaltete Reinigungsprozess natürlich nicht mehr, so dass all die unerwünschten Stoffe direkt ins Meer fließen, sich über das Riff ergießen und es zerstören.

Das Salz – für niemand überraschend – ist die Substanz, die im Wasser in höchster Konzentration vorhanden ist. Der Salzgehalt wird in ppt (parts per thousand) angegeben. Im Durchschnitt befinden sich im Meereswasser 35 ppt Salz. Natürlich gibt es geringfügige regionale Unterschiede – Verdunstung und Zufluss von Süßwasser. Im Roten Meer zum Beispiel liegt der Salzgehalt bei 40 ppt, da in dieser Gegend sehr wenig Regen fällt und die Verdunstung in dem heißen Klima sehr hoch ist. Wenn Sie den Salzgehalt des Meeres in der Nähe eines Süßwasserzuflusses messen, ist dieser Wert natürlich viel geringer. Trinken Sie trotzdem nicht davon, das ist besser, glauben Sie mir.

Korallen leben nicht gern in einer Umgebung, wo viel Sediment angeschwemmt wird und der Salzgehalt wegen der Frischwasserzufuhr niedrig ist.

Sichtweite

Unter Sichtweite versteht man, wie weit Sie unter Wasser horizontal sehen können. Die Werte können zwischen ein paar Zentimetern bis zu etwa 70 Metern liegen. Man hört immer wieder Märchen über unglaubliche Sichtweiten unter Wasser, meine Erfahrung hat jedoch gezeigt, dass die obere Grenze etwa 70 Meter beträgt – vielleicht gibt es Ausnahmen, die sind dann aber wohl unter den Polarkappen zu finden.

Die Sichtweite wird von vielen Faktoren beeinflusst und kann sich von Jahreszeit zu Jahreszeit, von Tag zu Tag und sogar von Stunde zu Stunde verändern, da Strömungen, das Wetter, Plankton und die Zusammensetzung des Meeresbodens einen großen Einfluss darauf haben. Schmutziges Regenwasser in Küstennähe und Planktonteppiche im Meer können die Sicht beeinträchtigen, wie auch Nährstoffe und kleine Teilchen die vom Meeresboden aus nach oben treiben oder von Tauchern aufgewirbelt werden.

Für den Menschen ist das Auge ein sehr wichtiges Sinnesorgan und beim Tauchen müssen wir uns hauptsächlich darauf verlassen – es versteht sich daher von selbst, dass wir gute Sichtverhältnissen bevorzugen. Bei schlechter Sicht können Sie schnell Ihren Tauchpartner aus den Augen verlieren und die Dinge um Sie herum nicht richtig erkennen, was den Tauchspaß natürlich beeinträchtigt. Wenn die Sichtverhältnisse sehr schlecht sind, verlieren Sie vielleicht sogar die Orientierung unter Wasser. Vielleicht hätten Sie es nie für möglich gehalten, aber schon mehr als ein Taucher konnte bei schlechter Sicht nicht mehr mit Sicherheit erkennen, wo oben und unten ist. Bei sehr schlechten Sichtverhältnissen sollten Sie nicht tauchen gehen, außer Sie haben dafür ein Spezialtraining absolviert.

Komischerweise können sehr gute Lichtverhältnisse für den Taucher unter Wasser ebenfalls Probleme verursachen. Wegen der Lichtbrechung sieht unter Wasser alles größer aus, als es tatsächlich ist, und wir unterliegen daher der Täuschung, dass der Meeresboden viel näher ist, als er es wirklich ist. Manche Taucher klagen in sehr klarem Wasser beim Auf- oder Abtauchen auch über Schwindelgefühle.

Temperatur

Die Temperatur des Wassers ist nicht nur bei der Auswahl des geeigneten Taucherzugs wichtig. Die Wassertemperaturen bewegen irgendwo zwischen 3° C in den Polarmeeren und 30° C in tropischen Gewässern. Meeresströmungen bewegen sowohl warmes als auch kaltes Wasser in horizontaler Richtung weiter, was natürlich das Leben unter Wasser vor Ort beeinflusst. Obwohl alle Meere miteinander verbunden sind, stellen sie dennoch wegen der unterschiedlichen klimatischen Bedingungen ganz eigene Welten dar.

Temperatur und Landmassen können für manche Tierarten eine unbezwingbare Hürde darstellen. Die Seeschlange zum Beispiel ist ein Tier, das sich im Indo-Pazifischen Raum entwickelte und höchstwahrscheinlich von australischen Landbewohnern abstammt. Die Seeschlangen reagieren extrem stark auf Temperatur und können unter 20° C nicht existieren. Sie sind von den tropischen Gewässern des Pazifiks zu den Küsten Südamerikas gewandert und über den Indischen Ozean bis an die Küsten Afrikas, aber nie wurde eine Seeschlange im Atlantik angetroffen – um dorthin zu gelangen müsste sie um die Südspitze Afrikas oder Südamerikas schwimmen, deren Wasser aber viel zu kalt sind. Auch der Panamakanal scheidet als Weg in den Atlantik aus, da sich am Ende des Kanals ein Süßwassersee, der Gatun Lake, befindet. Viele im Meer lebende Tierarten, wie auch die Seeschlange, sind kaltblütig – ihre Körpertemperatur entspricht der sie umgebenden Wassertemperatur. Mit Ausnahme einiger großer Arten, wie zum Beispiel dem Tunfisch, können diese Arten ihre Körpertemperatur nicht regulieren und leben ausschließlich in einem von der Temperatur begrenzten Bereich. Die Temperaturen sind natürlich auch immer von der Jahreszeit abhängig, der Unterschied beträgt aber nie mehr als 6-7° C.

Thermische Sprungschicht

Die Wassertemperaturen sind natürlich auch von der Wassertiefe abhängig. Im Allgemeinen nimmt mit zunehmender Tiefe die Temperatur ab, da weiter unten die Sonnenstrahlen an Einfluss verlieren und das Wasser auch nicht so schnell zirkuliert wie an der Oberfläche. Manchmal kann der Wechsel zwischen dem warmen Wasser an der Oberfläche und dem kühleren Wasser in der Tiefe abrupt eintreten, was besonders dann der Fall ist, wenn die freie Zirkulation behindert wird. Dies bezeichnet man als *thermische Sprungschicht* oder einfach nur Sprungschicht. Sprungschichten können in jeder beliebigen Tiefe in Süßwasser wie in Salzwasser auftreten. Manchmal kann man diese Schicht auch optisch wahrnehmen, etwa so, wie das Flimmern eines Straßenbelages in der Hitze. Diese Verzerrung sieht man mitunter auch zwischen Schichten von Süß- und Salzwasser.

Was gibt's da unten zu sehen?

9

In diesem Kapitel

- Das Korallenriff
- Das Ökosystem unter Wasser
- Bitte Abstand halten – unangenehme Unterwasser-Bewohner
- Was gibt es sonst noch Interessantes zu entdecken?

Die wenigsten Leute gehen nur deshalb Tauchen, weil sie das Gefühl unter Wasser so toll finden – der wesentliche Beweggrund ist der, dass es da unten so wunderbare Dinge zu sehen gibt. In diesem Kapitel erfahren Sie, was Sie in diesem größten, noch am wenigsten erforschten Teil der Erde erwartet.

Das Korallenriff

Korallenriffe sind aus den Skeletten von koloniebildenden Korallen aufgebaut. Die Architekten und Erbauer dieser fantastischen – und manchmal immens großen – Strukturen sind kleine, gelatinartige Kreaturen, die man Korallenpolypen nennt. Alle Korallenpolypen, wie sie in Abbildung 9.1 dargestellt sind, haben als gemeinsames Merkmal in der Mitte ein Maul, das von Tentakeln umgeben ist, unterscheiden sich ansonsten jedoch wesentlich in Größe, Form und Bau. Die Riffe bestehen aus Kalksteinsekretionen, die manche Korallenpolypen zur Skelettbildung verwenden. Riffe können gewaltige Ausmaße annehmen und alles in den Schatten stellen, was jemals von Menschenhand geschaffen wurde. Das Große Barriereriff, das vor Queensland, Australien, im Meer liegt, ist das größte Bauwerk auf Erden. Es ist so groß (ca. 2000 km lang), dass es sogar vom Weltall aus zu sehen ist. Die Erbauer aber sind in den meisten Fällen nicht größer als ein Fingernagel. Die größte Anzahl und Vielfalt der Unterwasser-Bewohner lebt in und um Korallenriffe herum – darum werden sie von Tauchern auch so gerne aufgesucht. Die Korallen teilen sich in zwei Gruppen auf: die Hermatypen (solche, die Riffe bauen) und Ahermatypen (diejenigen, die das nicht tun).

Die dem Hermatyp angehörigen Korallenpolypen bauen Riffe, indem sie eine einzigartige Partnerschaft mit mikroskopisch kleinen Pflanzen, den *Zooxanthellen*, die in ihrem Gewebe leben, eingehen. Die Polypen versorgen die Zooxanthellen mit Kohlendioxid, welches die Zooxanthellen mit Hilfe von Sonnenlicht und Seewasser in Sauerstoff und Kohlenhydrate umwandeln. Die Polypen bilden mit den überschüssigen Kohlenhydraten Kalziumkarbonat (Kalkstein), welches das Skelett bildet, in dem sie leben und die zusammen diese grandiosen Riffe aus Hartkorallen bilden. Hermatypen leben nur in klarem, flachem Wasser, da die Zooxanthellen ohne Sonnenlicht keine Nahrung erzeugen und somit die Korallen nicht überleben können. Ihre Nahrung bekommen die Hermatypen hauptsächlich von den Zooxanthellen, sie greifen aber auch zu, wenn ein Plankton von der Strömung herbeigetragen wird. Abbildung 9.2. zeigt ein Beispiel für hermatype Korallenpolypen. Ahermatypen oder Weichkorallen leben ohne Zooxanthellen und ernähren sich ausschließlich von vorbeischwimmendem Plankton. Diese Korallenart kommt ebenfalls im Riff vor, benötigt aber kein Sonnenlicht, sondern starke Strömungen, die ausreichend Plankton herbeitragen. Die Weichkorallen leben oft in Höhlen oder Überhängen, weiter unten im Meer, wo das Wasser kühler ist. Hermatypen können unter diesen Bedingungen nicht leben. (Abbildung 9.2 enthält ein Beispiel für ahermatype Korallen.)

Abbildung 9.1: Bei den Korallenpolypen wird ein sich im Zentrum befindendes Maul von Tentakeln eingerahmt.

Die unglaubliche Vielfalt an Formen, die Korallen bilden können, hängt von einer Reihe sehr komplexer Faktoren ab, einschließlich dem, *an welcher Stelle* des Riffs sie wachsen. Auf der bewegten, der Meer zugewandten Seite des Riffs nehmen Sie meist kompakte – runde oder flache – Formen an. Auf der geschützten, dem Land zugewandten Seite, findet man die filigranen verästelten Formen, die den Wellen nicht standhalten könnten. Tiefer unten nehmen die Korallen meist eine größere, flache Form ein, um so viel Sonnenlicht wie möglich aufnehmen zu können.

Korallen sind aber nicht die einzigen Kreaturen, die zum Bau des Riffs beitragen. Kalkartige Algen, Schwämme, Seegras und eine Vielzahl von Weichtieren tun ebenfalls ihr Bestes dafür. Das Riff kann man sich wie die Unterwasserversion des Regenwaldes vorstellen. Wie im Regenwald, so lebt auch im Riff eine große Zahl unterschiedlicher Lebewesen. Fast ein Viertel aller im Ozean lebenden Tiere leben irgendwann während ihres Lebens mal im Riff. Sowohl das Riff als auch der Regenwald sind die Heimat vieler Tiere, die sonst nirgendwo angetroffen werden. Die Zerstörung dieser Ökosysteme würde einen unwiederbringlichen Verlust darstellen, sogar wenn man dies nur von einem rein pragmatischen Standpunkt aus betrachtet. Sie sind die Lagerstätte für die nächste Generation von Medikamenten und damit vielleicht die größte Hoffnung im Kampf gegen eine ganze Reihe von Krankheiten.

Abbildung 9.2: Sich verzweigende Korallen, wie diese elegante Elchgeweihkoralle (links), gehören zu Hermatypen oder Hartkorallen. Sie wachsen in den ruhigen Gewässern des Riffs. Ahermatype oder Weichkorallen (rechts) wachsen da, wo ihnen starke Strömungen Nahrung herbeitragen.

Korallenriffe gibt es nur in einem relativ kleinen Bereich, ungefähr 30° nördlich und südlich des Äquators (siehe Abbildung 9.3). Sie können im Prinzip in drei unterschiedliche Formen eingeteilt werden:

Saumriff: Bei den Saumriffen handelt es sich um muschelähnliche Erweiterungen des benachbarten Ufers, in der Regel einer Insel. Es wird vermutet, dass alle Korallenriffe einmal Saumriffe waren, da Korallenpolypen das flache Wasser um eine tropische Insel herum kolonisieren. Die meisten Inseln in der Karibik sind von einem Saumriff umgeben.

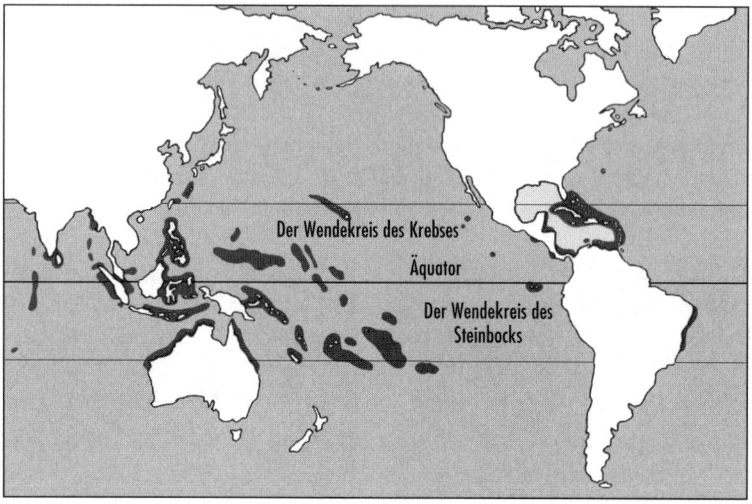

Abbildung 9.3: Korallenriffe (die dunklen Flecke) liegen alle in unmittelbarer Nähe des Äquators.

Atolle: Atolle bestehen aus einer Kette winziger Inseln, die eine Lagune völlig umschließen. Im Laufe der Zeit lagern sich Gesteinsreste und Korallensand an einem Saumriff an und formen winzige Eilande (Sandbänke, die sogar bei Flut noch aus dem Wasser ragen), die vor der Hauptinsel aus dem Wasser ragen – in der Karibik werden sie *cays* und im Südpazifik *motus* genannt. Wenn die Bedingungen es erlauben, wachsen Kokospalmen (und vielleicht auch noch ein paar andere Pflanzen, deren Samen der Wind herbeigeweht oder die Vögel verloren haben) auf der Insel und lassen eine Landschaft entstehen, mit deren Fotos uns die Reisebüros verführen möchten. Es kann sogar geschehen, dass die Hauptinsel im Meer versinkt und nur noch die Atolle übrig bleiben, die als Riff eine Lagune umsäumen. Rangiroa in Französisch-Polynesien bietet hierfür ein gutes Beispiel.

Barriereriff: Bei einem Barriereriff handelt es sich um eine wallähnliche Formation aus Korallen, die in der Regel weiter im Meer draußen liegt. Sie befinden sich am Rand eines *kontinentalen Rückens* (ein Bergrücken, der sich unter Wasser vom Ufer weg fortsetzt) oder dort, wo große Inseln im Meer versunken sind. Barriereriffe können viele Kilometer lang sein und sind für gewöhnlich vom Festland oder einer Insel durch eine breite, tiefe Lagune getrennt. Das Große Barriereriff vor der Nordostküste Australiens ist das Bekannteste und das Größte unter ihnen – es vereint allein drei Prozent aller Korallenriffe auf der Erde.

Die Formation eines Riffs ist ein langsames stetes Wachstum – die Bewegung der Wellen, Beutezüge der Menschen sowie die chemische und mechanische Zerstörung durch andere Organismen verlangsamen dieses Wachstum. Je nachdem, wo sich das Riff befindet und aus welchen Korallen es besteht, wächst es jährlich zwischen 1,5 und 12 cm. Der Aufbau eines Riffs kann Jahrhunderte dauern. Teile des Großen Barriereriffs sind schätzungsweise 1000 Jahre alt.

Weil die Korallenriffe so schön und faszinierend sind, sind sie für den Taucher auch so wichtig, aber nicht nur für ihn, sondern auch alle anderen Menschen, obwohl sie sich dessen wahrscheinlich gar nicht bewusst sind. Als ein natürlicher Wellenbrecher schwächt das Riff die Wellen ab und schützt somit flache Küsten und Inseln vor Überschwemmung und Zerstörung durch das offene Meer. Ein im Wachstum begriffenes Riff (und ein gesundes Riff ist immer im Wachstum begriffen) bietet Schutz und Nahrung für farbenfrohe und sehr unterschiedliche Bewohner: Fische, Schwämme, Weichtiere, Schalentiere und andere, weniger auffällige Organismen. Größere Fische, die sich von kleinen Tieren, wie Krabben, Krebsen, Barschen und Papageienfischen ernähren, sind Nahrungsmittel und Erwerbsquelle für die einheimische Bevölkerung.

Die Riffe sind in Gefahr

Der zivilisatorische Fortschritt hat unseren Korallenriffen ungemein geschadet – über 14 Millionen Hektar wurden in den letzten paar Jahrzehnten zerstört. Wenn die Zerstörung in diesem Tempo weitergeht, werden 70 Prozent der Korallenriffe noch zu unseren Lebzeiten für immer verschwinden. Sedimentbildung, das Leerfischen der Meere, Abwässer, das Fischen mit dem Netz und sonstige Umwelteinflüsse tragen alle zu der Zerstörung bei. Dennoch ist ein schwacher Silberstreifen der Hoffnung am Horizont zu erkennen.

Viele Länder haben inzwischen erkannt, wie wichtig der Erhalt der Riffe für das Ökosystem ist und Maßnahmen ergriffen, diese zu schützen. Die Ureinwohner der Inseln haben jahrhundertealte Erfahrung darin, von dem zu leben, was das Meer bietet, ohne es zu zerstören. Schön langsam besinnt man sich wieder der alten Traditionen und versucht, an diese anzuknüpfen. Die Riffe können geschützt werden, wenn man den momentanen Nutzen dem Langzeitziel unterordnet. Viele Umweltorganisationen bemühen sich um den Schutz der Riffe und sind dankbar für jede Unterstützung (siehe Appendix für Adressen von Umweltorganisationen).

Die Bewohner des Riffs

In einem gesunden Riff ist einiges los – es wimmelt von mikroskopisch kleinen bis gigantisch großen Lebewesen. Das Riff hält sie alle, durch ein vielfältiges Nahrungsangebot und gegenseitige Abhängigkeit, am Leben – es ist eines der komplexesten und miteinander verwobenen Ökosysteme auf unserem Planeten.

Die Fische sind die bevölkerungsstärksten Bewohner der Riffe – Sie können eine Vielzahl der unterschiedlichst gefärbten Exemplare aus dem Riff kommen und wieder dorthin verschwinden sehen. Mit etwas Glück werden Sie auch größere Arten, wie Haie oder Rochen beobachten können, die im offenen Wasser leben.

Übersehen Sie dabei nicht die anderen faszinierenden Kreaturen, die ebenfalls hier leben. Echinodermata, wie Seesterne, Federsterne, Seegurken und Seeigel, sind relativ groß, weshalb man sie auch leicht erkennt. Ihre Schalen haben ein charakteristisches, kreisrundes Muster. Schalentiere – Hummer, Krabben, Langusten und ihre Verwandten – überraschen durch die Vielzahl ihrer Farben und Variationen. Weichtiere (Mollusken), Schwämme, Würmer und noch vieles mehr ist im Riff zu Hause – nirgendwo, außer im Regenwald, finden Sie mehr Arten auf einem Fleck.

Die größte Artenvielfalt befindet sich im westlichen Pazifik. Dafür gibt es verschiedene Gründe. Es wird angenommen, dass sich während der letzten Eiszeit relativ flache Gewässer in drei, nicht miteinander verbundene Becken geteilt haben, in denen sich unterschiedliche Arten entwickelten. Die Bedingungen für das Korallenwachstum sind nicht mehr so gut, je weiter Sie sich im Pazifik Richtung Osten bewegen, weshalb auch eine deutliche Abnahme in der Artenvielfalt festzustellen ist. Im westlichen Pazifik kennt man etwa 2000 verschiedene Fischarten und man geht davon aus, dass man noch weitere entdecken wird. Um die Hawaii-Inseln herum findet man noch zirka 600 Arten und in den tieferen, kühleren Gewässern des Ostpazifiks nur noch zirka 300.

In den tropischen Gewässern des Atlantiks und der Karibik sind die Bedingungen für das Korallenwachstum ausgezeichnet, dennoch findet man hier keine allzu große Artenvielfalt vor: etwa 75 unterschiedliche Korallen und 500 Fischarten. Rein von der Evolution her betrachtet haben der Atlantik und die Karibik durchaus die Möglichkeit, mit dem westlichen Pazifik gleichzuziehen.

Ein Riff befindet sich zwischen dem offenen Meer und dem Ufer und verfügt über charakteristische, besondere Merkmale und Bewohner – siehe Abbildung 9.4. Jede dieser unterschiedlichen Formationen ist interessant, dennoch hat sich ganz deutlich gezeigt, dass einige bei den Tauchern beliebter sind als andere. Ein typisches Saumriff weist folgende Merkmale auf:

Das Saumriff: Zum offenen Meer hinaus, wo das Wachstum von den Wellen und der Strömung im besonderen Maß beeinflusst wird, ist das Riff am abwechslungsreichsten, da hier das Wasser am klarsten, die Lichtverhältnisse am günstigsten und die Versorgung mit Sauerstoff und Nährstoffen am besten ist. Dieser Teil des Riffs wird als das Saumriff bezeichnet – der Teil, der von den Tauchern am meisten geschätzt wird und in der Regel fast senkrecht ins Meer fällt. In dieser beeindruckenden Wand kommt es häufig zur Bildung von Vorsprüngen und Nischen. Je weiter Sie sich an der Wand nach unten bewegen, desto mehr Arten werden Sie antreffen, die das Licht scheuen. Der starke Wellengang und die hier herrschende Strömung können den Tauchgang schwierig gestalten, allerdings gibt es hier auch am meisten zu sehen.

Die Riffpassage: Tiefe Wasserrinnen, die das Riff durchziehen, bezeichnet man als Riffpassagen oder -kanäle. Sie entstehen in der Regel gegenüber der Mündung von Flüssen, wo der Frischwasserzufluss und Sedimente das Wachstum von Korallen behindern. Diese Wasserrinnen haben eine wichtige Funktion, da durch sie frisches Salzwasser in die Lagune ein- und daraus abfließen kann. Da die Passageöffnungen oft sehr schmal sind, können hier starke Strömungen entstehen. Für Taucher ist das nicht unbedingt nachteilig. Einfließendes Wasser, das bei Flut ziemlich schnell werden kann, bietet die Möglichkeit für Strömungstauchen (siehe Kapitel 10 für weitere Informationen). Die Taucher starten den Tauchgang von einem Boot auf dem offenen Meer aus und Durchschwimmen die Rinne, ohne die Schwimmflossen viel benutzen zu müssen. Diese Wasserrinnen bieten oft die Gelegenheit, große Meerestiere, wie Rochen, zu beobachten, die sich an dem von der Strömung herangetragenen Plankton sättigen.

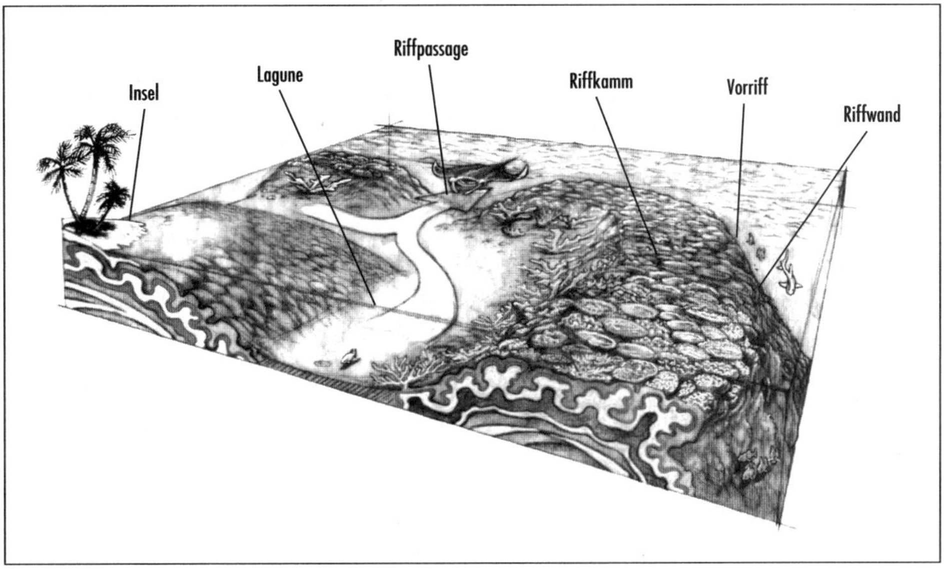

Abbildung 9.4: Die Formation eines Riffs

- **Die Lagune**: Die Wasserfläche, die sich innerhalb des Riffs befindet, nennt man Lagune. Lagunen können in ihrer Ausdehnung und Tiefe sehr unterschiedlich sein. Für gewöhnlich ist hier der Wellengang sehr ruhig, der Meeresboden sandig und der Wechsel zwischen Ebbe und Flut findet langsam statt. Empfindliche, verästelte Korallen und viele unterschiedliche Pflanzen und Tiere sind hier anzutreffen, da sie vor den mächtigen Wellen des Meeres geschützt sind. In den tieferen Lagunen kann sich sogar ein sekundäres Wachstum entwickeln. Lagunen sind oft auch ein wichtiges Verbreitungsgebiet für Seegras. Das Seegras hat einen flachen Halm, der etwa 18 bis 24 cm lang ist und in sandigem Booten wurzelt. Das Seegras gehört zu den wenigen Pflanzen, die im salzigen Wasser wachsen und den Meerestieren sowohl Nahrung als auch Schutz bieten, einschließlich der Nachkommen vieler Fischarten, die später im Riff wohnen werden.

- **Der Riffkamm:** Der Riffkamm ist der Bereich zwischen dem offenen Meer und der Lagune (oder dem Ufer, wenn keine Lagune dazwischen liegt). Das Wasser ist hier sehr flach – manchmal nur ein paar Zentimeter tief. Während der Ebbe sind oft Teile des Riffkamms zu sehen. Nur die zähesten Korallen können hier wachsen, und da dies nur horizontal möglich ist, sind große Teile des Riffkamms abgestorben und mit Sand, Korallengestein, Seegras und sonstigen Anschwemmungen bedeckt. Wenn sich genug angesammelt hat, entstehen winzige Eilande, die man *cays* oder *motus* bezeichnet. (Mehr darüber finden Sie im Abschnitt »Das Korallenriff« weiter vorne in diesem Kapitel.)

- **Die Mangrovensümpfe**: Innerhalb der Lagune entlang der Küste befindet sich ein weiteres Verbreitungsgebiet von Pflanzen und Tieren, das für das Riff sehr wichtig ist – die Mangrovensümpfe. Sie bestehen aus einem Dickicht von Mangrovenbäumen, die im Salzwasser nicht eingehen. Mangroven wachsen in der Nähe von Flussmündungen, Sümpfen und anderen Plätzen, wo genügend Süßwasser vom Land zufließt. Die Mangrovenbäume dienen als Filter für Ablagerungen im Wasser und ihre verschlungenen Wurzeln bieten Schutz für den Nachwuchs vor den Mäulern gefräßiger Verfolger. Der in den Mangrovenwäldern herangewachsene Nachwuchs füllt die tropischen Meere. Überall da, wo Mangrovensümpfe sind, ist die Fortpflanzungsrate zwanzig Mal so hoch wie in anderen Riffen.

In den Mangrovensümpfen läuft eine wichtige Nahrungskette ab. Die sich zersetzende Mangrovenblätter dienen Pilzen als Nahrung. Von denen ernähren sich wiederum viele Insekten, die wiederum von den Krabben gefressen werden. Die Krabben werden von größeren Meerestieren verzehrt und diese dann von den Menschen. Die Zerstörung von Mangrovensümpfen hat einschneidende Konsequenzen für das Riff. Sowohl die Mangrovensümpfe als auch das Seegras filtern den Schlamm und Sedimente aus dem zulaufenden Wasser, so dass das für das Korallenwachstum so wichtige saubere Wasser erhalten bleibt. Sie bieten auch Schutz und Nahrung für die Nachkommen vieler Meerestiere. Umgekehrt schützt aber auch das Riff die Mangrovensümpfe und das Seegras vor Erosion und liefert Sand und Sedimente für die Wurzeln. Leider glauben viele Leute, dass die Mangrovensümpfe nichts weiter als eine Brutstätte für Moskitos sind und sie sind daher die ersten Opfer bei der Landgewinnung.

Taucher und das Riff

Der Schaden, den Taucher an den Riffen verursachen, ist verschwindend gering im Vergleich zu der Zerstörung durch Verschmutzung, Anker und der Entwicklung von Küstenregionen. Dennoch ist dort, wo viel getaucht wird, der Schaden nicht unerheblich. Riffe und Korallen sind sehr leicht zerstörbar durch eine unachtsame Hand oder einen gedankenlosen Fußtritt. Immer, wenn Sie eine Koralle oder einen Schwamm berühren, können Sie die schützende Schleimhaut, die sie bedeckt, verletzen und sie für Infektionen anfällig machen. Korallen können sich, so wie wir, von kleinen Wunden erholen. Wenn sie jedoch immer wieder von Menschen verletzt werden, sind ihre Abwehrkräfte überfordert. Sobald das eintritt, ist das Riff zum Tode verurteilt. Lassen Sie also Ihre Finger weg von den Korallen; Sie können sonst leicht das zerstören, was über Jahrzehnte oder Jahrhunderte gewachsen ist.

Beschädigungen am Riff treten am häufigsten dann auf, wenn ein Taucher unabsichtlich gegen Korallen tritt, auf ihnen sitzt oder steht, sich an ihnen festhält oder das Sediment vom Boden aufwirbelt, das sich auf den Korallen absetzt und es »erstickt«. Die Schäden sind natürlich umso größer, je mehr Taucher sich um ein Objekt versammeln, um es zu bestaunen. Und Anfänger machen diese Fehler natürlich häufiger als erfahrene Taucher. Die Zeichen der Zerstörung sind leicht zu erkennen: Flecken toter, von Algen bedeckter Korallen in einer ansonsten intakten Umgebung, zerbrochene Schwämme und kleine Häufchen aus zerbrochenen Korallenstückchen. Diese Schäden können vermieden werden. Ein umweltbewusster Taucher kann die Unterwasserwelt bestaunen, ohne eine Spur der Zerstörung hinter sich zu lassen.

Ein ungeschriebenes Gesetz unter umweltbewussten Tauchern lautet, nichts anzufassen, was ihm im Riff begegnet. Im Allgemeinen sollten Sie sich strikt an diese Regel halten, dennoch bestehen einige Ausnahmen. Es gibt ein paar Kreaturen da unten, denen es nicht schadet, wenn sie behutsam angefasst werden. Oft fördert dieser unmittelbare Kontakt die Liebe zur Unterwasserwelt und das gerade bei Kindern, die ihre ersten Schnorchelerfahrungen sammeln. Solche Exkursionen und Erfahrungen sollten jedoch nur unter Aufsicht eines erfahrenen Leiters gemacht werden oder von Ihnen selbst, aber nur wenn Sie ganz sicher sind, dass Sie über die notwendigen Kenntnisse verfügen. Oberstes Gebot ist es, keinen Schaden anzurichten und selbst keinen Schaden zu erleiden. Viele Riffbewohner sind mit Stacheln, Zähnen oder Gift ausgestattet, das sie zur Verteidigung skrupellos einsetzen. Das kann in einigen Fällen sogar tödlich für den Taucher enden. Wenn Sie die Tiere jedoch in Ruhe lassen, haben Sie auch von ihnen nichts zu befürchten. Sobald Sie auch nur den geringsten Zweifel hegen, gilt: Finger weg!

Abfälle, die von Menschen im Wasser hinterlassen werden, können für die im Meer lebenden Organismen ebenfalls zur Gefahr werden – manchmal sogar mit tödlichem Ausgang. Viele Schnorchler und Taucher nehmen Fischfutter in Plastiktüten mit, welche für die Tiere unter Wasser zur Gefahr werden können. Plastiktüten, die auf der Wasseroberfläche schwimmen, ähneln Quallen, von denen sich einige im Meer lebende Tiere, wie zum Beispiel die Meeresschildkröte, ernähren. Da diese Tüten nicht verdaut werden können, führt dies zu Verstopfungen, die für das Tier sehr schmerzhaft sind und schließlich zum Tod führen. Lassen Sie *niemals* eine Plastiktüte im Wasser zurück. Halten Sie das Wasser für andere Taucher und die Meeresbewohner sauber. Hinterlassen Sie keinen Abfall am Strand oder im Wasser.

Andere Verunreinigungen sind nicht ganz so offensichtlich. So konnte zum Beispiel eine Veränderung des ph-Wertes des Wassers in Gegenden, die oft von Tauchern besucht werden, nachgewiesen werden. Die hierdurch entstehenden Umweltschäden werden allein von dem Urin verursacht, den die Taucher im Wasser hinterlassen.

Befassen Sie sich doch mal mit dem Gedanken, ob Sie nicht diejenigen Gruppen unterstützen möchten, die sich dafür einsetzen, dass von den Regierungen Maßnahmen ergriffen werden, um unsere kostbare Umwelt zu schützen und zu erhalten. Im Anhang finden Sie Namen und Adressen von Umweltschutzorganisationen, die dieses Ziel verfolgen. Ich lege Ihnen nahe, diese zu unterstützen, damit wir auch in Zukunft die Unterwasserwelt bewundern können.

Das Ökosystem des Riffs

Wir fühlen uns vom Riff vor allem deswegen angezogen, da dort eine unglaubliche Vielfalt und Fülle an Leben herrscht. Obwohl der Regenwald wegen der verwirrenden Vielfalt an Insekten das

Riff an Artenreichtum übertrifft, so ist es diesem dennoch unterlegen, was die Anzahl unterschiedlicher Wirbeltiere betrifft, und keine andere Umgebung beherbergt so viele unterschiedliche Klassen an Tierarten.

All diese unterschiedlichen und bevölkerungsreichen Arten leben im Riff zusammen, dem sie sich durch eine Vielzahl von Überlebensstrategien und ihr Verhalten angepasst haben. Einige Bewohner des Riffs sind sehr sesshaft und bewohnen ein Leben lang nur immer dieselben paar Quadratmeter; andere sind ständig unterwegs. Einige sind nur am Tag anzutreffen, andere werden erst in der Nacht aktiv. Jede Gattung hat für sich im Riff eine Nische zum Leben gefunden.

Wasserpflanzen

Überraschenderweise – in Anbetracht der Vielfalt unter den Tieren – findet man nur wenige Pflanzenarten auf dem Korallenriff. Obwohl sie nicht so auffällig sind wie die Tiere, sind sie dennoch da – und manchmal sogar sehr viele – und ein wichtiger Bestandteil des Ökosystems. Zu den vorherrschenden Pflanzen gehören das Phytoplankton, Algen und Blütenpflanzen.

Phytoplankton

Mikroskopisch kleine Organismen, das Phytoplankton, schwimmen frei im Meer herum. Wie alle echten Pflanzen, so benötigt auch das Phytoplankton das Sonnenlicht, um sich zu ernähren. Deshalb ist es auch nahe der Wasseroberfläche anzutreffen, wo die Sonneneinwirkung stark genug ist. Außer dem Phytoplankton findet man im Meer auch noch das Zooplankton, mikroskopisch kleine Tierchen, das die Hauptnahrung des größten Meeresbewohners darstellt: des Wals. Das Wasser wird bei der Nahrungsaufnahme von den Walen gefiltert. Vom Taucher ist das Plankton nur als Trübung erkennbar, die die Sicht beeinträchtigt. Das Plankton besteht aus zwei Arten von Pflanzen: Diatomeen und Dinoflagellaten.

Diatomeen sind einzellige, mikroskopisch kleine Geschöpfe, deren Zellwand aus Kieselerde besteht. Es ist die Ansammlung von Skeletten dieser Diatomeen, die die Diatomeenerde bildet, welche als Filter und Schleifmittel verwendet wird. *Dinoflagellaten* sind Organismen, bei denen sich die Abgrenzung zwischen Tier und Pflanze verwischt. Wie alle anderen echten Pflanzen enthalten sie photosynthetische Pigmente und erzeugen daher die eigene Nahrung, andererseits bewegen sie sich aber aus eigener Kraft – durch den Gebrauch eines peitschenähnlichen Fortsatzes – im Wasser, wie es eben ein Tier tut.

Algen

Die Algen bilden den Hauptanteil der Wasserpflanzen. Sie kommen in vielen Größen und Formen vor, vom einzelligen Organismus bis zur größten Wasserpflanze überhaupt – dem Birntang. Bei den Algen unterscheidet man zwischen vier Klassen:

- **Blaualgen:** Diese Klasse kommt häufiger im Süß- als im Salzwasser vor, aber auch dort bedeckt sie als schlüpfrige Schicht das Ufer.
- **Grünalgen:** Von allen Algen sind die Grünen mit ungefähr 7000 Spezies die vielfältigsten. Wie bei den Blaualgen, so lebt auch hier die überwiegende Mehrzahl im Süßwasser, aber ungefähr 900 leben im Meer. Sie bilden entweder große Teppiche oder glitschige Fäden in Flachwasser.
- **Braunalgen:** Fast alle Braunalgen wachsen im Meerwasser, wo sie viele unterschiedliche Größen und Formen einnehmen, vom kleinen Sägetang bis hin zum Birntang.
- **Rotalgen:** Wie auch die Braunalgen, so kommen die Rotalgen hauptsächlich im Meerwasser vor. Man unterscheidet zwischen etwa 4000 Spezies, die meist in größeren Tiefen als die anderen Meerespflanzen vorkommen. Das liegt daran, dass sie langwelliges Licht, das am weitesten in die Tiefe vordringt, gut absorbieren können. Einige Rotalgen bilden skelettartige Formen, mit einem harten äusseren Überzug – entweder flach oder senkrecht verzweigt –, der die Pflanzen vor den Futter suchenden Tieren schützt.

Blütenpflanzen

Es gibt bei den Blütenpflanzen nur zwei Gruppen, die in die marine Umgebung vorgedrungen sind: Seegräser und Mangroven.

- **Seegräser:** Von diesen werden für gewöhnlich drei Gattungen angetroffen: das Schildkrötengras, das Seegras und das Brandungsgras. Das Schildkrötengras wächst in den Tropen in stillen Flachwasserbereichen. Das Seegras findet sich bevorzugt an den Küsten mit milden Temperaturen in Nordamerika und Europa; dort trifft man auch das Brandungsgras an, aber nur in den Regionen, wo die stetige Brandung verhindert, dass sich Seegras ansiedeln kann.
- **Mangroven:** Mangroven säumen die Küstenregionen tropischer und subtropischer Meere und bilden oft ein dichtes, undurchdringliches Dickicht. Sie stellen für viele Fisch- und Vogelarten einen wichtigen Lebensraum dar. Der Samen entwickelt sich noch auf der elterlichen Pflanze und fällt dann, wenn er zu schwer wird, ins Wasser, wo er von der Strömung weggetragen wird. Sobald der Sämling flachen Boden erreicht, bildet er Wurzeln.

Wirbellose Wassertiere (Invertebrata)

Eines der erstaunlichsten Merkmale dieser Lebewesen ist wohl dieses, dass sie ihr ganzes Leben am selben Ort verbringen. Viele unter ihnen ähneln im Aussehen Pflanzen (buschig oder verzweigt), so dass sie früher irrtümlich auch als solche eingestuft wurden. Heute wissen wir jedoch, dass wir es hier mit Tieren zu tun haben. Das Ganze ist ein Beweis mehr dafür, welche Überraschungen unter Wasser zu finden sind. Nennen Sie mir doch mal ein Lebewesen, das nicht im Wasser lebt und sein ganzes Leben an einem Ort verbringt. Okay, Sie haben recht. Also abgesehen von dem, das vor einem Fernseher anzutreffen ist.

Protozoen

Protozoen werden zusammen mit ihren Eiern und Larven sowohl in Süß- als auch in Salzwasser als Teil des Planktons im Wasser treibend gefunden. Von diesen winzigen Geschöpfen gibt es mehrere zehntausend Spezies, die aber alle ein einziges Charkteristikum teilen: ihre einzellige Natur. Die meisten Protozoen sind von ihrer Natur her parasitär, einige ernähren sich aber auch direkt von den Nährstoffen im Wasser. Die meisten »fressen« Phytoplankton oder lauern anderen Protozoen auf.

Schwämme

Schwämme sind einfache Organismen. Sie sind eine Ansammlung von Zellen, die sich in Kanäle und Kammern gliedern, durch welche das Wasser gefiltert wird, wodurch sie diesem Nahrung und Sauerstoff entziehen. Schwämme gehören zu den häufigsten Tieren im Riff. Sie sind oft auf dem Meeresboden zu finden und zwar auf der Seite des Riffs, die dem offenen Meer zugewandt ist. Schwämme kommen in vielen Größen und Formen, können aber in zwei Hauptgruppen aufgeteilt werden: solche, die eine vasen- oder korbähnliche Form haben, und andere, die sich als dünne Schicht ausbreiten. Manche Schwämme dienen Fischen, Schildkröten und Weichtieren als Nahrung, andere aber enthalten Substanzen, die sie ungenießbar machen. Einige dieser giftigen Substanzen werden mittlerweile auch bei Forschungen in der Krebstherapie eingesetzt.

Korallen, Seeanemonen, Hydropolypen und Quallen

Die Korallen die Baumeiser der Riffe, gehören zusammen mit Hydropolypen, Seeanemonen und Quallen zu den *Nesseltieren* (Cnidaria) – einem der wichtigsten Stämme im Ökosystem des Korallenriffs. Alle Nesseltiere verfügen über ein Maul und einen Darm, sind radialsymmetrisch geformt und haben Tentakeln mit Nesselzellen. Sie treten in zwei grundlegenden Formen auf: Der Polypenform und der freischwebenden Medusenform.

Korallen und *Seeanemonen* gehören zu den Polypen und ähneln sich in ihrem Verhalten und Erscheinungsbild – ein sich in der Mitte befindendes Maul, ein Darm und radial angeordnete Tentakeln. Sie unterscheiden sich darin, dass die Seeanomen etwas größer sind und oft einzeln vorkommen, wohingegen Korallen Kolonien bilden und aus einem Skelett aus Kalziumkarbonat bestehen, dem das Salzwasser entzogen ist.

Hydropolypen sind den Korallen und Anemonen sehr ähnlich, können aber im Gegensatz zu ihnen sowohl in der Polypen- als auch in der Medusenform vorkommen – als individuelle Polypen oder als kolonienbildende Quallen. Manche Hydropolypen – wie etwa die *Feuerqualle* - bilden Kolonien und ein Skelett aus Kalziumkarbonat, wie es die echten Korallen tun. Andere, wie etwa die *Portugiesische Galeere*, nehmen die Medusenform ein – sie sehen also wie eine Qualle aus, bilden aber im Gegensatz zu dieser Kolonien, bestehend aus einzelnen Individuen. Die Portugiesische Galeere gehört mit zu den giftigsten Nesseltieren.

Viele *Quallen* sind wegen der Wirkung ihrer Nesselzellen gefürchtet. Die Quallen und andere medusenförmige Nesseltiere haben das Maul ebenfalls in der Mitte und einen Darm, allerdings genau anders herum als bei der Polypenform. Für gewöhnlich nehmen Quallen die Form einer Glocke ein, mit dem Maul und den Darm nach unten. Die Nesselzellen, die den Reiz auslösen, heißen *Nematocysten* und befinden sich in den Tentakeln. Taucher und Schwimmer, die diesen Tieren im Wasser begegnen, sollten einen möglichst großen Bogen um sie machen, da ein Kontakt mit ihnen schmerzhafte Hautverletzungen hervorrufen kann und mitunter sogar tödlich endet. Quallen lassen sich nahe an der Wasseroberfläche in der Strömung treiben, wo sie auf vorbeischwimmende, kleine Fische lauern. Sie sind die größte Planktonart im Meer.

Es gibt ungefähr 80 Spezies der Klasse der Kammquallen, die jedoch nicht zu den Nesseltieren gehören, sondern zu den Rippenquallen (Ctenophora). Sie sehen den Quallen sehr ähnlich (daher auch der Name), haben jedoch keinerlei Nesselzellen und fangen ihre Beute mit klebrigen Tentakeln. Sie bewegen sich im Wasser vorwärts, indem sie mit den Wimperblättchen (oder auch Ruderblättchen) schlagen, die auf der Aussenseite ihres Körpers in (8-12) Reihen angebracht sind.

Moostierchen (Bryozoa)

Die Moostierchen werden von den Tauchern in der Regel übersehen. Sie sind sehr klein und leben in Kolonien, die aus vielen Tausend oder sogar Millionen einzelner Tierchen bestehen und in Form eines flachen Gebildes die Größe von wenigen Zentimetern bis zu fast einem Meter einnehmen können. Jedes Moostierchen besitzt ein vollständiges Verdauungs-, Atmungs-, Kreislauf-, Muskel- und Nervensystem. Im Vergleich zu den Nesseltieren sind sie ziemlich weit entwickelt. Wie bei den Hydropolypen, so hat auch hier jedes Individuum in der Kolonie seine eigene Aufgabe. Diese Tiere zeichnet ein Organ aus, das *Lophophor*, ein federähnlicher Tentakelkranz am After, der zum Sammeln von kleinen Futterstückchen durch das Filtern des Wassers dient.

Würmer

Die im Wasser lebenden Würmer werden in drei Klassen unterteilt: Plattwürmer, Schnurwürmer Gliederwürmer.

- ✔ **Plattwürmer**: Diesem Stamm gehören sowohl die freilebenden Plattwürmer als auch die parasitären Klassen der Bandwürmer und Saugwürmer an, die von den Tauchern selten gesehen werden. Einige der in tropischen Gewässern vorkommenden Plattwürmer sind auffällig gefärbt und ziemlich groß (bis zu 18 cm). Plattwürmer sind einfach gebaut, mit einem einwegigen Verdauungstrakt und einem einfachen Nervensystem. Die Atmung erfolgt über die Haut. Plattwürmer sind leicht zu identifizieren: Es ist ein Wurm und flach, also ein Plattwurm. Logisch, oder?
- ✔ **Schnurwürmer**: Dieser Typ Wurm lebt auf dem flachen, küstennahen Meeresboden, den er durchkriecht. Der Schnurwurm ist ein Beutetier, das seinem Opfer auflauert. Sie werden in der Regel zwischen 1,50 und 3 m lang, obwohl man auch schon einen Schnurwurm von 20 m Länge gefunden haben soll. Obwohl sie eigentlich bei dieser Länge kaum übersehen werden

können, fallen sie einem Taucher selten auf und stellen auch keine Gefahr für ihn dar. So wie die Bandwürmer bestehen auch die Schnurwürmer aus einem unsegmentiertern Körper (anders als ein Erdwurm, der aus Segmenten besteht); ihr Verdauungstrakt ist jedoch vollständig entwickelt.

- **Glieder- oder Ringelwürmer:** Zu diesem Stamm gehören die Röhren-, Borsten und Muschel-Borstenwürmer, die von den Tauchern am häufigsten gesehen werden. Sie kriechen über das Riff oder winken mit ihren fedrigen Armen in der Strömung am Ende einer Röhre, die sie sich ins Riff gebaut haben. Diese Würmer sind segmentiert, was bedeutet, dass ihre Körper der Länge nach in unterschiedlichen Segmenten bzw. Gliedern angeordnet sind. Sie verfügen über vollständig Verdauungs-, Atmungs-, Blutkreislauf-, Nerven- und Sinnesorgane. Die Gliederwürmer können in zwei Gruppen unterteilt werden: Jene, die an einem Untergrund festsitzen und die, die das Meer frei durchstreifen. Die festsitzende Form lebt für gewöhnlich in einer Röhre und verfügt über ein Organ, das dazu dient, das vorbeiziehende Futter zu fangen. Die beiden bekanntesten Vertreter der festsitzenden Form sind der verzweigte und der Röhrenwurm. Die zum Einfangen der Nahrung vorgestreckten Fortsätze am Kopf sind oft sehr bunt gefärbt und wunderschön gemustert (siehe Abbildung 9.5). Diejenigen Würmer, die sich frei bewegen, kriechen auf der Suche nach Beute auf dem Riff umher.

Abbildung 9.5: Würmer sind oft bunt gefärbt und bilden auffällig schöne Muster.

Krebse (Crustaceen)

Die Krebse sind in der Klasse der Crustaceen, die zum Stamm der Gliederfüßler (Anthropoda) gehören, die bei weitem am stärksten vertretene Gruppe. Wahrscheinlich kennen Sie Krabben, Garnelen und Langusten, die von Zeit zu Zeit vor Ihnen auf dem Teller liegen. Wegen Ihrer Beliebtheit als Nahrungsmittel wird es immer schwieriger, die größeren Spezies einzufangen, da ihre Anzahl beständig abnimmt. Die meisten der Crustaceen-Spezies sind mikroskopisch klein und sie vertreten die Mehrheit der Planktonorganismen. Obwohl diese winzigen Geschöpfe von den Tauchern oft gar nicht wahr genommen werden, stellen sie eine bedeutende Nahrungsquelle für die größeren Tiere dar und sind sogar für die größten Lebewesen auf Erden – die Wale – das Hauptnahrungsmittel.

Die Krebse sind überall anzutreffen, wo es Wasser gibt: als Entenmuscheln an Pfosten und an der Außenwand von Booten, als Krabben in Meeressenken und als Sandflöhe am Strand. Die Krebse sind eine der am weitesten verbreiteten und in der Fortpflanzung aktivsten Lebensformen des Meeres.

Unterwasser-Benimm-Regeln

Jeder Taucher hat die Verantwortung, das Riff zu schützen und zu erhalten. Der Mensch ist heute ohne Zweifel die dominierende Lebensform auf Erden. Und als solche ist er auch dafür verantwortlich, was mit dem Leben auf der Erde geschieht. Vielleicht haben Sie keinen großen Einfluss darauf, was andere tun, können aber mit gutem Beispiel vorangehen, indem Sie das tun, von dessen Richtigkeit und Notwendigkeit Sie überzeugt sind. Sie sind in Ihrem Bestreben, die Erde zu schützen, nicht allein. Tun Sie sich mit Gleichgesinnten, die oft Organisationen gebildet haben, zusammen und setzen Sie sich für den Erhalt der Erde und den Schutz aller Lebewesen ein. Hier ein paar Hinweise, wie Sie sich im Wasser verhalten sollen (mehr darüber erfahren Sie im fünfzehnten Kapitel).

- ✔ **Fassen Sie nichts an.** Viele im Meer lebende Organismen, wie die Korallen, sind mit einem Schleim bedeckt, der sie vor Infektionen schützt. Wenn Sie diese Lebewesen berühren, wischen Sie die Schutzschicht weg und machen sie für Krankheiten anfällig. Für einen Anfänger ist es oft schwer, den unbeabsichtigten Kontakt mit Meeresorganismen zu vermeiden. Es sollte aber Ihr Ziel darstellen.
- ✔ **Üben Sie den Ausgleich des Auftriebs.** Der häufigste Grund dafür, warum Taucher unter Wasser etwas anfassen, besteht darin, dass sie beim Austarieren des Auftriebs Schwierigkeiten haben.
- ✔ **Schätzen Sie Ihre Fähigkeiten realistisch ein.** Vermeiden Sie einen Tauchgang an schwierigen Stellen, wenn Sie Zweifel an Ihren Fähigkeiten haben. Besprechen Sie Ihre Bedenken ruhig mit dem Tauchleiter. Sie können mir glauben, er oder sie wird Sie hierfür mehr respektieren als wenn Sie da runter gehen und sich an allem festhalten, was in Ihrer Reichweite liegt.
- ✔ **Verfolgen und stören Sie die Meeresbewohner nicht.** Schon allein die Anwesenheit von Tauchern kann das Verhalten einiger Tiere verändern. Machen Sie es nicht noch schlimmer, indem Sie die Tiere verfolgen. Vergessen Sie nie, dass Sie Gast in ihrer Welt sind. (Falls Sie weitere überzeugende Gründe für ein gutes Benehmen suchen, sollten Sie den Abschnitt »Gefährliche Meeresbewohner« weiter hinten in diesem Kapitel lesen.)

Weichtiere (Mollusca)

Trotz ihres sehr unterschiedlichen Aussehens sind die Tiere, die diesem Stamm angehören, nahe Verwandte. Alle Weichtiere verfügen über einen muskulösen Fuss und einen weichen, fleischigen Körper. Einige unter ihnen haben eine Schale, andere nicht – die Art sich zu schützen ist ganz verschieden. Bodenkriecher, wie Napfschnecken, Seeohren und Schnecken haben ein Gehäuse, mit dem sie sich vor Angriffen schützen. Die Nacktkiemenschnecken, die kein Gehäuse haben, müssen dennoch keine Angst haben, wenn sie über das Riff kriechen, da sie ein Sekret absondern, das alle Verfolger verjagt. Ihre auffälligen Farben und Muster machen sie sofort bemerkbar und sind auch ein Hinweis auf ihre Ungenießbarkeit. Kammmuscheln, Austern und Muscheln haben nicht nur ein schützendes Gehäuse, sondern verstecken sich noch dazu die meiste Zeit im Sand oder Schlamm.

Zu den interessantesten Weichtieren gehört wohl die Klasse der Kopffüßer (Cephalopoda): Oktopus, Tintenfisch, Nautilus und Kalmar (siehe Abbildung 9.6). Jeder von ihnen ist ein Räuber, der seine Beute jagt. Die Tintenfische haben einen stromlinienförmigen Körper und sind ganz hervorragende Jäger und sie liefern den Stoff, aus dem Legenden entstehen. Wer erinnert sich nicht an Kapitän Nemos Kampf mit dem Riesentintenfisch in Jules Vernes *20 000 Meilen untem Meer.*

Abbildung 9.6: Der freischwimmende Nautilus gehört zu den Kopffüßlern und ist nahe verwandt mit Oktopus und Tintenfisch.

Sowohl der Oktopus als auch der Tintenfisch können im Riff angetroffen werden. Bei beiden hat man schon Verhaltensweisen beobachtet, die dem intelligenten Verhalten von Säugetieren ähneln. Beide Spezies können von einer Sekunde auf die andere ihre Farbe verändern, dank dem Vorhandensein von Pigmentzellen, den *Chromatophoren.* Diese Farbänderungen werden zur Tarnung und zur visuellen Kommunikation mit anderen Mitgliedern der Spezies benutzt. Wie alle Raubtiere, so haben auch die Cephalopoden ausgezeichnete Sinnesorgane, einschließlich der Augen. Im Allgemeinen sind sie eher schüchtern – obwohl man unter den Tintenfischen ein paar agressive Spezies kennt – und flüchten oder verstecken sich in Felsspalten, wenn sie sich bedroht fühlen. Sie bewegen sich durch das Wasser, indem sie aus dem Mantel, der die Eingeweide umgibt, Wasser durch einen speziellen »Trichter«, der sich auf der Bauchseite am Mantel befindet, nach außen drücken (Rückstoßprinzip). Manchmal versuchen sie ihren Abgang zu verschleiern, indem sie das Wasser mit Tinte trüben.

Stachelhäuter (Echinodermata)

Alle Stachelhäuter sind Meeresbodenbewohner und im Allgemeinen leicht an ihrer 5-strahligen, radialen Symmetrie und Größe zu erkennen. Wenn Sie schon mal einen Seestern (siehe Abbildung 9.7) gesehen haben, dann wissen Sie auch, was ein Stachelhäuter ist. Alle Seesterne gehören zu diesem Stamm, aber nicht nur sie, sondern auch die Schlangensterne, Federsterne, Seeigel und Seegurken. Sie alle zeigen, wenn sie ausgewachsen sind, eine 5-strahlige radiale Symmetrie und sind stachelig. Bei einigen Spezies ist die stachelige Haut dennoch erstaunlich weich. Alle Stachelhäuter sind Bodenbewohner und kriechen am Meeresboden oder Riff entlang. Obwohl es vom Aussehen kaum den Anschein hat, sind diese Tiere dennoch die nähesten lebenden Verwandten zu den höheren Wirbeltieren (Vertebrata).

Abbildung 9.7: Alle Stachelhäuter, wie dieser Seestern, haben einen 5-strahlige radiale Symmetrie. Rechts unten im Bild handelt es sich um die giftige Dornenkrone.

Manteltiere (Tunicata)

Bei den Manteltieren handelt es sich um eine wichtige Gruppe von Meeresbewohnern, die die Verbindung zwischen den Wirbellosen und Wirbeltieren herstellt. Die Larven dieser Tiere sehen wie winzige Kaulquappen aus, mit einem Rückenstrang (*Chorda*), der fast wie ein Rückgrat wirkt, das ja die Wirbeltiere kennzeichnet. Die freischwimmende Larve lässt sich schließlich auf dem Riff nieder und verändert ihre Form (Metamorphose). Als erwachsene Tiere werden die Manteltiere wegen ihres Aussehens oft mit Schwämmen verwechselt, die aber in der Entwicklung weit hinterher hinken.

Fische

Für die meisten Schnorchler und Taucher sind Fische die auffälligsten und offenkundigsten Riffbewohner. Sie begegnen uns in einer riesigen Vielfalt an Größen, Formen und Farben – von den kleinen, nicht einmal einen Zentimeter langen Meergrundeln bis hin zum 14 m langen Walhai. Es gibt fast so viele Fischspezies, wie die der Säugetiere, Reptilien, Amphibien und Vögel zusammen. Fische leben in fast jeder denkbaren Art von aquatischen Standorten, in den Tiefseegräben genau so wie in reissenden Flüssen oder am sandigen Grund einer ruhigen Lagune. Viele im Riff vorkommenden Fische gehören zu den buntesten und auffälligst gemusterten Tieren auf der Erde. Andere Spezies wiederum haben ihre Farbe so gut der Umgebung angepasst, das man sie kaum sieht, sogar wenn man weiss, dass sie da sind.

Fische sind in ihren Erscheinungsformen und ihrer Anpassungsfähigkeit so unterschiedlich, dass sich nur schwer eine allgemeine Definition aufstellen lässt. Dennoch gilt für alle Fische Folgendes: Sie sind im Wasser lebende, kaltblütige Wirbeltiere, deren Atmung (zumindest zeitweilig) über Kiemen erfolgt. Ich sehe sie schon voraus, die Briefe, die ich aufgrund dieser Definition von eifrigen Fischgurus erhalten werde, die sie, in einem entlegenen Winkel der akademischen Welt vor ihrem Computer ausbrüten und darin jede Behauptung, die ich aufgestellt habe, zu Fall bringen. Okay, okay, ich ergebe mich.

Fische, wie jene in Abbildung 9.8, unterscheiden sich nicht nur in der Form, sondern auch in ihrem Verhalten ganz beträchtlich. Manche beanspruchen ein Territorium für sich allein, das sie gegen jeden Eindringling verteidigen. Andere trifft man nur in Gruppen, die Schulen genannt werden, an. Sie können Beutetiere oder auch ganz harmlose Pflanzenfresser sein. Einige haben die Fähigkeit, Elektrizität, Licht oder Gift zu produzieren. Zusammenfassend kann man sie so beschreiben: Sie sind überall im Wasser anzutreffen, kommen in einer erstaunlichen Vielfalt vor und sind einer der Hauptgründe dafür, warum Menschen die Unterwasserwelt besuchen.

Reptilien

Meeresschildkröten, Seeschlangen, eine Art von Echse und ein Krokodil gehören zu den ungefähr 6000 Spezies der Reptilien, die im Meer leben. Die von Tauchern am häufigsten angetroffene Gruppe sind die Meeresschildkröten, obwohl sechs der sieben Spezies zu den vom Aussterben bedrohten Tieren gehören. Und es ist allein der Mensch durch sein Verhalten gegenüber der Umwelt, der dafür verantwortlich ist.

Abbildung 9.8: Fische kommen in einer unglaublichen Vielfalt an Formen vor.

Fischfütterung – ja oder nein?

Schnorchler und Taucher wollen während ihres Aufenthalts im Wasser in erster Linie Fische beobachten. Und diese können durch nichts einfacher angelockt werden als durch Futter. Allerdings gehen die Meinungen bei diesem Thema weit auseinander, da man sich über die Konsequenzen dieser Praxis noch nicht klar ist. Natürlich können Sie durch das Füttern viele Fische anlocken, andererseits ist es auch möglich, dass dadurch das Gleichgewicht gestört wird. Die Fische im Riff könnten davon abhängig werden, was wiederum ein künstlich herbeigeführtes Ungleichgewicht in der Riffbevölkerung nach sich ziehen könnte.

Leider verfüttern die Menschen meist das an die Fische, was sie gerade zur Hand haben, sprich, was von ihrem Essen übrig blieb: Brot, Kartoffelchips, Plätzchen, Käse. (Es hält sich immer noch hartnäckig das Gerücht, dass Fische besonders gerne gefrorene Erbsen verzehren. Ich habe aber noch kein Erbsenfeld unter Wasser angetroffen, das von Fischen bestellt worden ist.) Nahrung für den Menschen haben für Fische kaum einen Nährwertgehalt und die Langzeitwirkung auf die Tiere ist sowieso völlig unklar. Im Hanauma Bay auf Hawaii, in dem sich bekanntlich viele Schnorchler tummeln, dürfen die Fische nur mit speziellem Fischfutter für Salzwasserfische aus dem Zoofachgeschäft gefüttert werden. Wenn Sie die Tiere schon unbedingt füttern wollen, scheint mir das ein akzeptaler Kompromiss zu sein.

Es hat sich auch gezeigt, dass sich einige Fische beim Füttern sehr aggressiv verhalten. Bei den kleineren Riffbewohnern stellt das für Sie keine Gefahr dar. Anders sieht es jedoch aus, wenn auch Spezies wie Aale, Barracuda oder Haie durch das Futter angezogen werden. Ich rate daher, das Füttern ganz zu lassen. Ist es nicht am Schönsten, die Unterwasserwelt in ihrer natürlichen, ruhigen Schönheit zu bewundern? Sobald Sie das Futter verteilen ist es damit vorbei, denn Sie werden von allen Seiten bedrängt.

Meeresschildkröten

Wasserschildkröten haben sich dem Leben im Wasser gut angepasst. Sie verfügen über einen abgeflachten, stromlinienförmigen Panzer sowie Ruderflossen anstelle von Gliedmaßen. Trotz der guten Anpassung an das Wasser müssen sie aber zum Atmen an die Wasseroberfläche zurückkehren und ans Land, um ihre Eier abzulegen. Die Zerstörung der Brutplätze durch den Menschen ist einer der Hauptgründe für ihre Ausrottung. Alle Schildkrötenarten stehen aufgrund internationaler Abkommen unter Naturschutz. So bestehen Maßnahmen auch darin, die Eier an sichere Strände umzulagern oder die Nester mit schützenden Käfigen zu umgeben. Trotz all dieser internationalen Bemühungen konnte die Abnahme des Bestandes noch nicht aufgehalten werden und der Erfolg der Maßnahmen ist noch sehr zweifelhaft.

Bei den sieben Meeresschildkröten handelt es sich um folgende Spezies:

- ✔ **Suppenschildkröte:** Diese Meeresschildkröten werden zwischen 90 und 120 cm lang und wiegen zwischen 45 und 60 kg. Ihr Panzer ist oval geformt, mit gemischtem grau-, braun- und cremefarbigem Muster. Diese Schildkröte wird von Tauchern am häufigsten angetroffen. Sie halten sich bevorzugt im flachen Küstengewässer auf, wo sie hauptsächlich Algen und Seegras verzehren.
- ✔ **Habichtsschnabelschildkröte:** Diese Schildkröte ist etwas kleiner als die Suppenschildkröte – ungefähr 90 cm lang – und wiegt zwischen 25 und 45 kg. Diese Schildkröte besitzt einen wunderschön gemusterten Panzer, für welchen sie gejagt wurde und immer noch wird und kann an ihrem gekrümmten Schnabel und dem im hinteren Bereich gezackten Panzer sofort erkannt werden. Sie können relativ häufig im Riff beobachtet werden, wohin sie auf der Suche nach Schwämmen, Manteltieren und Krabben kommen.
- ✔ **Unechte Karettschildkröte:** Erwachsene Unechte Karettschildkröten sind in der Regel zwischen 90 und 120 cm lang und wiegen zwischen 45 und 90 kg. Der Panzer ist oval geformt

und weist oft eine rötlich-braune Färbung auf. Diese Schildkrötenart trifft man für gewöhnlich in den Küstengewässern im Südosten der Vereinigten Staaten und in der Karibik an. Sie sind am großen Kopf und dem starken Kiefer zu erkennen, mit dem sie Krebse und Weichtiere zermalmen.

✔ **Echte Karettschildkröte (Caretta kempii)**: Diese Schildkröte stellt die kleinste und von der Ausrottung am stärksten gefährdete Meeresschildkröte dar. Sie wird selten größer als 90 cm und wiegt für gewöhnlich zwischen 18 und 22 kg. Ihr Panzer ist rund und oliv-grau gefärbt. Diese Schildkrötenart lebt ausschließlich in den Küstengewässern und Buchten des nördlichen Teils des Golfs von Mexiko, wo sie nach Krabben sucht. Es wird berichtet, dass 1947 an einem einzigen Strand 40 000 weibliche C. kempii gezählt wurden, die dahin kamen, um ihre Eier abzulegen. Heute zählt man am gleichen Strandabschnitt nicht mehr als 500. Diese Schildkröten sind sehr rar und werden von Tauchern selten gesehen.

✔ **Echte Karettschildkröte (Caretta olivacea)**: Diese Schildkröte ähnelt der C kempii. Allerdings ist ihr Panzer stärker gewölbt und weist verschiedene Färbungen auf, die jedoch nur das Auge eines Fachmanns unterscheiden kann. Auch die C. olivacea kommt nur noch selten vor und es ist sehr unwahrscheinlich, dass Sie beim Tauchen eine antreffen. Zumindest nicht in der absehbaren Zukunft, obwohl einiges zu ihrem Schutz unternommen wird.

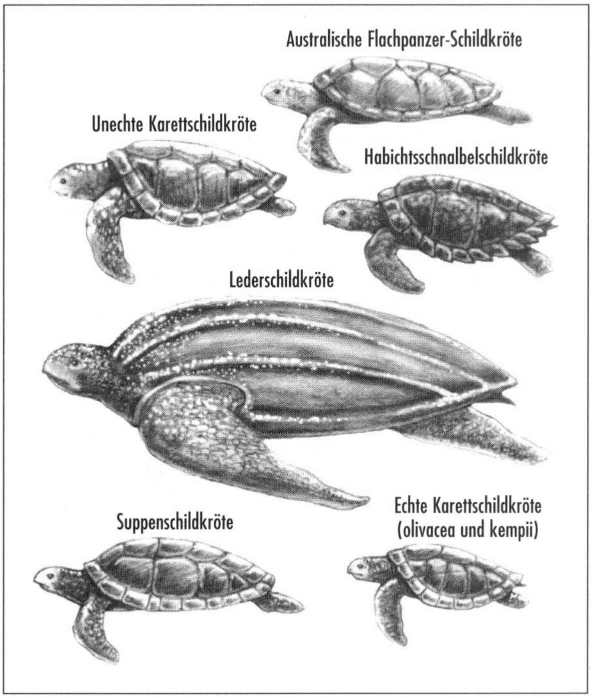

Abbildung 9.9: Weltweit gibt es sieben Spezies der Meeresschildkröten – wovon zwei zu den echten Karettschildkröten gehören. Sie sind hier in ihrer relativen Größen zueinander abgebildet. Alle Spezies sind vom Aussterben bedroht und stehen international unter Naturschutz.

- **Lederschildkröte:** Das sind die Riesen unter den Wasserschildkröten. Man hat Exemplare gesehen, die 1,80 m lang waren und über 600 kg wogen. Im Gegensatz zu ihren Artgenossen hat sie keinen harten Panzer, sondern eine weiche, dunkle, ledrige Haut mit sieben deutlich zu erkennenden Rillen, die vom Kopf aus nach hinten verlaufen. Da die Lederschildkröten sehr gerne auf Wanderschaft gehen, werden sie oft auf offener See gesehen. Ihre Hauptnahrung ist die Qualle.
- **Australische Flachpanzer-Schildkröte**: Dies Art wird vor allem in den Küstengewässern von Nordaustralien angetroffen, obwohl sie manchmal auch so weit nördlich wie Indonesien oder Papua-Neuguinea gesehen werden. Ihre Eiablageplätze befinden sich jedoch alle in Nordaustralien. Der Panzer dieser Meeresschildkröte ist olive-grau, oval geformt und flach, woher sie auch ihren Namen erhielt. Sie werden im Durchschnitt 90 cm lang und wiegen zwischen 45 und 60 kg. Sie halten sich bevorzugt im flachen Wasser zwischen dem Großen Barierreriff und der Küste von Queensland auf oder sind auf der Jagd nach Seegurken, weichen Korallen, Quallen und anderen weichen Meeresbewohnern.

Seeschlangen

Seeschlangen müssen zum Atmen an die Wasseroberfläche zurückkehren, obwohl sie ohne Atem zu schöpfen bis zu 30 Minuten unter Wasser bleiben können. Es gibt etwa 80 Spezies, welche alle im tropischen Pazifik und im Indischen Ozean leben. Es wird angenommen, dass die Seeschlangen von australischen Landschlangen abstammen. Außer, dass sie zum Atmen an die Wasseroberfläche kommen müssen, haben sie sich jedoch ganz hervorragend ihrer Umgebung angepasst. Manchmal kann man auch eine Landschlange im Wasser antreffen, die sich jedoch leicht von einer Seeschlange unterscheiden lässt, da deren Schwanz abgeflacht, aalähnlich ist. Von den Aalen unterscheiden sie sich dadurch, dass sie keine Kiemen haben – siehe Abbildung 9.10.

Wir unterscheiden zwischen zwei Arten von Seeschlangen: diejenigen, die sich im flachen Küstengewässer aufhalten und jenen, im offenen Meer lebenden (*pelagische*). Einige der im Küstenwasser lebenden Schlangen legen ihre Eier am Strand ab und brüten sie aus, was heisst, dass sie über einen längeren Zeitraum an Land überleben. Die pelagischen Spezies sind sehr temperaturempfindlich und überleben nicht lange, wenn sie aus dem Wasser genommen werden. Für gewöhnlich sind sie im offenen Meer in größeren Gruppen anzutreffen. Ihre Jungen bringen sie lebend, voll ausgebildet und damit von Geburt an überlebensfähig im Meer zur Welt.

Echsen

Es kommt nicht oft vor, dass Taucher mit Seeschlangen zusammentreffen, nicht einmal im Südpazifik oder Indischen Ozean. Dennoch passiert es ab und zu. Im Allgemeinen ist das kein Problem, da die Schlangen nicht agressiv sind und sich von Menschen nicht weiter stören lassen. Da sie jedoch sehr giftig sind, gehen Sie ihnen besser aus dem Weg. Wie bereits an anderer Stelle angedeutet, reagieren Seeschlangen sehr empfindlich auf Temperaturschwankungen und kommen daher im Atlantik nicht vor.

Abbildung 9.10: Seeschlangen müssen zum Atmen an die Wasseroberfläche kommen und besitzen einen flachen, paddelähnlichen Schwanz.

Es gibt nur eine Spezies der Leguane, die sich dem Meer als Lebensraum erfolgreich angepasst hat – die Meerechse, die nur auf dem Galapagos-Archipel anzutreffen ist. Dieses Tier, wie so viele andere Arten auf den Galapagos-Inseln, zeigt wenig Argwohn den Menschen gegenüber. Man kann sich ihnen am felsigen Ufer leicht nähern, wo sie in Gruppen an der Sonne liegen und ab und zu ins Meer tauchen, um sich am Seetang zu laben. Diese Echsen sind dunkel gefärbt und können bis zu 1,50 m lang werden. Da sie sich meist im flachen Gewässer in Ufernähe aufhalten, wo die Brandung und die Strömung am stärksten sind, werden sie von Tauchern nur selten unter Wasser gesehen.

Das Meereskrokodil

Das im Salzwasser lebende Krokodil ist das größte in der Familie der Krokodile. Es kann bis zu 8 m lang werden und über eine Tonne wiegen. Wie schon die Seeschlangen, so kommen diese Krokodile auch nur im Indopazifischen Ozean vor. Da diese Tiere normalerweise im Wasser in Ufernähe auf ihre Beute warten und ihre Jungen auf dem Land zur Welt bringen, ist ihr Territorium wesentlich begrenzter als das der Seeschlangen. Dennoch hat man Krokodile schon über 1300 km weit draußen im offenen Meer angetroffen. Am häufigsten findet man sie in und um Australien herum. Sie wurden aber auch schon so weit im Norden wie Palau gesehen.

Taucher kommen nur ganz selten mit Krokodilen in Kontakt, da sich diese ja hauptsächlich in Ufernähe aufhalten und dort auf ihre Opfer lauern. Es kann daher keine Aussage darüber gemacht werden, wie gefährlich sie für Taucher sind und es gibt leider viel zu wenig Freiwillige, die sich für eine entsprechende Untersuchung zur Verfügung stellen würden.

Der Sammlerkodex

Es ist eigentlich nicht verwunderlich, dass das Halten von tropischen Fischen in Aquarien weltweit so beliebt ist. Ich habe auch zu den Sammlern gehört und verstehe die Faszination, die davon ausgeht, etwas so Schönes jederzeit im Wohnzimmer vor Augen zu haben. Gegen die Haltung dieser Tiere in Aquarien ist im Prinzip auch nichts einzuwenden, außer, dass sie vielleicht auf Wegen zu uns kamen, die mehr als fragwürdig sind.

Die tropischen Fische werden in der Regel auf eine der beiden folgenden Weisen eingefangen: Entweder von Hand oder durch Betäubung mit Zyanit (oder irgendeiner anderen giftigen Substanz). Wenn Sie jemals im Korallenriff getaucht sind, können Sie sich wahrscheinlich vorstellen, wie schwierig und zeitaufwendig es ist, einen gesunden Fisch mit dem Handnetz einzufangen. Deshalb ist es für jene Menschen, die ihren Lebensunterhalt damit verdienen, sehr verführerisch, beim Einfangen der Tiere Zyanit einzusetzen. Natürlich ist es verboten, aber wie soll das schon immer kontrolliert werden.

Die zyanithaltige Lösung befindet sich für gewöhnlich in einer Plastikflasche und wird in die Spalten des Riffs geschüttet, wo sich die Fische verstecken. Die Fische werden von dieser Lösung nicht getötet, aber betäubt, so dass sie leicht eingefangen werden können. Obwohl sie schnell wieder das Bewusstsein erlangen, bleiben oft Schädigungen der inneren Organe zurück. Dieser Umstand, zusammen mit dem Stress der Gefangenschaft und des Transports, lässt mehr als die Hälfte der Tiere sterben, bevor sie überhaupt in der Tierhandlung ankommen. Diejenigen, die es geschafft haben, sterben zum großen Teil in den Wohnzimmeraquarien.

Wenn auch nicht alle Fische sterben, die der Zyanitlösung ausgesetzt werden, sind es bei den empfindlichen Korallenpolypen aber 100 Prozent. Das, in Kombination mit der Dynamitfischerei, Verschlammung, Verunreinigung, dem Leerfischen der Meere und anderen Faktoren, hat riesige Teile des südostasiatischen Riffs bereits zerstört. In Indonesien sind weniger als 10 Prozent des Riffs noch intakt, in den Philippinen sogar weniger als 5 Prozent. Das ist einer der Gründe, warum die Philippinen, trotz ihrer hervorragenden Lage und der guten Infrastruktur für Touristen, viel von ihrer Popularität bei Tauchern eingebüßt haben.

Der einzige Weg, um der Zyanitfischerei Einhalt zu gebieten, ist es, die Motivation hierfür auszuschalten. Und die Motivation sind all jene Hobby-Aquarienhalter, die sich keine Gedanken darüber machen, wie die Fische in den Laden kommen.

Achten Sie daher beim Kauf darauf, dass der Fisch mit einem Zertifikat verkauft wird. Nur das garantiert, dass diese Tiere entweder mit der Hand eingefangen oder gezüchtet wurden. (Durch die Züchtung werden die in Freiheit lebenden Tiere geschützt, da deren Kauf viel teurer ist und auch Tiere gezüchtet werden, die sonst nur schwer zu bekommen sind.) Wenn Sie Fische, die mit einem Zertifikat versehen sind, kaufen, tun Sie etwas für den Schutz des Riffs und sparen zur gleichen Zeit eine Menge Geld.

Meeressäugetiere

Bei den Meeressäugetieren handelt es sich um die Abkömmlinge von Landsäugetieren, die wieder dahin zurückgekehrt sind, woher sie ursprünglich kamen – dem Wasser. Obwohl sich diese Tiere sehr gut ihrer Umgebung angepasst haben, haben sie die Merkmale von Säugetieren beibehalten: Die Jungen kommen lebend zur Welt und werden von der Mutter gestillt, sie sind warmblütig und haben irgendwann einmal in ihrem Leben Haare (oder zumindest ein Toupet).

Wissenschaftler glauben, dass Wale und Delfine als erste wieder ins Meer zurückgekehrt sind, da diese dem Leben im Wasser am Besten angepasst sind. Von den Seeottern glaubt man, dass es die Letzten waren, die sich zur Rückkehr entschieden. Sie weisen auch noch die meisten Merkmale von Landbewohnern auf.

Seesäugetiere haben es weder gelernt, unter Wasser zu atmen, noch haben sie – so weit mir bekannt ist – die Taucherausrüstung erfunden. Sie haben vielmehr ihre Physiologie dem Wasser angepasst, weshalb sie lange ohne zu atmen unter Wasser bleiben können (der Pottwal hält es bis zu eineinhalb Stunden aus). Zum Schutz gegen Kälte haben sie sich eine dicke, isolierende Speckschicht – den *Fischtran* – oder ein dickes Fell (oder beides) zugelegt. Damit sie sich im relativ dichten Medium Wasser schneller vorwärts bewegen können, wurde der Körper glatt und stromlinienförmig.

Seeottern

Die Seeottern bilden eine eigene Familie. Im Gegensatz zu ihren entfernten Verwandten, den Robben, haben Sie keine Flossen wie die Flossenfüßer (vergleiche nachfolgenden Abschnitt). Von den Seeottern nimmt man an, dass sie die letzten Säugetiere waren, die vom Land ins Wasser zurückgekehrt sind. Noch heute halten sie sich bevorzugt in Ufernähe auf, in dem relativ flachen Wasser zwischen Birnentang, der vor der Westküste Nordamerikas wächst. Seeottern sind zwischen 90 und 120 cm lang, dunkelbraun, mit einem etwas helleren Kopf und Rücken. Der Kopf von alten, männlichen Seeottern kann fast weiß sein. Sie besitzen eine kurze, dicke Schwanzflosse und mit Schwimmhäuten versehene Pfoten. Sie haben keine dicke Speckschicht, aber ihr dichtes Fell schützt sie vor dem kalten Wasser des östlichen Pazifiks. Seeotern wurden wegen ihres schönen Fells am Anfang des 20. Jahrhunderts so sehr gejagt, dass sie beinahe ausgerottet waren. Heute stehen sie unter Naturschutz und vermehren sich langsam, aber sicher wieder – man kann sie sogar schon wieder an einigen Plätzen vor der Küste von Kalifornien antreffen.

Flossenfüßer (Pinnipedia)

Das charakteristische Kennzeichen der Flossenfüßer sind ihre paddelförmigen vorderen und hinteren Flossen. Sie sind in drei Familien unterteilt (siehe Abbildung 9.11):

✔ **Robben**: Es gibt insgesamt 19 Spezies von Robben. Man nimmt an, dass Seeottern und Robben von den gleichen Vorfahren abstammen, die Robben aber bereits lange vor den Ottern ins Meer zurückgekehrt sind. Obwohl sich Seelöwen und Walrösser ähneln, haben sie sich aus unterschiedlichen Linien entwickelt. Robben und Seelöwen kann man dadurch auseinanderhalten, dass bei den Robben die Ohren äußerlich nicht sichtbar sind, sie über relativ kleine vordere Flossen und große Schwanzflossen verfügen, mit denen sie sich im Wasser vorwärts bewegen. Robben können, anders als Seelöwen und Walrosse, ihre hinteren Flossen nicht nach vorne stellen, also nicht gehen. Die meisten Robben leben in kühlem oder eiskaltem Wasser. Nur drei Spezies, die Mönchsrobben – die man je nach ihrem Verbreitungsgebiet als Mittelmeer-, Karibische oder Laysan-Robbe bezeichnet – leben in tropischen Gewässern. Karibische Mönchsrobben hat man seit längerem nicht mehr gesehen, so dass man befürchtet, dass diese Art ausgestorben ist. Die beiden anderen Arten der Mönchsrobbe sind ebenfalls von der Ausrottung bedroht. Der Seehund ist die Art, die am häufigsten von Tauchern in den temperierten Gewässern des Pazifik oder Atlantik angetroffen wird.

- ✔ **Seelöwen**: Von den Seelöwen nimmt man an, dass sie sich aus einer Bärengruppe entwickelt haben. Obwohl sie mit den Robben viele Merkmale teilen, können sie leicht von ihnen unterschieden werden. Sie haben deutlich sichtbare Ohren, große vordere Flossen, relativ kleine hintere Flossen, die sie nach vorne drehen können, was ihnen das »Gehen« auf dem Land ermöglicht. Wie die Robben, so halten sich auch die Seelöwen bevorzugt im kühlen Wasser auf, wo sie reichlich Nahrung finden. Die einzige Ausnahme bildet die Pelzrobbe, die in den wärmeren Gewässern der Galapagos-Inseln lebt.
- ✔ **Walrosse**: Man nimmt an, dass das Walross von den gleichen Vorfahren wie der Seelöwe abstammt, aber charakteristische Merkmale sowohl mit den Robben als auch den Seelöwen teilt. Das Walross hat keine nach außen sichtbare Ohren, kann aber die hinteren Flossen nach vorne bewegen und »gehen«, was auch ein Seelöwe beherrscht. Walrosse leben in Familienverbänden und ausschließlich in den nördlichen Breitengraden.

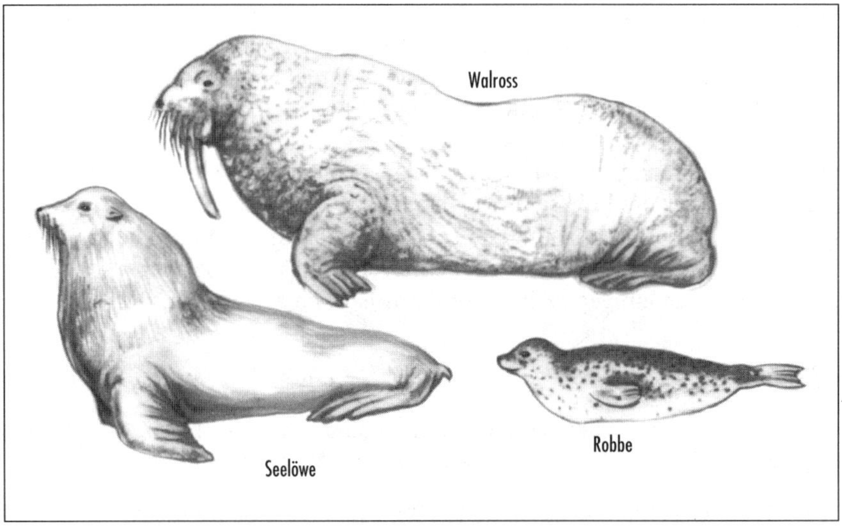

Abbildung 9.11: Die Robben haben keine sichtbaren Spuren von Ohren (obwohl vorhanden), die Seelöwen können ihre hinteren Flossen nach vorne stellen (sich also auf vier Extremitäten bewegen) und das Walross weist beide Merkmale auf.

Seekühe

Seekühe (Sirenen): Die Seekühe unterteilen sich in zwei Gruppen: Rund- und Gabelschwanzseekühe. Alle Seekühe leben in tropischen Gewässern. Die größten unter ihnen wurden jedoch vor knapp 250 Jahren in der Beringsee gesehen. Diese 8 m lange und fast zwei Tonnen wiegende Art wurde jedoch innerhalb von 30 Jahren ausgerottet.

Der Name *Sirenen* stammt aus der griechischen Mythologie. Sirenen verführten mit ihren verlockenden Stimmen die Seefahrer. Die Legende sagt, dass frühe Seefahrer diese nachdenklichen 1000-Pfünder für Meerjungfrauen hielten. Ich hoffe, dass ich mich niemals so lange auf dem Meer aufhalte.

Rundschwanzseekühe (wie die in Abbildung 9.12) werden 2,5 bis 4,5 m lang und wiegen zwischen 90 und 180 kg. Ihre Haut ist einheitlich grau und hat eine rauhe, unebene Struktur. Sie ist häufig mit Algen bedeckt und leider sind oft Narben von Verletzungen, die ihr von Motorbootpropellern zugefügt wurden, auf ihr zu sehen. Rundschwanzseekühe reagieren empfindlich auf Kälte, weshalb sie sich im Winter um die warmen Quellen Floridas versammeln, wo immer eine Temperatur von 19 °C herrscht. Das ist auch der Ort, wo sie hauptsächlich von Tauchern beobachtet werden (vergleiche Kapitel 13). Im Sommer kehren sie wieder auf ihre Weideplätze in der Karibik und im Atlantik zurück.

Abbildung 9.12: Die sanfte, westindische Rundschwanzseekuh steht auf der Liste der gefährdeten Tierarten, seit diese geführt wird.

Sowohl die Rund- als auch die Gabelschwanzseekühe sind ausschließlich Pflanzenfresser. Sie stammen von einem in grauer Vorzeit lebenden behuften Tier ab, zu dessen Nachfahren auch die Pferde, Kühe und Elefanten gehören. Elefanten sind die nächsten Verwandten der Seekühe. Die Seekühe fressen enorme Mengen an Seegrasblättern und anderen Wasserpflanzen. Sie unterscheiden sich (wie der Name ja schon sagt) durch die Form des Schwanzes: breit und flach oder gegabelt, wie die Schwanzflosse des Delfins. Die beiden sind aber auch deshalb kaum zu verwechseln, da die Rundschwanzseekuh nur in der Karibik und die Gabelschwanzseekuh nur im Indopazifischen Ozean lebt.

Catacea

Wale und Delfine gehören zu der Familie der Meeressäugetiere, die Catacea genannt wird (siehe Abbildung 9.13). Die meisten Menschen glauben, dass sich Delfine und Wale deutlich unterscheiden. Dem ist nicht so. Der einzige Unterschied zwischen den Catacea besteht darin, ob sie zu den Zahnwalen oder Bartenwalen gehören. Die Delfine gehören zu den kleinzahnigen Walen.

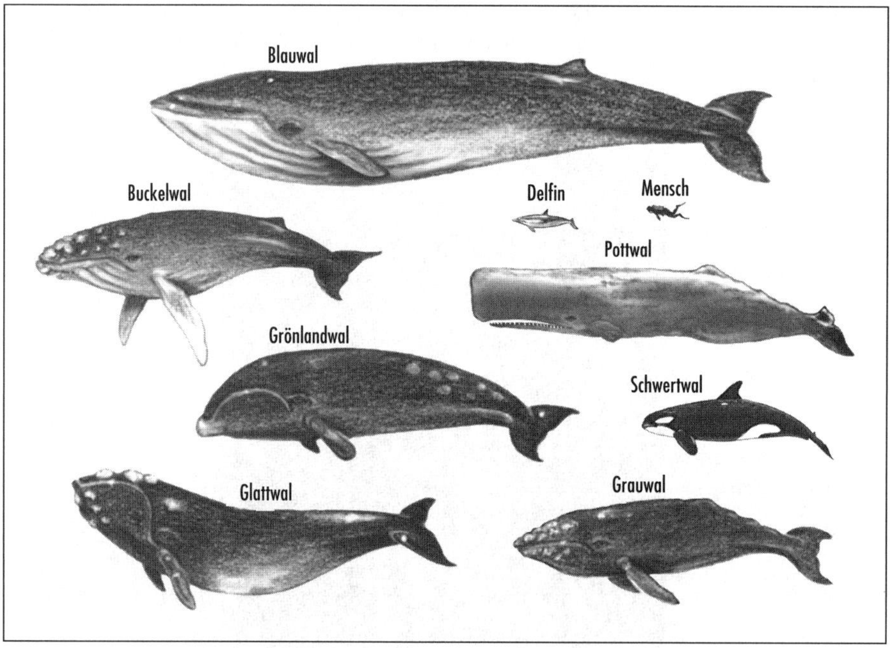

Abbildung 9.13: Die relative Größe einiger Wale im Vergleich zum Menschen

- ✔ **Zahnwale**: Ihr charakteristisches Merkmal gibt ihnen auch ihren Namen: Zähne, die in Reihen angeordnet sind, mit denen sie ihre Beute fangen, festhalten und zerlegen. Man kann sagen, dass Zahnwale kleiner sind als Bartenwale, mit ein paar Ausnahmen. Die Zahnwale besitzen die Fähigkeit der *Echolotung*, eine Art Sonarsystem, das sie sowohl zur Kommunikation als auch zur Orientierung einsetzen. Zu den kleinsten Zahnwalen gehören einige

Delfinarten, die kleiner als 1,80 m sind, der Größte unter ihnen ist der Pottwal, wo die Männchen bis zu 20 m lang werden. Der Pottwal verdankt seine Berühmheit vor allem Herman Melvilles *Moby Dick*. Obwohl man viel mehr über das Verhalten der Delfine als der Pottwale weiss, kann man doch mit ziemlicher Sicherheit behaupten, dass diese nicht heimtückischer sind als Delfine harmlos. Forschungen haben ergeben, dass Delfine soziale, hoch intelligente Tiere sind, aber auch ein Verhalten an den Tag legen können, das man in der menschlichen Gesellschaft als Vergewaltigung, Entführung und hinterhältige politische Manipulation bezeichnen würde. Ein direkter Vergleich zwischen dem Verhalten des Menschen und des Delfins ist jedoch nicht möglich, da wir dafür einfach zu wenig über ihr Sozialverhalten wissen. Man kann an speziellen Tauchgängen zur Delfinbeobachtung teilnehmen (siehe Kapitel 13). Für mich gehört es immer wieder zu einer der schönsten Erfahrungen in der Unterwasserwelt.

✔ **Bartenwale**: Die Bartenwale filtern ihre Nahrung aus dem Wasser. Anstelle von Zähnen besitzen sie am Oberkiefer mit haarartigen Fransen ausgestattete Hornplatten, in denen Krillkrebse hängen bleiben. Der größte Wal und das größte Lebewesen auf Erden – der Blauwal – gehört zu dieser Gruppe der Catacean. Er kann eine Länge von 33 m erreichen und bis zu 130 Tonnen wiegen. Das ist natürlich ein unglaublicher Anblick, der sich dem Taucher aber nur äußerst selten bietet. Es werden Tauchexkursionen zur Beobachtung von Bartenwalen – und hier vor allem der Buckelwale – angeboten (siehe Kapitel 13), da man deren Migrationsrouten kennt und diese Art sehr friedfertig ist. Die Bartenwale nehmen die Taucher ganz offensichtlich zur Kenntnis. Im Allgemeinen sind sie ihnen gegenüber eher vorsichtig, manchmal siegt jedoch ihre Neugierde und sie lassen die Taucher nahe herankommen.

Der *Glattwal* war die bevorzugte Beute der frühen Walfänger. Sie werden von Tauchern kaum noch gesehen. Jedes Jahr unternehmen sie lange Wanderungen zwischen den Polargebieten, wo das Nahrungsangebot groß ist, und wärmeren Meeren, um ihre Jungen zur Welt zu bringen. Das gleiche Verhalten gilt auch für den Grauwal. Der Grönlandwal lebt als einziger Bartenwal das ganze Jahr über in den Polarmeeren.

Gefährliche Meerestiere

Es gibt Tausende von Meerestieren, die für die Jagd oder zur Verteidigung mit Zähnen, Stacheln oder Gift ausgestattet sind, welche dem Taucher gefährlich werden können. Das ist nicht anders als bei den Tieren auf dem Land. Es würde ein eigenes Buch füllen, um jeden Typus Meerestier aufzulisten, der Ihnen mehr oder weniger schweren Schaden zufügen kann. Deshalb werde ich mich hier auf die am häufigsten vorkommenden und gefährlichsten Spezies beschränken. Das Wasser ist nicht der natürliche Lebensbereich von menschlichen Wesen, deshalb ist es nur zu verständlich, dass wir uns hier verletzbarer fühlen als auf dem Land. Trotz des Heimvorteils für die Tiere, die immer im Wasser leben, betrachten uns diese eher mit Argwohn und gehen einem Kontakt aus dem Weg. Und das ist auch der beste Weg, wie Sie eine unangenehme Begegnung mit diesen Tieren vermeiden können. Die Angst, die wir gegenüber diesen Kreaturen an den Tag legen, übersteigt oft deren Gefährlichkeit. Dennoch schadet es überhaupt nicht, sich vorsichtig zu verhalten. Alles, was Sie brauchen, um Probleme im Kontakt mit Tieren zu vermeiden, sind Informationen über das Leben in der Unterwasserwelt und einen gesunden Menschenverstand.

Dinge, die stechen

Das bemerkenswerteste Merkmal aller Tiere, die stechen, sind deren *Nesselkapseln (Nematocysten)*. Die Substanz in diesen Kapseln bleibt entweder auf der Haut haften oder dringt in diese ein. Wenn sie nicht an die Haut herankommt, kann sie auch nicht wirken – deshalb bietet ein Tauchanzug einen guten Schutz vor diesen Verletzungen, außer natürlich am Kopf und an den Händen. Manche Taucher schützen ihre Hände mit Handschuhen, was ich jedoch nicht unterstütze, da dies leicht in Versuchung führen kann, Dinge unter Wasser zu berühren.

Die stechenden Kreaturen, die im Meer angetroffen werden, können in drei Gruppen unterteilt werden: jene, die den Standort nie wechseln (fest im Boden verankert), jene, die im Meer frei schwimmen, und jene, die sich erst zurück im Boot bemerkbar machen.

Festsitzende stechende Wesen

Da diese Lebewesen an etwas Hartem oder im Boden fest verankert sind, können sie vom Taucher auch leicht vermieden werden. Wenn Sie eines davon sehen oder glauben, es zu sehen – machen Sie einfach einen Bogen drumrum. So einfach ist das. Dennoch kommt es immer wieder vor, dass Sie eines dieser Lebewesen berühren, weil Sie sich daran festhalten, um entweder den Auftrieb auszugleichen oder sich von der Strömung nicht wegtragen zu lassen.

- ✔ **Feuerkorallen**: Die Feuerkorallen gehören eigentlich gar nicht zu der Familie der Korallen, sondern sind kolonienbildende Hydropolypen. Allerdings bilden sie, wie die richtigen Korallen, ihr eigenes Skelett aus Kalziumkarbonat. Ihre Farbe ist für gewöhnlich gelbgrün oder braun und auf der Oberfläche befinden sich viele winzige Poren. Unter Wasser kann es natürlich schwierig sein, die Farbe zu erkennen. Feuerkorallen gibt es in vielen unterschiedlichen Größen und Formen. Der Kontakt mit ihnen kann ein leichtes Prickeln auf der Haut bis hin zu einem intensiven Brennen auslösen. Meist äußert es sich jedoch in einem brennenden Juckreiz mit Hautrötung und Quaddeln.
- ✔ **Feuerschwämme**: Schwämme besitzen keine stechenden Zellen, es gibt aber dennoch drei Spezies, deren Berührung für Sie schmerzhaft werden kann. Da diese nur sehr schwer zu identifizieren sind, lassen Sie besser die Finger von sämtlichen Schwämmen. Es ist nicht ganz klar, was der Auslöser für die schmerzhafte Reaktion ist: es sind entweder die kleinen Nadeln aus Siliziumdioxid, aus denen der Schwamm besteht, oder ein Gift, das der Schwamm produziert. Es kann bis zu 24 Stunden dauern, bis Sie die Verletzung bemerken. Sie kann sich durch heftigen Juckreiz und Brennen, begleitet von Schwellung und Steifheit äußern. In der Regel stellen sich gleich nach der Berührung eine Rötung und manchmal Blasen ein, manchmal sieht man aber fast auch überhaupt nichts. Sie sollten auch keine Schwämme

aufheben, die ans Ufer gespült wurden – ihre schmerzverursachende Wirkung kann noch über ihren Tod hinaus bestehen.

- ✔ **Stechende Hydropolypen**: Diese Wesen gehören wie die Feuerkoralle zu den Hydropolypen ohne jedoch deren charakteristisches Skelett aus Kalziumkarbonat zu besitzen. Sie ähneln im Aussehen dem Farn, oft werden sie auch mit Seegras verwechselt. In der Farbe ähneln sie ebenfalls den Feuerkorallen, obwohl auch häufig Farbabweichungen vorkommen. Die Symptome, die nach der Berührung mit stechenden Hydropolypen auftreten, ähneln denen der Feuerkoralle, sind meist jedoch stärker ausgeprägt.
- ✔ **Anemonen**: Es gibt viele unterschiedliche Seeanemonen, und der Kontakt mit ihnen kann leichte, kaum erwähnenswerte, aber auch schmerzhafte Folgen haben. Anemonen haben in der Regel wunderschöne Farben und sehen mit ihrer radialsymmetrischen Anordnung der Tentakeln wie richtige Blumen aus. Im Indopazifischen Ozean dienen sie den Anemonenfischen als Behausung. Diese können sich frei zwischen den Tentakeln bewegen, ohne dass sie von diesen verletzt werden. Ich rate Ihnen, es ihnen nicht nachzumachen.

Freischwimmende, stechende Kreaturen

Das Zusammentreffen mit diesen Meeresbewohnern ist in der Regel unbeabsichtigt. Es kommt häufig vor, dass ein Taucher die Tentakeln einer Qualle berührt, ohne sie überhaupt zur Kenntnis genommen zu haben. Passen Sie daher immer gut auf, was im Wasser herumschwimmt. Manchmal haben sich Tentakeln oder Nesselzellen vom Tier gelöst und schwimmen frei im Wasser herum, wo sie auch bei höchster Aufmerksamkeit des Tauchers nicht bemerkt werden, was jedoch sehr selten vorkommt.

Die meisten Quallenarten haben in ihren Tentakeln Nesselzellen (Nematocysten) und sollten in weitem Bogen umschwommen werden. Es gibt jedoch eine Art, die in isolierten Salzwasserseen im westlichen Pazifik lebt, die völlig harmlos ist und von den Schnorchlern gerne besucht wird (siehe Kapitel 13). Im Allgemeinen gilt jedoch, dass der Kontakt mit Quallen nicht zu den Erfahrungen gehört, die man gerne macht. Da sich die meisten Quallen langsam im Wasser vorwärts bewegen, kann ihnen in der Regel leicht aus dem Weg gegangen werden. Wenn sie aber in großen Verbänden auftauchen, was des Öfteren der Fall ist, ist ein Kontakt kaum zu vermeiden. Da diese Ansammlungen jedoch nie spontan geschehen, sondern örtlich und zeitlich einzugrenzen sind, kann sich der Taucher vorher über diese Möglichkeit informieren.

- ✔ **Portugiesische Galeere**: Hierbei handelt es sich nicht wirklich um eine Qualle, sondern einen kolonienbildenden Hydropolypen, der Merkmale der Qualle übernommen hat. Sie können, vor allem während der warmen Sommermonate, in tropischen und subtropischen Gewässern angetroffen werden. Die Portugiesische Galeere besteht aus einem schwimmenden Segel und einer gasgefüllten Kammer, von der viele Nesselzellen tragende Tentakeln herabhängen, die bis zu 30 m lang werden können. Ihre Blase ist in der Regel durchscheinend und hat eine bläuliche Färbung. Da sie auch im Wind driften können, werden sie des Öfteren am Strand vorgefunden. Fassen Sie sie unter keinen Umständen an, selbst wenn sie leblos sind, da die Nematocysten selbst nach dem Tod noch aktiv sein können. Die Stiche können gefährliche

Verletzungen beim Menschen verursachen. Obwohl die wenigsten eine tödlichen Ausgang haben, rate ich zu größter Vorsicht diesen Tieren gegenüber.

- **Würfelquallen:** Eine besondere Würfelqualle, die auch *Seewespe* genannt wird, ist das giftigste bekannte Meereslebewesen. Obwohl ihr Stich vom Menschen meist überlebt wird, kann er jedoch Muskelkrämpfe, Muskel- und Atemlähmung sowie Herzstillstand zur Folge haben. Sie kommen hauptsächlich in den tropischen Gewässern des Indopazifischen Ozeans vor und hier vor allem um das nördliche Australien herum. Die Würfelquallen beginnen ihr Leben als Eier und Polypen in Mangrovensümpfen und Meeresbuchten. Die warmen Sommerregen spülen die voll entwickelten Quallen in die Küstengewässer. Zu Anfang des Sommers sind sie meist noch klein und ungefährlich, was sich aber im Laufe des Sommers ändert. Der Körper einer Würfelqualle kann 24 cm lang sein, mit herabhängenden Tentakeln, die bis zu 3 m lang werden. Die Tentakeln sind transparent und von bläulicher Färbung. Würfelquallen sind im Wasser oft nur schwer zu erkennen. Die Einheimischen wissen aber für gewöhnlich Bescheid, wenn welche in der Nähe sind. Gehen Sie nicht ins Wasser, wenn Würfelquallen in der Nähe gesehen wurden.

Giftige Meeresbewohner

Fast alle Tiere, die mit giftigen Stacheln ausgestattet sind, benutzen diese nur zur Selbstverteidigung. Sie sind nicht aggressiv und stellen, so lange sie sich von Ihnen nicht bedroht fühlen, keine Gefahr für Sie da.

Folgende Lebewesen haben giftige Stacheln:

- **Borstenwürmer:** Diese Würmer bestehen aus Segmenten, die Borsten genannt werden. Auf jedem Segment befindet sich ein Paar giftiger Stachel. Sie sind in den tropischen und subtropischen Gewässern des Indischen, des Pazifischen und des Atlantischen Ozeans sowie in der Karibik anzutreffen – also fast überall, wo das Tauchen besonders Spaß macht. Wie der Name ja schon andeutet, ähneln sie Würmern, deren Körper mit Borsten versehen ist (siehe Abbildung 9.14). Sie werden bis zu 25 cm lang und kommen in allen Farben des Regenbogens vor – einige unter ihnen sind sehr schön. Betrachten, aber berühren Sie sie nicht. Wenn Sie mit einem Borstenwurm in Kontakt kommen, wird ihre Haut eine gute Woche lang brennen und jucken, wobei sie auch anschwellen und Blasen bilden kann. Einige unter ihnen beißen auch zu, und, wie Sie richtig vermuten, dieser Biss hat ähnliche Symptome wie oben beschrieben zur Folge.
- **Seeigel**: Die Seeigel haben die Form eines stachligen Balls, an deren Enden sich oft giftige Drüsen befinden. Sie werden in allen Ozeanen angetroffen, die Giftigsten unter ihnen sind jedoch in den Tropen zu Hause. Der Aufbau der Stacheln ist bei allen Seeigeln im Prinzip gleich, sie können aber in Größe und Farbe sehr unterschiedlich sein. Die Stacheln der Seeigel sind sehr zerbrechlich, so dass sie nach dem Einstich in die Haut oft abbrechen und dort stecken bleiben, was zu schmerzhaften Entzündungen führen kann. Die meisten Menschen können der Versuchung widerstehen, mit Seeigeln zu spielen. Viele haben aber eine leidvolle Bekanntschaft mit ihnen gemacht, wenn sie im flachen Wasser auf Seeigel traten.

Abbildung 9.14: Anschauen erlaubt, berühren verboten. Der Kontakt mit einem Borstenwurm bleibt Ihnen eine Woche lang schmerzlich bewusst.

- ✔ **Dornenkrone**: Die Dornenkrone ist in allen tropischen Gewässern auf Korallenriffen anzutreffen. Sie ist berühmt-berüchtigt für ihr periodisch wiederkehrende, explosionsartige Vermehrung, wodurch immer riesige Abschnitte des Riffs zerstört werden. Die Fachwelt ist sich nicht einig darüber, ob es sich hier um einen natürlichen Prozess handelt oder um ein Ergebnis des Einflusses des Menschen auf das Ökosystem. Was immer auch der Grund sein mag, durch das unkontrollierte Wachstum können ganze Riffe zerstört werden. Dornenkronen können einen Durchmesser von 60 cm erreichen, haben 13 bis 16 seesternähnliche Arme und sind auf der Oberseite mit kurzen, spitzen Stacheln ausgestattet. Die Dornenkrone verfügt über keine Giftdrüsen, die Stacheln sind aber mit einem giftigen Schleim bedeckt. Auch wenn ihre Berührung meistens nicht tödlich endet, kann es Wochen dauern, bis die Schmerzen abklingen.
- ✔ **Kegelschnecken:** Von den über 400 bekannten giftigen Kegelschnecken sind nur ein paar Arten wirklich gefährlich für den Menschen. Die meisten davon sind im Indischen und Pazifischen Ozean anzutreffen, aber mindestens eine Art kommt auch im Roten Meer, im tropischen Bereich des Atlantiks und in der Karibik vor. Wegen ihrer wunderbaren Farben und Muster sind die Kegelschnecken ein begehrtes Sammlerobjekt. Wenn Sie zu den Sammlern gehören, sollten Sie sehr vorsichtig sein. Sie finden Sie in flachen Gewässern auf Riffen, in Lagunen und Pfützen, die die Flut hinterlassen hat. Kegelschnecken können von ihrem schmalen Ende aus ein harpunenähnliches Organ ausfahren, das mit einem kleinen giftigen Pfeil ausgestattet ist. Es hilft auch nichts, wenn Sie die Schnecke am offenen, weiten Ende anfasssen, da dieser harpunenähnliche, bewegliche Stachel überall hinkommt. Ungefähr ein Viertel der Menschen, die von einer Kegelschnecke gestochen wurden, haben den Stich nicht überlebt. Sie sind vor allem für Kinder sehr gefährlich. Wenn Sie Muscheln sammeln, nehmen Sie nur die mit, die leer sind. Lassen Sie die lebenden unbedingt liegen.

- **Stechrochen:** Die Stechrochen halten sich am Boden aller tropischen und warmen Gewässer auf. Sie werden sie wahrscheinlich teilweise im sandigen Boden vergraben antreffen. Sobald Sie ihnen zu nahe kommen, gleiten sie auf ihren grazilen Schwingen davon, nicht ohne jedoch eine Staubwolke zu hinterlassen. Diese Tiere sind nicht aggressiv. Einen der aufregendsten und beliebtesten Schnorchelplätze bietet Stingray City auf den Cayman Inseln (siehe Kapitel 13). Hier werden die Rochen von Menschen gefüttert und haben nichts gegen die Schnorchler, die sich zwischen ihnen bewegen. Jährlich kommen Tausende von Besuchern, um sich dieses Schauspiel anzusehen, ohne dass irgend etwas Gefährliches passieren würde. Dennoch können dem Menschen vom Stechrochen gefährliche Verletzungen zugefügt werden. Das passiert meist dann, wenn jemand im flachen Gewässer auf einen Rochen tritt. Auf dem Schwanz des Rochens befindet sich ein dorniger Stachel. In dem Moment, wo er sich bedroht fühlt, reisst er den Schwanz hoch und bohrt den Dorn in den vermeintlichen Feind. Gift fließt aus dem Stachel in die Wunde. Es bereitet dem Stechrochen keine Schwierigkeit, auch durch Kleidungsstücke hindurch seinen Stachel im Fleisch des Opfers zu vergraben.

Am besten schützen Sie sich gegen den Stich eines Rochens, wenn Sie in flachen Gewässern am Boden entlang schlurfen. Das reicht als Vorwarnung für das Tier, das sofort verschwinden wird. Stören Sie Rochen nicht, die am Boden liegen.

Katzenfisch: Den Salzwasser-Katzenfisch trifft man sowohl in tropischen als auch subtropischen Gewässern an. Er ist zwischen 24 und 27 cm lang und ist an seinen vom Kopf zum Schwanz führenden schwarzen und weißen Streifen zu erkennen. Katzenfische begegnen dem Taucher meist nur in großen Schulen. Obwohl sie nicht aggressiv sind, werden sie sich bei Gefahr verteidigen. Rückenflosse und Brustflossen sind mit dornigen Stacheln versehen, von denen jeder eine Giftdrüse aufweist. Das Gift der Katzenfische kann durch Wärmeanwendung in seiner Wirkung geschwächt werden.

Skorpionfische und Steinfische: Es gibt mehrere hundert Spezies dieser Fische und sie gehören mit zum Giftigsten, was das Meer – zumindest an Fisch – zu bieten hat. Sie haben alle ohne Ausnahme ein knorriges, groteskes Aussehen und kommen in allen Regenbogenfarben, aber auch in einem schmutzigen Braun vor. Die meisten greifen ihre Beute aus einem Versteck heraus an, wobei sie meist die Farbe ihrer Umgebung annehmen. Diese Fische haben auf der Rückenflosse eine Reihe von Stacheln, manchmal noch zusätzliche Stacheln auf den Brust- und Afterflossen. Sobald sich der Fisch bedroht fühlt, richten sich die Stacheln auf. Das Gift gelangt durch einen Stich des Stachels direkt in den Körper. Die Schwere der Verletzung ist abhängig von Ihrem Körpergewicht, der Stelle, wo der Fisch zusticht, wie viele Stacheln er einsetzt und wie tief sie ins Fleisch eindringen.

Der Rotfeuerfisch (siehe Abbildung 9.15) gehört zu den Arten, die von den Tauchern am häufigsten gesehen werden. Sie halten sich oft an den Wänden des Riffs oder auf Schiffwracks in tropischen Gewässer, allein oder in Paaren, auf. Sie sind von auffälliger Farbe und haben vertikale rote und weiße Streifen und große, buntgestreifte Flossen. Diese Fische sind nicht aggressiv, sollten aber mit dem Respekt behandelt werden, der Tieren zusteht, die sich mit giftigen Stacheln verteidigen können. Wenn Sie ihn in Ruhe lassen, tut er das auch.

Abbildung 9.15: Der prächtige Rotfeuerfisch – wunderschön und hervorragend ausgerüstet für die Selbstverteidigung

Steinfische liegen ruhig in den flachen Buchten tropischer Gewässer des Pazifischen und Indischen Ozeans und lauern auf vorbeischwimmende Fische. Sie sind so gut ihrer Umgebung angepasst, dass sie fast nicht zu erkennen sind. Passen Sie auf, Sie möchten nicht die Erfahrung machen, auf eines dieser Tiere zu treten – sollten Sie die Begegnung überhaupt überleben, werden Sie sie nie vergessen. Der Schmerz tritt sofort ein und ist intensiv. Im Falle des Steinfisches kann der Schmerz stark genug sein, um ein Delirium zu verursachen, das tagelang andauern kann.

Folgende Kreaturen haben einen giftigen Biss:

- ✔ **Seeschlangen**: Seeschlangen leben ausschließlich im Indischen Ozean. Sie können Ihnen im Riff oder offenen Wasser begegnen, der Körper kann gemustert oder einfarbig sein, aber alle haben ein charakteristisches Merkmal: den lateral abgeflachten Schwanz, der bei keiner Landschlange anzutreffen ist (siehe Abbildung 9.10). Das Gift der Seeschlange ist ähnlich dem einer Kobra, aber 20 Mal so stark. Allerdings gibt eine Seeschlange beim Biss viel weniger Gift als eine Kobra ab, manchmal sogar überhaupt keins. Nur bei 25 Prozent der Menschen, die von einer Seeschlange gebissen werden, treten Vergiftungserscheinungen auf. Sie sollten es aber nicht auf den Versuch ankommen lassen – eine einzige Dosis des Seeschlangengifts reicht aus, um Sie gleich drei Mal zu töten. Glücklicherweise sind Seeschlangen nicht aggressiv – es sei denn, man versucht sie anzufassen. Allerdings haben sie auch den Ruf, sehr neugierig zu sein. Es gibt zahlreiche Berichte darüber, wie die Seeschlangen unter Wasser einen Taucher genau inspiziert haben, seinen Körper mit ihrem Körper sogar umschlossen. Das ist natürlich nicht jedermans Sache. Sollten Sie jemals dieser Situation ausgesetzt sein, behalten Sie die Nerven und halten Sie sich ruhig, bis die Schlange ihre Neugier befriedigt hat. Sie wird dann (hoffentlich) davonschwimmen.

- **Blaugefleckter Oktopus**: Die blaugefleckten Oktopusse gehören zu den kleinsten ihrer Art, sind aber bei weitem die gefährlichsten. Sie leben im Indischen Ozean und hier hauptsächlich in der Nähe des australischen Kontinents, aber auch bei Papua-Neuguinea, Neuseeland, den Fidschi-Inseln und Japan. Der Name dieses Oktopus leitet sich von seinem charakteristischen Verhalten in Gefahr ab: Flecken oder Ringe auf seinen Tentakeln werden auffällig blau, sobald sich das Tier gestört fühlt – ansonsten haben sie eine gelblich-braune Färbung. Sie sind nicht groß, zwischen 3 und 24 cm lang, aber lassen Sie sich von der Größe bloß nicht irre führen – ihr giftiger Speichel kann innerhalb weniger Minuten nach dem Biss bereits den Tod herbeiführen. Die farbenprächtigen, blaugefleckten Oktopusse erwecken die Neugier des Tauchers. Oft sind sie in Wassertümpeln anzutreffen, die die Flut hinterlassen hat. Fassen Sie diese Tiere niemals an.

Beißende Meeresbewohner

Bei weitem nicht alle Tiere, die im Meer leben, sind giftig. Manche verfügen lediglich über außerordentlich starke Kiefer und Zähne und können damit ganz schön großen Schaden anrichten. Diese Tiere, und vor allem der Hai, werden vom unerfahrenen Taucher am meisten gefürchtet. Die Presse hat ihren Beitrag dazu beigesteuert, dass sie einen Ruf erlangt haben, der bei weitem die tatsächlich von ihnen ausgehende Gefahr übersteigt. Vielleicht sind sie auch nur deshalb so gefürchtet, weil sie von Zeit zu Zeit ein aggressives Verhalten an den Tag legen. Wenn Sie das Verhalten dieser Tiere verstehen und das Ihrige anpassen, können Sie die Gefahr, die von diesen Lebewesen ausgeht, auf ein Minimum reduzieren oder überhaupt vermeiden.

- **Flohkrebse**: Nicht jeder Biss hat gleich schlimme Folgen. Flohkrebse werden immer dann beschuldigt, wenn einem im Wasser ein Stich oder Biss zugefügt wurde, ohne dass man den Verursacher bemerkt hat. Oft handelt es sich dabei aber um einen Kontakt mit frei herumschwimmenden Tentakeln, die von einer Qualle oder ähnlichen Tier abgebrochen sind. In den meisten Fällen sind es aber winzige, sich im Boden versteckende Krebse, die jahreszeitenabhängig in Erscheinung treten. Diese kleinen Übeltäter haben starke Kiefer, mit denen sie kräftig zubeißen können. Das Ergebnis sind kleine juckende rote Stellen auf der Haut. Manche Leute reagieren stärker auf ihre Bisse als andere. Verlassen Sie das Wasser, wenn Sie merken, dass sich darin Flöhe tummeln.

- **Oktopus und Tintenfisch**: Sowohl der Oktopus als auch der Tintenfisch gehören zur Klasse der Kopffüßer (Cephalopoda). Es gibt unzählige Arten davon und sie kommen in allen Weltmeeren vor. Normalerweise geht von einem Oktopus keine Gefahr aus, da sie eher flüchten als angreifen würden. Wenn sich ein Oktopus aber in die Enge getrieben fühlt, wird er zubeißen. Alle Oktopusse haben einen papageienähnlichen Schnabel und giftigen Speichel – lange nicht so giftig wie der des blaugefleckten Oktopus, aber auch nichts, mit dem Sie Bekanntschaft machen möchten. Der Biss eines Oktopus kann Entzündungen, Schwellungen und manchmal auch eine Taubheit in den betroffenen Stellen zur Folge haben. Ganz abgesehen davon, dass Ihnen eine Wunde zugefügt wurde.

Auch die Tintenfische sind mit einem papageienähnlichen Schnabel ausgestattet, mit dem sie leicht einen 6 cm dicken Holzpfahl zersplittern können. Vor Tauchern ergreifen sie aber für gewöhnlich die Flucht. Der Humboldt Tintenfisch wird bis zu 4 m lang und ist sehr aggressiv, wenn er bei der Nahrungsaufnahme gestört wird. Fischer, die diese Tintenfische beim Fressen beobachtet haben sagen, dass Haie im Vergleich dazu harmlos sind. Glücklicherweise gibt es diese Tintenfischart nur im östlichen Pazifik, vor der Küste von Peru, und sie sind nur in der Nacht beim Fressen anzutreffen.

✔ **Aale:** Aale sehen viel gefährlicher aus, als sie in Wirklichkeit sind, wenn sie vor ihren Schlupflöchern im Riff lauern, ihr offenes Maul mit einer Reihe von spitzen Zähnen ausgestattet, sich wie eine Kobra schlängeln und nur darauf warten, ihre Fangzähne in Ihren Körper zu schlagen (siehe Abbildung 9.16). Die Aale sind jedoch stets mit offenen Mäulern anzutreffen, weil sie durch die Kiemen Wasser pumpen und so atmen. Aale können von Tauchern leicht gezähmt werden – manche Tauchbasen haben sogar ihren eigenen zahmen Aal, der sich füttern lässt. Aale können ganz schön lästig werden, wenn ihnen andere Meerestiere das Futter streitig machen. Manchmal verwechseln sie die Finger oder andere hervorstehende Körperteile der Taucher mit ihnen angebotenem Futter – Männer sollten daher niemals ohne Badehose ins Wasser gehen.

✔ **Barrakuda**: Die Barrakudas leben in den tropischen und subtropischen Weltmeeren. Sie sind oft in Schulen anzutreffen, große Exemplare dieser Fischart – 1,30 bis 2 m lang – sind aber auch oft allein unterwegs. Sowohl der Ober- als auch der Unterkiefer sind mit langen, scharfen Zähnen versehen, ihr schlechter Ruf ist aber dennoch, wie der des Hais, übertrieben. Barrakudas greifen in der Regel keine Taucher an. Wenn es vorkommt, erklären Experten es damit, dass er die leuchtenden Farben des Tauchanzugs und den glänzenden Schmuck am Opfer, vor allem im trüben Wasser, für Fische hielt, die er als Beute verfolgte. Lassen Sie Ihren Schmuck daher auf dem Boot zurück.

✔ **Salzwasser-Krododile**: Salzwasser-Krokodile leben im Bereich der Küsten im Norden des australischen Kontinents und im westlichen Pazifik. Krokodile lauern ihrer Beute im Versteck auf und hier meist an den Ufern von Flüssen und Mündungsbecken, vor allem in der Nacht, am frühen Morgen und während der Abendstunden. Manchmal können sie auch mehrere hundert Kilometer vom Ufer entfernt im offenen Meer angetroffen werden. Mir ist aber kein Fall bekannt, bei dem ein Krokodil einen Taucher im offenen Meer angegriffen hat.

✔ **Haie**: Die Haie sind wahrscheinlich die gefürchtetsten Meeresbewohner, wobei sie aber viel besser als ihr Ruf sind. Sie können sich zwar in gewissen Situationen aggressiv verhalten, und manche greifen auch ohne vorherige Warnung an. Diese Attacken können aber in den meisten Fällen vermieden werden, wenn Sie das Verhalten und die Bedürfnisse der Haie kennen.

Von den etwa 350 unterschiedlichen Spezies der Haie können nur ein paar dem Taucher zur Gefahr werden. Der Walhai, der größte Fisch überhaupt, ist ein gutmütiger Planktonfresser und viele Taucher reisen weite Strecken, um diesen einzigartigen Fisch in seiner natürlichen Umgebung bewundern zu können (siehe Kapitel 13). Viele Taucher suchen auch ein Zusammentreffen mit einem der wirklich gefährlichen Haie, dem Weißen Hai, in seiner natürlichen Umgebung, aber dies für gewöhnlich aus einem sicheren Käfig heraus.

Abbildung 9.16: Aale sehen oft furchteinflößend aus und sind auch in der Lage, gefährliche Bisswunden zuzufügen. Das tun sie jedoch nur, wenn sie sich verteidigen müssen.

Rein statistisch gesehen kommen Angriffe von Haien auf einen Menschen ziemlich selten vor. Die Wahrscheinlichkeit, von einem Blitz getroffen zu werden, ist doppelt so hoch, die Gefahr, bei einem Verkehrsunfall ums Leben zu kommen, sogar über 3000 Mal so hoch. Die meisten Haie, die ein Taucher trifft, stellen für ihn keine Gefahr dar, solange er diese nicht jagt oder belästigt. Die meisten erfahrenen Taucher freuen sich über deren Anwesenheit im Wasser und beobachten diese anmutigen, wunderschönen Tiere mit großer Begeisterung.

In Wirklichkeit verhält es sich so, dass die Haie viel mehr Angst vor dem Menschen haben als umgekehrt. In den letzten fünf Jahren ist die Nachfrage nach Haifischprodukten explosionsartig angestiegen, was natürlich auch die Anzahl der getöteten Tiere immens gesteigert hat. Haifischflossen, woraus eine Suppe zubereitet wird, sind pro Kilo bis zu 500 US-Dollar wert. Für einen Teller Haifischflossensuppe werden in Hongkong bis zu 90 Dollar bezahlt. Unter den 125 Nationen, in denen der Handel mit Haifischprodukten nicht verboten ist, haben nur vier eine Regelung, was die Fangquoten der Haie betrifft. Da Haie relativ alt werden und nur wenige Nachkommen zeugen, sind die sie sehr anfällig für Eingriffe von außen. Eine Anzahl von Umweltorganisationen (siehe Anhang) haben Aufklärungskampagnen zum Schutz der Haie gestartet, bevor es zu spät ist.

Natürlich wäre es gelogen, wenn man behauptete, dass Menschen nicht von Haien angegriffen werden. Haie richten ganz unterschiedliche Schäden an. Nicht jeder Angriff eines Hais ist gleich stark und es macht auch einen Unterschied, von welcher Haiart man angegriffen wird. Weniger als ein Drittel der Angriffe enden tödlich für den Menschen. In den meisten Fällen wird dem Menschen bei einen Angriff durch den Hai ein Biss zugefügt, der tiefe Wunden reißen kann, die stark bluten. Schock und Blutverlust stellen die größte Gefahr für den Taucher dar. Neunzig Prozent aller Angriffe geschehen nahe oder auf der Wasseroberfläche und meist nicht weit vom Strand entfernt. Wenn dem Opfer sofort medizinische Hilfe zur Verfügung steht, sind seine Überlebenschancen gut. Unter den 350 Haiarten sind 12, von denen man weiss, dass sie Menschen angegriffen haben. Unter diesen 12 sind die nachfolgend beschriebenen vier die gefährlichsten (siehe Abbildung 9.17):

- **Bullenhai (auch Stierhai oder Gemeiner Grundhai)**: Die Bullenhaie sind in allen Korallenriffen der tropischen und subtropischen Gewässer anzutreffen und gehören zu den gefährlichsten Haiarten. Sie sind massige, untersetzte Fische mit einer kurzen, eckigen Schnauze und kleinen Augen. In der Regel gehen diese Haie dem Taucher aus dem Weg. Allerdings werden bei manchen Tauchgängen Haie durch Köder angelockt, und darunter kann sich schon mal ein Bullenhai befinden. Bei der Fütterung können diese Tiere ein sehr aggressives Verhalten an den Tag legen, das sich auch gegen den Taucher richten kann.
- **Weißspitzenhai**: Einige erfahrene Seeleute halten diesen Hai für den Gefährlichsten unter seinen Artgenossen. Die Weißspitzenhaie sind in allen tropischen und subtropischen Meeren anzutreffen, wo diese besonders tief sind. Um die Hawaii-Inseln herum werden sie oft in Herden angetroffen, die einem Anführer folgen. In der Regel sind sie etwa 3 m lang, von einer grau-bronzenen Farbe oben und hellgefärbt auf der Unterseite. An ihrer runden Rückenflosse mit weißer Spitze sind sie leicht zu erkennen. Das Verhalten dieser Tiere ist schwer einzuschätzen. Manchmal sind sie träge und gleichgültig, zu anderen Zeiten aber aggressiv und sehr gefährlich. Von Angriffen auf Taucher durch diese Tiere wurde berichtet. Da sie sich aber bevorzugt in tiefen Gewässern aufhalten, trifft man sie nur ganz selten in den Korallenriffen.

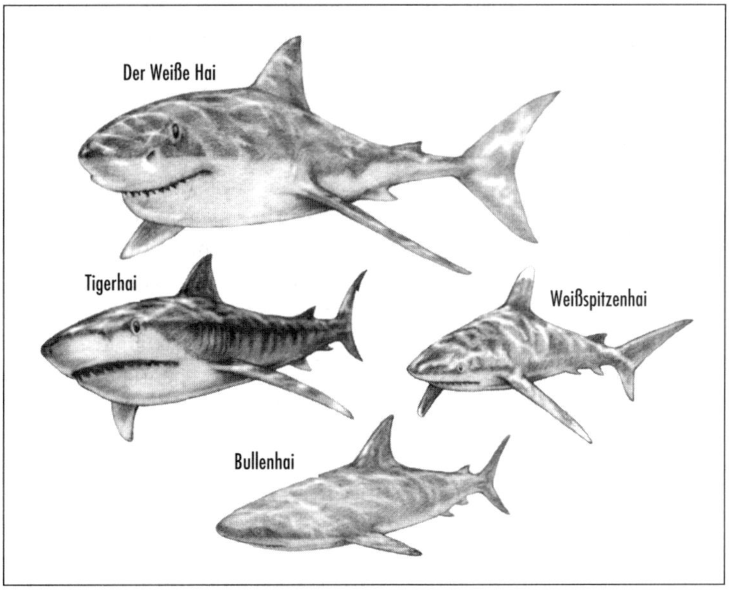

Abbildung 9.17: Die vier gefährlichsten Haie für Taucher

- **Tigerhai**: Die Tigerhaie leben in allen tropischen und subtropischen Gewässern, im Riff und im offenen Wasser. Diese Haie können bis zu 6 m lang werden und ein Gewicht von bis zu 1300 kg erreichen. Sie besitzen eine breite, stumpfe Schnauze und einen dicken, schweren Körper, an dem sich ein schlanker Schwanz befindet. Den Namen haben sie wegen der vertikalen, dunklen Steifen auf ihrem Rücken erhalten. Mit zunehmendem Alter werden die Streifen jedoch heller, so dass man sich bei der Identifizierung der Tigerhaie nicht unbedingt darauf verlassen kann. Die Tigerhaie verhalten sich bei der Futtersuche opportunistisch. Die Jüngeren unter ihnen (kleiner als 2 m) suchen nahe am Grund nach Fischen. Die etwas Größeren beanspruchen die Region in der Mitte und die Größeren (über 3 m) die in der Nähe der Wasseroberfläche. Hier fressen sie alles – und ich meine wirklich alles! – was ihren Weg kreuzt. Wenn Sie wieder einmal eine dieser Geschichten hören, was in dem Magen eines Haies gefunden wurde, handelt es sich meist um den Magen von einem Tigerhai. Da sie im wahrsten Sinne des Wortes Allesfresser sind, befindet sich natürlich auch ab und zu ein Mensch auf ihrem Speiseplan. Die Tigerhaie machen im Wasser einen trägen und lethargischen Eindruck, sobald aber etwas in ihre Nähe kommt, das nach Nahrung aussieht, legen sie ein äußerst aggressives Verhalten an den Tag. Deshalb enden die Attacken der Tigerhaie auf Menschen öfter tödlich als die anderer Haiarten.

- **Der Weiße Hai**: Die meisten Menschen glauben, dass der Weiße Hai der gefährlichste unter allen Haien, wenn nicht das gefährlichste Tier auf Erden überhaupt ist. Es ist leicht nachvollziehbar, woher der Weiße Hai diesen Ruf hat mit seinem kräftigen, weit aufgerissenen Kiefer, der mit mehreren Reihen messerscharfer Zähne ausgestattet ist. Die Medien haben natürlich zum schlechten Ruf des Weißen Hais ihren Beitrag geleistet. Es wurde nicht versäumt, aus dem furchterregenden Anblick des Hais Kapital zu schlagen. Aber natürlich ist auch in all dem Gesagten und Gezeigten ein Quäntchen Wahrheit enthalten. Weiße Haie sind sehr kraftvolle und beeindruckende Tiere – und ein Tauchgang zwischen ihnen, natürlich im Schutz eines Käfigs, ist ein beliebtes und für den Veranstalter profitables Unternehmen vor den Küsten Südaustraliens und Südafrikas.

  Der Weiße Hai wird bis zu 6 m lang und über eine Tonne schwer. Er lebt auf dem offenen Meer und am liebsten in nicht zu warmen Gewässern. Hier findet er auch seine bevorzugte Beute: Robben und Seelöwen. Weil er sich hauptsächlich von diesen Tieren ernährt, hat sich der Weiße Hai ein zu anderen Haien unterschiedliches Verhalten beim Beutefang angewöhnt: auflauern und überraschend zuschlagen. Taucher, Schwimmer und Surfer ähneln an der Wasseroberfläche möglicherweise einer Robbe, und, was noch schwerer wiegt, einer Robbe, die sich in Schwierigkeiten befindet. Viele Haiexperten sind fest davon überzeugt, dass es sich bei den Angriffen von Weißen Haien auf Menschen um eine Verwechslung handelt.

Planen Sie keinen Tauchgang in Gewässern, von denen man weiß, dass sich darin Weiße Haie aufhalten. Vermeiden sie auch die Plätze, von denen aus Robben und Seelöwen ins Meer gehen, vor allem, wenn sich diese direkt am Meeresufer befinden. Holen Sie sich am besten immer erst Informationen von den Einheimischen ein.

Weitere Unterwasserattraktionen

Die Korallenriffe sind nicht die einzigen Plätze unter Wasser, deren Besuch sich lohnt. Manchmal ist es notwendig, dass Sie vorher an einem Spezialtauchkurs teilnehmen oder besondere Vorkehrungen treffen (siehe Kapitel 10 und 12). Für viele dieser Plätze reicht jedoch Ihr normaler Tauchschein und manche können auch von Freitauchern und Schnorchlern besucht werden.

Seetangwälder

Der *Seetang* ist eine große Meerwasserpflanze, die zu den Algen gehört und im kühlen Salzwasser am besten gedeiht. Sie ist in großen Flächen entlang den Küsten von Kalifornien und Neuseeland und an Kanadas Ostküste anzutreffen. Man wird von einem fast feierlichen Gefühl ergriffen, wenn man durch diese riesige Kathedrale aus Pflanzen gleitet, die sich auf langen Stengel im Wasser wiegen, und ab und zu ein Lichtstrahl durch die Blätterdecke dringt. In der Gegend um Monterey im nördlichen Kalifornien und zwischen den Channel Islands weiter im Süden findet man die besten Plätze für Seetangwälder. Der kalifornische Seetangwald profitiert vom Hochströmen kalten, nährstoffreichen Wassers vom Meeresgrund an die Oberfläche. Diese Gewässer sind besonders fischreich. Die Wassertemperatur beträgt im Sommer durchschnittlich 16 und im Winter 10 °C. Ohne einen Trockentauchanzug würden Sie es nicht lange in der Tiefe aushalten. Im Winter ist das Wasser oft sehr unruhig und die Brandung hoch, allerdings ist in dieser Jahreszeit in der Regel die Sicht unter Wasser deutlich besser. Die durchschnittliche Sichtweite beträgt 20 m, kann aber auch viel geringer sein.

Wracks

Wracks üben zweifellos eine besondere Anziehungskraft auf den Taucher aus. Es ist immer ein besonderes Gefühl, wenn man über oder durch diese Zeugen vergangener Zeiten schwimmt. Die Hoffnungen und die Träume vieler Menschen liegen versunken im Meer. Die Wracks von Kriegsschiffen besitzen eine besondere Faszination und der westliche Teil des Pazifiks ist voll damit. Die Lagune von Truk, wo die amerikanische Luftwaffe 1944 die japanische Flotte in einem Manöver, das den Namen Hailstorm trug, besiegte, gehört mit zu den berühmtesten Wracktauchplätzen der Welt (siehe Kapitel 13). Über 60 Wracks liegen am Grund der Truk-Lagune.

Wracks von Kriegsschiffen sind aber nicht die einzigen Zeugen vergangener Zeiten – sogar ein ordinärer alter Frachter hat eine geheimnisvolle Ausstrahlung, wenn er mit Algen und Korallen bewachsen und von Fischen umschwommen vor Ihnen auf dem Meeresboden liegt. Die Unterwasserarchäologie bietet dem Taucher weitere interessante Möglichkeiten für Tauchgänge (siehe Kapitel 12). Hierfür und für das Wracktauchen benötigen Sie natürlich ein spezielles Training.

Künstliche Riffe

Die künstlichen Riffe sind erst in den letzten Jahren entstanden. Es handelt sich bei ihnen um absichtlich versenkte Schiffe oder Flugzeuge, die sowohl Bewohner der Unterwasserwelt als auch

Taucher anziehen sollen. Vor der Küste im Südosten Floridas liegen einige dieser versunkenen Artefakte. Ein paar Schiffe liegen vor der Küste von British Columbia und eins vor den Cayman-Inseln; die Versenkung weiterer Schiffe ist geplant. Ein Wrack auf dem Meeresboden zieht schnell Fische und andere Meeresbewohner an. Befürworter dieser künstlichen Riffe behaupten, dass bei diesem Deal jeder gewinnt, da sowohl die Taucher als auch die Tiere diese Orte schätzen. Die Meinungen gehen aber selbstverständlich auch hier auseinander. Gegner dieser künstlichen Riffe befürchten, dass das Meer in einen Schrottplatz verwandelt wird, ohne dass man weiss, welchen Langzeiteffekt das auf die Umgebung hat.

Cenotes

Auf der Yucatan-Halbinsel, so wie auch in vielen anderen tiefliegenden tropischen Gegenden, besteht der Boden aus Kalkstein, die Überreste eines alten Korallenriffs. Dieser Kalkstein ist oft von Höhlen durchzogen, die regelmäßig vom Grundwasser überschwemmt werden. An einigen Stellen befinden sich vertikale Stollen im Gestein, die bis an die Wasseroberfläche reichen, oder das Dach dieser unterirdischen Höhlen ist eingestürzt und es entstanden die sogenannten *Cenotes*. Diese versunkenen Wasserstellen sind oft mit riesigen Labyrinthen von unterirdischen Höhlen verbunden, wo man eine Vielzahl von gespenstischen und wunderbaren Formationen bewundern kann, beispielsweise Stalaktiten, Stalagmiten und Flussspat.

- ✔ *Stalaktiten* sind Gesteinsformationen, die aussehen wie Eiszapfen, die von der Decke der Höhle herunterhängen. Sie entstehen dann, wenn sich die Höhle über Wasser befindet und Wasser von der Decke tropft, wobei sich an der Decke Kalkstein ablagert und über viele Jahre hinweg Zapfen bildet.
- ✔ *Stalagmiten* entstehen auf die gleiche Art und Weise am Boden der Höhle, wo die Wassertropfen auftreffen. Sie sehen im Prinzip wie umgekehrte Stalaktiten aus, die sich einander so lange annähern, bis sie sich in der Mitte treffen und eine Säule bilden.
- ✔ *Flussspat* entsteht da, wo über den Boden der Höhle Wasser fließt und sich Kalkstein ablagert.

Die Sicht in den Cenotes kann mehr als 70 m betragen. So lange diese nach oben hin offen sind, reicht ein nomaler Tauchschein. Sobald Sie aber in die Höhlen vordringen wollen, benötigen Sie ein Spezialtraining.

Süßwasser

Die Cenotes sind nicht die einzigen Süßwassertauchplätze, an denen sich interessante Tauchgänge vornehmen lassen. Viele Taucher erkunden Seen, versunkene Stollen, Flüsse und andere Süßwasseransammlungen. Es gibt sicher auch Taucher, die noch nie im Meer getaucht sind. Wegen des im Meerwasser gelösten Salz ist hier der Auftrieb stärker als im Süßwasser. Daher benötigen Sie im Süßwasser weniger Gewichte als im Meerwasser.

Teil IV

Die Welt des Tauchers

In diesem Teil...

Auf unserem Planeten Erde gibt es viele schöne Flecken, die zum Tauchen und Schnorcheln einladen. In diesem Teil des Buchs mache ich Ihnen Vorschläge für einen Tauchurlaub, bei dem Sie Tauchgänge vom Land als auch vom Boot aus unternehmen können – und das in tropischen wie auch kalten Gewässern. Ich nehme Sie auch mit auf eine kurze Reise um die Welt, auf der ich Ihnen die für einen Taucher interessantesten Reiseziele zeige. Zum Schluss erkläre ich Ihnen noch, was Sie tun können, um bis zum nächsten Tauchurlaub das Gelernte nicht zu vergessen und welche Spezialkurse Sie nehmen können.

Der Tauchreisende

10

In diesem Kapitel

- So wählen Sie den richtigen Tauchplatz
- Tauchurlaub auf einem Boot
- Tauchurlaub in einem Ressort
- Spezielle Tauchgänge

Sie haben nun also ein paar Tauchgänge erfolgreich durchgeführt und möchten demnächst etwas anderes sehen als die verrosteten Autoteile im Tümpel vor der Stadt. Aber wohin nur, und wo bekommt man das Beste fürs Geld?

Das Tauchziel hängt davon ab, was Sie überhaupt sehen möchten und, natürlich, wie viel Geld Sie dafür ausgeben wollen. Es gibt aber auch noch andere, nicht ganz so offensichtliche Überlegungen, die Sie anstellen sollten. Um das richtige Tauchziel auszuwählen, müssen Sie erst ein paar Entscheidungen treffen: Je ehrlicher Sie mit sich sind, umso größer ist die Chance, dass Sie bei der Rückkehr begeistert von Ihrem Urlaub erzählen können und ganz sicher wieder einen Tauchurlaub machen werden. In diesem Kapitel erfahren Sie, was Sie bei der Planung berücksichtigen sollen.

Warmes oder kaltes Wasser

Zunächst müssen Sie sich zwischen zwei grundverschiedenen Wasserumgebungen entscheiden: warm oder kalt. Warmes Wasser finden Sie in den tropischen Gegenden – in einem 30° Gürtel um den Äquator herum oder da, wo eine starke Meeresströmung große warme Wassermassen aus den Tropen in eine temperierte Zone befördert. Alles über 24° C kann als warm, alles darunter als kalt bezeichnet werden. Es handelt sich hierbei jedoch um eine willkürlich gezogene Grenze. Beim Tauchen in temperierten Gewässern spricht man von Tauchgängen in kaltem Wasser. Wenn Sie zu denjenigen gehören, denen das Tauchen in kaltem Wasser nichts ausmacht, dann finden Sie einige der besten Tauchplätze vor den Küsten Niederkaliforniens bis hoch in den südlichen Teil Westkanadas. (Die südliche Spitze von Niederkalifornien berührt den Wendekreis des Krebses, so dass das Wasser hier ganz schön warm werden kann.) Es wird jedoch auch noch unter dem Polareis getaucht. Brrrr!

Die meisten Menschen tendieren von Natur aus zu Tauchgängen in warmen Gewässern. Tatsächlich verhält es sich aber so, dass die Abneigung gegen kalte Gewässer eher psychologische als physische Gründe hat. Tauchanfänger machen ihre ersten Erfahrungen meist in kalten Gewässern. Sie wissen nicht, wofür Sie sich entscheiden sollen? In den folgenden Abschnitten beschreibe ich einen typischen Tauchgang sowohl für warmes und für kaltes Wasser.

Warmes Wasser

Ihr Tauchgang in warmen Gewässern wird in etwa so ablaufen:

Sie verbringen den Tag damit, Taschenbücher zu lesen und ab und zu aus dem Fenster des Flugzeugs einen Blick durch die Wolken nach unten zu werfen, wo sich Ihnen der Anblick auf eine riesige Fläche blauen Meers bietet. Am späten Nachmittag meldet der Flugkapitän den Anflug zur Landung auf einer kleinen, tropischen Insel und Sie sehen unter sich weite Sandstrände und in der schäumenden Brandung die Ausläufer eines Riffs, das weit in die Tiefe reicht. Wenn Sie schließlich am Flughafen Ihr Gepäck in Empfang genommen und die Tauchbasis oder das Hotel erreicht haben, bleibt Ihnen gerade noch genügend Zeit, um bei Sonnenuntergang einen kurzen Spaziergang am Strand zu unternehmen und im knöcheltiefen, badewannenwarmen Wasser der Lagune zu waden.

Am folgenden Morgen schleppen Sie nach dem Frühstück Ihre Tasche mit der Taucherausrüstung eine Pfad entlang, der von Kokonusspalmen, die sich leicht im Wind wiegen, und großblättrigen, tropischen Pflanzen gesäumt ist, zum Tauchshop hinunter. Vögel singen in den Baumkronen und ein sanfter Wind, weich wie eine Feder, streichelt Ihr Gesicht. Nachdem Sie sich im Tauchshop angemeldet haben, wird man Ihnen Pressluftflaschen und Gewichte aushändigen und Ihnen den Weg zum Boot zeigen, das vorne am Steg ankert.

Das Boot gleitet auf dem Wasser über die flache Lagune und Sie können vom Boot aus große Korallenformationen im Wasser beobachten. Auf dem Weg zur Tauchstelle bereiten Sie Ihre Taucherausrüstung vor und besprechen den Ablauf des Tauchgangs mit Ihrem Tauchpartner. Das Boot bewegt sich durch die Riffpassage aufs offene Meer hinaus, wo es von den Wellen hin- und her geschaukelt wird. Wenn Sie am Tauchplatz angekommen sind, gibt Ihnen Ihr Führer die notwendigen Anweisungen: Schwimmen Sie in Richtung Osten an der Korallenwand entlang und halten Sie in 20 m Tiefe nach einem Felsvorsprung Ausschau, der mit lavender- und pinkfarbenen Korallen bewachsen ist. Von hier aus beginnen Sie mit dem langsamen Aufstieg entlang der Korallenwand.

Sie ziehen Ihre Taucherausrüstung an, kontrollieren diejenige Ihres Partners und machen, sobald Ihnen jemand von der Bootsbesatzung ein Zeichen gibt, einen Riesenschritt vorwärts ins Wasser. Ein Taucher nach dem anderen verlässt das Boot, bis Sie alle nebeneinander im Wasser treiben. Nachdem Ihr Führer ein Zeichen gegeben hat und nach Abstimmung mit Ihrem Partner, entlassen Sie aus der Taucherweste Luft und fühlen sofort, wie Sie das warme Wasser umschließt.

Die Sicht unter Wasser beträgt etwa 50 m und das obere Ende der Korallenwand befindet sich zirka 15 m unter Ihnen. Ein paar Sekunden lang sind Sie von dem Anblick so überwältigt, dass Ihnen leicht schwindlig ist. Das geht jedoch schnell vorbei und Sie sinken langsam bis zum Dach des Korallenriffs hinab. Langsam gleiten sie über die starken, knorrigen Korallen des Riffs hinweg und sind von winzigen, bunten Fischen umgeben, die durch die vom einfallenden Licht erzeugten Lachen flitzen. Sie regulieren Ihren Auftrieb und tauschen mit dem Tauchpartner ein Okay aus. Vom Rand des Riffs aus sehen Sie in einer Tiefe von 30 Metern zwei gefleckte Adlerrochen durch das Wasser gleiten. Sie tauchen an der Mauer entlang 25 m nach unten und folgen dieser in östlicher Richtung. Riesige Seefarne greifen nach Ihnen, eine Fischschule, bestehend aus unzähligen glitzernden, blauen und gelbgestreiften Exemplaren steigt aus der Tiefe empor und hüllt Sie ein. Plötzlich stoßen Sie auf eine riesige grüne Wasserschildkröte, die an einem Schwamm nagt, kurz aufblickt und in Seelenruhe ihr Frühstück fortsetzt.

Nun erreichen Sie den Felsvorsprung, nach dem Sie Ausschau halten sollten. Er bildet den Eingang zu einer riesigen Höhle – 10 m hoch und 7 m tief. Die Decke besteht aus einem dichten Wald aus weichen Korallen. Die feinen, blassen Farben der Korallen lassen sich in dieser Tiefe und bei den Lichtverhältnissen in der Höhle kaum erkennen. Wenn Sie den Strahl der Taucherlampe darauf richten, erwachen die Farben zu Leben und Sie sehen, wie einige Kreaturen, die Sie nicht kennen, sich weiter in den Fels zurückziehen.

Oberhalb des Felsvorsprungs lugt eine Moräne aus einer Spalte im Riff hervor. Sie versuchen, sie dazu zu bewegen, ihr Versteck zu verlassen, was Ihnen auch, bevor sie sich noch tiefer in die Spalte zurückzieht, halbwegs gelingt. Sie sehen, wie sie ihre Kiefer bewegt und ihre beeindruckenden Zähne zeigt. Gerade als Sie wieder oben am Dach des Riffs ankommen, tauchen zwei Weißspitzen-Riffhaie wie aus dem Nichts auf. Sie verhalten sich ganz ruhig, halb versteckt in den sandigen Ablagerungen zwischen den Korallenbüschen, und atmen ruhig weiter, damit Sie die Tiere nicht verscheuchen. Die Haie sind schlank gebaut und von grauer Färbung und obwohl sie einen Sicherheitsabstand einhalten, können Sie dennoch ihre silbernen Augen deutlich erkennen, mit denen sie Sie beobachten. Nach einer weiteren Runde entfernen sich die Tiere in die Richtung, aus der Sie kamen. Plötzlich hören sie ein Klopfen, das Ihr Tauchpartner durch Schläge auf seine Flasche erzeugt. Seine Augen sind vor Schreck weit geöffnet und er fixiert etwas, das sich über Ihrem Kopf befindet. In diesem Moment umgibt Sie bereits ein schwarzer Schatten, so als hätte sich eine Wolke vor die Sonne geschoben. Der blasse Bauch eines riesigen Mantas gleitet über Ihrem Kopf hinweg. Sie bräuchten nur nach oben greifen, um das Tier zu berühren, unterdrücken jedoch diesen Impuls.

Es handelt sich bei dem Manta um ein riesiges Tier von einer Breite von 7 Metern. Und obwohl er ganz ruhig durchs Wasser gleitet bewegt er sich schneller, als Sie jemals schwimmen könnten. Eine Verfolgung wäre zwecklos. Sie geben sich also damit zufrieden, ihn im Vorbeigleiten zu beobachten. Das Tier verschwindet aus Ihrem Sichtfeld, kehrt jedoch um und kommt gleich darauf wieder zurück. Noch einmal schwimmt er direkt über Ihrem Kopf an Ihnen vorüber, mit langsamen Schlägen seiner breiten, eleganten Flügel.

Ihr Tauchpartner gibt Ihnen per Handzeichen zu verstehen, dass sein Luftvorrat zur Neige geht. Überrascht werfen Sie einen Blick auf Ihr Manometer und entdecken, dass es sich bei Ihnen genauso verhält. Ihre Uhr sagt Ihnen, dass Sie sich bereits länger als 45 Minuten unter Wasser aufhalten, obwohl Sie den Eindruck haben, es wären nur ein paar Minuten gewesen. Während des Sicherheitsstopps unterhalten Sie sich angeregt in Zeichensprache mit Ihrem Tauchpartner. Als Sie zur Wasseroberfläche zurückkommen, sehen Sie, dass die Bootsbesatzung aufgeregt hin- und herläuft und auf etwas zeigt, was sich hinter dem Bug des Schiffs verbirgt. Plötzlich sehen auch Sie die Flügelspitzen des Mantas ab und zu die Wasseroberfläche durchstoßen. Für die Besatzung ist das ein seltener Anblick, für Sie jedoch nur Teil eines Tauchgangs von vielen im wunderschönen, tropischen Meer.

Kaltes Wasser

Ein Tauchgang im kalten Wasser dürfte in etwa so ablaufen:

Es ist schon nicht einfach, einen Tauchanzug von 7 mm Stärke samt Kapuze und Handschuhe anzuziehen. Das Ganze hat allerdings auch seine positive Seite: Es gibt Ihnen ausreichend Zeit, sich in den Anblick des rhythmischen Auf und Ab des Tangs im klaren Wasser zu versenken. Handelt es sich hierbei um die gleichmäßigen Atemzüge eines Riesen, der sein Lager an der zerklüfteten kalifornischen Küste aufgeschlagen hat? Eine Schar brauner Pelikane gleitet knapp über der Wasseroberfläche auf der Suche nach einem anständigen Frühstück. Die kalte, vom Grund hochsteigende Strömung liefert reichlich Nährstoffe für alle von den Gaben des Meers abhängigen Geschöpfe.

Sie und Ihr Tauchpartner besprechen den Tauchgang, kontrollieren gegenseitig die angelegte Taucherausrüstung und machen sich auf dem Weg zum Wasser, in das Sie rückwärts hineinwaten. Sobald das Wasser Ihre Füße umspült, ergreift Sie das bekannte Gefühl aus Vorfreude und Aufregung. Hüfttief im Wasser stehend, nehmen Sie Ihren Schnorchel in den Mund und durchschwimmen das Tangfeld, das bis etwa 30 m ins Meer hinein reicht. Und obwohl Sie sich immer noch wesentlich unförmiger vorkommen, als Sie es gewohnt sind, spüren Sie das Gewicht Ihrer Ausrüstung nicht mehr.

Sie gleiten über einen orangefarbenen Seestern, der auf dem sandigen Meeresboden liegt, entdecken aber nur wenige Fische. Das Wasser, das Sie an den nicht geschützten Gesichtsteilen spüren, kommt Ihnen zuerst kalt vor. Nach ein paar Minuten merken Sie es jedoch schon nicht mehr.

Vor Ihnen sehen Sie die schwankenden Stengel eines Birntangwaldes, der aus einer Tiefe von 10 m der Oberfläche zustrebt. Sobald Sie den Wald erreicht haben, tauschen Sie den Schnorchel mit dem Atemregler, verständigen sich mit Ihrem Partner, lassen Luft aus der Taucherjacke und sinken langsam auf den Meeresboden in 10 m Tiefe. Die Sanddecke des Meeresbodens ist von hervortretenden Steinen durchbrochen. Sie gleiten langsam zwischen den in der Strömung schwankenden Tangstengeln und den Lichtstrahlen, die das Blattwerk durchdringen, hindurch. Sie erschrecken einen großen Rochen in seinem Versteck und gleich ein Stückchen weiter einen sich langsam bewegenden Zitteraal. Die Sicht beträgt etwa 13 m und der Meeresgrund wird felsiger, als Sie den Hang hinunter auf eine Tiefe von 25 m schwimmen. Ein Schwarm blauer Steinfische teilt sich und lässt Sie hindurchschwimmen. Hydrokorallen, Muscheln, Schwämme, Seesterne, riesige Seeanemonen und verschiedene Arten von Schnecken (mehr Informationen über diese Meeresbewohner finden Sie im neunten Kapitel) drängen sich auf dem felsigen Meeresboden zusammen. In einer Felsspalte hat sich ein Aal versteckt, den Ihr Partner, ohne Erfolg, versucht aus seinem Versteck zu locken.

Plötzlich taucht vor Ihnen ein kleiner gefleckter Seehund auf. Er dreht Pirouetten zwischen den Tangstengeln und wirbelt die aus Ihrem Atemgerät aufsteigenden Luftblasen umher. Er begleitet Sie sogar noch eine Weile durch den Tangwald, verliert aber bald sein Interesse an Ihnen und verschwindet so schnell, wie er auftauchte. Am Rande des Tangwaldes sind Sie vom Anblick eines riesigen Pazifischen Oktopus überrascht, der über den Boden kriecht. Für gewöhnlich sind diese scheuen Tiere nur nachts anzutreffen; er verhält sich vorsichtig, aber nicht ängstlich. Nach ein paar Minuten hat er sich anscheinend an Ihre Anwesenheit gewöhnt und streckt vorsichtig eine

Tentakel nach diesem Wesen aus einer anderen Welt aus. Obwohl die Berührung nur kurz ist, sind Sie davon auf seltsame Art berührt. Sie werden nie wissen, was diese Kreatur dazu veranlasst hat, sein Tagesversteck zu verlassen, da Ihr Manometer anzeigt, dass Sie sich auf den Weg an die Wasseroberfläche machen müssen.

Vom Land oder vom Wasser aus

Nachdem Sie entschieden haben, ob Sie im Tauchurlaub warme oder kalte Gewässer ansteuern werden, müssen Sie sich die Frage stellen, ob Sie Ihren Urlaub auf einem Schiff oder in einem Ressort verbringen möchten. Beide Möglichkeiten haben ihre Vor- und Nachteile. Bei beiden können Sie in dem ganzen Spektrum von einfacher Unterbringung bis hin zu Luxusherbergen auswählen. Im Allgemeinen kann man jedoch sagen, dass die Auswahl bei einem Urlaub auf dem Schiff etwas eingeschränkter ist, da einfach weniger angeboten wird.

Tauchurlaub auf einem Boot

Der Aufenthalt auf einem Boot bietet sich vor allem dann an, wenn Sie während des Urlaubs tauchen und kaum etwas anderes tun möchten. Das Schiff bringt Sie meist nachts, wenn Sie schlafen, von einem Tauchplatz zum nächsten. Morgens, wenn Sie erholt aufwachen, können Sie sich sofort in die Fluten stürzen, für gewöhnlich vier oder fünf Mal am Tag. Für den Tauchsüchtigen kann dies den Himmel auf Erden bedeuten, für andere aber ganz schön langweilig werden.

Wenn Sie zu denen gehören, die am glücklichsten sind, wenn sich zwischen ihren Zähnen ein Lungenautomat befindet, dann wird Ihr Tagesablauf auf einem Boot wahrscheinlich wie folgt aussehen:

✔ **Ursprünglichere Tauchplätze**: Tauchschiffe steuern auch Tauchplätze an, die außerhalb der Reichweite von Tagesexkursionen liegen, folglich also auch weniger abgegrast sind als diejenigen, die häufig besucht werden.

✔ **Mehr Abwechslung und Abenteuer:** Mit den Booten können Ziele angesteuert werden, die fernab der üblichen Touristenrouten liegen. Da Landgänge oft mit eingeplant sind, haben Sie die Möglichkeit, Land und Leute fernab vom Tourismus kennen zu lernen.

✔ **Größere Beweglichkeit:** Bei schlechter Wetterlage oder anderen ungünstigen Bedingungen kann ein Boot auch eine andere Richtung einschlagen, um einen geeigneten Tauchplatz anzusteuern.

✔ **Neue Freundschaften**: Wegen der begrenzten Bewegungsfreiheit und der gemeinsamen Erlebnisse bilden sich oft neue Freundschaften, die vielleicht ein Leben lang halten. Natürlich kann aber auch genau das Gegenteil eintreten, wenn Sie mit Menschen zusammen sein müssen, die Sie nicht ausstehen können (lesen Sie hierzu den Abschnitt »Begrenzter Raum« weiter hinten im Kapitel).

- **Mehr Tauchgänge pro Tag:** Für gewöhnlich werden von einem Boot aus pro Tag vier oder fünf Tauchgänge vorgenommen, da ja die Zeit für den Transfer vom Ressort zum Tauchplatz wegfällt.
- **Kürzere Reisezeit:** Da Sie weniger Zeit brauchen, um den nächsten Tauchplatz zu erreichen, bleibt Ihnen mehr Zeit fürs Sonnenbaden oder für ein Schläfchen in der klimatisierten Kabine.
- **Weniger Schlepperei:** Auf dem Boot müssen Sie sich nicht mit Ihrer Ausrüstung herumplagen.
- **Weniger Insekten:** Auf hoher See werden Sie nicht von all den beißenden, stechenden, hungrigen, surrenden Tieren wie Moskitos, Sandflöhe und einer großen Anzahl anderer Quälgeister belästigt, die Menschenfleisch über alles lieben und in den Tropen so außerordentlich gut gedeihen. Der Aufenthalt auf einem Boot ist ein wirklicher Vorteil in Ländern, in denen Malaria und andere Tropenkrankheiten häufig auftreten.
- **Angenehme Träume**: Auf einem Tauchboot schlummern Sie unmittelbar über diesen wunderbaren Tauchplätzen.

Natürlich bietet ein Tauchurlaub auf einem Boot nicht nur Vorteile. Sogar das größte Schiff kann ganz schön klein werden, wenn man sich darauf ein paar Wochen aufhält, und vor allem dann, wenn die Stimmung unter Passagieren und Mannschaft alles andere als harmonisch ist. Vor noch gar nicht so langer Zeit haben in Queensland, Australien, die Passagiere gegen einen Kapitän gemeutert, der äußerst unbeliebt war. Das muss eine lustige Reise gewesen sein! Nun also zu den Nachteilen eines Tauchurlaubs auf dem Boot:

- **Begrenzter Raum:** Ein Schiff kann ganz schön eng werden, entweder wegen der anderen Mitreisenden oder einfach wegen des eingeschränkten Bewegungsraums. Auf einem Schiff wird Ihnen eine Kabine zugewiesen, die oft ziemlich klein ist und nur wenig Stauraum für das Gepäck bietet – nicht wie in ein Bungalow oder ein Hotelzimmer, wo Sie Ihr Zeug überall ausbreiten können. Häufig müssen Sie die Kabine mit einer zweiten Person teilen – das kann der Beginn einer großen Freundschaft sein oder es war das letzte Mal, dass Sie Ihren Tauchurlaub auf einem Boot verbracht haben.
- **Schaukeln und Heben:** Wenn Sie leicht seekrank werden, kann der Aufenthalt auf einem Boot während einer Schlechtwetterperiode ein Alptraum sein. Sie können zur Vorbeugung Medikamente einnehmen, von denen einige aber Nebenwirkungen haben. Die Einnahme von ein paar Tabletten alle paar Stunden über einen Zeitraum von zwei Wochen ist vielleicht auch nicht gerade verlockend für Sie. Wenn Sie den Urlaub in einem Hotel verbringen, können Sie die Zeit, wann Sie ein Boot betreten, selbst bestimmen und die Medikamente dementsprechend einnehmen.
- **Wenig abwechslungsreiche Umgebung**: Es kann leicht sein, dass der stets gleichbleibende Anblick – Kabinen, Oberdeck, blauer Ozean – mit der Zeit zu wenig Abwechslung bietet. Deshalb planen viele Tauchschiffe auch Landgänge mit ein, andere aber überhaupt keine. Manche Schiffe kommen während des ganzen Trips nicht einmal in die Nähe einer Küste.
- **Wenig kulinarische Abwechslung**: Auf den meisten Tauchschiffen ist die Verpflegung gut – manchmal sogar ausgezeichnet. Die Anbieter von Tauchurlauben auf Schiffen wissen, dass gutes Essen für einen hungrigen Taucher äußerst wichtig ist. Aber natürlich kann hier nicht

die Vielfalt geboten werden, die in einem Ressort möglich ist, vor allem dann, wenn sich dieses in der Nähe einer Stadt mit Restaurants befindet. Es gibt beim Buchen keine Garantie dafür, dass das Essen gut sein wird. Manchmal ist es auch ganz einfach schlecht. Vielleicht nehmen Sie sogar ein paar Pfund ab, was ja auch etwas für sich haben kann, aber vielleicht nicht gerade während Ihres teuer bezahlten Urlaubs.

- ✔ **Wenig kulturelle Abwechslung**: Wenn Ihr Boot ab und zu an Land anlegt, haben Sie die Möglichkeit, Einheimische so kennen zu lernen, wie es normale Touristen oft nicht können. Sie werden aber mit größter Wahrscheinlichkeit keine Touristenattraktionen zu sehen bekommen, außer Sie buchen einen eigenen Ausflug hierfür.
- ✔ **Keine Einkaufsgelegenheit:** Wenn Sie die Suche nach Souvenirs und seltenen Sammlerstücken lieben, dann sollten Sie sich vor Buchung der Reise die Reiseroute und deren Verlauf gut ansehen. Für gewöhnlich wird dem Einkaufen nicht viel Zeit eingeräumt und Sie müssen auch den kleinen Stauraum in Ihrer Kabine bedenken.
- ✔ **Kein Notausstieg:** Wenn Sie das Leben auf einem – oder auch nur diesem – Schiff unerträglich finden, müssen Sie es dort aushalten, bis es an Land anlegt. Die anderen Passagiere werden sicherlich nicht die Reise unterbrechen oder ändern wollen, nur weil Sie sich auf dem Schiff nicht wohl fühlen. Wenn Sie sich noch nie über einen längeren Zeitraum auf einem Boot aufgehalten haben, sollten Sie vielleicht erstmals anhand einer zweitägigen Exkursion testen, ob Ihnen das liegt.

Tauchurlaub in einem Ressort

Als Alternative für einen Tauchurlaub auf dem Schiff bietet sich natürlich der in einem Ressort an. Wenn Sie mehr von Land und Leuten kennen lernen möchten, mit Kindern oder einem Partner reisen, der Sie auf den Tauchgängen nicht begleitet, sollten Sie sich für einen Urlaub in einem Ressort entscheiden. Diese können sowohl spartanisch als auch herrschaftlich ausstaffiert sein. Viele sind speziell auf die Bedürfnisse von Tauchern abgestimmt oder bieten auch nur die Möglichkeit, das Angebot von in der Nähe liegenden Tauchshops zu nutzen.

Informieren Sie sich vor der Buchung von den angebotenen Alternativen am Urlaubsziel. Ziehen Sie folgende Punkte in Erwägung:

- ✔ **Mehr Platz:** Lassen Sie Ihr Zeug im ganzen Zimmer verteilt liegen. Genießen Sie den Komfort einer eigenen Badewanne – frische Handtücher, Zimmerservice, vielleicht sogar ein kleines Betthupferl auf Ihrem Kopfkissen. Lassen Sie die Kinder im Sand spielen, während Sie an der Strandbar einen kühlen Drink schlürfen. Ach, Sie wissen schon, wovon ich spreche.
- ✔ **Weitere Freizeitangebote:** Volleyball, Wasserski, Segeln, Drachenfliegen und ein Nickerchen am Strand sind alles Dinge, die Sie zusätzlich zum Tauchen während des Urlaubs tun können. Habe ich schon von dem ständigen Kommen und Gehen der Urlauber und den damit verbundenen Möglichkeiten, neue Bekanntschaften zu schließen, gesprochen?

- **Kulturelle Attraktionen:** Geologische Wunder, historische Stätten, Musik, Tanz und andere landestypische kulturelle Attraktionen. Davon wird Ihnen während des Aufenthalts in einem Ressort mehr geboten, als dies auf einem Tauchboot möglich ist. Natürlich werden mitunter auch vom Boot aus Ausflüge zu diesen Veranstaltungen oder Sehenswürdigkeiten angeboten. Solche Ausflüge sind jedoch immer zeitlich eingeschränkt und nur mit anderen durchführbar.
- **Restaurants und Einkaufen:** Ihre Devisen sind bei den Einheimischen immer willkommen, und manchmal können Sie dafür einen guten Deal aushandeln. Wenn Sie gerne handeln und Preise vergleichen, haben Sie dazu von einem Boot aus natürlich nicht so viel Gelegenheit.
- **Kein Erbrechen:** Sie haben in einem Ressort natürlich nicht die Gelegenheit, den Ausblick von der vom Wind abgewandten Bootsseite voll auszukosten, da Sie der Seekrankheit nicht zum Opfer fallen. Dafür machen Sie vielleicht die Bekanntschaft eines am Land lebenden Insekts.
- **Beweglichkeit:** Wenn Sie Ihr Ressort nicht mögen, was soll's, suchen Sie sich einfach ein anderes. Die Rechnung bitte und ein Taxi! Sie können entscheiden, ob Sie sich im gleichen Ort eine neue Herberge suchen oder an einen ganz anderen Ort gehen. Es ist allein Ihre Entscheidung.

Natürlich hat auch ein Ressort nicht nur Vorteile aufzuweisen:

- **Viele Teilnehmer an einem Tauchgang:** Die Anzahl der Taucher auf einem Tauchboot ist konstant. Anders sieht es bei Fahrten aus, die von einem Ressort aus vorgenommen werden. Manchmal sind es nur ein oder zwei Teilnehmer, mitunter aber auch ein ganzes Heer – das kann von Tag zu Tag unterschiedlich sein. Der gleiche Tauchgang, den Sie am Montag mit nur einem anderen Teilnehmer genossen haben, kann Ihnen am Mittwoch völlig verdorben werden, wenn Sie von 47 Neon-Tropenanzug-tragenden Clowns umzingelt sind.
- **Lange Bootsfahrten:** Manchmal ist die Distanz zwischen Ihrem Ressort und dem nächstgelegenen interessanten Tauchplatz ganz schön weit. Der Transfer kann eine Stunde oder mehr in Anspruch nehmen. Bei dieser Entfernung von den Tauchplätzen sind natürlich höchsten drei Tauchgänge pro Tag möglich: Am Vormittag, am Nachmittag und in der Nacht. Auf einigen Tauchbooten wird dieser Tauchplan jedoch ebenfalls eingehalten.

Zerstörte Unterwasserwelt: Die Plätze, die von vielen Tauchern aufgesucht werden, zeigen natürlich auch Spuren der Zerstörung. Angenommen, die Taucher würden nie etwas berühren (was nicht der Fall ist), würden einige Tiere dennoch den Platz vermeiden, da sie in Ihrer Ruhe gestört werden.

- **Mehr lästige Insekten:** Endlose Sommer, üppige Vegetation und generöse Regenzeiten versorgen die Mitglieder der Insektenfamilie mit allem, was sie für ihr Wohlergehen benötigen. Und sie schrecken nicht einmal vor den teuersten Ressorts zurück.

Von den meisten Ressorts aus können Sie eine Tagesfahrt auf einem Boot zu einem der Tauchplätze in der Nähe buchen. In einzelnen Fällen werden jedoch auch Tauchgänge vom Ufer aus angeboten. Sie sollten sich dafür entscheiden, wenn Sie Menschenmassen vermeiden wollen. Sie können aber auch auf eigene Faust – zusammen mit einem Partner – losziehen, sich ein Auto mieten und an der Küste entlang einige Tauchplätze aufsuchen.

Auswahlkriterien für ein Tauchcharterboot

Tauchboote gibt es in vielen Formen und Größen: Einschalig, Katamarane, Trimarane, von unter 10 m bis über 30 m Länge. Das Schiff ist sowohl Hotel und Restaurant als auch gleichzeitig Tauchshop – und manchmal wird sogar noch eine Dunkelkammer für die Entwicklung Ihrer Filme angeboten. Die modernen Tauchcharterboote wurden natürlich speziell für das Tauchen gebaut. Es stehen Ihnen für den Tauchsport aber auch umgebaute Fischerboote, Fähren, private Yachten und ähnliches zur Verfügung. Die meisten Schiffe werden von einem Motor angetrieben, es gibt aber auch solche, die sowohl einen Motor als auch Segel haben. Von Ausnahmen abgesehen kann man im Allgemeinen sagen, dass die größeren Boote mehr Komfort bieten als die kleinen; kleinere Boote bieten sich eher für einzelne Gruppen an.

Größe

Große Boote bieten natürlich mehr Platz – was durch eine reichere Menüauswahl, größere Kabinen, mehr Stauraum, mehr frisches Wasser und einem größeren Deck unmittelbar zum Ausdruck kommt. Auf den großen Booten haben natürlich auch mehr Leute Platz, weshalb die Tauchgruppe größer sein wird. Einige kleinere Boote bieten ebenfalls einen höheren Komfort, wodurch sich natürlich der Preis erhöht und an den auf großen Booten herankommt. Wie groß ist ein großes Boot? Tauchcharterboote werden in vielen Größen und Formen angeboten, wovon natürlich auch die Ausstattung abhängig ist. Allgemein kann man jedoch festhalten, dass ein Boot, das unter 20 m misst, als klein und alles, was darüber liegt, als groß eingestuft wird.

Ein größeres Schiff ist stabiler als ein kleineres, so dass Sie bei unruhigem Seegang weniger hin und her geworfen werden. Wenn Sie anfällig für die Seekrankheit sind, dann werden Sie sich auf einem größeren Boot wohler fühlen als auf einem kleinen, vorausgesetzt natürlich, dass die weiteren Bedingungen gleich sind. Schauen Sie sich vor dem Buchen die Reiseroute des Schiffs genau an. Wenn Sie sich hauptsächlich in Küstennähe oder zwischen Inselketten aufhalten, wo die Wellen nicht so hoch werden wie im offenen Gewässer, dann reicht ein kleineres Boot wohl völlig aus. Anders verhält es sich natürlich, wenn Sie viel Zeit auf dem offenen Meer verbringen.

Die Anzahl der Taucher, die auf einem Boot bequem Platz finden, ist nicht nur von dessen Größe abhängig, obwohl dies natürlich der wichtigste Faktor ist. Die Ausrüstung des Bootes und die Durchführung der Tauchgänge spielen auch eine bedeutende Rolle. Große Boote, die viele Taucher mitnehmen und sie alle an der gleichen Stelle ins Wasser schicken, nennt man in unserer Branche *Viehtransporter*, und das natürlich nicht wegen der Tiere, die sich darauf befinden.

Anzahl der Passagiere

Nicht jedes Boot, das groß ist, ist automatisch ein Viehtransporter. Auf vielen großen Booten werden die Taucher in Gruppen aufgeteilt und zu unterschiedlichen Zeiten ins Wasser gesetzt. Manchmal werden von hier aus auch mit kleineren Booten kleinere Gruppen von Tauchern an unterschiedliche Tauchplätze gebracht. Besorgen Sie sich, bevor Sie buchen, Informationen darüber, wie es auf den Booten abläuft, die Sie in die engere Auswahl gezogen haben.

Der Betreiber des Tauchcharterbootes

Die Boote sind entweder in Privatbesitz und werden auch privat geführt, oder sie sind Teil einer ganzen Flotte. Boote, die zu einer Flotte gehören, funktionieren wie andere Franchise-Unternehmen, wovon das Bekannteste wohl das ist, das eine Bulette in einem Brötchen offeriert und das ich Burger Boy nenne. Eines wissen wir im voraus, wenn wir ein Burger-Boy-Restaurant betreten: Ganz egal, wo auf der Welt wir uns gerade befinden, wir werden in Quantität und Qualität kaum einen Unterschied feststellen können. Das wird von oberster Stelle vorgegeben. Genauso verhält es sich mit Tauchcharterbooten, die zu einem Unternehmen gehören. Alle verfügen im Großen und Ganzen über denselben Komfort und bieten die gleichen Leistungen an. Normalerweise wird die Werbung und Buchungen von einem Büro aus getätigt, das sich in einer größeren Stadt Ihres Heimatlandes befindet. In der Regel sind die von diesen Agenturen angebotenen Boote sehr zuverlässig und man kümmert sich um Ihre Wünsche und Probleme, auch wenn dies mitunter etwas längere Zeit in Anspruch nimmt. Manche Taucher mögen es, wenn sie wissen, was sie bei der Buchung eines dieser Boote erwartet; andere wiederum lieben die Überraschung und nicht den einheitlichen Geschmack der Bulette zwischen einem Brötchen.

Das, was Sie auf einem im Privatbesitz befindlichen Boot vorfinden können, kann sehr unterschiedlich sein. Der Erfolg eines privat geführten Unternehmens hängt in erster Linie von der Kenntnis und Erfahrung des Kapitäns und seiner Mannschaft ab – diese sind es, die dem ganzen Unternehmen ihren Stempel aufdrücken. Wenn Sie sich auf einem Boot befinden, dessen Kapitän auch gleichzeitig Besitzer ist, können Sie Ihre Belange gleich vor Ort vorbringen. Wenn Sie mit der Antwort nicht zufrieden sind, haben Sie natürlich keine weitere Wahl. Da aber jeder Geschäftsmann um seinen guten Ruf bemüht ist, werden Sie bei ihm mit jedem vernünftigen Wunsch auf offene Ohren stoßen.

Dem Besitzer eines einzigen Bootes stehen in der Regel nicht die finanziellen Mittel zur Verfügung, um das Boot mit allen Raffinessen auszustatten. Deshalb ist die Ausstattung meist sehr einfach, aber persönlich gehalten. Ein Besitzer, der zugleich auch Kapitän des Bootes ist, kann natürlich viel flexibler auf die Wünsche seiner Passagiere reagieren. Die meisten individuellen Betreiber von Charterbooten sind solide, einige unter ihnen aber leben von der Hand in den Mund, was bedeutet, von Charterfahrt zu Charterfahrt. Da kann es natürlich schon mal vorkommen, dass Sie, weit weg von der Heimat, in einem Hafen stranden, den Sie erst wieder verlassen können, wenn das Boot repariert ist. Oft fehlt dem Besitzer hierfür aber das nötige Kleingeld oder er ist plötzlich nicht mehr aufzutreiben. Stattdessen hängt am Boot ein großes Schild mit der Aufschrift »Wegen Geschäftsaufgabe geschlossen«. Die Wahrscheinlichkeit, dass Sie Ihr Geld zurückerhalten, ist sehr gering. Erkundigen Sie sich daher besser vorher genau, worauf Sie sich bei der Buchung einlassen.

Checkliste für die Auswahl eines Tauchcharterboots

Diese Dinge sollten Sie berücksichtigen, wenn Sie auf der Suche nach einem Charterboot sind:

- ✔ **Wie groß ist das Boot?** Ein größeres Boot bedeutet natürlich mehr Platz für sich selbst und sein Gepäck. Wo wird die Taucherausrüstung aufbewahrt? Fragen Sie auch, wie groß das Deck des Bootes ist.
- ✔ **Wie ist der Ablauf bei den Tauchgängen?** Vom Hauptboot aus? In kleine Gruppen unterteilt? Von kleinen Booten aus? Wie viele Taucher sind maximal in einer Gruppe? Wie viele Tauchgänge sind pro Tag eingeplant? Im Allgemeinen gilt: Je kleiner die Gruppe, umso besser. Es sollten nicht mehr als fünf oder sechs Taucher in einer Gruppe sein.

Unterbringung: Wie groß sind die Kabinen? Gibt es eine Klimaanlage? Verfügen Sie über eine eigene Dusche und Toilette oder müssen diese mit anderen Tauchern geteilt werden?

- ✔ **Besatzung:** Wie viele Passagiere kommen auf ein Besatzungsmitglied? Wie viele Tauchleiter sind mit auf dem Boot? Als Anfänger sind Sie auf die Hilfe von Tauchleitern natürlich stärker angewiesen. Im Idealfall haben Sie und Ihr Tauchpartner bei jedem Tauchgang einen eigenen Führer. Wahrscheinlich wird das nicht möglich sein, es schadet aber auch nicht, danach zu fragen. Manchmal erlebt man ja auch Überraschungen. Wahrscheinlich wird es so sein, dass sich eine Gruppe aus fünf oder sechs Tauchern – aber nicht mehr – einen Führer teilt.
- ✔ **Nahrung:** Tauchen macht hungrig. Wie oft gibt's was? Wer ist der Küchenchef? Wie sieht ein typisches Menü aus?
- ✔ **Wasser**: Verfügt das Boot über eine Entsalzungsanlage oder sind Sie ganz und gar von der Wassertankfüllung abhängig? Süßwasser ist auf einem Boot immer wichtig und oft knapp.
- ✔ **Finanzielle Sicherheit des Unternehmens:** Wie lange bietet das Unternehmen schon Tauchtouren an? Wie verhielt es sich in der Vergangenheit in schwierigen Situationen?
- ✔ **Fotoentwicklung:** Auf vielen Booten befindet sich bereits ein Fotolabor. Wenn Sie viel fotografieren, möchten Sie vielleicht wissen, ob das Ihrige über eins verfügt. Steht auf dem Boot die Elektrizität ohne Unterbrechung zur Verfügung? Können Sie Ihre 220-Volt-Batterien aufladen?

Die Wahl einer Tauchbasis

So wie bei den Charterbooten, so haben Sie natürlich auch bei der Unterkunft in einem Ressort eine große Vielfalt an Angeboten. Gehen Sie daher bei der Auswahl von Ihren eigenen Bedürfnissen aus. Vielleicht müssen Sie auch gar nicht in einer Tauchbasis direkt wohnen, sondern können sich ein Zimmer oder ein Hotel suchen und bei den vor Ort ansässigen Tauchshops nach geeigneten Tauchexkursionen Ausschau halten.

Die Unterkunft

Ihre finanzielle Situation spielt bei den Überlegungen, wo Sie während Ihres Tauchurlaubs wohnen werden, wahrscheinlich eine große Rolle. Abhängig davon, wo und wie Sie den Urlaub verbringen möchten, kann das pro Nacht von ein paar kleinen Scheinen bis zu tausend Mark kosten. Ohne Tauchgang natürlich! Es dürfte wohl klar sein, dass mit steigenden Preisen auch die Annehmlichkeiten größer werden.

Wenn Sie sich für eine Tauchbasis entscheiden, werden Sie sicher die Angebote des dazugehörigen Tauchshops in Anspruch nehmen. Die meisten Tauchbasen sind direkt am Meer gelegen, aber eben nicht alle. Von diesen bringt Sie ein Shuttle Bus zum dazugehörigen Tauchshop.

In einigen Ressort werden außer Tauchen auch noch andere Sportarten und Aktivitäten angeboten. Wenn Sie nicht nur tauchen möchten, sollten Sie sich vorher erkundigen, wie es in den einzelnen Ressorts mit anderen Aktivitäten aussieht. Es gibt Tauchbasen nur für Familien und solche für Singles.

In einigen Ressorts ist das Essen und Trinken im Preis inbegriffen, in anderen wiederum nur das Essen oder manchmal auch keines von den beiden. Bringen Sie in Erfahrung, wie weit Ihre Tauchbasis vom nächsten Ort entfernt ist. Wenn das Essen und Trinken nicht im Preis enthalten sind und Ihre einzige Alternative das zum Ressort gehörende, sehr teure Restaurant ist, war der Preis, den Sie für Ihren Aufenthalt dort gezahlt haben, vielleicht doch nicht so günstig.

Das Tauchen

Jede Tauchbasis und der dazugehörende Tauchshop unterscheiden sich in der Durchführung der Tauchgänge von ihren Konkurrenten. Kleinere Tauchbasen fahren vielleicht mit nur vier Tauchern in einem Boot zum Tauchplatz. Große Basen hingegen schicken zwei oder drei große Tauchboote hinaus, in denen die Taucher dichtgedrängt sitzen. Letztere arbeiten möglicherweise kosteneffizient, sind aber für den Taucher sicherlich nicht das Gelbe vom Ei.

Die Tauchplätze können (und sind häufig) weit vom Ressort entfernt sein. Wenn Sie mit schnellen Booten dorthin gebracht werden, ist das vielleicht nicht so gravierend. Wenn der Tauchshop aber nur über ein altes Boot verfügt, auf dem Sie zwei Stunden lang auf einer harten Bank sitzen, bevor Sie dort ankommen, wohin Sie wollen, ist das schon eine andere Sache.

Die meisten Tauchshops sorgen dafür, dass die Ausrüstung gut gewartet wird und den modernen Anforderungen entspricht. Dennoch sollten Sie sich nicht blindlings darauf verlassen, immerhin könnte Ihr Leben davon abhängen. Fragen Sie daher ruhig nach, wenn Sie wegen einer Sache nicht ganz sicher sind. Wenn man Ihnen bei der Antwort ausweicht, sollte das eine Warnung für Sie sein. Wenn Sie im Zweifel sind, was die Qualität der Luft in den Flaschen betrifft, sollten Sie diese nicht verwenden. Suchen Sie sich einen anderen Tauchshop oder lassen Sie das Tauchen ganz sein. Wenn Sie schon dafür bezahlt haben, verlangen Sie Ihr Geld zurück. Wenn man sich weigert, es zurückzugeben, werden Ihre Zweifel nur bestätigt. Erzählen Sie ruhig anderen von Ihren Erfahrungen mit diesem Tauchshop.

Checkliste für die Auswahl einer Tauchbasis

Benutzen Sie folgende Checkliste bei der Auswahl einer geeigneten Tauchbasis:

- ✔ **Was ist im Preis alles enthalten?** Essen? Getränke? Wie viele Restaurants stehen zur Auswahl? Werden Sie vom Flughafen abgeholt und wieder zurück gebracht?
- ✔ **Wie weit ist es bis zum nächsten Ort?** Die Preise der Waren und in den Restaurants sind außerhalb des Ressorts vielleicht günstiger. Das nützt Ihnen jedoch wenig, wenn Sie dort nicht hinkommen.
- ✔ **Werden auch andere Aktivitäten als Tauchen angeboten?** Diese Frage ist vor allem dann wichtig, wenn Sie mit Kindern unter 12 reisen oder mit Erwachsenen, die nicht tauchen wollen. Vielleicht möchten ja auch Sie noch andere Dinge tun.
- ✔ **Gibt es im Ressort einen Tauchshop?** Befindet sich direkt im Ressort ein Tauchshop oder arbeitet er mit einem unabhängigen, lokalen Laden zusammen? Das eine muss nicht unbedingt besser sein als das andere. Wenn sich jedoch im Ressort kein Tauchshop befindet, sollten Sie fragen, wie weit es bis zum nächsten ist. Wie kommen Sie da hin? Wie werden die Flaschen gefüllt? Wie kommen Sie zum Tauchplatz?
- ✔ **Der Tauchplan:** Wie viele Boote stehen dem Ressort zur Verfügung und wie viele Taucher belegen ein Boot? Die Anzahl der Taucher in einem Boot hängt natürlich von dessen Größe ab und auch davon, was besichtigt wird. Mehr als 15 Taucher sollten jedoch nicht auf einem Haufen zusammenkommen.
- ✔ **Wie viele Tauchgänge finden an einem Tag statt?** Die Anzahl kann zwischen zwei und sechs liegen. Wenn Sie weit fahren müssen, bis Sie am Tauchplatz angelangt sind, werden pro Tag wohl nicht mehr als zwei Tauchgänge möglich sein. Wenn Sie fest vorhaben, am Tag fünf Mal in die Tiefe zu gehen, sollten Sie sich erst informieren, ob das von dem Ressort aus möglich ist, das Sie als Aufenthaltsort gewählt haben. Vielleicht wäre es in diesem Fall für Sie besser, wenn Sie sich für ein Tauchboot entscheiden.

  Versuchen Sie herauszufinden, ob auch Nachttauchgänge angeboten werden. Hier können Sie interessante Entdeckungen machen und Sie haben die Gelegenheit, die Anzahl Ihrer Tauchgänge zu erhöhen. Dies können Sie auch dadurch, dass Sie vom Ufer aus Tauchgänge vornehmen. Allerdings kommt es nicht oft vor, dass direkt vor einer Tauchbasis interessante Tauchplätze liegen.
- ✔ **Wie weit sind die Tauchplätze vom Ressort entfernt und wie lange dauert die Bootsfahrt dahin?** Nur weil es bis zu den Tauchplätzen weit ist, heißt das nicht, dass sie den Besuch nicht wert sind. Im Gegenteil: Weil sie so weit weg sind, werden sie von weniger Tauchern aufgesucht und konnten sich dadurch ihre ursprüngliche Schönheit bewahren. Das ist zum Beispiel der Fall für den Blue Corner in Palau (siehe Kapitel 13), der nur durch eine lange

Bootsfahrt erreicht werden kann. Der Anblick der sich Ihnen dort bietet, ist jede Stunde auf dem Boot wert. Anders sieht es natürlich aus, wenn Sie lange Bootsfahrten auf sich nehmen, die letztendlich nur zu uninteressanten Plätzen führen.

Weitere Tauchaktivitäten

Bevor Sie sich für einen Urlaubsort entscheiden, sollten Sie ehrlich zu sich sein, was Ihre Tauchkenntnisse betrifft, und eine Menge Fragen stellen. Egal, ob Sie sich für einen Aufenthalt auf einem Tauchcharterboot oder in einem Ressort entscheiden, sollten Sie im Reisebüro genaue Informationen darüber einholen, welche Tauchgänge Sie erwarten können. Stellen Sie im Reisebüro folgende Fragen:

- ✔ **Strömungen**: Eine starke Strömung bereitet den Tauchanfängern die größten Schwierigkeiten. Sie können nicht dagegen ankämpfen, sondern sich nur auf sie einlassen. Das erfordert jedoch Zeit und Erfahrung. Als Anfänger sollten Sie daher Strömungen vermeiden und sich erst an sie heranwagen, wenn Sie Sicherheit im Tauchen gewonnen haben.
- ✔ **Tiefe**: Tauchanfänger verbrauchen ihren Luftvorrat schneller als erfahrene Taucher, aber alle verbrauchen bei einem Tieftauchgang mehr als in flachen Gewässern. Als Anfänger sollten Sie keine Tauchgänge wählen, wo alle Sehenswürdigkeiten mehr als 30 m unter der Wasseroberfläche zu finden sind. Es wird in dieser Tiefe nicht lange dauern, bis Sie ihren Luftvorrat aufgebraucht haben und frustriert und unzufrieden wieder an die Oberfläche zurückkehren müssen.

Abgesehen von der Strömung und der Tiefe bedeutet jeder Tauchgang das Gleiche: unter Wasser herum schwimmen und sich interessante Dinge ansehen. Allerdings unterscheiden sich die Tauchgänge in dem, was man besichtigt. In einigen Tauchbasen findet nur eine Art von Tauchgängen statt. Es empfiehlt sich daher, sich vorab darüber zu informieren, um sich gegebenenfalls noch darauf vorbereiten zu können oder eine andere Tauchbasis zu wählen. Wenn Ihnen zum Beispiel nichts an Strömungstauchgängen liegt, sollten Sie nicht unbedingt nach Cozumel fliegen.

Rifftauchen

Das Tauchen im Riff ist *das* Tauchvergnügen in allen tropischen Gewässern. Es findet für gewöhnlich auf einem leicht abfallenden *Vorriff* oder auf einem unter Wasser liegenden *Riffkamm* statt (im neunten Kapitel finden Sie mehr über den Aufbau des Riffs). Die interessantesten Dinge unter Wasser sind in einer Tiefe zwischen 10 und 25 m zu finden. Korallen und tropische Fische sind das, was Sie bei einem *Rifftauchgang* immer zu sehen bekommen, manchmal begegnen Ihnen aber auch seltenere Riffbewohner, wie zum Beispiel ein Manta oder ein Walhai. Fotografen finden in den Riffen jede Menge Motive und Anfänger fühlen sich hier wegen des meist ruhigen Gewässers wohl. Sammeln Sie daher Ihre Taucherfahrungen in einem Riff, in einer Tiefe von 20 m und weniger und bei geringer Strömung.

Strömungstauchgänge

Strömungstauchgänge werden dort durchgeführt, wo die Strömung stark ist. Sie steigen ins Wasser, tauchen unter die Wasseroberfläche und lassen sich von der Strömung forttragen, fast ohne dabei eine Flosse zu bewegen. Ein Boot, das Sie wieder aufnehmen wird, folgt Ihnen, indem es den Bläschen hinterher steuert, die von Ihrem Atemregler an die Oberfläche aufsteigen. Ein Tauchgang in starker Strömung ist eines der aufregendsten Abenteuer unter Wasser. Sie haben das Gefühl, als würden Sie über die Oberfläche einer anderen Welt fliegen. Die starke Strömung transportiert nährstoffreiches Wasser, das natürlich die im Wasser lebenden Tiere in Scharen anzieht. In großen Wolken verlassen die tropischen Fische ihre Verstecke, um sich in der Strömung an der reichhaltig angebotenen Nahrung zu laben. Sie können hier mit einem Zusammentreffen mit Tieren wie Mantas, Tunfischen und Walhaien rechnen, die sonst nur im offenen Wasser anzutreffen sind.

Tauchgänge in der Strömung sind eigentlich nicht schwer durchzuführen, dennoch werden einige Kenntnisse hierfür vorausgesetzt. Da die Strömung in der Nähe der Wasseroberfläche in der Regel stärker ist als am Meeresgrund (weitere Informationen über Meeresströmungen finden Sie im achten Kapitel), müssen Sie einen Druckausgleich in den Ohren und das Absinken auf den Grund schnell durchführen können. Sonst könnte es leicht passieren, dass Sie wegen Ihrer Langsamkeit von Ihrem Tauchpartner und den anderen Tauchern getrennt werden.

Wasser, das über die Gesteinsformationen eines Riffs fließt, kann ebenfalls Strömungen erzeugen, und zwar nicht nur in horizontaler, sondern auch in vertikaler Richtung. Sie müssen stets damit rechnen und wissen, wie Sie in dieser Situation reagieren. Sie müssen auch in der Lage sein, in der Strömung ohne Seil einen Sicherheitsstopp einzulegen, deshalb ist es notwendig, den Ausgleich der Schwerkraft gut zu beherrschen. Strömungstauchgänge werden häufig da unternommen, wo das Wasser aufgrund von Ebbe und Flut durch eine schmale Stelle gedrückt wird (wie etwa in einer Riffspalte) oder unter Wasser auf ein Hinderniss trifft (wie eine Riffwand). Strömungstauchgänge machen wirklich viel Spaß, aber Sie sollten sich Ihrer Sache ziemlich sicher sein, bevor Sie sich auf einen einlassen.

Riffwandtauchen

Die dem Meer zugewandte Seite eines Korallenriffs kann sanft nach unten auslaufen oder auch steil in die Tiefe fallen. Es ist sogar möglich, dass die Wand leicht überhängt. In diesen überhängenden Steilhängen sind viele der seltsamsten Wesen zu Hause, ein Besuch bei ihnen gehört zu den interessantesten Ereignissen während eines Wandtauchgangs. Da sich die unterschiedlichen Meeresbewohner in unterschiedlichen Tiefen aufhalten, werden Sie, wenn Sie einer Riffwand nach unten folgen, mehr unterschiedliche Tiere sehen als bei einem normalen Tauchgang im Riff. Manche Wände fallen mehrere hundert, ja sogar tausend Meter in die Tiefe und das von der Strömung vom Meeresgrund hochgetragene nährstoffreiche Wasser lockt viele Nahrungssucher an. An den Wänden wachsen viele Schwämme, Farne und andere Lebewesen, die sich auf die Weise ernähren, dass sie aus dem Wasser die Nahrung »herausfiltern«.

Da die steilen Wände meist dem Meer zugewandt und daher verstärkt der Strömung und den Wellen ausgesetzt sind, wird bei den *Wandtauchgängen* wie bei den Strömungstauchgängen Erfahrung vorausgesetzt. An einigen Orten eignen sie sich aber auch für Anfänger. Sie sollten aber unbedingt einen erfahrenen Tauchpartner neben sich haben, wenn Sie solche Tauchgänge wagen.

Nachttauchgänge

Wie auch an Land, so unterscheidet sich das Leben unter Wasser bei Nacht stark von dem am Tag. Die *tagaktiven* Lebewesen haben sich in ihre Verstecke zurückgezogen und die *nachtaktiven* sind unterwegs auf Futtersuche. In der Nacht werden Sie vieles zu sehen bekommen, das sich tagsüber nicht bietet. Für *Nachttauchgänge* benötigen Sie ein spezielles Training, das von allen Tauchsportverbänden angeboten wird. Von fast allen Charterbooten oder Tauchbasen werden Nachttauchgänge angeboten.

Nachttauchgänge finden in der Regel gleich nach Sonnenuntergang in geringer Tiefe an einem Tauchplatz, der auch für Anfänger geeignet ist, statt. Die meisten Taucher haben genug mit der Dunkelheit zu tun und brauchen keine weiteren Herausforderungen während des Tauchgangs.

Seetangtauchgänge

Das spektakulärste Tauchen in kalten Gewässern ist wahrscheinlich ein Besuch im Dickicht des Birntangs, der größten Wasserpflanze (siehe Kapitel 9). Bei dieser Art von Tauchgängen spricht man von *Seetangtauchgängen*. An der Westküste der Vereinigten Staaten gibt es viele dieser Plätze, die auch ein Anfänger meistern kann. Wenn Sie jedoch noch keine Erfahrung mit einem solchen Tauchgang haben, sollten Sie sich unbedingt einen erfahrenen Taucher mitnehmen.

Das Tauchen zwischen Seetang ist natürlich nicht ungefährlich, da man sich leicht darin verfangen kann. Das passiert meist an oder in der Nähe der Wasseroberfläche, da hier der Tang am dichtesten ist und viele Enden herumschwimmen, in die man sich verwickeln kann. Am einfachsten können Sie das vermeiden, indem Sie gar nicht an der Oberfläche schwimmen. Das setzt jedoch voraus, dass Sie mit dem Auftrieb gut umgehen können. Zwischen dem Seetang können Sie leicht die Orientierung verlieren, daher müssen Sie sich auf Ihren Kompass verlassen können.

Einige Plätze in diesem Dickicht aus Seetang sind für den Anfänger nicht geeignet, da ein dichter Bewuchs den Taucher wie ein Wald umschließt. Unternehmen Sie einen solchen Tauchgang nur mit einem erfahrenen Partner und vermeiden Sie Stellen, wo der Bewuchs zu dicht ist. Vergessen Sie nicht, beim Tauchgang ein Messer mitzunehmen.

Wracktauchen

Auch für das Wracktauchen benötigen Sie ein spezielles Training. Es gibt aber viele Wracks in der Tiefe, die Sie schon als Anfänger aufsuchen können; einige davon sind sogar für Schnorchler zugängig. Wracks ziehen Fische an, genau wie ein Riff, da sie hier leicht Unterschlupf finden. In einigen Gewässern wurden ausgediente Schiffe und Flugzeuge sogar absichtlich versenkt, um ein künstliches Riff zu schaffen. Nicht alle Taucher und Umweltschützer sind mit dieser Praxis einverstanden. Obwohl solche künstlichen Riffe Fische anziehen, werden sie von vielen doch oft als nichts anderes als reine Umweltverschmutzung betrachtet.

Echte Wracks sind in vielerlei Hinsicht interessant. Sie sind ein Zeugnis längst vergangener Zeiten, Ereignisse und menschlicher Tragödien. Einige der interessantesten Wracks liegen im Truk-Lagoon im Westpazifischen Ozean (siehe Kapitel 13). Die Truk-Inseln sind etwa eine Flugstunde von Guam entfernt. Die dort liegenden Wracks sind Zeugnis eines Kampfes zwischen den Alliierten Streitkräften und den Japanern, die an dieser Stelle während des zweiten Weltkriegs ihren zweitgrößten Marinestützpunkt im Pazifik errichtet hatten. 1944 wurde der Stützpunkt bei einem Luftangriff, der den Code-Namen »Operation Hailstorm« trug, vollkommen zerstört. Am Grund der Langune liegen mehr als 50 zerstörte japanische Kriegsschiffe, die bereits von einer dicken Schicht aus weichen und harten Korallen bedeckt sind, in denen sich viele bunte, tropische Fische aufhalten. Bisher konnte man etwa 50 der versunkenen Schiffe ausfindig machen. Ungefähr die Hälfte dieser Wracks kann auch von Hobbytauchern besichtigt werden. Wenn Sie für das Wracktauchen etwas übrig haben, dann werden Sie sich im Truk-Lagoon wie im Taucherhimmel fühlen.

Ohne einen Spezialkurs sollten Sie es unterlassen, in die unter Wasser liegenden Wracks einzudringen. Sie sollten auf keinem Fall der Versuchung nachgeben, unter das Verdeck oder in einen anderen geschlossenen Raum eines Schiffes zu schwimmen. Berühren Sie nichts, was um die Wracks herum verstreut liegt, vor allem nicht, wenn es sich bei den Wracks um Kriegsgerät handelt. Sogar heute noch wird hin und wieder von Tauchern scharfe Munition entdeckt.

Auf der Suche nach Haifischen

Tauchgänge, die allein deswegen ausgeführt werden, um Haifische ausfindig zu machen, erfreuen sich immer größerer Beliebtheit. Haie sind wirklich prächtige Tiere, die unsere Bewunderung verdienen. Tauchgänge, deren Ziel die Suche nach Haifischen ist, können in zwei Kategorien unterteilt werden:

- **Mit Köder**: Bei diesen Tauchgängen nimmt man in der Regel ein mit Fischköpfen oder mit anderen zum Verfüttern geeigneten tierischen Resten gefülltes Gefäß mit. Die Taucher bilden im sandigen Meeresboden um den Köder herum einen Kreis und warten, bis die Haie kommen (in der Regel handelt es sich dabei um Hammerhaie oder andere Arten von im Riff lebenden Haien). In den Gegenden, wo diese Fütterungen regelmäßig durchgeführt werden, haben sich die Haie an den Vorgang gewöhnt und enttäuschen die Taucher nur selten. Sie verhalten sich wie trainierte Robben, die nach dem ihnen angebotenen Futter schnappen. Manchmal kommt es auch vor, dass der Tauchleiter die Haie von Hand füttert. Dabei ist es aber auch schon zu Unfällen bekommen. Wie zum Beispiel auf den Malediven, wo ein Hai nicht nur den ihm dargebotenen Fisch, sondern auch die Hand eines Tauchers verspeiste. In den meisten Fällen laufen diese Haifischfütterungen jedoch ohne Zwischenfälle ab. Es kann jedoch vorkommen, dass Haifische beim Kampf ums Futter ein sehr aggressives Verhalten an den Tag legen und dann auch einen Taucher angreifen.

Eine weitere Methode, Haie anzulocken, besteht darin, Fischteile vom Boot aus ins Meer zu werfen und diese von der Strömung forttragen zu lassen. Das tut man vor allem, wenn man größere Raubfische beobachten möchte. Sobald sich die Blauhaie und Weißen Haie in der Nähe des Bootes aufhalten, betritt der Taucher einen Käfig, in dem er ins Wasser gelassen wird. Hier verbraucht er im null Komma nichts etliche Filmrollen und den Adrenalinvorrat von zwei Jahren beim Anblick der Haie, die nur ein paar Armlängen von ihm entfernt sind. Manchmal machen sich die Haie mit ihren scharfen Zähnen sogar an den Stangen des Käfigs zu schaffen! Obwohl wir nur wenig über diese einzigartigen Meeresbewohner wissen, reicht schon ein Blick auf den mächtigen Kiefer, um von der Gefährlichkeit des Tiers überzeugt zu sein. Es besteht kein Grund, die Gefahr zu übertreiben, die von diesen Tieren ausgeht. Allerdings sollten wir sie auch niemals unterschätzen.

- ✔ **Ohne Köder**: Sie können sich natürlich auch ohne Köder auf die Haifischsuche machen. Meist sind die Orte bekannt, an denen sie sich regelmäßig aufhalten. Natürlich gibt es hier keine Garantie, dass Sie auch welche sehen werden. Allerdings hat diese Methode einen eindeutigen Vorteil gegenüber der mit Köder: Wenn Sie einen Hai sehen, verhält dieser sich so, wie es seiner Natur entspricht und nicht unruhig und aggressiv wegen der ihm angebotenen Nahrung.

Wohin die Reise geht

11

In diesem Kapitel

- Eine Beschreibung der besten Tauchreisegegenden
- Vorbeugende Maßnahmen gegen Erkrankungen

Nachdem Sie nun Ihren Tauchschein in der Tasche haben, werden Sie Ihre Reisen danach auswählen, wo Sie am besten tauchen können. Im folgenden Abschnitt nenne ich die interessantesten Reiseziele für den Taucher.

Auch wenn Sie hauptsächlich wegen des Tauchens die lange Reise auf sich genommen haben, sollten Sie die Gelegenheit nicht versäumen, Land, Leute, Kultur und Geschichte Ihres Gastlandes kennenzulernen. Auch der noch so große Tauchfanatiker sollte alle paar Tage eine Tauchpause einlegen, um seinem Körper die Möglichkeit zu geben, den überschüssigen Stickstoff im Körper zu auszuscheiden. Nutzen Sie diese Pausen, um auch andere Attraktionen des Landes kennen zu lernen.

Die besten Reiseziele für Ihren Tauchurlaub

Sie müssen viele Dinge in Erwägung ziehen, bevor Sie sich für ein bestimmtes Tauchreiseziel entscheiden. Nachfolgende Abschnitte sollen Ihnen bei der Wahl behilflich sein:

Rotes Meer

Das Rote Meer gehört zu den besten Tauchgebieten. Die Artenvielfalt, besonders bei den im Riff lebenden Fischen, ist sehr groß. Hier leben viele endemische (einheimische) und einige große pelagische Arten (Tiere, die meist in großen Tiefen leben) wie Mantas und Walhaie. Das Rote Meer ist bekannt für seine wunderschönen Weichkorallen, aber auch für seine Vielfalt an Hartkorallen (im neunten Kapitel finden Sie mehr über Korallen). Der nördliche Teil des Roten Meeres ist von Tauchern stärker frequentiert und daher nicht mehr so ursprünglich, wie der südliche. Trips in den Süden werden auch wesentlich seltener angeboten als in den nördlichen Teil.

Ostafrika

Sowohl die Küsten vor Kenia als auch vor Tansania bieten ausgezeichnete, für den Indischen Ozean typische Tauchplätze. Die Artenvielfalt der im Riff lebenden Fische und Korallen ist riesig. Wegen der vor diesen Küsten herrschenden Strömung halten sich hier auch häufig große Meerestiere wie Mantas und Walhaie auf, die bei einem Tauchgang anzutreffen sind. Pemba Island, vor der Küste Nordtansanias gelegen, ist ein beliebtes Reiseziel für Taucher.

Seychellen

Auf den Seychellen befinden sich die für den Indischen Ozean typischen, ausgezeichneten Tauchplätze. Die Artenvielfalt der im Riff lebenden Fische und Korallen ist groß und die Chance, auch große Meerestiere, wie den Walhai oder den Mantarochen anzutreffen, gut.

Malediven

Das Gesetz schreibt vor, dass auf den Malediven Fische nur mit der Angel gefangen werden dürfen. Das gilt auch für den kommerziellen Fischfang. Die Bewohner dieser Inselgruppe sind sehr bedacht darauf, dass ihr Meer nicht ausgebeutet wird. Das Ergebnis dieser Maßnahmen ist ein artenreicher und gesunder Ozean. Deshalb spielt es keine Rolle, wo Sie auf den Malediven ins Meer gehen. Ich habe – beim Schnorcheln! – Haie, Lippfische und Mantas gesehen.

Thailand

Thailand besitzt, wenn sie auch nicht ganz so schön sind wie die der Malediven, ebenfalls ausgezeichnete Tauchplätze im Indischen Ozean. Die besten befinden sich im Andamanischen Meer und vor den Inseln Similan und Surin in der Nähe von Phuket. Tauchgänge werden auch im Golf von Thailand unternommen. Allerdings ist hier die Sicht nicht so gut wie im Indischen Ozean.

Malaysia

Zu Malaysia gehört so ziemlich das ganze südliche Ende der Halbinsel Malakka (Westmalaysia) sowie zwei große Provinzen (Sarawak und Sabah) im nördlichen Teil von Borneo (Ostmalaysia). Die Tauchplätze hier gehören mit zum Besten, was die Meere zu bieten haben; das betrifft vor allem das Südchinesische Meer und der Sulusee in Ostmalaysia. Nirgendwo auf der Welt wird eine größere Artenvielfalt geboten – von den Kleinsten bis zu den Größten. Auf der Westseite der Malakka Halbinsel münden mehrere große Flüsse ins Meer. Das beeinträchtigt natürlich die Sicht unter Wasser, weshalb hier das Tauchen nicht so populär ist.

Indonesien

So wie Malaysia und die Philippinen, bietet das benachbarte Indonesien ebenfalls die größte Artenvielfalt unter den Meerestieren in unseren Gewässern. Das Spektrum reicht von den kleinsten, im Korallenriff lebenden Wesen bis hin zu den wirklich großen Meeresbewohnern. Indonesien umfasst ein sehr ausgedehntes Gebiet. In einigen Teilen ist das Riff noch sehr ursprünglich, anderswo weisen sie aber schon große Schäden auf. Besorgen Sie sich weitere Informationen über das Tauchen in Indonesien, wenn Sie dieses Ziel ansteuern möchten.

Philippinen

Die Philippinen bieten, wie Malaysia und Indonesien, die meisten Arten an Meeresbewohnern auf der Erde. Leider wurden auf den Philippinen die Riffs an vielen Plätzen beschädigt und mitunter sogar ganz zerstört. Dennoch gibt es immer noch genügend schöne Plätze, die dem Taucher zur Verfügung stehen. Diese befinden sich hauptsächlich auf der Insel Palawan und im Tubbataha Riff in der Sulusee. Sie stehen als Weltkulturerbe sogar unter dem Schutz der UNESCO. Die Regierung auf den Philippinen hat es sich in den letzten Jahren zur Aufgabe gemacht, die Natur zu schützen und zu retten, was zu retten ist. Holen Sie sicherheitshalber ausführliche Informationen ein, bevor Sie sich für ein bestimmtes Tauchziel auf den Philippinen entscheiden. Vielleicht spielen die Philippinen wegen der stets angespannten politischen als Tauchziel noch eine untergeordnete Rolle.

Australien

Das Große Barriereriff vor der Küste von Queensland im östlichen Teil Australiens gelegen ist das größte Riff der Welt – ein Weltkulturerbe – und einer der größten und einträglichsten Tauchsportplätze auf der Welt. Von den Städten Townsville, Cairns und Port Douglas aus finden täglich Exkursionen und Charterbootfahrten ins Riff statt. Es ist aber nicht nur die Betriebsamkeit rund ums Tauchen, die Queensland auszeichnet, es ist auch das Riff selbst, das mit zum Besten gehört, was unsere Erde unter Wasser zu bieten hat: ein fast zweitausend Kilometer langes Barriereriff, das die ganze Artenvielfalt des Indischen Ozeans vorführt. Auch vor der Küste von Westaustralien bieten sich dem Taucher interessante Plätze an, die aber nicht mit dem Barriereriff mithalten können. Die Küsten vor Südaustralien sind berühmt für ihre Weißen Haie.

Papua-Neuguinea

Das Tauchen vor der Küste von Papua-Neuguinea bietet in etwa das, was Sie im nördlichen Barriereriff Australiens vorfinden und dazu Tausende von Wracks aus dem 2. Weltkrieg, die schon ganz und gar von Korallen bedeckt und ein Tummelplatz für eine große Anzahl von Fischen sind. Papua-Neuguinea hat kein Barriereriff wie Queensland, dafür aber Saumriffe um das Festland herum, viele Inseln vor der Küste und auch ein paar Atolle.

Mikronesien

Die Insel Palau, im Westen gelegen, bietet einige der berühmtesten Tauchplätze auf der Erde und zumindest einen, Blue Corner, der bei der »Wahl der schönsten Tauchplätze« mit Sicherheit ganz vorne landen würde (vergleichen Sie hierzu Kapitel 13). Die Yap-Inseln sind für die Mantas bekannt, die hier mit ziemlicher Sicherheit angetroffen werden können, und im Truk-Lagoon liegt die bekannteste und meistbesuchte Geisterflotte (siehe Kapitel 13) auf dem Grund. Mikronesien umspannt ein riesiges Gebiet im Nordpazifik, das vom Äquator bis zum Wendekreis des Krebses und von Palau bis zu den Marshall-Inseln reicht. Die Artenvielfalt nimmt ab, je weiter Sie sich von

Palau aus in den Osten bewegen. Das Tauchen ist dennoch überall als gut zu bezeichnen, die im Osten gelegenen Plätze haben viel von ihrer ursprünglichen Schönheit behalten.

Fidschi

Bei der Artenvielfalt an Meerestieren ist ein deutlicher Rückgang zwischen Australien und den Fidschi-Inseln und den Fidschi-Inseln und dem noch weiter östlich gelegenen Polynesien zu erkennen. Dennoch ist das Tauchen auf Fidschi ganz ausgezeichnet. Es ist auch für seine hell leuchtenden Weichkorallen bekannt, die von den starken Strömungen, die zwischen den Inseln herrschen, mit Nahrung versorgt werden.

Polynesien

Je weiter Sie von den Fidschi-Inseln aus in den Osten gehen, desto geringer ist die Artenvielfalt, die Sie im Ozean antreffen. Deshalb sind die Riffs in Polynesien nicht so interessant wie die weiter im Westen gelegenen. Wenn Sie aber eine Gelegenheit suchen, Haien und Mantas zu begegnen, stehen hier die Chancen recht gut.

Hawaii

Die schlechte Nachricht ist, dass die Artenvielfalt in Hawaii nur ein Viertel so hoch ist wie im westlichen Pazifik. Die gute Nachricht ist, dass sich unter diesen Arten einige einzigartige, endemische Lebewesen befinden. Eine weitere gute Nachricht ist die, dass es Ihnen aufgrund der guten Infrastruktur leicht gemacht wird, Ihre Urlaubspläne auszuführen. Es gibt viele Tauchshops, die mit moderner Ausrüstung und schnellen Booten ausgestattet sind.

Galapagos Inseln

Direkt am Äquator gelegen und dem Einfluss von drei verschiedenen Meeresströmungen ausgesetzt, bieten die Galapagos Inseln ideale Bedingungen für eine Vielzahl von Meeresbewohnern, vor allem für riesige Fischschwärme und pelagische, d.h. im offenen Wasser lebende, Meerestiere wie Hammerhaie und Rochen. Da die Galapagos Inseln für ihre starken Strömungen bekannt sind, sind sie kaum für den Anfänger geeignet.

Mittelamerika

Die meisten Tauchplätze liegen auf der östlichen, zum Karibik hin gelegenen Seite der Landenge. Es befinden sich aber auch einige ganz ausgezeichnete Tauchplätze im Pazifik vor der Küste von Costa Rica. Die in einer Bucht des Karibischen Meeres gelegenen Inseln vor Honduras, Belize und Yucatan bieten eine gut organisierte Tauchsportindustrie. Vor Belize liegt eines der schönsten großen Barriereriffs, von dem gerade das südliche Ende von Tauchern noch weitgehend unentdeckt ist. Die Insel Cozumel, vor der Halbinsel Yucatan gelegen, ist für den Tauchsport voll erschlossen und bietet, im internationalen Vergleich, mit die bestorganisierte Tauchindustrie sowie einige der interessantesten Tauchplätze in der Karibik (siehe Kapitel 13).

Karibik

Es spielt keine große Rolle, wo man in der Karibik tauchen geht, was die Quantität und Artenvielfalt der dort lebenden Meerestiere angeht, da diese zwischen dem Barriereriff vor Belize und den Bahamas relativ ähnlich sind. Die Karibik kann in dieser Hinsicht nicht mit dem Westlichen Pazifik mithalten. Sie bietet aber ganz ausgezeichnete Bedingungen für das Korallenwachstum und somit der Riffbildung und für die in dieser Umgebung lebenden Tierarten. Wegen seiner räumlichen Nähe zu Nordamerika wird es gerade von amerikanischen Tauchern sehr häufig aufgesucht und ist daher für den Tauchsport sehr gut erschlossen.

Mögliche Komplikationen

Wenn einer eine Reise tut, dann kann er was erleben. Und darauf sollten Sie im Fall des Falles auch vorbereitet sein, damit die Unannehmlichkeiten nicht zu groß werden. Womit müssen Sie also immer rechnen? Nun, hier also die Notsituationen in der Reihenfolge ihrer Häufigkeit:

- ✔ **Verlorenes Gepäck**: Wahrscheinlich ist das jedem Reisenden schon mal passiert. Die Fluggesellschaft hat Ihr Gepäck an einen ganz anderen Ort befördert als Sie. Es mag ein Trost sein zu wissen, dass mehr als 90 Prozent des Gepäcks wieder aufgefunden und Ihnen zugestellt wird.
- ✔ **Überbuchung**: Das ist die zweithäufigste Klage bei Flugreisenden. Dagegen können Sie nicht viel tun, außer vielleicht beim nächsten Mal die Fluggesellschaft wechseln.
- ✔ **Darmerkrankung:** Durchfallerkrankungen treten bei Fernreisen häufig auf, was sowohl an der ungewohnten Nahrung als auch am verunreinigten Wasser liegen kann. Achten Sie darauf, dass es zu keiner Dehydrierung des Körpers kommt.
- ✔ **Betrug oder Diebstahl:** Seien Sie vorsichtig bei dem Devisentausch mit einem Straßenverkäufer, einem Taxifahrer oder einem anderen Schlitzohr. Sie sollten natürlich auch immer Ihre Geldbörse oder Tasche so tragen, dass man sie Ihnen nicht leicht entwenden kann.
- ✔ **Vekehrsunfall:** Die sechshäufigste Komplikation beim Reisen. Hier wurden natürlich nur die Fälle registriert, bei denen der Reisende verletzt wurde.
- ✔ **Flugzeugabsturz, Feuer, Naturgewalten, terroristische Anschläge:** Die Chance, davon betroffen zu sein, ist relativ gering, erhöht sich aber ganz deutlich bei Reisen in bestimmte Regionen.

Impfungen

Es gibt eine Unmenge von Insekten und Viren da draußen, die nur darauf warten, Ihre Bekanntschaft machen zu dürfen. Informieren Sie sich bitte vor der Reise, wie Sie sich vor diesen Biestern schützen können. Untersuchungen haben ergeben, dass die Mehrheit der Erwachsenen mit der Auffrischung von Impfungen sehr nachlässig ist. Bevor Sie sich auf den Weg machen, sollten Sie prüfen, ob Sie vor diesen Krankheiten geschützt sind:

- ✔ **Tetanus - Diphtherie**
- ✔ **Kinderlähmung**
- ✔ **Masern:** Wenn Sie Masern in Ihrer Kindheit hatten, sind Sie bereits immun dagegen. Wenn nicht, sollten Sie Ihren Arzt fragen, ob eine Impfung ratsam ist.
- ✔ **Mumps:** Hier gilt das Gleiche wie bei Masern.
- ✔ **Röteln:** Eine Impfung wird für alle Frauen empfohlen, die im gebährfähigen Alter sind, außer sie sind bereits schwanger. Vielleicht sollten Sie anhand eines Bluttests feststellen lassen, ob Sie immun dagegen sind. Nach der Impfung sollte eine Schwangerschaft in einem Zeitraum von drei Monaten vermieden werden.
- ✔ **Grippe:** Ein Schutz wird bei denjenigen empfohlen, die zu einer Risikogruppe gehören (fragen Sie Ihren Arzt).

Bei Kindern sollten die für ihr Alter typischen Impfungen durchgeführt sein. Klären Sie diesen Punkt mit Ihrem Kinderarzt.

Zusätzlich zu den Routineimpfungen sollten Sie sich vor möglichen Erkrankungen, die in Ihrem Gastland häufig auftreten, schützen. Da diese natürlich sehr unterschiedlich sein können – Cholera, Hepatitis A und B, Gehirnhautentzündung, Typhus, Gelbfieber und Malaria – müssen Sie sich bei Ihrem Arzt oder beim Gesundheitsamt vor der Reise informieren, ob und wie Sie sich davor schützen sollen.

Malaria wird seit langem als die Geißel der tropischen Länder angesehen. Die Infektion wird durch den Biss eines bestimmten Moskitos hervorgerufen. Als Prophylaxe können Sie eine bis zwei Wochen vor Einreise bis zu vier Wochen nach Verlassen des Endemiegebiets Arzneimittel einnehen

Wer rastet, der rostet

12

In diesem Kapitel

- Tauchen am Heimatort
- Besondere Unternehmungen
- Der professionelle Taucher
- Der Schutz des Riffs

Wenn Sie nur ab und zu – zum Beispiel einmal im Jahr während Ihres Urlaubs – tauchen gehen, werden Sie in der Zwischenzeit vergessen, was Sie sich vorher angeeignet haben. Hier ist es nicht wie beim Rad fahren – einmal gelernt, nie wieder verlernt. So ist zum Beispiel der Ausgleich des Auftriebs im Wasser eine diffizile Sache, die immer wieder geübt werden muss. Sie sollten also auch während der Tauchpausen etwas unternehmen, damit Sie das, was Sie können, nicht vergessen und sogar noch verbessern. Versuchen Sie daher zu Hause in der Freizeit Ihre Tauchkenntnisse zu verfeinern.

Ohne Gepäck

Natürlich sind Wochenendtrips zu einem Tauchressort eine tolle Sache, wenn man sich das leisten kann. Die meisten von uns leben jedoch viel zu weit von solchen Plätzen entfernt, um eben mal hinzufahren. Aber oft ist in der Nähe ein Fluss, See, Baggersee oder sonstiges Gewässer, wo wir das Tauchen üben können. Natürlich sollten Sie sich vorher vergewissern, dass in diesen Gewässern keine unbekannten Gefahren lauern. Wenn Sie das Tauchen im Salzwasser gewöhnt sind, müssen Sie im Frischwasser daran denken, dass hier der Auftrieb nicht so stark ist, Sie also weniger Gewicht brauchen (weitere Informationen hierzu finden Sie im vierten Kapitel). Wenn sich in Ihrer Nähe wirklich keine Gelegenheit bietet, im Freien das Tauchen zu üben, sollten Sie sich auf den Weg zum nächsten Schwimmbad machen. Das ist zwar sicherlich nicht der interessanteste Tauchplatz, zum Üben reicht es jedoch.

Am besten kontaktieren Sie Ihre örtliche Tauchschule, um zu erfahren, wo sich in der Nähe geeignete Tauchplätze befinden. Und natürlich brauchen Sie auch einen Tauchpartner, falls Sie nicht schon einen haben, den Sie ebenfalls über die Tauchschule finden können. In vielen größeren Orten gibt es auch einen Tauchclub. Da treffen Sie Gleichgesinnte, mit denen Sie über Ihr Hobby reden, Freundschaften schließen und gemeinsame Tauchgänge unternehmen können. Jede Tauchschule kann Ihnen die Adressen von Tauchclubs nennen.

Hinauf zum Tauchplatz

Wenn sich in Ihrer Nähe ein hübscher, klarer Bergsee mit geeigneten Bedingungen befindet, müssen Sie die Höhenlage beim Tauchen berücksichtigen. Die Werte in den Tauchtabellen und im Tauchcomputer beziehen sich auf das Tauchen in Meereshöhe. Je weiter nach oben Sie gehen, umso geringer wird der Luftdruck und umso anfälliger sind Sie für die Dekompressionskrankheit (siehe Kapitel 7). Die meisten Tabellen sind bis in eine Höhe von 300 m gültig. Wenn das von Ihnen zum Tauchen ausgewählte Gewässer höher liegt, brauchen Sie spezielle Umrechnungstabellen und Verfahren, um sich keiner Gefahr auszusetzen.

Wenn Sie einen Tauchcomputer verwenden, ist es gut möglich, dass dieser die Höhenlage berücksichtigt. Manche tun das bereits automatisch, bei anderen müssen Sie die Höhe eingeben und wieder andere tun es überhaupt nicht. Wenn Sie am Tauchen in großen Höhen wirklich interessiert sind oder sich in Ihrer Nähe keine andere Gelegenheit dazu bietet, können Sie natürlich auch dafür einen Spezialkurs absolvieren.

Auffrischungskurse

Wenn sich für Sie während des Jahres absolut keine Möglichkeit ergibt, Ihre Tauchkenntnisse aufzufrischen, haben Sie immer noch die Gelegenheit, in einer Tauchschule an einem Auffrischungskurs teilzunehmen. Alle Tauchschulen, in denen Sie einen Tauchschein erwerben können, bieten diese an. Sie beschaffen sich eine CD-ROM, ein Arbeitsbuch oder ein Video und wiederholen die Dinge, die Sie schon einmal gelernt haben, mit einem Tauchlehrer. Natürlich führen Sie auch mindestens einen Tauchgang im Schwimmbad oder begrenzten Freiwasser durch. Den ganzen Wiederholungskurs schaffen Sie in der Regel an einem Wochenende. Anschließend können Sie einen Flug buchen und Ihr Traumtauchziel ansteuern. So werden Sie sich ohne Bedenken auch nach einer längeren Pause wieder ins Wasser wagen können.

Bleiben Sie in Form

Sie müssen für das Tauchen nicht in einer besonders guten körperlichen Verfassung sein. Andererseits ist es aber auch nicht ratsam, dass Sie Ihre gesamte Freizeit auf der Couch verbringen und Ihre einzige sportliche Betätigung im Tauchen besteht. Das Tauchen ist statistisch gesehen eine sehr sichere Sportart. Die Todesfälle, die auftreten, sind meist wegen einer zu großen Anstrengung während des Tauchens auf ein Herz-Kreislauf-Versagen zurückzuführen. Sie müssen nicht viel tun, um sich fürs Tauchen fit zu halten. Und es ist ja nicht nur für das Tauchen von Vorteil, wenn Sie sich mehr bewegen. Versuchen Sie es drei Mal pro Woche mit Laufen, Walken oder irgendeiner anderen aerobischen Übung. Bleiben Sie jedes Mal mindestens so lange dabei, bis Sie ins Schwitzen kommen.

Ernähren Sie sich ausgewogen. Ich weiß, Sie können es schon nicht mehr hören. Seit Ihrer Kindheit hat man Ihnen das schon mindestens vier Millionen Mal gesagt, stimmt's? Okay, ich werde darüber also keine Tinte mehr verschwenden. Sie wissen, dass Sie es tun sollten, also tun Sie es.

Spezialkurse

Manche Leute sind vollkommen damit zufrieden, immer wieder abzutauchen, Jahr für Jahr, ohne auch nur einmal etwas in ihr Logbuch zu schreiben. Andere sind erst dann vollkommen glücklich, wenn ihre Leistungen auch offiziell durch einen Stempel abgesegnet wurden. Manche sind genauso mit einem Wrack zufrieden wie mit einem Riff, wohingegen andere ihr Hauptinteresse auf einen Aspekt beim Tauchen richten, wie etwa Unterwasser-Fotografie oder Höhlentauchen. Sie können unter Wasser viele Dinge frönen, wenn Sie erst einmal die Grundlagen beherrschen.

Sie können anhand von Spezialkursen die Leiter der Tauchsport-Hierarchie so weit nach oben klettern, wie Sie es gerne möchten. Sie können sich aber auch so weit spezialisieren, dass Sie das Tauchen sogar zu einem Beruf machen können (lesen Sie hierzu den Abschnitt »Professionelles und technisches Tauchen« weiter hinten in diesem Kapitel).

U/W-Fotografie und U/W-Video

Das ist wahrscheinlich die beliebteste Spezialisierung in der Welt des Tauchens. Anfänger (aber beileibe nicht nur diese) sind von dem Anblick unter Wasser so hingerissen, dass sie dieses Erlebnis anhand von Foto- oder Videoaufnahmen auch mit Freunden teilen – oder vielleicht sogar an Tauchsportmagazine verkaufen – möchten. Und warum nicht? Sie kaufen sich eine dieser kleinen, wasserdichten Einweg-Kameras, verknipsen eine Filmrolle und sind mit dem Ergebnis höchst unzufrieden. Die nächste Kamera ist schon eine Nummer größer, besser und natürlich teurer. Und so geht es weiter, bis man plötzlich eine Fotoausrüstung im Wert von 50.000 DM besitzt, die vier oder fünf riesige Metallkoffer füllt und an der man sich fast zu Tode schleppt. Aber nichts kann einen wirklichen Fanatiker aufhalten.

Bevor Sie aber losgehen, um viel Geld für eine Kameraausrüstung auszugeben, sollten Sie sich zuerst fragen, was Sie damit vorhaben.

- ✔ **Einweg-Kameras:** Diese kleinen, kostengünstigen Kameras sind bis zu einer Tiefe von zwei Metern durchaus in Ordnung. Das bedeutet natürlich, dass sie hauptsächlich von Schnorchlern verwendet werden. In Tiefen über 2 m sind sie nicht mehr zu gebrauchen.
- ✔ **Amateur-Fotografie:** Wenn Sie ein paar Fotos als Souvenir von den Tauchgängen mit nach Hause bringen möchten, müssen Sie schon ein paar Mark für eine Kamera ausgeben und sei es auch nur für ein wasserdichtes Kameragehäuse und ein Blitzlichtgerät, um anständige Aufnahmen zu bekommen. Blitzlichtgeräte sind deswegen wichtig, weil das Licht im Wasser an Farbe verliert.

- **Amateur-Videoaufnahmen**: Als Souvenir eignen sich meiner Meinung nach Videoaufnahmen wesentlich besser als einzelne Fotos – da hier für den Betrachter auch die Bewegungen des Tauchers, der Fische und anderer Wasserlebewesen nachvollziehbar sind. Sie können sehr viel Geld für eine Unterwasser-Videokamera ausgeben, angefangen bei ein paar hundert Mark bis hin zu mehreren zehntausend. Das Ergebnis der Aufnahmen hängt natürlich von der Qualität der Ausrüstung ab, aber auch wie gut der Kameramann die physikalischen Bedingungen unter Wasser kennt. Der Kauf einer teuren Videoausrüstung allein ist keine Garantie für bestechende Aufnahmen. Auch hier Bedarf es der Erfahrung und des Wissens, die man sich erst mit der Zeit erwirbt.
- **Professionelle Aufnahmen**: Taucher, die ursprünglich mit der U/W-Fotografie als Hobby begannen, wollen früher oder später ihre Werke auch in Tauchzeitschriften veröffentlicht sehen. Einige beginnen sogar davon zu träumen, als U/W-Fotograf eine Karriere zu machen. Sie fliegen von einem sensationellen Tauchort zum nächsten und kommen in die Redaktion mit Aufnahmen zurück, die sogar den rechthaberischten und hoffnungslos altmodischen Herausgeber eines Tauchermagazins aus seinem weich gepolsterten Chefsessel katapultieren werden! Nun, alles ist möglich. Vernachlässigen Sie über Ihren Träumereien aber nicht die Arbeit, mit der Sie Ihr tägliches Brot verdienen.

In der Regel wird für die Veröffentlichung von U/W-Aufnahmen in Taucherzeitschriften nicht viel bezahlt. Der Grund hierfür ist der, dass der Redaktion von allen Seiten Aufnahmen angeboten werden. Sogar Fotografen, die sich auf diesem Gebiet bereits einen Namen erworben haben, müssen oft noch nach anderen Erwerbsquellen Ausschau halten. Sie verkaufen Ihre Aufnahmen als Poster, leiten Foto-Safaris oder ähnliches. Nebenbei bemerkt, sitzen die Herausgeber von Tauchermagazinen meist nicht in dick gepolsterten Chefsesseln. Es ist harte Arbeit, die hinter einem erfolgreichen Magazin steckt.

Wenn es jedoch Ihr Traum ist, ein berühmter U/W-Fotograf zu werden, den jeder beim Namen kennt, dann lassen Sie sich nicht von diesen Worten davon abhalten. Ich möchte nicht dafür verantwortlich gemacht werden, dass Sie es wegen mir aufgegeben haben.

Angereicherte Luft

Die Luft besteht hauptsächlich aus Stickstoff, etwas Sauerstoff (etwa 21 Prozent) und Spuren anderer Gase (lesen Sie nach im sechsten Kapitel). Der Sauerstoff ist hierbei der einzige Gasanteil, der in diesem Gemisch für den Stoffwechsel von Bedeutung ist. Der Körper verwendet und braucht den Stickstoff nicht, den er im Körpergewebe ansammelt. Bei erhöhtem Druck, dem Sie unter Wasser ausgesetzt sind, sammelt sich mehr Stickstoff im Gewebe an, was bei einem Drucknachlass zu Problemen führen kann (siehe Kapitel 7). Warum entziehen wir also der Luft nicht den Stickstoff und atmen unter Wasser nur Sauerstoff aus der Flasche ein? Weil der Körper zwar Sauerstoff benötigt, aber zuviel davon ebenfalls schlimme Folgen haben kann.

Es ist möglich, einen Anteil des Stickstoffs in der Luft durch Sauerstoff zu ersetzen. Die Grenze ist da erreicht, wo es zu einer Sauerstoffvergiftung kommen könnte. Der Anteil von weniger Stickstoff in der Luft verringert natürlich umgekehrt die Gefahr einer Dekompressionskrankheit und Stickstoffnarkose. Angereicherte Luft, oft als

Nitrox bezeichnet, enthält einen höheren Anteil an Sauerstoff – in der Regel zwischen 32 und 36 Prozent. Weiter kann man den Stickstoffanteil in der Luft nicht verringern, ohne dass es dabei zu einer Sauerstoffvergiftung kommt.

Das Eintreten einer Sauerstoffvergiftung ist äußerst unwahrscheinlich, wenn Sie normale komprimierte Luft einatmen. Auch wenn Sie sich während des gesamten Tauchgangs in der für Sporttaucher maximalen Tiefe von 40 m aufhalten, müssten Sie 12 Stunden unten bleiben, um sich dieser Gefahr auszusetzen. Nicht viele Taucher schaffen es, mit einer Flasche 12 Stunden auszukommen. Bei angereicherter Luft sieht die Sache jedoch anders aus. Hier kann es schneller zu einer Sauerstoffvergiftung kommen. Wenn Sie jedoch die Anleitungen befolgen, die Sie erhalten, wenn Sie mit Nitrox tauchen, und entsprechend trainiert sind, haben Sie auch hier nichts zu befürchten.

Taucher, vor allem die älteren, berichten immer wieder, dass sie bei der Verwendung von angereicherter Luft weniger frieren, langsamer ermüden, wacher sind und einen weniger trockenen Mund haben als mit normaler komprimierter Luft. Das ist natürlich ein rein subjektives Empfinden, das von keinerlei Studien bestätigt wird. Dennoch gewinnt das Tauchen mit angereicherter Luft unter den Sporttauchern immer weitere Verbreitung. Ich halte es sogar für möglich, dass es eines Tages die normale komprimierte Luft völlig verdrängen wird. Im Moment ist es aber noch die Ausnahme und verlangt nach einem speziellen Training. Bevor Sie sich also für einen Tauchgang mit angereicherter Luft entscheiden, müssen Sie vorher einen Kurs absolvieren. Informationen hierüber erhalten Sie in jeder Tauchschule.

Exotische Gasgemische

Nitrox ist aber nicht der einzige Cocktail, der dem Taucher angeboten wird. *Heliox* ist ein weiteres Gasgemisch, in dem ein Teil des Stickstoffs in der Luft durch Helium ersetzt wird. Die kommerzielle Tauchindustrie und Militärtaucher verwenden dieses Gasgemisch bei Tauchgängen unterhalb der 65-m-Grenze. Der Ersatz durch Helium erfolgt nicht, um die Dekompressionskrankheit zu verhindern – Sie benötigen bei Verwendung von Heliox die gleiche Dekompressionszeit oder sogar noch etwas länger – sondern um den rauschähnlichen Zustand der Stickstoffnarkose zu vermeiden, die in großer Tiefe zur Gefahr wird (siehe Kapitel 7). Helium bringt aber Probleme eigener Art mit sich. Es lässt den Taucher sieben Mal schneller Wärme verlieren. Unterhalb von 65 m kann es beim Taucher bei der Verwendung von Helium zu unkontrollierbarem Zittern kommen, ein physiologisches Phänomen, das als *Hochdruck-Nervensyndrom* bezeichnet wird. Taucher, die in Bereiche unterhalb von 65 m vordringen, wechseln daher in der Regel zu Trimix.

Trimix ist ein Gasgemisch aus Heliox, in dem ein Anteil des Heliums wieder durch Stickstoff (etwa 15 Prozent) ersetzt wurde. Dies verringert die Wärmeleitfähigkeit des Gases und die Gefahr eines Hochdruck-Nervensyndroms. Trimix wird von den Tauchern verwendet, die sich in die tiefsten Tiefen vorwagen (lesen Sie hierzu den Abschnitt über »Tieftauchen« etwas weiter hinten in diesem Kapitel). Es wurden auch schon Gasgemische hergestellt und getestet, die Sauerstoff, Argon und Neon enthalten. Alle diese Gemische, auch Heliox und Trimix, spielen jedoch für das Sporttauchen keine Rolle.

Professionelles und technisches Tauchen

Aus einem Hobby kann schnell ein Beruf werden. So auch bei Tauchern, die als Sporttaucher beginnen und irgendwann den Wunsch verspüren, sich zum professionellen oder technischen Taucher ausbilden zu lassen.

Die meisten Taucher, die aus ihrem Hobby einen Beruf machen wollen, lassen sich zum Tauchlehrer ausbilden. Es gibt aber auch welche die für die Polizei, Ölgesellschaften und als Rettungstaucher arbeiten oder ihr Können in den Dienst der Wissenschaft und Archäologie stellen. Kurz gesagt, jeder, der sein Geld mit Tauchen verdient, gehört zu den *professionellen Tauchern*. Dazu ist natürlich oft eine Spezialausbildung und eine Spezialausrüstung notwendig, da diese Taucher sich oft in größeren Tiefen über einen längeren Zeitraum aufhalten, als dies beim Sporttauchen erlaubt ist.

Als *technischer Taucher* wird derjenige bezeichnet, der sich außerhalb der für den Sporttaucher erlaubten Grenzen bewegt, jedoch nicht seinen Unterhalt damit verdient. Wo liegen diese Grenzen, die den Sporttaucher vom technischen Taucher unterscheiden? Ein Sporttaucher

- ✔ benutzt nur komprimierte Luft (obwohl nun auch schon angereicherte Luft verwendet wird),
- ✔ taucht nicht tiefer als 40 m,
- ✔ taucht nie ohne Partner,
- ✔ legt keine Dekompressionspausen ein (nicht zu verwechseln mit Sicherheitsstopps).

Sobald Sie von den obigen Vorgaben abweichen, gehören Sie zu den technischen Tauchern. Ich gehe jede Wette ein, dass einige Taucher meinen Definitionen widersprechen werden. Das ist in Ordnung, wann ist man schon einer Meinung? Solange Sie sich aber an die obigen Vorgaben halten, haben Sie als Sporttaucher unter Wasser wenig zu befürchten.

Nun folgen beliebte Spezialtauchkurse, an denen Sie im Anschluss an Ihren Open-Water-Diver-Kurs teilnehmen können.

Wracktauchen

Es übt auf jeden Taucher eine Faszination aus, die absolut unvergleichlich ist, wenn er durch die verkrusteten, überwachsenen Überreste vergangener menschlicher Kulturen gleitet. Das Wracktauchen hat seinen ganz eigenen Reiz.

Sowohl das Wrack- als auch das Höhlentauchen können bis zu einer Tiefe von 40 m mit komprimierter Luft durchgeführt werden. Da man für beide Arten des Tauchens jedoch einen Spezialkurs benötigt und sie auch nicht ohne Partner durchführen darf, zähle ich sie zum technischen Tauchen.

Wracktauchen ist sicher keine gefährliche Aktivität. Dennoch müssen einige Gefahrenquellen stets in Erwägung gezogen werden: Scharfkantige Stellen, Verfangen (Hängenbleiben), der Einsturz korridierter Teile, noch nicht entschärfte Munition. Ihr Brevet als OpenWater Diver reicht aus, wenn Sie nur um ein Wrack herumschwimmen wollen. Sobald Sie aber ins Innere des Wracks *eindringen* brauchen Sie – wie auch beim Höhlentauchen ein Spezialtraining!

Nachdem Sie also ein Training zum Wracktaucher absolviert und schon etliche Schätze unter Wasser in Augenschein genommen haben, fühlen Sie sich vielleicht dazu aufgerufen, durch einen Unterwasserfund einen wichtigen Beitrag zur Archäologie zu leisten. Das Entfernen von Schätzen oder kunstvolle Gegenständen vom Fundort sollten Sie unbedingt unterlassen.

Höhlentauchen

Wenn Sie zu denjenigen gehören, die immer, wenn sie an Höhlen vorbei schwimmen, zu gerne wüssten, was sich da drinnen alles verbirgt, dann sollten Sie vielleicht einen Spezialkurs fürs Höhlentauchen absolvieren. Die Höhlen dürfen hierbei nicht tiefer als 40 m liegen und Sie selbst dürfen nicht weiter als 22 m in die Höhle hinein schwimmen. Der Eingang der Höhle sollte immer in Ihrer Sichtweite sein. Da Höhlentauchen die Grenzen des Sporttauchens überschreitet, benötigen Sie hierfür ein spezielles Training.

Beim Höhlentauchen haben schon viele Menschen ihr Leben verloren. Es gibt aber immer wieder welche, die, ohne über ausreichende Erfahrung zu verfügen, in Höhlen vordringen. Oft wird dieser Wagemut ja auch durch atemberaubende Entdeckungen im kristallklaren Wasser belohnt. Dennoch dürfen Sie nicht vergessen, dass das Höhlentauchen die Grenzen des Sporttauchens überschreitet – Sie bekommen vielleicht keine zweite Chance in der stockdunklen Umgebung. Ein Spezialtraining und eine Spezialausrüstung ist daher unbedingt notwendig. Ferner ist es von größter Bedeutung dass Sie sich strikt an die Regeln halten. Befassen Sie sich erst mit dem Höhlentauchen, wenn Sie bereits ein sicherer Taucher sind.

Tieftauchen

Manche tauchen einfach nur deswegen tiefer, weil Sie den Kick mögen, den Sie dabei verspüren; andere tun es, um in größeren Tiefen Wracks oder sogar Höhlen zu erkunden. Oft bedarf es beim Tieftauchen spezieller Kenntnisse, was die Verwendung von Gasgemischen wie Heliox oder Trimix betrifft (mehr darüber finden Sie im Kasten »Exotische Gasgemische« weiter vorne im Kapitel). Hinzu kommt die veränderte Tauchdauer, verlängerte Dekompressionstopps in unterschiedlichen Tiefen und vielleicht sogar der Wechsel von einem Gasgemisch zum anderen. Beim Tieftauchen muss viel berücksichtigt werden, daher erfordert es ein hohes Maß an Wissen, Planung und Erfahrung.

Das Tieftauchen übersteigt bei weitem die Grenzen des Sporttauchens. Oft erfordert es sogar mehrere Spezialkurse und eine lange Taucherfahrung. Und dennoch bleibt es immer mit einem gewissen Risiko für den Taucher verbunden. Als Anfänger werden Sie sich vom Tieftauchen nicht angezogen fühlen. Der Wunsch danach wird erst über Jahre hinweg und mit größer werdender Erfahrung geweckt.

Ökotauchen

Es war einmal, dass der Ozean ein riesiges, geheimnisvolles Reich darstellte, das so unendlich erschien wie der Weltraum. Er diente uns zur Ausbeutung und als Müllhalde. Der Ozean ist immer noch riesig und geheimnisvoll, allerdings wissen wir heute, dass seine Ressourcen weder unerschöpflich noch seine Kapazität als Müllhalde grenzenlos sind.

Die Weltbevölkerung vermehrt sich immer noch rasend schnell und das vor allem in den ärmeren Ländern. Zwei Drittel der Weltbevölkerung lebt derzeit in den Küstenregionen. Schätzungen gehen davon aus, dass in 50 Jahren über 7 Milliarden Menschen solche Regionen bevölkern werden. Diese Menschen müssen eine Wohnung haben und ernährt werden, was bedeutet, dass immer mehr Land zerstört und immer mehr Fisch gefangen wird. Je mehr Menschen auf der Erde leben, desto mehr Abfall erzeugen sie. Viele dieser Abfälle landen im Meer und tragen zu dessen Verschmutzung bei. Dies hat natürlich unmittelbar Auswirkungen auf die Korallenriffe und auf die Lebewesen, die sich darin aufhalten. Wenn das Meer stirbt, dauert es nicht lange, bis auch alle Lebewesen auf dem Land dieses Schicksal trifft, da der Sauerstoff in unserer Atmosphäre hauptsächlich vom Plankton im Meer erzeugt wird.

Als Taucher werden Sie natürlich stärker mit der Zerstörung des Meeres konfrontiert als Leute, die diese wilde und wunderbare Welt nie kennen lernen. Jahr für Jahr stirbt wieder ein weiterer Teil dieses unschätzbaren kostbaren Gutes, das unser Ozean darstellt. Unerfahrene Taucher verursachen oft selbst kleinere Schäden am Riff. Jeder Taucher sollte es sich zum Ziel machen, das Riff so zu verlassen, wie er es vorgefunden hat. Der Schaden, der von Tauchern angerichtet wird, ist jedoch verschwindend klein im Vergleich zu den Zerstörungen die durch die Urbanisierung der Küstenregionen, Sedimentanschwemmung aufgrund zerstörter Regenwälder, Vergiftung durch steigenden Verbrauch giftiger Chemikalien, Trockenlegung, Rodung der Mangrovenwälder und noch sehr viel mehr vom Menschen ausgehender Unternehmungn angerichtet werden.

Es ist die Pflicht eines jeden Tauchers, seine nichttauchenden Mitmenschen auf die Bedeutung und den Grad der Zerstörung des Meers aufmerksam zu machen. Im sechzehnten Kapitel erhalten Sie weitere Tipps, was Sie tun können, um den Ozeanen und seinen Bewohnern zu helfen. Im Anhang finden Sie wichtige Adressen von Umweltverbänden, die alle von Ihrer Unterstützung abhängig sind.

Teil V

Zehn wichtige Hinweise

»Welchen Tauchgang würden Sie denn gerne buchen? Den zum Hercules-Fahrrad, dem Toshiba-Gasgrill oder dem Wolff-Rasenmäher?«

In diesem Teil...

In diesem Teil des Buchs lernen Sie meine liebsten Tauch- und Schnorchelplätze kennen. Das hat sicherlich zur Folge, dass Sie diese Plätze weiterempfehlen und sie von mehr Menschen besucht werden. Damit steigt auch die Gefahr, dass Schaden an ihnen angerichtet wird. Hmm.

Ich bin mir aber auch sicher, dass ich mir bei Ihnen keine Sorgen machen muss. Sie lieben die Natur und werden sich deshalb meine Richtlinien zum Schutz der Umwelt zu Herzen nehmen. Da Sie auch nicht zu den leichtsinnigen Tauchern gehören, werden Sie die Sicherheitsregeln befolgen, die ebenfalls in diesem Teil beschrieben werden.

Ich brauche mir also weiter keine Sorgen mehr zu machen. Da gehe ich doch gleich Tauchen! Also dann auf bald – irgendwo da draußen.

Zehn Schnorchel- und Tauchparadiese

13

In diesem Kapitel

- Schnorcheln inmitten großer Meeresbewohnern
- Entdecken Sie berühmte Tauchplätze
- Besuchen Sie historische Stätten
- Exotische Schnorchel- und Tauchgebiete

Sie brauchen nicht unbedingt eine Ausrüstung fürs Gerätetauchen, um interessante Dinge im Meer zu beobachten. Oft befinden sich diese so nah am Ufer und an der Meeresoberfläche, dass schon eine Schorchelausrüstung ausreicht.

Als Herausgeber eines Tauchsportmagazins habe ich natürlich die Gelegenheit, viele wunderbaren Tauchplätze, die der Ozean für uns bereithält, zu besuchen. Zehn davon habe ich für Sie ausgewählt, weil sie entweder einfach schön sind oder etwas Einzigartiges bieten.

Ich habe den Ozean in zehn für den Schnorchler und Taucher interessante Regionen aufgeteilt und stelle in den jeweiligen Abschnitten meine Lieblings- Schnorchel- bzw. Tauchplätze vor.

Florida und die Bahamas

Fleckendelfine – Kleine Bahamabank

Ich kenne niemanden, der sie gesehen hat und nicht von ihnen schwärmt, den Fleckendelfinen, die im Atlantik in der Nähe der Kleinen Bahamabank anzutreffen sind (siehe Abbildung 13.1). Mehrere verschiedene Gruppen (*Schulen* genannt) sind dort zu Hause und haben sich auch im Laufe der Zeit an die Schnorchler gewöhnt – manchmal hat man den Eindruck, dass sie sich sogar über den Besuch und die Abwechslung freuen.

Delfine fühlen sich von den Bugwellen eines Bootes angezogen und scheinen nicht müde zu werden, darauf zu reiten. Sobald sich ein paar Delfine um den Bug herum tummeln, gibt es für die Schnorchler kein Halten mehr. Sie ziehen die Ausrüstung an, der Bootsführer stellt den Motor ab und die Schnorchler lassen sich so ruhig wie möglich ins Wasser gleiten. Sie können die Delfine hören, bevor Sie sie sehen – quitschende, pfeifende und schnalzende Töne, die aus allen Richtungen gleichzeitig zu kommen scheinen. Und plötzlich werden Sie von den Delfinen umkreist und mit anmutigen Bewegungen umtanzt.

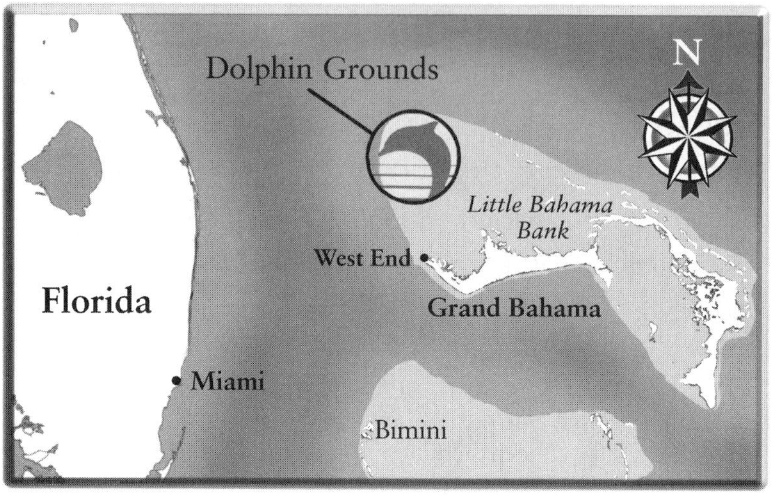

Abbildung 13.1: Der Aufenthaltsort der Delfine vor der Kleinen Bahamabank

Ein paar Schnorchler an der Wasseroberfläche können einem jungen und munteren Delfin natürlich nicht genug Unterhaltung bieten. Daher schwimmen sie auch bald gelangweilt davon. Wenn Sie möchten, dass die Tiere länger in Ihrer Nähe bleiben, müssen Sie sich schon etwas einfallen lassen: Plantschen, tauchen, kreis- oder spiralförmig schwimmen oder sonst etwas. Ich hatte einmal das Glück, einen Scooter bei mir zu haben. Die Delfine wichen nicht von meiner Seite, so lange ich das Ding im Einsatz hatte. Ich hatte den Eindruck, dass ihnen das Geräusch gefiel, das von diesem kleinen Gerät ausging. Delfine sind wie Kinder. Wenn ihre Neugierde befriedigt ist, können Sie machen, was Sie wollen, um sie weiter zu unterhalten, sie werden trotzdem verschwinden.

Seekühe – Crystal River, Florida

Mir fällt nur ein Wort ein, mit dem ich Seekühe (Manatees) beschreiben kann – sie sind, nun ja, sie sind einfach süß. So lieb und süß, dass sie unter den Sanften, die laut Bibel die Welt regieren werden, ganz vorne mit in der Reihe stehen sollten. Diese Charaktereigenschaften haben aber auch dazu geführt, dass die Manatees mittlerweile zu den bedrohten Tierarten gehören. Sie sind den Menschen gegenüber so wenig argwöhnisch, dass sich die Frage, ob sie die Welt irgendwann mit regieren werden, bald nicht mehr stellen wird, da es diese Tiere wohl nicht mehr allzu lange gibt.

Noch aber können Sie sie besuchen. Jeden Winter versammeln sie sich um die warmen Quellen in Zentral- und Südflorida. Manatees können eine Wassertemperatur unter 20° C nur kurze Zeit tolerieren. Wenn die Wassertemperatur in der Karibik sinkt (zwischen November und März), versammeln sich die Manatees in der Nähe der warmen Quellen Floridas, wo eine konstante Temperatur von 22° C herrscht.

Die Manatees sind fast immer in flachen Flüssen und Flussmündungen anzutreffen, wo sie den lieben, langen Tag über Wasserpflanzen grasen. Ein erwachsenen Tier ist zwischen 2,50 und 4,50 m lang und kann bis zu 380 kg wiegen. Sie haben die Form einer riesigen Wurst mit flachem Schwanz, einem Paar komisch geformter Flossen und einem Gesicht, das dem eines Walrosses ähnelt. Manatees sind von ihrer Art her aber eher Verwandte des Elefanten als des stets grantigen Walrosses. Sie sind sanftmütig, träge in ihren Bewegungen und manche scheinen es zu genießen, wenn man ihre rauhe graue Haut streichelt. Die Manatees gehören zu den wenigen Meeresbewohnern, die sich streicheln lassen, aber tun das auch nur, wenn sie wollen. Verfolgen Sie sie nicht, sondern warten Sie, bis die Tiere zu ihnen kommen. Nun dürfen Sie sie auch streicheln. Wenn Ihnen der Anblick und das Verhalten dieser Tiere nicht zu Herzen geht, dann muss es wohl aus Stein sein. Sie sind, wie gesagt, so lieb und sanft, dass sie sich bestens dafür eignen, Kinder und unerfahrene Schnorchler mit großen Tieren unter Wasser vertraut zu machen. Für alle aber ist ein Zusammentreffen mit ihnen ein unvergessliches Erlebnis.

Der beste Ort, um nach Manatees Ausschau zu halten, ist Crystal River an der Westküste Floridas, nördlich von Tampa und südwestlich von Ocala (siehe Abbildung 13.2) gelegen. Wenn Sie zu den Leuten gehören, die lieber auf eigene Faust unterwegs sind, können Sie und Ihr Partner ein Kajak im Paradise Park Marina mieten und nach King Spring paddeln, wo sich die Manatees versammeln. Beachten Sie bitte aber immer die Vorschriften: Stören und verjagen Sie die Tiere durch Ihr Verhalten nicht und folgen Sie ihnen nicht hinter den durch ein Seil abgetrennten Teil um die Insel – dahinter beginnt das Schutzgebiet für Manatees.

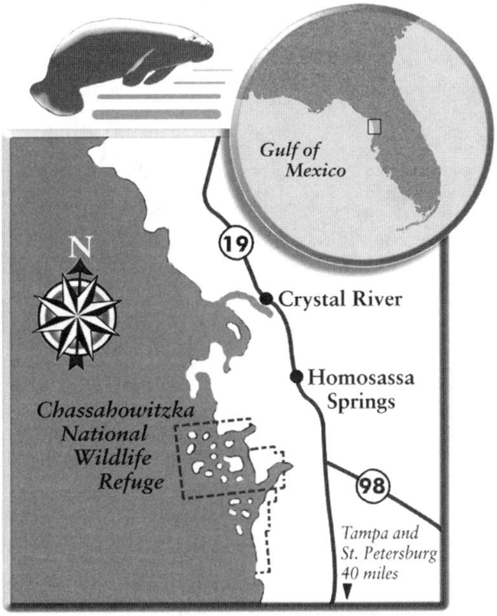

Abbildung 13.2: Crystal River, Florida

Die Karibik

Stingray City – Grand Cayman

Stingray City (siehe Abbildung 13.3) liegt im North Sound auf der Großen Cayman-Insel, innerhalb eines weiteren, sehr beliebten Gebiets unter Tauchern – Tarpon Alley. Der einzige Nachteil dieser Tauchplätze besteht darin, dass sie wegen ihrer Nähe zum amerikanischen Festland von vielen Schnorchlern und Tauchern besucht werden. Jeder möchte bei dem Spektakel, wenn die Rochen kommen, dabei sein. Die Rochen haben sich schon an die vielen Menschen gewöhnt, fressen ihnen sogar aus der Hand. Sie versammeln sich auf einer großen Sandbank in 4 bis 5 m Tiefe und warten nicht auf eine Einladung. Wenn sie merken, dass Sie etwas zu fressen dabei haben, kommen sie sofort auf Sie zu und bestürmen Sie, wobei sie auch vor einem Körperkontakt nicht zurückschrecken. Sie müssen das Fressen nicht sehen, um zu wissen, dass Sie etwas dabei haben. Die Fische riechen es. Sie brauchen keine Angst vor Rochen haben, sie sind völlig harmlos. Sie sollten jedoch, wenn Sie es selbst an die Tiere verteilen möchten, das Futter vor den Rochen verstecken – sonst ist es vorher schon weg. Bieten Sie das Futter den Tieren auf der offenen Handfläche an. Achten Sie darauf, dass keine Gelbschwanzmakrelen oder Doktorfische in der Nähe sind. Diese tropischen Fische, die ziemlich groß werden können, können beim Kampf ums Futter ziemlich draufgängerisch werden und auch schon mal einen Finger mit Futter verwechseln.

Abbildung 13.3: Stingray City, Grand Cayman

Die Rochen in tropischen Gewässern haben in der Regel eine gleichmäßig graue oder schwarze Färbung auf der Oberseite und sind weiß auf der Unterseite. Ihre Breite kann maximal 1,50 m betragen. Diejenigen, die Sie in Stingray City zu sehen bekommen, sind jedoch viel schmaler. Die Weibchen sind größer als die Männchen. Beide Geschlechter haben einen langen Schwanz, an dessen Ende sich ein Widerhaken befindet, der zur Selbstverteidigung eingesetzt wird.

Obwohl sich die Rochen in Stingray City schon an die Menschen gewöhnt haben, sollten Sie nicht vergessen, dass es sich bei ihnen um wilde Tiere handelt. Versuchen Sie nicht, nach ihnen zu greifen. Denn dann könnten Sie mehr über ihren Selbstverteidigungsmechanismus erfahren, als Ihnen lieb ist. Warten Sie, bis die Tiere zu Ihnen kommen. Glauben Sie mir, das werden sie. Fassen Sie sie nicht an. Alle Fische sind von einer Schleimschicht überzogen. Wenn Sie diese beschädigen, sind die Tiere anfälliger gegen Infektionen.

Palancar Riff – Cozumel

Das Tauchen um die Insel Cozumel herum gehört mit zum Besten, was die Karibik zu bieten hat. Kaum jemand wird das wohl bestreiten. Der Grund hierfür ist der Golfstrom, der für das Korallenwachstum ideale Bedingungen bildet.

Die besten Tauchplätze befinden sich an der äußeren, dem Meer zugewandten Seite des Riffs, das vor der Südwestdpitze der Insel liegt. Das schönste Riff ist das Palancar Riff (siehe Abbildung 13.4). Es ist eine etwa 5 km lange Korallenformation aus Gräben, Bögen, Tunneln und Felsvorsprüngen, auf denen große Farne, Seepeitschen und riesige farbige Schwämme wachsen, umschwärmt von Barschen, Hummern, Muränen, Papageienfischen, Grunzer, Kaiserfischen und all den anderen, für die Karibik spezifischen Fischarten.

Wegen seiner Nähe zu den Vereinigten Staaten gehört dieses Riff mit zu den meistbesuchten Tauchplätzen. Die vor Cozumel gelegenen Riffe sind recht groß, so dass sich die Taucher nicht in die Quere kommen. Allerdings müssen Sie schon mal anstehen – und das vor allem während der Hauptreisezeit von Dezember bis Mai – bis Sie überhaupt ins Wasser kommen.

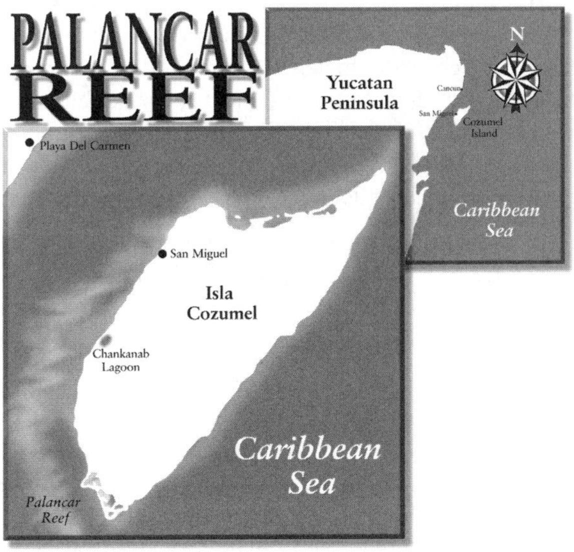

Abbildung 13.4: Vor der Insel Cozumel liegen hervorragende Tauchplätze.

Buckelwale – Silver Bank

Buckelwale sind auch in den Gewässern um Maui und Tonga im Südpazifik anzutreffen. Wenn Sie nicht so weit fliegen möchten, empfehle ich Ihnen die Silver Banks, nordöstlich der Dominikanischen Republik gelegen (siehe Abbildung 13.5).

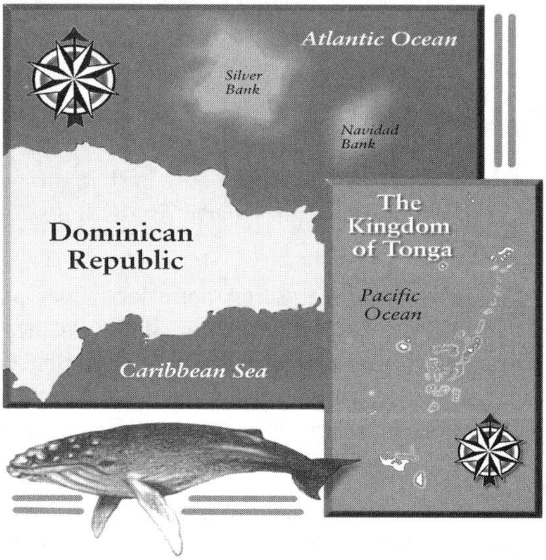

Abbildung 13.5: Die Silver Bank, nordöstlich der Dominikanischen Republik gelegen

Die Buckelwale in der Silver Bank scheinen sich mittlerweile an die Schnorchler gewöhnt zu haben, da sie bei einem Zusammentreffen kaum noch Notiz von ihnen nehmen. Da diese Tiere ebenfalls zu den bedrohten Arten gehören, sind in vielen Ländern die Gesetze dergestalt, dass diese Tiere nicht mehr gezielt aufgesucht werden dürfen. In der Dominikanischen Republik ist das nicht der Fall. Wenn Sie also schon die Gelegenheit bekommen, die Bekanntschaft dieser Tiere machen zu dürfen, sollten Sie sich ihnen gegenüber äußerst höflich und rücksichtsvoll verhalten.

Glücklicherweise gehören die Buckelwale zu den toleranten und friedlichen Tieren. Dennoch wird Ihnen – wenn Sie diesen Geschöpfen erstmals in die Augen blicken – das Blut in den Adern gefrieren. Kein Film und kein Foto kann Sie auf dieses erste Zusammentreffen mit diesen riesigen, mächtigen Säugetieren vorbereiten.

Sich als Schnorchler unter Buckelwalen aufzuhalten, stellt ein wirkliches Abenteuer dar. Sie sollten damit aber warten, bis Sie schon einige Erfahrung im Schnorcheln sammeln konnten und sich im Wasser sicher bewegen. Das ist nicht etwa wegen der Tiere anzuraten sondern wegen der Bedingungen, die Sie im Meer vorfinden können. Um die Buckelwale zu sehen, müssen Sie sich ins offene Meer hinaus wagen, wo Sie es oft mit starker Strömung und einer rauhen See zu tun haben. Da diese Trips immer nur von einem Boot aus stattfinden, müssen Sie sich darauf auch wohl fühlen.

Azoren

Pottwale

Das Schnorcheln zwischen einer Gruppe von Pottwalen vor den Azoren, eine Inselgruppe im Nordatlantik, ungefähr 1000 km von der Küste Portugals entfernt (siehe Abbildung 13.6), ist eine weitere Gelegenheit, einer der größten und eindruckvollsten Wesen in den Ozeanen nahe zu kommen. Auch hierfür sollten Sie schon Erfahrung im Schnorcheln mitbringen. Wie schon bei den Buckelwalen, so finden die Treffen mit den Spermwalen auch nur auf offener, oft rauher See statt.

Die Wale, denen Sie auf Ihren Ausflügen begegnen, sind meist Herden von Muttertieren mit ihren Jungen. Die Weibchen sind viel kleiner als die erwachsenen Männchen, die im Schnitt 15 m lang werden und leicht 40 Tonnen wiegen können. Aber auch die Weibchen sind sehr beeindruckend. Dies sind diese Tiere aber nicht nur wegen ihrer Größe, sondern auch wegen anderer Merkmale: Es sind die größten Zahnwale und die Säugetiere, die am tiefsten tauchen (bis zu 2500 m). Aber keine Angst, Sie müssen nicht so weit runter, um sie anzutreffen. Die Weibchen und ihre Jungen halten sich in Herden die meiste Zeit in der Nähe der Wasseroberfläche auf. Selbst dann, wenn die Weibchen wegen Futtersuche in die Tiefe tauchen, ist immer jemand da, der auf die Kleinen aufpasst.

Abbildung 13.6: Gruppen von Pottwalen vor den Azoren sind für einen Schnorchler ein einzigartiges Erlebnis.

Pottwale haben den Ruf, angriffslustig und meist schlecht gelaunt zu sein. Hierbei handelt es sich jedoch hauptsächlich um ein Märchen aus den Zeiten des Walfangs, das wissenschaftlich nicht untermauert werden kann. Es kann schon sein, dass sich ein Pottwal verteidigt, wenn er gejagt und harpuniert wird. Aber ist er deswegen wirklich böse? Die Mütter und ihren Jungen ignorieren ihre entfernten Verwandten völlig, wenn sie sie im Wasser antreffen. Was ja umgekehrt nicht der Fall ist.

Rotes Meer

Südliches Sinai

Das Rote Meer ist heute für den Taucher gut erschlossen und das vor allem in seinen nördlichen Ausläufern – Hurghada, das südliche Sinai und der Golf von Akaba. Der südliche Teil des Roten Meeres ist wilder und ursprünglicher und kann am besten von einem Tauchboot aus entdeckt werden.

Abbildung 13.7: Das Rote Meer und der südliche Sinai

Tauchgänge werden vom südlichen Teil der Sinai-Halbinsel aus hauptsächlich von Sharm El Sheich und Ras Mohammed National Park unternommen. Sharm El Sheich wurde von den Israelis gegründet, die von 1967 bis 1982 diesen Teil des Sinai besetzt hielten. Als die Israelis die Gegend verließen, haben die Ägypter und europäische Tauchreiseveranstalter das Gebiet erschlossen. Deshalb hat diese Stadt auch wenig ägyptischen Flair, sondern ähnelt einem Touristenort an der sizilianischen Küste. Die Pizza ist gut, das Nachtleben lang und Legionen amerikanischer und europäischer Touristen werden täglich dort abgeladen und wieder abtransportiert. Die Tag ist dem Tauchsport gewidmet.

Die meisten Tauchgänge finden vom Boot aus statt, die nur einen Tag unterwegs sind. Es gibt aber auch einige schöne Tauchplätze, die von Land aus zu besuchen sind. Wenn Sie die Menge vermeiden möchten und erfahren genug sind, einen Tauchgang zusammen mit einem Partner zu organisieren, rate ich Ihnen zu dieser Alternative. Bei weitem die Mehrzahl der Unternehmen, die Tauchtrips anbieten, verfügen über eine moderne Ausrüstung. Da der Wettbewerb ziemlich hart ist, sind die Preise bezahlbar.

An der äußersten südlichen Spitze der Sinai-Halbinsel liegt Ras Mohammed – das eines der bekanntesten Tauchziele ist und zwar mit Recht. Steile Hänge, dicht mit Farnen und filigranen Weichkorallen bedeckt, stürzen in die Tiefe, wo Barsche, Barrakudas und manchmal auch Haie in der Strömung kreisen. Shark-Observatory, Anemone City und das Shark und Jolanda Riff bieten dem Taucher viel Interessantes. Es gibt aber auch noch jede Menge anderer Plätze.

Indischer Ozean

Die Malediven

Die Malediven bestehen aus mehreren Atollen, die am südwestlichen Ende von Indien beginnen und sich bis zum Äquator erstrecken (siehe Abbildung 13.8). Die höchste Erhebung auf den Malediven ist knapp 3 m hoch und man befürchtet, dass, bei zunehmender Erderwärmung diese Inselgruppe als erste im Meer versinkt, was in etwa 150 Jahren der Fall sein würde.

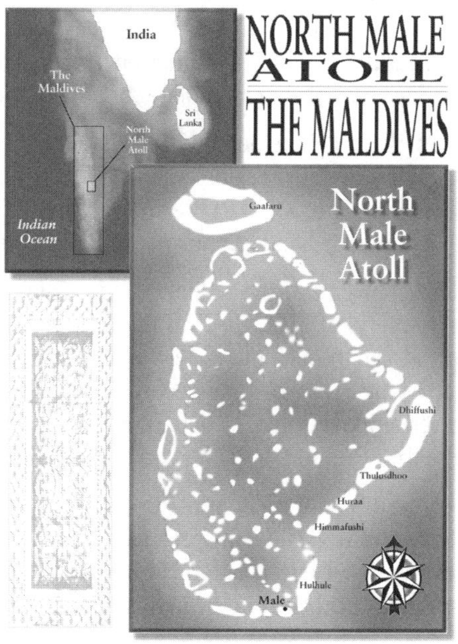

Abbildung 13.8: Die Atolle der Malediven

Den Taucher interessiert es jedoch wenig, was oder was nicht über der Wasseroberfläche vorzufinden ist. Ihn interessiert die Welt darunter und da gibt es sehr viel zu sehen. Sie können diese Schätze auf zweierlei Art erreichen: entweder von einem Ressort aus oder auf einem Tauchcharterboot. Um North Male herum befinden sich viele schöne Tauchplätze. Wenn Ihnen aber danach ist, die ursprünglicheren Gebiete zu besuchen, sollten Sie sich für ein Tauchboot entscheiden. Sie können sich auch ein Ressort auf einem etwas entfernter gelegenen Atoll aussuchen. Das bedeutet jedoch, dass Sie sich dort die ganze Zeit aufhalten werden und das Tauchangebot sich auf diese Gegend beschränkt. Meist sind diese abseits gelegenen Ressorts sehr luxuriös ausgestattet und daher auch nicht billig. Wenn Sie Ihren Geldbeutel schonen möchten, dann bleiben Sie lieber in der Gegend von North Male.

Von den Ressorts um North Male können Sie mehr als hundert Tauchplätze ansteuern. Sie finden hier alle Unterwasserlandschaften, die Sie sich nur vorstellen können. Riffpassagen, Überhänge und Höhlen, steil und sanft abfallende Wände, Korallentäler und –zinnen. Innerhalb der Lagune ragen vereinzelte Riffe, größere und kleinere, die so genannten *Thilas*, bis zu einem Meter aus dem Wasser.

Westpazifischer Ozean

Bunaken Island, Indonesien

Bunaken ist eine kleine, sichelförmige Insel vor Manado, an der Nordküste von Sulawesi. Wegen seiner Lage am Rande der tiefen Sulawesisee, wird die Küste der Insel von nährstoffreichem Wasser umspült, das von der Strömung aus der Tiefe nach oben getragen wird. Nirgendwo auf der Welt trifft man auf so kleinem Raum mehr verschiedene Arten von Meeresbewohnern an.

Bunaken ist von einem Korallenriff umgeben, dessen Wände steil ins Meer fallen. An der Südküste befindet sich eine Bucht, die sich ganz ausgezeichnet zum Schnorcheln eignet. Das Abenteuer beginnt, sobald Sie ins Wasser gehen. Hier können Sie auch nahe der Wasseroberfläche am Rande des Riffs ein paar Gorgonien bestaunen, die sonst nur in größeren Tiefen zu finden sind.

Bunaken besucht man nicht, um eine bestimmte Tierart anzutreffen. Hierher kommt man, um die Artenvielfalt zu bewundern. Man hat bisher schon über 3000 Fisch- und über 500 Korallenarten entdeckt. Sowohl Hart- als auch Weichkorallen bedecken das Riff, zwischen denen sich große Schwärme von Schmetterlingsfischen, Drückerfischen und Zackenbarsche tummeln. Am Rande des Riffs drehen nicht selten Barrakudas, Rochen, Haie, Aale, Wasserschildkröten und andere, relativ große Meerestiere ihre Runden.

Die Korallenriffe um Bunaken herum sind nicht nur für den Schnorchler, sondern auch für den Tauchanfänger interessant. Die Strömung ist (wenn überhaupt vorhanden) gering, das Wasser warm und klar und die Fischvielfalt grandios. In den steilen Hängen des Riffs verstecken sich Seeschlangen und Muränen; Haie, Barrakudas und Rochen beanspruchen für sich das Gebiet dahinter.

Von der Südseite von Bunaken aus können Sie mindestens sieben verschiedene Tauchplätze aufsuchen, die sich alle voneinander unterscheiden, aber sich in dem, was sie dem Taucher bieten, nichts geben. Natürlich liegen auch vor der Nordküste ein paar schöne Tauchplätze. Da hier die Strömung aber stärker ist, sind sie nicht für den Anfänger geeignet.

Boote bringen die Taucher täglich von Manado nach Bunaken und den anderen vier Inseln, die alle zum National Marine Park gehören. Nach Manado kommt man am besten mit einem Flugzeug von Jakarta oder Manila aus.

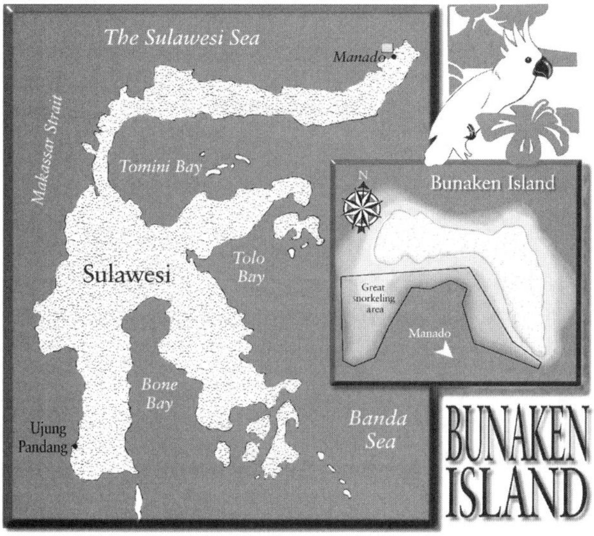

Abbildung 13.9: Bunaken bietet eine unglaubliche Artenvielfalt.

Mikronesien

Jellyfish Lake – Palau

Palau ist einer der schönsten Plätze auf Erden. Als Tauchparadies ist es weltberühmt. Aber auch für den Schnorchler könnte kein schönerer Platz gefunden werden. Es ist ganz einfach ein Paradies. Palau ist ein in die Länge gezogener Archipel, der aus mehreren Inseln besteht. Um diese herum befindet sich ein riesiges Riff (siehe Abbildung 13.10). In den Lagunen zwischen den Inseln trifft der Schnorchler und Taucher auf eine Artenvielfalt, die nur von wenigen anderen Plätzen übertroffen wird. Das ist aber nicht alles, was Palau zu bieten hat, denn hier befinden sich auch die einzigartigen Rock Islands.

Vor Millionen von Jahren wurden die Rock Islands als Folge der Erruption von Kräften im Erdinneren nach oben geschoben. Dabei bildeten sich einige kleinere Salzseen in den Vertiefungen, in denen auch Meerestiere eingeschlossen wurden. Da es keinen Nachschub an Nahrung gab, haben nicht viele von ihnen die Isolation überlebt. Aber einigen Arten haben es durch Anpassung an die neue Umgebung geschafft, darunter auch die Mastigias, eine Quallenart. Das ging jedoch nur, weil sie sich ihrer Umwelt angepasst haben. Sie gingen eine Symbiose mit einer Alge ein, die im Körpergewebe der Quallen lebt. Die Algen nehmen Sonnenlicht auf und wandeln es durch Fotosynthese in Nährstoffe für die Alge um. Die Qualle hält sich als Gegenleistung nahe an der Wasseroberfläche auf, um den Algen genügend Sonnenlicht zur Verfügung zu stellen. Da es in diesem Wasser keine natürlichen Feinde für die Qualle gibt und sie sich auch nicht auf Futtersuche machen muss, haben ihre Tentakeln ihre ursprüngliche Giftigkeit verloren. Deshalb können Sie sich in diesen Seen auch ohne Gefahr zwischen Zehntausenden von diesen harmlosen, pulsierenden, goldfarbenen Säckchen bewegen. Es ist ein eigenartiges Gefühl, wenn Sie mit ihnen zusammenstoßen oder über ihren Nacken und ihre nackten Arme und Beine gleiten. Dieses Abenteuer werden Sie mit Sicherheit nie vergesssen.

Ohne einen Führer können Sie die Seen nicht finden und der Weg dahin ist auch nicht ganz ungefährlich. Sie müssen auf glitschigen Pfaden ein Dickicht durchdringen. Spitze Brocken aus Kalkstein verletzten Sie an Händen und Füßen, wenn Sie auf dem Pfad ausrutschen. Aber das ist nicht alles, was Ihnen den Weg zu den Seen erschwert. Eine Art der hier wachsenden Regenwaldbäume sondert einen giftigen, schwarzen Saft ab. Wenn Sie mit diesem in Berührung kommen, bilden sich auf der Haut rote brennende Stellen und Blasen. Passen Sie gut auf, was Sie anfassen.

Wenn Sie es bis zum See geschafft haben, müssen Sie vielleicht erst eine Weile darin herum schwimmen, bevor Sie die Quallen sehen. Da diese Tiere immer die optimale Sonnenbestrahlung suchen, sind sie häufig auf Wanderschaft. Wenn Sie sie aber gefunden haben, werden Sie diesen Anblick nie vergessen. Bitte vergessen Sie nicht, dass die Mastigias sehr empfindlich sind. Schwimmen Sie daher stets langsam und vorsichtig, um sie nicht zu verletzen. Ich empfehle Ihnen, nur eine Schwimmflosse zu tragen, da Sie dadurch besser vermeiden können, die Tiere unabsichtlich zu zerschneiden.

Blue Corner – Palau

Blue Corner verdankt seinem Namen einer Unterwasser-Koralleninsel, deren Oberseite abrupt endet und in einem Winkel von 90° mehrere hundert Meter tief steil bis zum Meeresboden abfällt. Während der Flut wird durch die Strömung nährstoffhaltiges Wasser aus der Tiefe nach oben und über die Riffoberfläche getragen. Winzige Meeresorganismen ernähren sich von dem, was die Strömung herbeiträgt und dienen wiederum als Nahrung für größere Meeresbewohner, allen voran Haie – vielen, vielen Haien.

Dutzende von Schwarzspitz-, Weißspitz- und Grauen Riffhaien lauern in der Strömung auf Beute. Aber es sind bei weitem nicht nur Haie. Riesige Schwärme fast aller Fischarten, die im westlichen Pazifik anzutreffen sind, umkreisen Sie, wenn Sie sich Kopf voran über den Rand des Riffs hinweg in die Tiefe stürzen. An den Wänden wachsen riesige Seefarne und farbenprächtige Weichkorallen, die so groß sind wie eine Eiche. Es wird erzählt, dass man vor noch nicht allzu langer Zeit – etwa 10 Jahren – auch noch die Spezies Marlin und Segelfisch und riesige Tunfischschwärme antraf. Damit ist es jedoch vorbei, seitdem moderne Fischerboote mit ihren riesigen Fangleinen unterwegs sind. Aber auch heute noch ist man von den Eindrücken im Blue Corner vollkommen überwältigt.

Abbildung 13.10: Die Republik Palau

Wenn Sie an der Kante des Riffs ankommen, lassen Sie sich von der Strömung über den Rand treiben. Die meisten Taucher halten sich hier am Riff fest und betrachten das Spektakel, bis sich der Luftvorrat dem Ende zuneigt. Wenn Sie einen Beweis dafür brauchen, warum es nicht ratsam ist, ein Korallenriff zu berühren, dann sehen Sie sich das obere Ende der Steilwand am Blue Corner an. Die Korallen sind hier von all den grapschenden Händen bereits so zerstört, dass man überlegt, Haltestangen für die Taucher zu installieren. Ich hoffe, daraus wird nichts.

Trotz der Schäden, die dem Blue Corner bereits zugefügt wurden, gehört dieser Tauchplatz immer noch zu den schönsten auf der Welt. Und das ist auch das Problem – Blue Corner wird zu Tode geliebt. In der Hochsaison ankern bis zu 25 Booten über dem Riff und es befinden sich mehrere hundert Taucher auf einmal unten im Wasser. Man wird wohl, um Blue Corner zu retten, früher oder später Maßnahmen ergreifen müssen, um die Anzahl der Taucher einzuschränken.

Truk-Lagoon

Die Truk-Inseln sind Teil der Kette der Karolinen-Inseln südöstlich von Guam am Pazifischen Ozean. Die Lagune gehört mit zu den populärsten Tauchgebieten. Taucher pilgern zu ihr, um die Überreste der japanischen Seekriegsflotte aus dem Zweiten Weltkrieg zu bestaunen.

Die Wracks im Truk-Lagoon sind die Folge eines während zwei Tagne fast ununterbrochenen Bombardements durch die Alliierten Streitkräfte im Februar 1944. Die Militäraktion trug den Namen »Hailstorm«. Am Ende waren mehr als 60 japanische Schiffe, über 400 Jagdflugzeuge und 450 Gebäude zerstört. Diese bilden heute eine Art Unterwassermuseum und ein künstliches Riff für viele, viele Fische. Spektakuläre Korallen und Schwämme überziehen die Wracks, die aber immer noch als Kriegsgerät erkennbar sind. Einige Schiffe transportieren Panzer und Flugzeuge, Luftabwehrkanonen ragen von Schiffen hervor, als ob sie immer noch auf den Feind warten.

Truk-Lagoon ist zweifelsohne das weltbeste Wracktauchgebiet. Andere Länder haben damit begonnen, ähnliche Friedhöfe anzulegen, indem sie ausgediente Schiffe und Flugzeuge im Meer versenken, um Taucher anzulocken. Nichts kann jedoch an Truk-Lagoon heranreichen, da man nur hier mit den Überresten einer furchtbaren Auseinandersetzung konfrontiert wird. Die Wracks von Truk sind geschützt und dürfen nur unter Aufsicht eines offiziellen Tauchführers besucht werden. Es ist strengstens verboten, irgendwelche Gegenstände mitzunehmen. Wenn Sie sich für das Wracktauchen interessieren, sollten Sie unbedingt einen Tauchurlaub auf Truk einplanen. Sie fliegen von Guam in 1 ½ Stunden nach Truk.

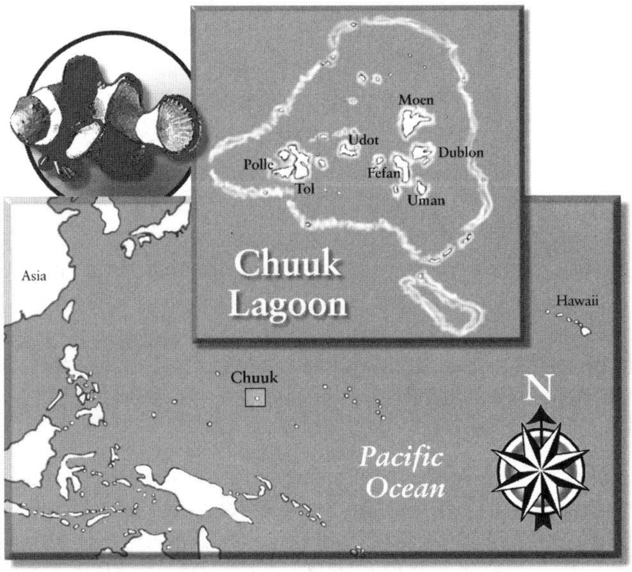

Abbildung 13.11: Truk-Lagoon ist das populärste Wracktauchgebiet.

Australien

Walhaie

Der Walhai ist der größte Fisch in den Meeren – bis zu 16 m lang und 22 Tonnen schwer. Er kann in fast allen tropischen und temperierten Meeren – außer dem Mittelmeer – angetroffen werden. Dennoch lässt sich kaum vorhersagen, wo er sich gerade aufhält. Es gibt jedoch ein Gebiet, wo man ihn mit großer Sicherheit nach der Vollmond-Nacht im März antrifft: im Ningaloo Riff vor Westaustralien.

Abbildung 13.12: Um Walhaie zu beobachten, begibt man sich am besten zum Ningaloo Riff in Westaustralien.

Das Abenteuer beginnt in Exmouth, einem trockenen, staubigen Platz auf Northwest Cape (siehe Abbildung 13.12). Das Riff liegt hier sehr nahe vor der Küste und wird von den Haien zwischen Februar und Mai aufgesucht. Ab und zu sieht man sie zwischen dem Korallensperma auftauchen. Obwohl diese Haie sehr groß sind, tut man sich schwer, sie von einem Boot aus zu entdecken. Deshalb werden oft für die Suche kleine Flugzeuge eingesetzt, die bei erfolgreicher Sichtung von Haien die Boote anfunken. Sobald das Boot die Haie erreicht, gehen die Taucher ins Wasser und folgen einem Hai, so lange sie können. Da die Haie sehr schnelle Schwimmer sind, kann das ganz schön anstrengend sein. Man sollte deshalb über Erfahrung im Schnorcheln und Tauchen verfügen, bevor man sich auf dieses Abenteuer einlässt. Oft kommt noch erschwerend hinzu, dass man es mit einer unruhigen See zu tun hat.

Es ist ein beeindruckender Moment, wenn Sie das erste Mal auf einen Walhai treffen. Er kommt aus der blauen Weite auf Sie zu, umgeben von einem Schwarm kleinerer Fische. Sie haben das Gefühl, als würde sich ein ganzes Riff durchs Wasser bewegen, ein Riff mit einem riesigen Maul, das 3 m breit sein kann und tausende von Zähnen enthält! Mein Gott! Bevor Sie die Flucht ergreifen sollten Sie sich ins Gedächtnis rufen, dass Walhaie, wie die meisten großen Bewohner der Ozeane, an Fleisch nicht interessiert sind, da sie sich ausschließlich von den kleinsten Lebewesen – Plankton und winzigen jungen Fischen – ernähren. Dass sie nicht zu den Fleischfressern gehören, können Sie sofort an der Zahngröße erkennen: sie werden maximal 3 mm lang.

Wie viele andere, im Wasser lebende Tiere, sind auch die Walhaie unten heller gefärbt als oben. Der Kopf ist die breiteste Stelle des Körpers, der nach hinten immer schmäler wird und mit einem halbmondförmigen Schwanz endet. Auf dem Körper befinden sich ein paar gut erkennbare, in der Länge verlaufende Auskerbungen und auf der dunkleren Körperoberseite gelbe und weiße Flecken.

Walhaie verhalten sich dem Menschen gegenüber ganz verschieden: Einige sind vorsichtig und lassen die Taucher kaum in ihre Nähe kommen, andere wiederum nehmen sie fast nicht zur Kenntnis und stören sich nicht an deren Anwesenheit. Sie haben vielleicht sogar schon Aufnahmen gesehen, wo sich Taucher an einer Flosse des Tieres festhalten. Unterlassen Sie das lieber, auch wenn es der Hai toleriert. Zum einen verstößt es gegen das Gesetz, zum anderen können Sie, wenn Sie loslassen oder der Hai genug von diesem Spiel hat, einen gewaltigen Schlag abbekommen.

Lizard Island – Queensland

Lizard Island gehört zum Großen Barriereriff vor der Nordostküste Australiens. Das Riff ist etwa 2000 km lang und bietet viele interessante Plätze für Schnorchler. Wenn Sie jedoch das Besondere suchen, empfehle ich ihnen Lizard Island, am nördlichen Ende des Riffs gelegen. Der Aufenthalt dort ist nicht billig und es wird Ihnen dennoch kein Luxus geboten. Die Tauchbasis auf der Insel (die einzige) ist angenehm, bietet dem Gast jedoch keine luxuriösen Extras. Dafür bietet Ihnen die Natur und das Wasser alles, was das Herz begehrt.

Abbildung 13.13: Das Ressort auf Lizard Island, im Norden vor der Küste von Queensland gelegen, bietet ganz ausgezeichnete Plätze zum Schnorcheln und ist nur ein paar Minuten vom Großen Barriereriff entfernt.

Die Insel verfügt über einen eigenen Flughafen. Da es keinen regelmäßigen Fährverkehr gibt, kommen die meisten Gäste auch im Flugzeug an. Der Flug von Cairns nach Lizard Island dauert eine Stunde und ist, wie alles hier, nicht billig. Die meisten Taucher bleiben im Ressort, dem einzigen auf der Insel. Es gibt aber noch eine weitere Möglichkeit unterzukommen: einen Campingplatz, am nördlichen Ende von Watson's Bay gelegen. Hierfür müssen Sie aber in Cairns eine Aufenthaltserlaubnis beantragen.

> Auf dem Campingplatz gibt es fließendes Wasser, alles andere müssen Sie jedoch mitbringen und auch wieder mit von der Insel nehmen. Gehen Sie nicht davon aus, dass Sie im Ressort immer mit offenen Armen empfangen werden. Es gibt nicht viele, die sich für den Campingplatz entscheiden.

Wenn Sie Ihren Aufenthalt im Ressort buchen, finden Sie direkt vor Ort ideale Schnorchelplätze. Diese liegen vor der Nordostküste der winzigen Osprey Insel. Wenn Sie von anderen völlig ungestört sein möchten, so ist auch das nicht schwer. Im Ressort gibt es nur etwa 20 Zimmer und es ist von hier aus nur ein kurzer Spaziergang bis zu den Stränden Sunset, Pebbly oder Hibiskus. Hier treffen Sie kaum noch andere Menschen an. Wenn Sie auch diese geringe Möglichkeit noch ausschließen möchten, sollten Sie sich auf den Weg zur anderen Seite der Insel machen, zum Trawler oder Coconut Beach. Mit einem Ruderboot oder Kajak können Sie für sich allein die Schönheit dieser Umgebung erkunden und genießen.

Bei einem Aufenthalt im Ressort ist im Preis auch die Benutzung der Ausrüstung enthalten. Von hier aus können Sie mit dem hauseigenen Boot täglich zum Riff hinausfahren oder auch ein Ruderboot verwenden. Von Cairns aus werden Tagesfahrten zum Riff oder nach Lizard Island angeboten.

Großes Barriereriff – Queensland

Das Große Barriereriff ist so groß, dass Ihre Lebenszeit nicht genügt, um es vollständig kennen zu lernen. Es ist das größte organische Gebilde auf der Welt, das größte Barriereriff (größtes Riff überhaupt) und das einzige lebende Gebilde, das von einem Raumschiff aus deutlich zu erkennen ist. Aber auch wenn Sie nie das ganze Riff kennen lernen können, so können Sie sich doch ein paar bevorzugte Stellen aussuchen, die Sie nach und nach besuchen.

Das Riff ist etwa 2000 km lang und es gibt viele Plätze, von denen aus Sie ihre Tauchgänge starten können. Für einen Taucher ist es das Beste, ganz im Norden – von den Städten Cairns und Port Douglas (siehe Abbildung 13.14) zu starten – da, sich hier das Riff und die Küste am nächsten kommen. In den beiden Städten gibt es ein breites Angebot an Tagesfahrten zum Riff. Für gewöhnlich macht man vom Boot aus zwei bis drei Tauchgänge, nimmt zwischendurch ein Mittagessen ein und kehrt vor Einbruch der Nacht wieder zurück.

Im Allgemeinen können Sie zwischen drei Möglichkeiten wählen, wenn Sie von Cairns und Port Douglas aus einen Tagesausflug buchen: Katamarane, Tauchcharterboote und billigere Alternativen. Katamarane nehmen 100 bis 300 Personen mit, von denen aber lange nicht alle zum Tauchen gehen, sondern viele auch nur Ausflüge machen. Die Taucher werden vom Katamaran aus meist auf kleinere Boote verfrachtet, von denen aus die Tauchgänge durchgeführt werden. Die Tauchcharterboote sind schnell und orientieren sich an den Bedürfnissen der Taucher. Diese Boote fahren auch weiter entfernte Ziele an und führen mehrere Tauchgänge am Tag durch. Als dritte Option gibt es noch billigere Alternativen, hier müssen Sie aber auch Ihre Ansprüche runterschrauben. Meist handelt es sich hierbei um langsamere Boote, die nicht bis zum äußeren Riff fahren und in der Regel auch nur zwei Tauchgänge durchführen. Die Boote sind häufig überfüllt, da eine Beschränkung, wie viele Personen maximal aufs Boot dürfen, nicht besteht oder nicht eingehalten wird.

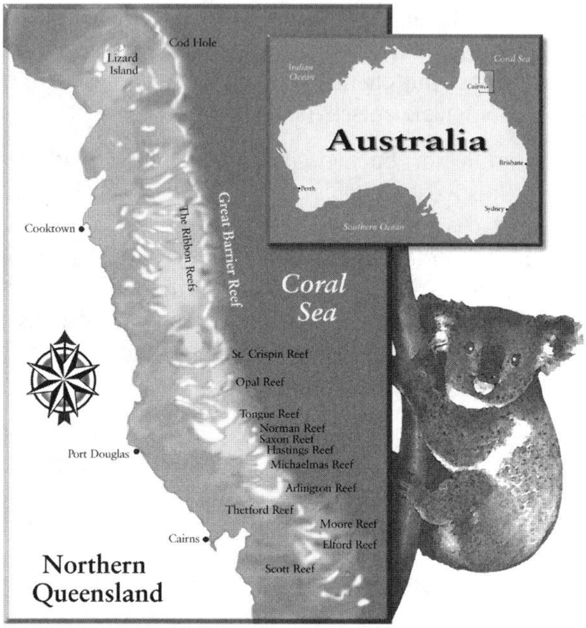

Abbildung 13.14: Die Städte Cairns und Port Douglas und das Große Barriereriff im nördlichen Teil von Queensland

Wenn Sie nicht jeden Tag zwischen dem Riff und dem Festland hin- und herfahren möchten (die Distanz zwischen dem äußeren Riff und Cairns beträgt etwa 40 km), können Sie sich natürlich auf einem Tauchcharterboot einmieten. Diese Boote fahren meist auch weiter entfernt gelegene Tauchplätze an. Fragen Sie jedoch vor der Buchung, ob diese Fahrten auch für Anfänger geeignet sind.

Papua-Neuguinea

Papau-Neuguinea ist nach Grönland die zweitgrößte Insel der Welt (siehe Abbildung 13.15). Diese Insel ist für den Tourismus noch lange nicht so erschlossen wie andere Inseln und daher noch viel ursprünglicher. Das zeigt sich jedoch auch darin, was die Auswahl an Unterkünften und die Qualität der Tauchbasen betrifft. Dafür ist jedoch die Qualität der Tauchplätze hervorragend. Mieten Sie sich am besten auf einem Boot ein. Wenn Sie ein Ressort bevorzugen, dann würde ich Ihnen Madang vorschlagen, eine Stadt an der Nordküste gelegen.

Milne Bay, an der Südostspitze der Insel, bietet ebenfalls ausgezeichnete Tauchplätze. Die starke, nährstoffreiche Strömung zieht viele Arten von Meereslebewesen an, ist jedoch für den Anfänger nicht zu empfehlen. Kimbe Bay und Walindi auf New Britain Island und Kavieng auf New Ireland verfügen ebenfalls über ausgezeichnete Tauchplätze und sind ausreichend erschlossen, um dem Taucher Unannehmlichkeiten zu ersparen. Ich kann Ihnen all diese Plätze empfehlen, wenn Sie lieber an Land wohnen würden.

Abbildung 13.15: Papua-Neuguinea

Die Riffe um Papua-Neuguinea ähneln denen des nördlichen Teils desGroßen Barriereriffs. Das ist auch nicht weiter überraschend, weil das durch die Torresstraße getrennte Papua-Neuguinea und die autralische Kap-York-Halbinsel nicht einmal 200 km voneinander entfernt liegen.

Südsee

Great White Wall - Fidschi

Auf den Fidschi-Inseln gibt es viele tolle Plätze zum Tauchen; die Bekanntesten befinden sich auf den Inseln Bega, Mamanuccas, Kadavu, Quamea und Taveuini. Die Artenvielfalt ist nicht mehr so groß wie im westlichen Teil des Pazifiks, dafür wird der Taucher aber durch die Schönheit der Inseln entschädigt.

Der beste Tauchplatz, den die Fidschi-Inseln zu bieten hat, ist nach Ansicht vieler Taucher die Große Weiße Wand, die aus Weichkorallen besteht. Zwischen den Inseln Taveuni und Vanua Levu befindet sich die schmale Wasserstraße von Somosomo. Die hier herrschende Strömung ist sehr nährstoffreich, was das Wachstum des hier gelegenen Riffs sehr fördert. An der engsten Stelle dieser Passage, die nur knapp 4 km lang ist, liegt das Große Weiße Riff.

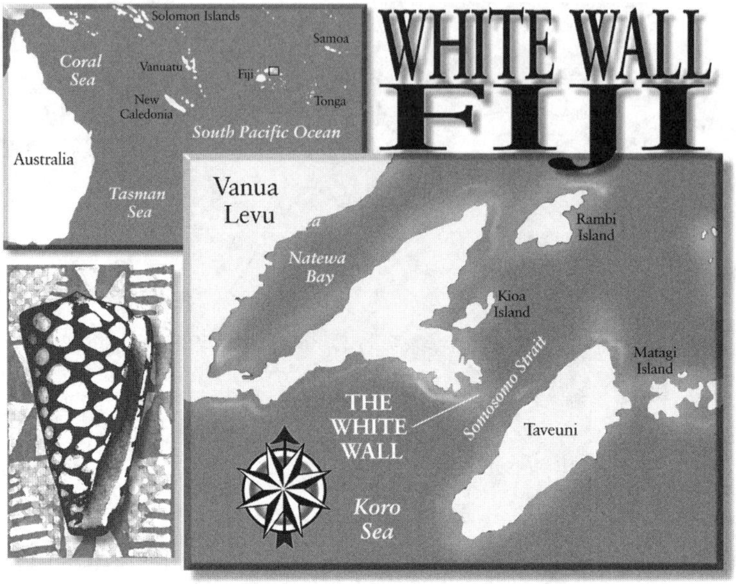

Abbildung 13.16: Die Fidschi-Inseln und die Straße von Somosomo

Seinen Namen erhielt das Riff wegen seiner vertikalen Wand, die von etwa 25 m bis auf 70 m Tiefe mit leuchtenden, weißen Weichkorallen bedeckt ist. Dieser Anblick ist einzigartig auf der Welt und verschlägt einem den Atem. Weichkorallen sind natürlich nicht das Einzige, was Sie hier bewundern können. Die Wand beginnt in einer Tiefe von etwa 10 m. Im oberen Bereich wachsen noch viele andere Arten pastellfarbener Korallen. Vergessen Sie nicht, eine Taucherlampe mitzubringen (siehe Kapitel 2), damit Sie auch wirklich alles genau betrachten können: Schmetterlingsfische, Papageienfische, Einhornfische und Schwärme bunter tropischer Fische, die das obere Ende der Mauer bevölkern.

Molokini - Hawaii

Molokini, eine sichelförmige, kleine Insel, liegt etwa 5 km von Mauis Makena Küste entfernt im Meer. Um sie herum befindet sich Hawaiis schönstes Unterwasserreservat.

Fahren Sie frühmorgens zeitig los, damit Sie einen Vorsprung haben vor der Menschenmenge, die sich etwas später für die Tagesfahrten einfindet. Dann werden Sie nämlich kaum noch einen Platz im Wasser finden, an dem Ihnen nicht mindestens ein Dutzend anderer Schwimmflossen die Sicht versperren. Das ist der Zeitpunkt, wo Sie das Wasser verlassen sollten, um Ihr Mittagessen einzunehmen. Die Mehrzahl der Schnorchler, die hierher kommt, bleibt weniger als eine halbe Stunde im Wasser. Lassen Sie sich also Zeit beim Mittagessen, finden Sie einen kooperationsbereiten Bootsführer und kehren Sie ins Wasser zurück, wenn die Masse bereits wieder nach Makena unterwegs ist.

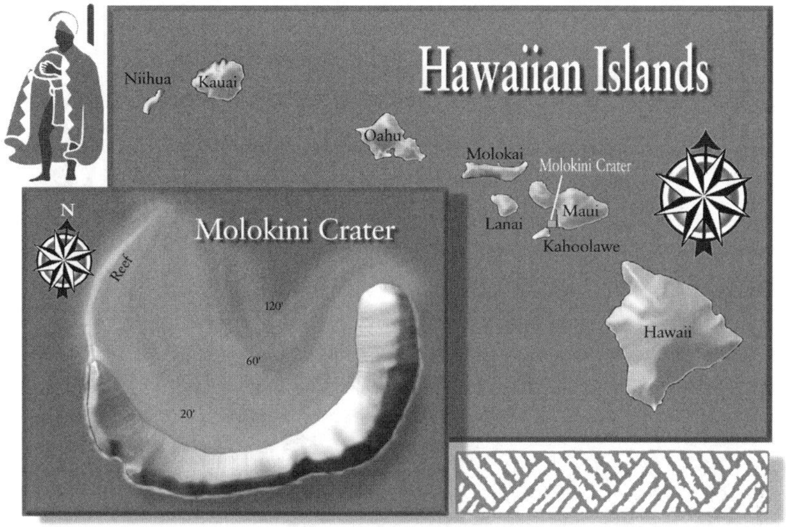

Abbildung 13.17: Die Insel Molokini, dicht vor der Küste von Maui gelegen

Molokini bildet eine Halbkreis, in dessen Inneren sich eine relativ flache Bucht befindet, die am offenen Ende etwa 40 m tief wird. Der Boden besteht aus Sand, Korallenriffen, Korallenbrocken und Sandkanälen. Wegen seiner Entfernung von der größeren Insel ist die Sicht unter Wasser fast immer gut –, manchmal sogar hervorragend. Das klare, warme und saubere Wasser um Molokini bietet ideale Bedingungen für das Korallenwachstum. Und da, wo es Korallen gibt, findet man auch eine Vielzahl von Meerestieren. Fast alle Arten, die um Hawaii angetroffen werden, findet man hier, und viele von ihnen gibt es sonst nirgendwo auf der Welt. Das reiche Nahrungsangebot zieht natürlich auch Besucher aus dem offenen Meer an: Buckelwale, Walhaie, Mantas, Schildkröten, Delfine und sogar Mönchsrobben. Mit ein wenig Glück und Geduld werden Sie diese vielleicht zu Gesicht bekommen, was Ihre Erinnerungen an Molokini noch aufwerten wird.

Molokini ist natürlich nicht nur für den Schnorchler, sondern auch für den Taucher interessant.

Ecuador

Die Galapagos-Inseln

Die Galapagos-Inseln liegen etwa 1000 km vor der Küste von Ecuador. Sie werden vom Äquator in zwei Hälften geteilt und von drei verschiedenen Meeresströmungen umspült.

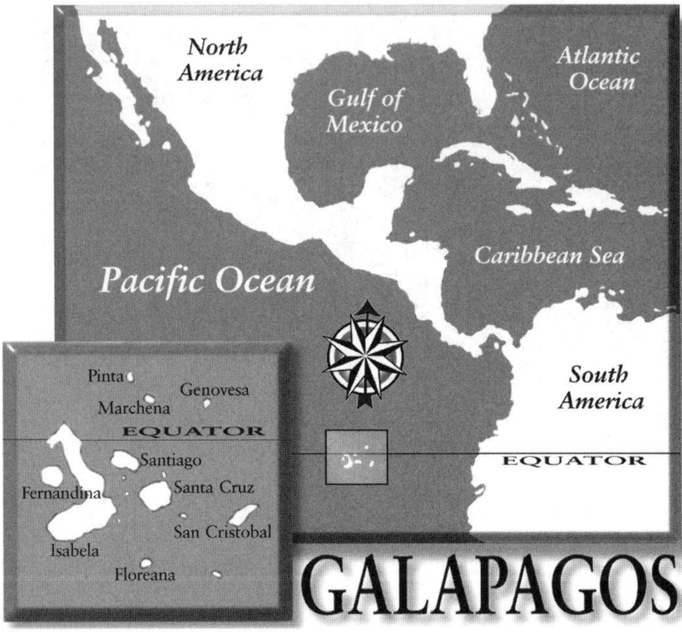

Abbildung 13.18: Die Galapagos-Inseln

Kein Schwarzenegger-Film bietet mehr Non-Stop-Action als ein Tauchgang vor den Galapagos-Inseln. Sonst nur schwer zu Gesicht bekommende Schwärme von Hammerhaien, Rochen zu Hunderten, der seltene Kaiserfisch und weitere Raritäten, wie etwa Meeresiguana und die einzig und allein auf den Galapagos-Inseln vorkommenden Arten der Seelöwen und Pinguine – all diese Tiere können hier in Ruhe betrachtet werden.

Auf den Galapagos-Inseln werden nicht viele Tauchgänge für Anfänger angeboten. Die Inseln sind zerklüftet und nicht von den sonst für tropische Tauchplätze typischen Korallenriffen und Lagunen umgeben. Die Strömungen sind sehr stark, aber nicht nur das – sie können noch dazu abrupt die Richtung ändern. Warten Sie also mit dem Tauchen auf den Galapagos-Inseln, bis Sie mehr Erfahrung gesammelt haben.

Die Galapagos-Inseln werden am besten von einem Tauchcharterboot aus erschlossen. Etwa 97 Prozent des Terrains sind Naturschutzgebiet und die Unterkünfte, die zur Verfügung stehen, befriedigen nicht unbedingt die Bedürfnisse des Tauchers. Die nördlichen Inseln Wolf und Darwin sind nur durch eine 16-stündige Bootsfahrt vom Flughafen von San Christobal aus zu erreichen. Lassen Sie sich aber nicht von einem Besuch dieser Inseln abhalten, auch wenn sie nicht unbedingt auf die bequemste Art und Weise zu erreichen ist. Was Sie hier zu sehen bekommen, ist jede Strapaze wert.

14 Zehn wichtige Regeln für Ihre Sicherheit beim Tauchen

In diesem Kapitel

- Die richtige Ausbildung und die richtige Taucherausrüstung
- Halten Sie beim Tauchen niemals die Luft an
- Ihr Partner und die Planung des Tauchgangs
- Unterbrechen oder stornieren Sie den Tauchgang, wenn es die Umstände erfordern
- Beginnen Sie an der tiefsten Stelle und kehren Sie von hier langsam nach oben zurück

Das Tauchen ist keine gefährliche Sportart – und macht viel Spaß –, wenn Sie die Sicherheitsbestimmungen befolgen. In diesem Kapitel lernen Sie zehn Möglichkeiten kennen, mit denen Sie die mit dem Tauchen verbundenen Risiken minimieren können.

Das richtige Training

Für das Schnorcheln brauchen Sie kein spezielles Training. Die meisten Leute halten sich hier an das *learning by doing*. Sie können aber natürlich auch in eine Tauchschule gehen und es dort lernen, wenn Ihnen das lieber ist.

Machen Sie aber nicht den Fehler zu glauben, nur weil Sie dieses Buch gelesen haben oder Ihnen ein Cousin im Schwimmbad zeigte, wie Sie einen Lungenautomaten benutzen, schon genug zu wissen, im offenen Gewässer tauchen zu können. Es ist prima, dass Sie sich für das Sporttauchen interessieren. Gehen Sie nun zur nächsten Tauchschule, wo Sie einen offiziellen Tauchschein erwerben können (Adressen finden Sie im Anhang).

Viele Unternehmungen setzen den Menschen einer erhöhten Gefahr aus. So ist es zum Beispiel sicherer, den ganzen Tag im Haus zu bleiben als einen Spaziergang zu machen oder mit dem Auto zum nächsten Supermarkt zu fahren. Natürlich ist auch das Tauchen gefährlicher als zu Hause zu bleiben, aber nicht so gefährlich wie die Fahrt im Auto zum Supermarkt. Die meisten Leute nehmen dieses kleine Risiko in Kauf, für das Vergnügen, das ihnen das Tauchen bereitet. Ohne eine richtige Ausbildung wäre das Risiko aber unverhältnismäßig hoch.

Die richtige Ausrüstung

Verwenden Sie eine vollständige und für den Tauchsport konzipierte Ausrüstung und achten Sie auf deren Pflege und Wartung. Schauen Sie sich die Ausrüstung genau an und überprüfen Sie deren Funktionstüchtigkeit vor jedem Tauchgang, vor allem dann, wenn Sie sie länger nicht verwendet haben. Bringen Sie Ihre Ausrüstung regelmäßig zur Inspektion und Wartung in ein Fachgeschäft.

Verleihen Sie Ihre Taucherausrüstung an niemanden, der keinen Tauchschein besitzt und verwenden Sie sie nicht für Dinge, wofür sie nicht gedacht ist.

Halten Sie während eines Tauchgangs nie die Luft an

Ihr Lungenautomat funktioniert so, dass er Ihnen Luft mit dem gleichen Druck zur Verfügung stellt wie der Druck ist, der auf Sie durch das Sie umgebende Wasser einwirkt. Wenn Sie während des Aufstiegs die Luft anhalten, wird die Luft sich wegen des sinkenden Umgebungsdrucks in den Lungen ausdehnen, was schlimme Folgen haben kann. Wie Sie das vermeiden können? Indem Sie immer gleichmäßig Ein- und Ausatmen, so lange Sie einen Atemregler im Mund haben. So einfach ist das!

Ach, ich höre Sie schon sagen: »Mein Cousin Hirnlos (der gleiche Typ, der seine Ausrüstung auch an unerfahrene Taucher verleiht) erzählte mir, dass er beim Anblick von einer kleinen Gruppe Hammerhaien den Atem anhielt, um sie nicht durch aufsteigende Blasen zu vertreiben. Es ist ihm nichts passiert. Er redet zwar eine Menge Unsinn, aber das hat er vorher auch schon getan.« Zweifelsohne gibt es Taucher, die unter Wasser den Atem angehalten haben und überlebt haben. Dennoch ist es ganz und gar falsch. Merken Sie sich einfach: *Halten Sie nie den Atem an, wenn Sie mit Geräten tauchen.*

Und weil wir gerade beim Thema sind: Vermeiden Sie beim Freitauchen die Hyperventilation. (Lesen Sie im ersten Kapitel nach, was darunter zu verstehen ist und wie Sie es richtig machen.)

Tauchen Sie niemals allein

Nehmen Sie bei jedem Tauchgang einen Partner mit. Möglichst einen, der Sie und Ihre Fähigkeiten kennt, in etwa die gleichen Interessen verfolgt und den gleichen Kenntnisstand hat. So wie die Anzahl der Singles, so nimmt auch die Zahl der Alleintaucher ständig zu. Vielleicht gehören auch Sie nach ein paar hundert Tauchgängen zu diesen menschenscheuen Wesen. Wenn dem so ist, dann machen Sie bitte keine Werbung dafür. Diese Art von Alleingang kann schlimme Konsequenzen haben.

Nehmen Sie beim Tauchen einen Partner mit. Ein Alleintauchgang macht Sie nicht zum Helden, sondern zum Narren.

Planen Sie den Ablauf des Tauchgangs

Unter Wasser ist die Kommunikation doch recht eingeschränkt. Wenn Sie daher einen Tauchgang vorher gut planen, werden Sie diesen wahrscheinlich ohne Probleme durchführen können und Ihrem Partner nicht viel mitteilen müssen.

- ✔ Machen Sie sich mit der Umgebung vertraut.
- ✔ Vereinbaren Sie eine maximale Tauchzeit und Tauchtiefe. Besprechen Sie Maßnahmen, die Sie im Notfall ergreifen werden.
- ✔ Gehen Sie noch einmal die Unterwasser-Zeichensprache durch.

Erkennen und akzeptieren Sie Ihre Grenzen und planen Sie den Tauchgang dementsprechend. (Im vierten Kapitel erfahren Sie mehr darüber, was Sie bei der Planung beachten sollten.) Haben Sie immer den von Ihrem Tauchlehrer so gern wiederholten Satz im Kopf: »Planen Sie Ihre Tauchgänge und halten Sie sich daran«. Es kommt ziemlich häufig vor, dass von den Tauchern ein wunderbarer Tauchplan aufgestellt wurde. Einmal unter Wasser, sind Sie mit so vielen unerwarteten Dingen konfrontiert, dass Sie den Plan fallen lassen. Und das ist häufig die Ursache von Problemen.

Seien Sie nicht zu stolz, einen Tauchgang abzusagen

Beurteilen Sie objektiv und ehrlich Ihre Kenntnisse und die Tauchbedingungen. Tauchen macht keinen Spaß, wenn Sie sich, einmal unter Wasser, einer Situation nicht gewachsen fühlen oder, noch schlimmer, diese nicht mehr unter Kontrolle haben. Während eines Tauchgangs können viele unvorhersehbare Situationen eintreten. Bringen Sie sich nicht selbst in eine Lage, von der Sie sich überfordert fühlen und im Notfall nicht wissen, was Sie tun sollen.

Seien Sie nicht zu stolz, einen Tauchgang abzubrechen

Wenn Sie sich, aus welchen Gründen auch immer, während eines Tauchgangs unwohl oder überfordert fühlen, sollten Sie nicht zögern, den Tauchgang zu unterbrechen und zum Boot oder an Land zurückzukehren. Es gibt überhaupt keinen Grund den Tauchgang fortzusetzen, wenn Sie absolut keinen Spaß dabei haben. Es wird Ihnen wahrscheinlich die Sache für immer verleiden, wenn Sie bis zum Schluss durchhalten. Das Meer wird auch weiterhin da sein und Ihnen zur Verfügung stehen.

Beginnen Sie am tiefsten Punkt

Je weiter Sie nach unten tauchen und je länger Sie sich dort aufhalten, umso mehr Stickstoff wird Ihr Körper absorbieren. Je mehr Stickstoff absorbiert wird, umso mehr muss wieder aus dem

Gewebe entfernt werden, damit keine Dekompressionskrankheit eintritt (siehe Kapitel 7). Wenn Sie sich bei einem Tauchgang gleich zur tiefsten Stelle begeben, minimieren Sie die Stickstoffabsorption und erleichtern die Abgabe.

Berühren Sie nichts

Viele Lebewesen, die im Wasser zu Hause sind, beissen oder stechen und etliche davon sind sogar giftig. Aber auch wenn von ihnen keinerlei Gefahr ausgeht, ist mit Sicherheit anzunehmen, dass Sie ihnen mit einer Berührung keinen Gefallen tun. Lassen Sie also Ihre Finger von allem, was unter Wasser anzutreffen ist. Dadurch vermeiden Sie eventuelle Probleme für sich selbst und fügen anderen Lebewesen kein Leid zu.

Kehren Sie langsam an die Wasseroberfläche zurück

Warten Sie mit dem Aufstieg nicht, bis sich der Luftvorrat seinem Ende zuneigt, sondern beginnen Sie damit, wenn sowohl Sie als auch Ihr Partner noch genügend Luft in der Flasche haben. Kommen Sie langsam nach oben, nicht schneller als 30 cm pro Sekunde, und sehen Sie dabei auch nach oben, damit Sie sicher sind, dass Ihnen nichts den Weg versperrt. Legen Sie in einer Tiefe von 5 m einen 3-minütigen-Sicherheitsstopp ein. (Mehr Informationen darüber finden Sie im fünften Kapitel.)

Zehn Möglichkeiten, das Riff zu schützen

15

In diesem Kapitel

- Wie umweltbewusst verhält sich der Tauchtouren-Veranstalter?
- Berühren Sie nichts
- Richtiger Ausgleich des Auftriebs
- Sie sollten Verantwortung übernehmen

Es ist noch nicht lange her, dass man glaubte, Korallenriffe seien toter, unzerstörbarer Fels und kein lebender Organismus. Heute wissen wir, dass diese Annahme falsch war. Mit der wachsenden Begeisterung für den Tauchsport steigt natürlich auch die Anzahl der Riffbesucher. Und jeder Besuch durch den Menschen stellt eine Bedrohung für das Riff dar, da es oft nicht mit der nötigen Vorsicht behandelt wird. Können unsere Riffe noch gerettet werden? Ja. Ob aber die Taucher ihren Anteil dazu beitragen werden, muss sich noch zeigen. Sie alle können dafür sorgen, dass die Zerstörung nicht weiter fortschreitet, wenn Sie beim Schnorcheln und Tauchen nachfolgende Verhaltensregeln befolgen.

Stellen Sie Fragen

Bevor Sie sich für ein Tauchcharterboot entscheiden oder einen Aufenthalt in einem Ressort buchen, sollten Sie sich über die dortige Einhaltung bestimmter Umweltschutz-Maßnahmen informieren

- ✔ **Wo gehen sie vor Anker und was geschieht mit den Abfällen?** Es dürfen keinerlei Abfälle vom Boot aus ins Wasser geworfen werden, sondern müssen in den Hafen zurückgebracht und dort umweltgerecht entsorgt werden. Das Boot sollte entweder an vorgesehenen Plätzen oder außerhalb eines Riffs verankert werden.
- ✔ **Wie viele Taucher gehören zu einer Gruppe**? Je kleiner, desto besser für Sie. Aber natürlich ist die Gruppengröße auch von der Bootsgröße abhängig. Mehr als 15 Teilnehmer in einer Gruppe sollten Sie nicht akzeptieren. Sie sind sich sonst unter Wasser im Weg und sorgen für zu viel Unruhe unter den Tieren.
- ✔ **Wie verhält es sich mit den Vorschriften über Berührung und Fütterung von Meeresbewohnern?** Gehen Sie hier keinerlei Kompromisse ein.

Lassen Sie dem Veranstalter von Tauchreisen ruhig wissen, dass der Schutz der Riffe für Sie als Kunde sehr wichtig ist und Sie nur dort buchen werden, wo auch etwas für den Umweltschutz getan wird.

Befestigen Sie die Ausrüstung richtig

Vergewissern Sie sich vor dem Tauchgang, dass die Gerätekonsole, der Oktopus, die Kamera und andere Gegenstände sicher an Ihnen befestigt sind und nichts über die Korallen schleifen kann. In jedem Tauchsportladen gibt es billige Plastikclips, mit denen Sie all diese Dinge und Schläuche am Tarierjacket befestigen können, so dass nichts herunterhängt.

Stellen Sie sich niemals auf ein Riff

Auch wenn die Korallenriffe den Eindruck erwecken, aus einer soliden Masse zu bestehen, verhält es sich nicht so. Korallen sind sehr empfindliche Organismen (siehe Kapitel 9). Obwohl sich die lebenden Polypen, die sich an der Korallenoberfläche befinden, in die Skelettgerüste zurückziehen können, werden diese durch die leichteste Berührung beschädigt. Vor allem unter Schnorchlern kommt es häufiger vor, dass sie sich auf ein Riff stellen, um ihre Tauchermaske zurechtzurücken oder sich einfach nur mal umzusehen. Unterlassen Sie das unbedingt! Wenn Sie sich schon hinstellen müssen, dann tun Sie das an einer sandigen Stelle, abseits von den Korallen.

Passen Sie sich stets dem Auftrieb an

Vermeiden Sie es, gegen Korallen zu stoßen, diese mit den Füßen zu treten oder sich daran festzuhalten. Vielleicht kommen Sie manchmal in Versuchung, sich kurz daran festzuhalten, um entweder für die richtige Balance zu sorgen oder nicht von der Strömung weggetragen zu werden. Vergessen Sie nicht, dass Korallen schon durch die leichteste Berührung beschädigt werden können.

Indem Taucher Luft in ihre Tarierweste pumpen oder daraus ablassen, können sie den Auftrieb ausgleichen (siehe Kapitel 5). Vergewissern Sie sich vor dem Tauchgang, dass Sie die richtigen Gewichte umgelegt haben. Bleiben Sie entspannt, üben Sie eine gleichmäßige Atmung und die Kontrolle des Auftriebs. Es erfordert schon etwas Übung, bevor Sie das gut beherrschen. Aber mit der Zeit wird es ganz selbstverständlich und Sie sind in Ihren Bemühungen, ein guter, verantwortungsvoller Taucher zu werden, einen großen Schritt weitergekommen. Wenn Sie eine Weile nicht getaucht sind, sollten Sie die Auftriebskontrolle wieder üben, weit weg von jedem Korallenriff.

Wirbeln Sie keinen Sand auf

Versuchen Sie beim Gehen im seichten Wasser oder beim Abstoßen vom Boden in der Nähe von Korallen keinen Sand aufzuwirbeln. Dieser kann sich auf den empfindlichen Korallen absetzen und sie mit der Zeit bedecken.

Berühren Sie unter Wasser keine Lebewesen

Der Mensch ist unter Wasser ein Eindringling, vor dem sich manche Unterwasserbewohner wegen ihrer angeborenen Neugier angezogen fühlen mögen und daher ihre natürliche Scheu vergessen. So oft Sie die Möglichkeit haben, sollten Sie alles, was sich Ihnen da unten an Schönem und Interessantem bietet, aus der Nähe betrachten, aber immer der Versuchung widerstehen, es zu berühren. Manche Tiere können sich dadurch buchstäblich zu Tode erschrecken oder in ihrem gewohnten Lebensrhythmus gestört werden. Viele Meereslebewesen sind von einer Schleimschicht überzogen, die sie vor Infektionen schützt. Diese kann bei einer Berührung beschädigt werden. Auch wenn Sie bei einer Berührung keinerlei böse Absicht verfolgen, kann dies für ein Tier einen tödlichen Ausgang haben.

Verzichten Sie darauf, die Tiere zu füttern

Etwas Brot, Käse oder gefrorene Erbsen können einen ganzen Schwarm bunter, tropischer Fische anziehen. Das scheint ein harmloses Vergnügen zu sein. Ist es aber nicht. Durch die Fütterung verändert sich das natürliche Verhalten der Tiere und mitunter werden sie aggressiv. Bei dem Futter handelt es sich oft um Lebensmittel, die normalerweise von den Fischen nicht verzehrt werden und daher zu Erkrankungen führen können.

Verlassen Sie den Tauchplatz sauberer, als Sie ihn vorgefunden haben

Hinterlassen Sie keinerlei Abfall am Strand oder im Wasser, da einige Materialien für die Tiere tödlich sein können. Plastiktüten, die auf dem Wasser schwimmen, können mit Quallen verwechselt werden. Seeschildkröten ernähren sich von Quallen. Wenn sie aus Versehen eine Plastiktüte verschlucken, werden sie daran sterben, da diese ihre Verdauung blockiert. Nehmen Sie Ihren Abfall immer wieder mit an Land zurück.

Aber nicht nur das. Nehmen Sie auch den Abfall mit, den andere Leute hinterlassen haben, die vor der Natur nicht mehr Respekt haben wie vor einer Müllhalde. Ich weiss, es kostet Überwindung, den Dreck anderer Leute einzusammeln. Aber bis diese reif genug sind, die Folgen ihrer Handlungen zu begreifen und Verantwortung zu übernehmen, müssen die es tun, die schon einen Schritt weiter sind. Nehmen Sie alles mit, was auf dem Riff herumliegt und dort nichts zu suchen hat, und bringen Sie es zum nächsten Wertstoffcontainer oder zumindest Mülleimer.

Kaufen Sie nur Fische mit einem Zertifikat

Wenn Sie ein eigenes Aquarium haben, sollten Sie darauf achten, dass Sie dafür nur Fische mit einem Zertifikat kaufen. Nur dann haben Sie die Gewissheit, dass diese Tiere entweder auf eine verantwortungsvolle Art und Weise eingefangen und transportiert oder sogar gezüchtet wurden. Unterstützen Sie nicht die Zerstörung der Riffe, indem Sie Fische kaufen, die aus unlauteren Quellen stammen. Fragen Sie vielmehr Ihren Händler im Zoofachgeschäft, woher die Fische kommen, die er verkauft, und ob er für sie ein Zertifikat ausstellt. (Im neunten Kapitel finden Sie Informationen darüber, mit welchen Methoden tropische Fische gefangen werden und was diese erleiden müssen, bevor sie bei uns in den Laden kommen.)

Werden Sie aktiv

Unterstützen Sie oder werden Sie Mitglied, in Umweltorganisationen die sich für den Schutz der Natur, der Tiere und natürlich auch den Schutz der Riffe einsetzen. Nehmen Sie an Briefkampagnen teil und üben Sie Druck auf Regierungsvertreter aus, in deren Macht es steht, etwas für die Erhaltung der Riffe zu tun. Geben Sie Ihrem Verantwortungsbewusstsein eine Stimme. Noch ist es nicht zu spät, die Riffe zu retten.

Anhang

A

In diesem Anhang finden Sie Namen und Adressen von Organisationen, Vereinen und Veröffentlichungen, die Ihr Interesse an diesem Sport unterstützen. Dieser Teil des Buches enthält ebenfalls eine Checkliste für all die Dinge, die Sie als Taucher benötigen, damit Sie auch jeder Situation gewachsen sind.

Die Checkliste eines Tauchers

Ein kaputter O-Ring oder sonstige Banalitäten können Ihnen einen ganzen Tauchtag verderben. Wenn Sie sich an irgend einem exotischen Ort aufhalten – wofür Sie viel Geld ausgegeben haben, um überhaupt hinzukommen und den Sie in absehbarer Zeit nicht mehr besuchen werden –, werden Sie wohl Ihre Zeit am Strand verbringen müssen, wenn Probleme mit der Ausrüstung auftauchen. Sorgen Sie daher besser für alle Eventualitäten vor und packen Sie Folgendes ein:

- ✔ Füßlinge
- ✔ Tarierweste
- ✔ Kamera, Stroboskop, Film
- ✔ C-Card (Tauchschein, Brevet)
- ✔ Tauchcomputer mit Ersatzbatterie
- ✔ Leuchtpatronen
- ✔ DAN (Divers-Alert-Network) Notrufnummern
- ✔ Dekompressionstabellen
- ✔ Tauchermesser
- ✔ Logbuch
- ✔ Tauchanzug (Tropen-, Nass- oder Trockentauchanzug)
- ✔ O-Ringe und Schraubenschlüssel
- ✔ Schwimmflossen
- ✔ Tauchtasche
- ✔ Antibeschlagmittel für Tauchmaske

- ✔ Tauchmaske mit Ersatzmaskenband
- ✔ Manometer, Tiefenmesser, Kompass, Taucheruhr
- ✔ Zweistufiger Lungenautomat und Oktopus für die alternative Luftversorgung
- ✔ Sicherheitsboje
- ✔ Schnorchel
- ✔ Handtuch
- ✔ Taucherlampe für Nachttauchgänge (mit Ersatzbatterie)
- ✔ Gewichte (optional)

Wenn Sie verreisen, sollten Sie auch an folgende Dinge denken:

- ✔ Wattebäuschchen
- ✔ Schleimhautabschwellende Mittel
- ✔ Medikamente gegen Reisekrankheit
- ✔ Zweite Badehose oder zweiter Badeanzug
- ✔ Sonnencreme (verschiedene Sonnenschutzfaktoren)
- ✔ Medikamente gegen »Schwimmerohren« (Exostosen)
- ✔ Plastiktüten (zur Aufbewahrung und Trennung von trockenen und nassen Sachen)

Umweltorganisationen

Die Umweltverschmutzung des Meeres ist zu einem weltweiten Problem geworden, doch viele Organisationen arbeiten weltweit mit sehr hohem Einsatz daran, die Unterwasserlandschaft zu retten. Hier sind einige dieser Organisationen sowie wichtige Forschungsinstitute aufgeführt.

Greenpeace Deutschland
Große Elbstr. 39
22767 Hamburg
Tel: 040-30 61 80
E-Mail: `mail@greenpeace.de`
Internet: `www.greenpeace.de`

WWF, Fachbereich Meere und Küsten
Am Güthpol 11
28757 Bremen
Tel: 0421-65 8 4618
Internet: `www.wwf.de`

Biologische Anstalt Helgoland
Notkestr. 31
22607 Hamburg
Tel: 040-89 693 0
E-mail: BAH@Meeresforschung.de
Internet: www.awi-bremerhaven.de/BAH/helgoland-d.html

Naturschutzbund Deutschland (NABU) e.V.
Herbert-Rabius-Str. 26
53225 Bonn
Tel: 0228-40 36-0
E-Mail: nabu@nabu.de
Internet: www.nabu.de

Marum – Zentrum für Marine Umweltwissenschaften
Klagenfurter Str.
28359 Bremen
Tel: 0421-218-3389
E-Mail: gwefer@marum.de
Internet: www.marum.de

Institut für Chemie und Biologie des Meeres (ICBM)
Carl von Ossietzky Universität Oldenburg
Carl-von-Ossietzky-Str. 9-11
26111 Oldenburg
Tel: 0441-798-5342
E-Mail: info@icbm.de
Internet: www.icbm.de

Bundesamt für Naturschutz
Konstantinstr. 110
53179 Bonn
Tel: 0228-8491-0
E-Mail: pbox-bfn@bfn.de
Internet: www.bfn.de

European Environment Agency
Kongens Nytorv 6
1050 Copenhagen, Denmark
E-Mail: eea@eea.eu.int
Internet: org.eea.int

The Coastal Ecosystems Research Foundation
2648 Tennis Crescent
Vancouver, BC, Kanada, V6T 2E1
E-Mail: megilles@cerf.bc.ca
Internet: www.cerf.bc.ca

Center for Marine Conservation
1725 DeSales Street NW, Suite 600
Washington, D.C. 20036
Internet: www.cmc-ocean.org

D.I.V.E.R.S.
P.O. Box 4241
Fullerton, CA 92834-4241
Internet: www.divers.org

CORAL (The Coral Reef Alliance)
64 Shattuck Square, Suite 220
Berkeley, CA 94704
E-Mail: info@coralorg
Internet: www.coral.org/Home.html

Marine Conservation Society
9 Gloucester Road
Ross-on-Wye
Herefordshire HR9 5BU
E-Mail: mcsuk@mcmail.com
Internet: www.mcsuk.org

Project Aware Foundation
30151 Tomas St.
Rancho Santa Margarita, CA 92688-2125
Internet: www.padi.com

The National Oceanic and Atmospheric Administration
14th Street & Constitution Ave., NW, Room 6013
Washington, D.C. 20230
Internet: www.noaa.gov

UNESCO

Die UNESCO veröffentlicht ein Verzeichnis von Orten, die weltweit von großer kultureller oder landschaftlicher Bedeutung sind. Diese Liste finden Sie im Internet unter: www.unesco.org/whc/heritage.htm

Tauchschulen und Vereine

In diesem Abschnitt finden Sie die Adressen von Tauchschulen und Vereinen auf der ganzen Welt.

Verband Internationaler Tauchschulen e.V.
Zeno-Kern-Str. 33
D-83527 Haag
Tel: 08072-37 37 60
Internet: www.dive-vit.com

Hier können Sie ein Verzeichnis der Tauchschulen anfordern oder einfach auf der Webseite nach Tauchschulen in Ihrer Nähe suchen.

Verband Deutscher Sporttaucher e.V.
Tannenstr. 22
D-64546 Mörfelden-Walldorf
Tel: 06105-96 13 02
E-Mail: vdst.ev@vdst.de
Internet: vdst.de

PADI (Professional Association of Diving Instructors)
1251 East Dyer Road
Santa Ana, CA 92705, USA
Internet: www.padi.com
Europa:
Oberwilerstr. 3,
CH-8442 Hettlingen
Tel: 0041-52-3041414
E-Mail: admin@padi.ch

DAN - Diver's Alert Network
6 West Colony Pl.
Durham, NC 27705, USA
Deutschland: Eichkoppelweg 70, D-24119 Kronshagen
Schweiz: Fauburg du Lac 67, CH-2502 Bienne
Internet: www.diversalertnetwork.org

British Sub Aqua Club (BSAC)
Telford's Quay, Ellesmere Port
South Wirral, Cheshire L65 4FY
United Kingdom
E-Mail: postmaster@bsac.com
Internet: www.bsac.com

Confédération Mondiale des Acitvités Subaquatiques (CMAS)
Viale Tiziano, 74-00196
Rom, Italien
E-Mail_: cmasmond@tin.it
Internet: www.cmas.org/index.htm

International Diving Educators Association (IDEA)
P.O. Box 8427
Jacksonville, FL 32239-8427
Europa: Via Mulino di Pile 3, 67100 L'Aquila, Italien
E-Mail: HQ@idea-europe.com
Internet: www.idea-europe.com

International Association of Nitrox & Technical Divers (IANTD)
9628 NE 2nd Avenue, Suite D
Miami Shores, FL 333138-2767
E-Mail: iantdhq@ix.netcom.com
Internet: www.iantd.com

Scuba Schools International (SSI)
2619 Canton Court
Fort Collins, CO 80525-4498 USA
E-Mail: admin@ssiusa.com
Internet: www.ssiua.com

Women's Scuba Association (WSA)
6966 S.Atlantic Avenue
New Smyrna Beach, FL 32169
E-Mail: kingfish@ucnsb.net
Internet: www.jscuba.com/wsa

Handicapped Scuba Association (HSA International)
1104 El Prado
San Clemente, CA 92672
E-Mail: 103424.3535@compuserve.com
Internet: ourworld.compuserve.com/homepages/hsahdq

Zeitschriften

Sporttaucher
Verlag M. Schmidt-Römschild
Mengstr. 16
23552 Lübeck

tauchen, Internationales Unterwasser-Magazin
Jahr-Verlag GmbH & Co.
Jessenstr. 1
22745 Hamburg

unterwasser, das tauchmagazin
Olympia-Verlag GmbH
Badstr. 4-6
90402 Nürnberg

Divemaster
Senefelderstr. 10
70178 Stuttgart
E-Mail: naglschmid.vsn@t-online.de
Internet: www.divemaster.de

Stichwortverzeichnis

A

B

C

D

E

F

G

H

I

J

K

L

M

N

O

P

Q

R

S